Empirische Analyse sozialer Probleme

Michael Schetsche

Empirische Analyse sozialer Probleme

Das wissenssoziologische Programm

2., aktualisierte Auflage

Unter Mitarbeit von Ina Schmied-Knittel
und Andreas Martin

PD Dr. rer. pol. Michael Schetsche
Institut für Grenzgebiete der Psychologie
und Psychohygiene (IGPP) e.V.
& Institut für Soziologie der
Albert-Ludwigs-Universität Freiburg
Deutschland

ISBN 978-3-658-02279-2   ISBN 978-3-658-02280-8 (eBook)
DOI 10.1007/978-3-658-02280-8

Die Deutsche Nationalbibliothek verzeichnet diese Publikation in der Deutschen Nationalbibliografie; detaillierte bibliografische Daten sind im Internet über http://dnb.d-nb.de abrufbar.

Springer VS
© Springer Fachmedien Wiesbaden 2008, 2014
Das Werk einschließlich aller seiner Teile ist urheberrechtlich geschützt. Jede Verwertung, die nicht ausdrücklich vom Urheberrechtsgesetz zugelassen ist, bedarf der vorherigen Zustimmung des Verlags. Das gilt insbesondere für Vervielfältigungen, Bearbeitungen, Übersetzungen, Mikroverfilmungen und die Einspeicherung und Verarbeitung in elektronischen Systemen.

Die Wiedergabe von Gebrauchsnamen, Handelsnamen, Warenbezeichnungen usw. in diesem Werk berechtigt auch ohne besondere Kennzeichnung nicht zu der Annahme, dass solche Namen im Sinne der Warenzeichen- und Markenschutz-Gesetzgebung als frei zu betrachten wären und daher von jedermann benutzt werden dürften.

Lektorat: Dr. Cori Mackrodt, Yvonne Homann

Gedruckt auf säurefreiem und chlorfrei gebleichtem Papier

Springer VS ist eine Marke von Springer DE. Springer DE ist Teil der Fachverlagsgruppe Springer Science+Business Media.
www.springer-vs.de

Inhaltsverzeichnis

Vorwort zur 1. Auflage 7

Teil I: Theoretische Konzepte und Debatten
1 Einleitung: Die Soziologie und die sozialen Probleme 9
2 Zwei konkurrierende Theorien 15
3 Grundsätzliche Diskussionen und vergebliche Integrationsversuche 21
4 Strukturelle Differenzen der konkurrierenden Theorien 28
5 Die Erklärung der theoretischen Spaltung der Problemsoziologie 36
6 Theoretische Konsequenzen: Das Kokonmodell sozialer Probleme 42
7 Das Analyseprogramm 48

Teil II: Die empirische Analyse sozialer Probleme
Vorbemerkung 57
1 Problemgeschichte: Die Karriere sozialer Probleme 57
2 Sachverhalte: Zwischen Konsens und virtuellem Problem 70
3 Akteure: Typen, Interessen, Kooperationen 85
4 Problemmuster: Die Deutung sozialer Sachverhalte 107
5 Diskursstrategien: Erfolgsorientierte Zurichtung von Problemmustern ... 128
6 Medien: Die Verbreitung von Problemdeutungen 137
7 Die politische Arena: Sozialstaat und soziale Probleme 155
8 Fragenkatalog zur empirischen Analyse sozialer Probleme 169

Teil III: Empirische Beispielanalysen
Vorbemerkung 175
1 Erste Beispielanalyse:
    „Internetsucht – eine konstruktionistische Fallstudie" 176
Verzeichnis der ausgewerteten Quellen 202
2 Zweite Beispielanalyse: „Satanisch-ritueller Missbrauch" 208
Spezielle Literatur zur zweiten Beispielanalyse 230
Literaturverzeichnis 232

Vorwort zur 1. Auflage

Es ist kaum zu übersehen, dass die Soziologie sozialer Probleme im deutschen Wissenschafts- und Hochschulsystem derzeit in Schwierigkeiten steckt. Zur existenzbedrohenden ‚Abschmelzung' der Hochschullehrerstellen in dieser Teildisziplin hat Helge Peters (2003, 2006) mehrfach kritisch Stellung genommen. Aber auch hinsichtlich der wissenschaftlichen Fachliteratur sieht es nicht viel besser aus: Vor dem Erscheinen des vorliegenden Buches war im deutschsprachigen Raum weder ein einführender noch ein weiterführender Band zu Theorie und Empirie sozialer Probleme lieferbar. Entsprechend konnte sich die Lehre zum Thema ‚soziale Probleme' an Universitäten und Fachhochschulen in den letzten Jahren auf kein aktuelles deutschsprachiges Grundlagenwerk mehr stützen.

Dies ist der offensichtliche Mangel, dem die nun vorgelegte Einführung in die (wissens-)soziologische Problemanalyse abhelfen soll. Das Buch ist dabei, nicht zuletzt wegen des oben erwähnten sukzessiven Abbaus von Hochschullehrerstellen in diesem Feld, mit Bedacht so konzipiert, dass es nicht nur im Rahmen einer Lehrveranstaltung, sondern auch im *Selbststudium* benutzt werden kann, um einen Überblick über diesen traditionsreichen Teilbereich der Soziologie zu gewinnen. Der Band verlangt hinsichtlich der Soziologie sozialer Probleme keine Vorkenntnisse und stellt auch bezüglich des von Leser und Leserin erwarteten Vorwissens über soziologische Methoden und Theorien im Allgemeinen nur mittlere Anforderungen. Deshalb ist er ebenso für Studierende der Soziologie und ihrer Nachbardisziplinen wie für Wissenschaftler und Praktiker geeignet.

Der Band berücksichtigt in seinem Aufbau und in der Darstellung meine langjährigen universitären Lehrerfahrungen zum Fachgebiet; er nimmt außerdem vielfältige theoretische und methodische Überlegungen meiner beiden früheren Monographien (Schetsche 1996, 2000) auf. Dabei ist es insbesondere die erste, damals als eine Einführung in die „Karriere sozialer Probleme" konzipierte Abhandlung, dem das vorliegende Buch viel verdankt. In jenem Band hatte ich beispielsweise das „Kokonmodell" erstmals zusammenhängend formuliert, das auch im nun vorgelegten Buch als Folie für die systematische empirische Analyse dient. So muss es nicht verwundern, dass sich das Konzept des neuen Buches stellenweise an jenen Band aus dem Jahre 1996 anlehnt. Es kommt hinzu, dass das damals theoretisch erdachte und konzeptionell-didaktisch formulierte Wissen über soziale Probleme und deren wissenssoziologische Analyse in weiten Teilen auch heute noch Gültigkeit beanspruchen kann. Es gibt aber auch vieles, was aufgrund der Weiterentwicklung der sozialwissenschaftlichen Empirie und Theorie neu konzipiert oder in andere Richtungen weitergedacht werden musste. (Wer das Buch aus dem Jahr 1996 kennt, möge sich überraschen lassen.)

Mein Dank für die Unterstützung dieses Buchprojekts gilt zunächst Ina Schmied-Knittel, die eine der empirischen Beispielanalysen für Teil III des Buches beigesteuert hat. Zu danken ist außerdem Kirsten Krebber für das aufmerksame und überaus konstruktive Vorlektorat und dem VS Verlag für Sozialwissenschaften, namentlich Herrn Frank Engelhardt, für das Engagement bei der verlegerischen Betreuung des Bandes. Mein ganz persönlicher Dank geht schließlich an Renate-Berenike Schmidt, die mir mit ihrem wissenschaftlichen Rat jederzeit zur Seite stand und mich immer dann zum Weiterschreiben motiviert hat, wenn es am nötigsten war.

Ich wünsche mir, dass mein neues Buch – ähnlich wie der Band aus dem Jahre 1996 – Studierenden, Wissenschaftlern und Praktikern als sicherer Leitfaden für den Erwerb von theoretischem wie von praktisch-methodischem Wissen über soziale Probleme und deren wissenssoziologische Analyse dienen wird. Angeschlossen sei hier die Hoffnung, von der neuen Veröffentlichung möge zumindest ein kleiner Anstoß zur Verbesserung der Situation der Soziologie sozialer Probleme im deutschen Wissenschafts- und Hochschulsystem ausgehen. Dass diese Soziologie sozialer Probleme, wie Rüdiger Lautmann (2006: 56) schreibt, „einem ausgesetzten, weil unerwünschten Kind" der allgemeinen Soziologie gleicht, muss kein Dauerzustand sein – und sollte es auch nicht. Dazu stellen sich die Phänomene, die wir soziale Probleme nennen, uns einfach zu häufig in den Weg.

Freiburg, im November 2007
Michael Schetsche

Teil I:
Theoretische Konzepte und Debatten

1 Einleitung: Die Soziologie und die sozialen Probleme

Verglichen mit den Naturwissenschaften sind die Soziologie und ihre Nachbardisziplinen als Wissen produzierende Instanzen in *doppelter Weise* in einer prekären Lage. *Zum einen* ist ihr Untersuchungsgegenstand (nicht nur bei epistemologischer, sondern auch bei ontologischer Betrachtung) ausschließlich der von Menschen gemachte Teil der Realität. Wenn Astronomen den Aufbau des Planetensystems erforschen, zu dem unsere Erde gehört, gehen sie davon aus, dass ihr Untersuchungsobjekt unabhängig von ihren eigenen Aktivitäten, Wünschen und Bestrebungen existiert. Durch das forschende Handeln der Menschen, so die Gewissheit, verändert sich zwar das menschliche Wissen über ferne Planeten, nicht jedoch die Planeten selbst[1]. Ganz anders bei den Sozialwissenschaften: ihr Untersuchungsgegenstand ist eine Welt, die immer schon von Menschen gestaltet, ja, durch menschliches Handeln überhaupt erst existent geworden ist (vgl. Berger/Luckmann 1964/1991: passim). Hier ist nicht nur die Wirklichkeit des Denkens (die epistemische Welt), sondern auch die Realität[2] des Seins (die ontische Welt) von Menschen gemacht.

---

1   Mögliche Veränderungen, die in Zukunft durch menschliche Eingriffe hervorgerufen werden (etwa das ‚Terraforming' fremder Planeten), können hier außer Betracht bleiben.

2   Für diesen Zusammenhang sei die folgende Unterscheidung gemacht: *Realität* (von lat. res = Sache) als ‚Sachheit' bezeichnet die Dinge, so wie sie vorhanden sind (also die ontische Ordnung), die *Wirklichkeit* (dtsch. von wirken, weben) das, was gedanklich daraus und damit gemacht wird (also die epistemische Ordnung); im Sozialen ist bei-

Zum anderen sind alle Sozial- und Kulturwissenschaften mit einem Untersuchungsgegenstand konfrontiert, der – im Gegensatz zu dem der Astronomie etwa – mit eigenem Bewusstsein ausgestattet ist. Für die Planeten, so jedenfalls die feste Überzeugung in den Naturwissenschaften, spielt es keine Rolle, was die Astronomen über sie denken und sagen; sie bleiben völlig unbeeinflusst davon. Anders ist es mit den Menschen und den Gesellschaften, in denen sie leben. Hier sind die Forscher mit einem Untersuchungs'gegenstand' konfrontiert, der kollektives Wissen über sich selbst besitzt und sich individuell seiner selbst *bewusst* ist. Dies führt dazu, dass wissenschaftliche Aussagen über die Gesellschaft von dieser Gesellschaft selbst bzw. von deren Mitgliedern mit dem (alltagsweltlichen) Eigenwissen abgeglichen werden können und oftmals auch werden. Das soziologische Wissen tritt zu diesem Alltagswissen in Konkurrenz: „Decken sich die sozialwissenschaftlichen Aussagen mit ihrem Alltagswissen, so gelten diese Forschungsergebnisse als trivial: man fragt sich, weswegen man ,wissenschaftlich herausfinden muß', was ,ohnehin jedermann weiß'. Unterscheiden sich die sozialwissenschaftlichen Aussagen aber von ihrem Alltagswissen, so erlebt man dies meist keineswegs ,als nicht-triviale Neuentdeckung', sondern als ,falsche Sichtweise' und als ,irreführende Konkurrenz' zu dem, was man in aller Selbstverständlichkeit bereits ,als richtig weiß'" (Patzelt 1986: 22).

Diese Deutungskonkurrenz wirkt außerdem auf den Sozialforscher und seine Untersuchungen zurück, weil dieser regelmäßig selbst Mitglied der Gesellschaft ist, die er untersucht; Sozialforschung ist deshalb ein Stück weit auch Selbstbeforschung. Dies führt nicht nur ganz generell dazu, dass der Soziologe partiell der alltäglichen Sicht (die er als Mitglied der Gesellschaft qua Sozialisation besitzt) verhaftet bleiben muss, sondern kann auch ganz konkret dazu führen, dass die Inhalte des Selbstwissens der untersuchten sozialen Wirklichkeit sich „allmählich und ohne daß man es bemerkt den bei der sozialwissenschaftlichen Forschung als selbstverständlich benutzten Denkweisen [unterschieben]. Letztlich formuliert man in fachwissenschaftlichem Jargon dann nur noch jene alltagspraktischen Selbstverständlichkeiten, über die in der Tat bereits auf der Grundlage des gesunden Menschenverstandes befriedigende Aussagen verfügbar sind" (Patzelt 1986: 29-30).

Diese für alle Sozial- und Geisteswissenschaften charakteristische Gefahr der Verschleifung von wissenschaftlichen und alltagsweltlichen Wissensbeständen

---

des untrennbar verschränkt – dies ist nicht zuletzt eine der Ursache für den seit den Anfängen der Sozialwissenschaften tobenden Streit zwischen den Anhängern eher materialistischer und denen eher idealistischer Vorstellungen von der Entwicklung der sozialen Welt.

1 Einleitung: Die Soziologie und die sozialen Probleme

ist bei dem Untersuchungsgegenstand, der gemeinhin ‚soziale Probleme' genannt wird, von besonderer Brisanz. Dies liegt zum einen daran, dass es kaum ein anderes Segment der sozialen Welt gibt, das vom Alltagsbewusstsein her so eng mit der wissenschaftlichen Fachdisziplin Soziologie verbunden wird wie die so genannten sozialen Probleme. (In der öffentlichen Wahrnehmung erschienen Soziologen lange Zeit als *die* Experten, wenn es um die Fragen ging, welche Ursachen soziale Probleme haben, wer in welchem Ausmaß unter ihnen zu leiden hat und auch welche Maßnahmen Abhilfe schaffen könnten.) Noch folgenreicher war und ist jedoch, dass die Soziologie, die sich mit sozialen Problemen beschäftigt, es (im Gegensatz zu manch anderer Teildisziplin) bis heute nicht geschafft hat, einen kategorialen Begriffsapparat zu entwickeln, der sich sprachlich vom Alltagswissen unterscheidet und so in der Lage ist, die Unterschiede zwischen dem lebensweltlichen und dem soziologischen Denken über dieses spezielle Thema signalkräftig zu markieren.

Dies ist besonders prekär, weil mit dem Terminus ‚soziale Probleme' nicht ein beliebiger Teil der sozialen Wirklichkeit (möglicherweise auch Realität) beschrieben ist, sondern jener, der den Mitgliedern einer Gesellschaft in irgendeiner (später noch genauer zu untersuchender) Weise als problematisch erscheint – eben als *Problem*. Ursächlich verknüpft mit dieser Zuweisung sind nämlich moralische (Unwert-)Urteile und in aller Regel auch vielfältige Affekte (vgl. Peters 2002: 8). Mit beidem ist der Sozialforscher konfrontiert, wenn er sich an die Aufgabe macht, das zu untersuchen, was in der Wissenschaft wie im Alltag – scheinbar übereinstimmend – ‚soziale Probleme' genannt wird. So muss es nicht verwundern, dass es gerade auf diesem Gebiet der empirischen Forschung immer wieder zu mehr oder weniger reflektierten Überschreitungen der Grenze kommt, welche die Differenz zwischen wissenschaftlichem und lebensweltlichem Wissen[3] markiert. In den letzten zwei Jahrzehnten sind solche Grenzüberschreitungen in den Sozialwissenschaften meist unter dem Stichwort ‚Parteilichkeit' verhandelt worden. Eine grundsätzliche Diskussion dieses Phänomens speziell im Hinblick auf soziale Probleme findet sich bei Meuser und Schetsche (1996); an dieser Stelle reichen deshalb einige zusammenfassende Anmerkungen aus[4].

---

3   Hierzu gehört aus soziologischer Sicht auch das Wissen der nichtsoziologischen Experten für soziale Probleme: „Auch Aussagen von Sozialarbeitern, Polizeibeamten oder Strafrichtern über soziale Probleme oder abweichendes Verhalten sind alltagsweltliche Aussagen" (Haferkamp 1987: 126).

4   Es handelt sich dabei weniger um apodiktische Feststellungen, als um kritische Hinweise, die bedacht werden sollten, wenn eine *wissenschaftlich-reflektierte* Analyse sozialer Probleme angestrebt wird.

Es ist zunächst nachvollziehbar, dass Akteure der Alltagswelt von einer Wissenschaft, die sich, wie die Soziologie, lange Zeit als programmatisch gesellschafts*kritisch* verstanden hat, solidarische Unterstützung im Kampf gegen ‚gesellschaftliche Ungerechtigkeiten' im weitesten Sinne erwartet. Diese Erwartungshaltung muss die Soziologie jedoch, wenn sie denn Wissenschaft bleiben will, notwendig enttäuschen[5]. Dafür gibt es eine Reihe guter Gründe.

1. Konstitutiv für das alltagsweltliche Verständnis sozialer Probleme sind Unwerturteile über bestimmte Sachverhalte; diese gehen vielfach mit der moralischen Verurteilung jener Personen einher, die für diese Problemlagen verantwortlich gemacht werden[6]. Demgegenüber ist es der Anspruch der Soziologie (zumindest in ihrer interpretativen Variante, für die Namen wie Max Weber oder Alfred Schütz stehen), die Handlungen aller Akteure deutend wie erklärend zu *verstehen*. Dieser Akt des *Verstehens* wird aus alltagsweltlicher Perspektive leicht als moralisches Entschuldigen missverstanden, hat mit diesem jedoch nichts gemein, weil Fragen nach der Moral einer Handlung oder dem Schuldigwerden einer Person aus wissenschaftlicher Perspektive zunächst ausgeklammert sind (und sein müssen). Wenn überhaupt, stehen philosophische oder sozialethische Bewertungen individueller Handlungen und sozialer Situationen am Ende, nicht aber am Beginn der soziologischen Untersuchung.
2. Alltagsweltliches und wissenschaftliches Wissen werden auf unterschiedliche Weise produziert und folgen ihrer jeweils eigenen Binnenlogik. Je häufiger die Soziologie sich in aktuelle gesellschaftliche Auseinandersetzungen einmischt und selbst zum Akteur sozialer Prozesse wird, desto stärker läuft sie Gefahr, die ihr eigenen Regeln der Wissensproduktion zu verletzen oder zu missachten. „Liefern die Sozialwissenschaften ihre Ergebnisse auf den Markt öffentlicher Diskurse, so sind sie gezwungen, sich den kognitiven Restriktionen alltäglicher Zweckrationalität zu unterwerfen. Dies hat nicht nur ein Legitimationsproblem für die Sozialwissenschaften zur Folge, die ihren Rationalitätsvorsprung nicht mehr nachweisen können, sondern auch das Verschwinden ihrer Ergebnisse im Alltagsbewußtsein, in das sie so eingepaßt werden, daß ihr Ursprung nicht mehr deutlich wird" (Lau 1984: 427). In der Folge wird die Unterscheidung zwischen Alltagswissen und wissenschaftlichem Wissen ver-

---

5   Das theoretische Projekt der Soziologie unterscheidet sich vom praktischen Projekt, in dem Proteste organisiert, Beweise angetreten, Experten gewonnen und Ressourcen organisiert werden" (Lautmann 1995: 176).

6   Bei sozialen Problemen stets mitgedacht und mitreproduziert wird eine auf Dichotomisierung basierende moralische Ordnung (dazu später mehr).

wischt, auf welche die Soziologie um den Preis ihrer Existenz als Wissenschaft angewiesen ist.
3. Soziale Probleme stellen aus soziologischer Sicht ein wichtiger Indikator für den Zustand und die Veränderungen einer Gesellschaft dar: „Vorstellungen über gesellschaftlich wünschenswerte Zustände, über bevorzugtes Verhalten, aber auch über gesolltes und angesonnenes Verhalten werden in bezug auf und durch soziale Probleme zum Ausdruck gebracht" (Nedelmann 1986a: 27). Die Entstehung und Entwicklung solcher Probleme kann unvoreingenommen jedoch nur rekonstruiert werden, wenn die Forscher nicht selbst Teil der sozialen Bewegungen sind, die um die gesellschaftliche Anerkennung des betreffenden Problems kämpfen. Andernfalls verlieren sie nicht nur ihren Status als wissenschaftliche Beobachter, sondern auch die Fähigkeit zur sozialwissenschaftlichen Zeitdiagnose: Beobachten können sie schlimmstenfalls nur noch das, was sie selbst durch ihr kommunikatives Handeln hervorgebracht haben – die Analyse wird zirkulär.

Aber auch wenn es dem Sozialforscher gelingt, sich der letztgenannten Rollenkonfusion und -kollision zu entziehen, bleiben seine Befunde durch gesellschaftliche Diskurse riskiert. Aufgrund der geschilderten konstitutiven Verbindung sozialer Probleme mit Moralurteilen (und deren affektiver Besetzung) wird das, was er über das eine oder andere Problem mitzuteilen hat, oftmals nicht erst von der massenmedial beherrschten Öffentlichkeit, sondern – im Kontext der erwähnten Forderungen nach (letztlich a-wissenschaftlicher) ‚Parteilichkeit' des Wissenschaftlers – bereits in seiner Fachdisziplin missverstanden. Spätestens wenn ein soziales Probleme gesellschaftlich anerkannt ist, gelten dessen Beschreibung und Bewertung auch als moralisch verbindlich. Niemand, auch der Wissenschaftler nicht, kann ihnen öffentlich widersprechen, ohne sich dem Risiko sozialer Sanktionen auszusetzen (vgl. Gusfield 1989: 433) – Sanktionen der Gesellschaft, deren Mitglied der Forscher ist, oder gar Sanktionen der eigenen Profession, wenn sie ihr Eigeninteresse (etwa hinsichtlich der Reputation des Faches) verletzt sieht. Die daraus folgenden kommunikativen Anmutungen sind auf wissenschaftlicher Ebene letztlich unbeantwortbar (vgl. Luhmann 1970: 8-9).

Am geringsten ist diese Gefahr noch dann, wenn die Analyse sich auf bereits gelöste (oder gar gesellschaftlich vergessene) Probleme früherer Zeiten bezieht[7]. Falls hingegen eine Auseinandersetzung um die Anerkennung einer Problemlage

---

7 Hier gibt es auch keine individuellen Akteure mehr, die es persönlich nehmen könnten, wenn ihr Denken und Handeln zum Gegenstand wissenschaftlicher Nachforschungen gemacht wird.

noch tobt oder antagonistische Deutungen um die interpretative Vorherrschaft ringen, wird jede soziologische Beschäftigung mit dem Thema nur von jenen Akteuren begrüßt (und vereinnahmt) werden, die sie strategisch für ihre eigenen Zwecke einsetzen können. Für alle anderen hingegen wird die Forschung als Gefährdung der eigenen Interessen angesehen und entsprechenden Widerspruch hervorrufen. Wenn eine Problemdeutung gar gesellschaftliche Hegemonie erlangt hat, wird die soziologische Analyse potentiell gefährlich für alle, „die eine bestehende soziale Wirklichkeit aufrechterhalten wollen" (Patzelt 1986: 24), weil sie die im langen Kampf mühsam hergestellte Selbstverständlichkeit des Problems in Frage stellen könnte[8]. Noch mehr als die Verletzung des Wertekonsenses zieht die Verletzung des Wirklichkeitskonsenses nicht nur Unverständnis, sondern gelegentlich sogar Hass nach sich.

Sozialforscher, die – etwa weil sie es mit der Trennung zwischen den oben skizzierten Rollen nicht so genau nehmen – nicht über sichere wissenschaftliche Maßstäbe und Prozeduren sowie ein Bewusstsein für notwendige Grenzziehungen verfügen, geraten spätestens hier in Gefahr, sich bei der Problemanalyse mehr von den gesellschaftlichen Deutungen und Werturteilen leiten zu lassen, statt diese, wie es ihre Aufgabe wäre, zum *Gegenstand* ihrer Untersuchungen zu machen. Dies gilt für die klassischen ökonomisch-materiellen Problemlagen der westlichen Gesellschaften, wie etwa Arbeitslosigkeit, Armut oder Obdachlosigkeit, ebenso wie für die überbordende Zahl der Thematisierungen, die um die Jahrtausendwende unter dem Label ‚soziales Problem' verhandelt werden – von der physischen und sexuellen Gewalt in Familien über schulische Amokläufe und terroristische Bedrohungen bis hin zu den verschiedensten Sucht-Problemen (Drogensucht, Tablettensucht, Spielsucht, Sexsucht, Kaufsucht, Internetsucht usw. usf.). Sie alle fordern nicht nur öffentliche Aufmerksamkeit ein, sondern konfrontierten die Soziologie und ihre Nachbardisziplinen auch mit Fragen, um was für Phänomene es sich hier überhaupt handelt, wie sie in die Welt kommen und wie in der Gesellschaft gewöhnlich mit ihnen umgegangen wird. Wie gleich zu sehen sein wird, können die Antworten der Soziologie auf diese Fragen, sehr unterschiedlich ausfallen. Und ebenso unterschiedlich ist auch das Ausmaß, in dem diese Antworten in dem geschilderten Sinne diskursiv riskiert sind.

---

8 „Als Menschen des Alltags haben wir keinen Zweifel, dass es sich bei Armut, Kriminalität und Alkoholismus um soziale Probleme handelt. Fragen danach, warum sie uns als problematisch gelten, ärgern uns deswegen oft. Sie problematisieren Selbstverständliches. Oft begründen derartige Fragen sogar Empörung" (Peters 2002: 8).

2 Zwei konkurrierende Theorien[9]

Bis in die siebziger Jahre des vergangenen Jahrhunderts wurden soziale Probleme[10] in der Soziologie ganz überwiegend als Diskrepanz zwischen den Wertvorstellungen einer Gesellschaft und den konkreten Lebensbedingungen einzelner sozialer Gruppen beschrieben. Dieses Verständnis wird heute im deutschsprachigen Raum als ‚strukturfunktionalistische' oder ‚objektivistische' Theorie sozialer Probleme bezeichnet. Mit dem Siegeszug des von Berger und Luckmann (1966/1991) begründeten sozial-konstruktivistischen Paradigmas in den Sozialwissenschaften[11] geriet diese Sichtweise zunehmend in die Kritik. Es wurde ein alternatives Konzept entwickelt, das bis heute als ‚definitionstheoretische' oder ‚konstruktionistische' Position firmiert; sie beschreibt soziale Probleme als Ergebnis diskursiver Prozesse in einer Gesellschaft (vgl. Albrecht 1990). Die Konkurrenz dieser beiden theoretischen Schulen besteht bis heute fort und hat innerhalb der Soziologie zu zwei divergierenden Konzepten der empirischen Erforschung sozialer Probleme geführt (vgl. Groenemeyer 2006: 14-15, Groenemeyer 2012: 36-49). Um die aktuellen Forschungspraxen – im deutsch- wie im englischsprachigen Raum – zu verstehen, ist es unabdingbar, sich mit den Grundannahmen der beiden Schule vertraut zu machen.

Für die theoretischen Debatten von besonderer Bedeutung ist bis heute der Beitrag „Social Problems and Sociological Theory" des Parsons-Schülers *Robert K. Merton* aus dem Jahre 1961. In ihm sind sechs Elemente benannt, die im Rah-

---

9   Die Aufgabe einer Zusammenfassung der sich über etliche Jahrzehnte hinziehenden theoretischen Diskussionen bringt die Notwendigkeit der Verallgemeinerung und manchmal auch der Pauschalisierung mit sich.

10 Die Verwendung des Begriffs ‚soziale Probleme' im heutigen Wortsinne kam in der Soziologie in den ersten Jahrzehnten des 20. Jahrhunderts auf; in den zwanziger Jahren wurden unter dieser Überschrift an US-amerikanischen Universitäten etwa Fragen von Armut, Krankheit, Kriminalität und Migration verhandelt (vgl. Best 2006: 20).

11 Die Autoren zeichnen das Bild einer Wirklichkeit, die primär symbolisch strukturiert ist und von den Subjekten durch Deuten und Handeln alltäglich reproduziert wird (vgl. Maasen 1999: 26-27; Knoblauch 2005: 153-165). Die Arbeit von Berger und Luckmann erwies sich nicht nur als theoretische Neubegründung der Wissenssoziologie, sondern wurde zur Grundlage eines alternativen Verständnisses von Gesellschaft insgesamt; es entstand ein neues Paradigma sozial- und kulturwissenschaftlichen Denkens, das eine ganz Reihe von Forschungstraditionen – von den Cultural Studies über die Genderforschung bis hin zur Wissenschaftssoziologie – mitbegründet hat.

men des traditionellen soziologischen Verständnisses als *konstitutiv* für soziale Probleme angesehen werden können[12]:

1. Soziale Probleme sind zu verstehen als „signifikante Diskrepanz" zwischen den sozialen Standards (der Werteordnung) einer Gesellschaft und der sozialen Realität. Die *sozialen Standards* werden dabei etwa durch rechtliche Maßstäbe, wie etwa Strafnormen oder die Grundprinzipen einer Verfassung, gesetzt (vgl. Novak 1988: 14). Die *soziale Realität* hingegen wird von der Soziologie primär durch statistische Daten zu den Lebensbedingungen verschiedener Gruppen erfasst[13]. Zwischen offiziellen Standards und Lebenswirklichkeit bestehen in vielen Gesellschaften Diskrepanzen – diese „variieren in Grad und Ausmaß der Bedeutung, die ihnen zugesprochen wird, und haben dementsprechend soziale Probleme verschiedenen Ausmaßes und unterschiedlicher Art zur Folge" (Merton 1975[14]: 114).
2. Von einem sozialen Problem kann nur gesprochen werden, wenn die Abweichung der Realität von der Werteordnung *gesellschaftliche* Ursachen hat. Diese Festlegung erscheint auf den ersten Blick tautologisch (die Probleme sind ja bereits als ‚sozial' benannt), bietet jedoch die Möglichkeit, Lebenslagen, die auf menschliches Handeln im weitesten Sinne zurückgehen, von Naturkatastrophen oder anderen Bedingungen zu unterscheiden, die *nicht* von der Gesellschaft verursacht worden sind[15]. Auch Letztere können jedoch zu sozialen Problemen führen, wenn Staat und Gesellschaft es nicht schaffen, die Folgen der Katastrophe für die betroffene Bevölkerung in angemessener Zeit zu beseitigen.
3. Nur bei einem Teil sozialer Probleme (bei Merton explizit genannt: Straftaten) besteht ein *allgemeiner Konsens* über die Diskrepanz zwischen Werteordnung und sozialer Realität, in vielen anderen Fällen hingegen fehlt er – dies kann

---

12 Für eine ausführliche Diskussion und Kritik des Modells von Merton vgl. Peters (2002: 15-22).

13 Diese Daten sieht Merton jedoch als durch methodische Unzulänglichkeiten und gesellschaftliche Vorurteile systematisch verzerrt an.

14 Zitiert wird durchgängig nach der deutschen Übersetzung des Beitrags im Sammelband von Hondrich (1975); zur Bedeutung jenes Buches für die Rezeption der englischsprachigen Problemtheorie in der deutschen Soziologie vgl. Groenemeyer (2006: 12).

15 Auffällig ist, dass Merton zur damaligen Zeit auch solche Ereignisse bzw. Entwicklungen (wie etwa Hungersnöte) zu den ‚Naturkatastrophen' zählt, von denen die Sozialwissenschaften heute annehmen, dass ihre Ursachen primär im menschlichen Handeln zu suchen sind. Dies macht nicht zuletzt deutlich, welchem Wandel *wissenschaftliche* Ursachenzuschreibungen im Laufe der Zeit ausgesetzt sind.

ebenso auf interessengeleitete Wahrnehmungsunterschiede zwischen sozialen Gruppen, wie auf Differenzen in deren Wertesystemen zurückzuführen sein. Es muss deshalb gefragt werden, welche Personengruppen im Zweifelsfall gesellschaftlich verbindlich über die Verletzung sozialer Standards entscheiden (können). Merton (1975: 119) dazu: „Mit der sozialen Definition sozialer Probleme verhält es sich wie mit anderen Problemen in der Gesellschaft: Die Inhaber strategischer Autoritäts- und Machtpositionen haben bei sozialpolitischen Entscheidungen natürlich einen größeren Einfluß und neben anderen Dingen damit auch einen größeren Einfluß auf die Identifikation dessen, was als signifikante Abweichung von den sozialen Standards zu gelten hat". Über das Vorliegen oder Nichtvorliegen eines sozialen Problems wird mithin auf Grundlage gesellschaftlicher *Machtpositionen* entschieden.

4. Da die Diskrepanz zwischen Werteordnung und sozialer Realität nicht immer offensichtlich ist, muss zwischen *manifesten* und *latenten* Problemen unterschieden werden. Bei letzteren ist die Existenz einer Problemlage (noch) nicht in das Bewusstsein der Öffentlichkeit bzw. der für die Problembekämpfung zuständigen gesellschaftlichen und staatlichen Instanzen gelangt. Erkannt werden können solche latenten Probleme nur von der *Soziologie*, die durch den Vergleich zwischen empirischen Daten über reale Lebensbedingungen und den anerkannten Werten einer Gesellschaft die entsprechende Diskrepanz *objektiv konstatieren* kann. Es ist für Merton eine der wichtigsten Aufgaben der Soziologie, solche latenten Probleme zu ermitteln und sie anschließend durch die Aufklärung der Öffentlichkeit in manifeste Probleme zu überführen (vgl. dazu Peters 2002: 21-22).

5. Soziale Probleme werden von der Gesellschaft vielfach verzerrt wahrgenommen: „Wir können es nicht als selbstverständlich voraussetzen, daß die öffentliche Vorstellung von den sozialen Problemen leidlich richtig ist: die Vorstellung ihres Ausmaßes, ihrer Verteilung, ihrer kausalen Verursachung, ihrer Folgen und ihrer Dauer oder ihres Wandels. Diese öffentlichen Vorstellungen sind oft ungeheuer falsch aus Gründen, die wir gerade zu verstehen beginnen" (Merton 1975: 122). Dies führt zu einer weiteren Aufgabe der Soziologie: Sie muss erforschen, warum manche Vorstellungen der Öffentlichkeit über soziale Probleme nicht zutreffen – und natürlich auch, warum manche Probleme für lange Zeit ‚latent' bleiben[16].

---

16 Zu den möglichen Ursachen dieser ‚sozialen Fehlwahrnehmung' finden sich in Mertons Text nur sehr allgemeine Hinweise, etwa hinsichtlich der Diskrepanz zwischen dem Interesse von Bürgern an ihren privaten und an öffentlichen „Sorgen". Lee (2005) führt den Übergang von latenten zu manifesten sozialen Problemen auf ihre Durch-

6. Soziale Probleme können *als solche* nur in Gesellschaften thematisiert werden, in denen allgemein von der Veränderbarkeit sozialer Realität durch menschliches Handeln ausgegangen wird. „Funktional betrachtet werden unerwünschte Diskrepanzen zwischen sozialen Standards und sozialer Realität nur dann manifeste soziale Probleme genannt, wenn die Menschen glauben, daß sie etwas gegen sie tun können" (Merton 1975: 125). Nur wenn zumindest prinzipiell die Möglichkeit auf Abhilfe besteht, werden diese Diskrepanzen zu (bekämpfbaren) sozialen Problemen – andernfalls erscheinen sie schicksalhaft oder gottgegeben. Merton formuliert hier eine generelle *Einschränkung der Reichweite* seiner Theorie sozialer Probleme: Sie gilt nur für Gesellschaften, deren kollektive Selbstwahrnehmung einem als ‚westlich' zu bezeichnenden Modell folgt.

Dieses, von Merton zwar nicht begründete, aber von ihm in besonders prägnanter (und wirkungsmächtiger[17]) Weise systematisierte Verständnis sozialer Probleme dominierte die theoretische Wahrnehmung wie die empirische Praxis der Problemsoziologie von den dreißiger bis in die sechziger Jahre des vergangenen Jahrhunderts. Erst zu Beginn der siebziger Jahre[18] formulierte *Herbert Blumer* in seinem berühmt gewordenen Aufsatz „Social Problems as Collective Behavior" ein *Gegenmodell*. Es schloss zwar an ältere Überlegungen der US-amerikanischen

---

setzungsfähigkeit innerhalb der Massenmedien zurück. Ein Problem würde dabei dann Erfolg haben, „wenn es z.B. auf dramatische Weise präsentiert wird, wenn es auf tief verwurzelte Mythen zurückgreift oder auf weit verbreitete kulturelle Überzeugungen bezogen werden kann und wenn es sich innerhalb des akzeptablen Spielraumes des öffentlichen Diskurses der spezifischen öffentlichen Arenen bewegt, wobei die Arenen selbst in starkem Ausmaß von politischen und wirtschaftlichen Interessengruppen beeinflusst werden" (39).

17 Dies lag insbesondere auch daran, dass Merton zusammen mit den für soziale Probleme konstitutiven Elementen ganz konkrete Analyseaufgaben für die Soziologie sozialer Probleme formulierte.

18 Bereits im Jahre 1968 hatte der deutsche Soziologe Helge Peters ein Buch zum Thema „Moderne Fürsorge und ihre Legitimation" vorgelegt, in dem viele Thesen der späteren konstruktionistischen Problemtheorie vorweggenommen sind. Für die internationale Debatte ist dieser Beitrag jedoch weitgehend bedeutungslos geblieben – nicht zuletzt weil die US-amerikanischen Soziologen, welche die theoretische Debatte bis heute dominieren (vgl. Best 2006: 22-23), sich schon damals standhaft weigerten, nicht in ihrer Muttersprache verfasste Beiträge auch nur zur Kenntnis zu nehmen. So bleibt Peters nur das Verdienst, definitionstheoretische Überlegungen in die deutschsprachige Problemsoziologie eingeführt zu haben, bevor diese in Form der konstruktionistischen Problemtheorie überhaupt international Karriere machten.

2 Zwei konkurrierende Theorien

Soziologen *Richard C. Fuller* und *Richard R. Myers* aus den vierziger Jahren[19] an, spitzte diese jedoch auf Basis neuerer theoretischer Überlegungen aus dem symbolischen Interaktionismus und aus dem Sozialkonstruktivismus in vorher so nicht gekannter Form zu (vgl. Hilgartner/Bosk 1988: 53; Leisering 1993: 488).

Blumer (1971) kritisiert explizit die von Merton genannten Elemente sozialer Probleme und formuliert drei *Gegenthesen* zu den bislang dominierenden theoretische Vorstellungen:

> 1. Die Identifizierung sozialer Probleme durch die Soziologie ist von der öffentlichen Bestimmung der Probleme abgeleitet und nicht umgekehrt.

Anhand dreier empirischer Beispiele (Armut, Rassendiskriminierung und Umweltverschmutzung) versucht Blumer zu zeigen, dass die Soziologie soziale Probleme *nicht von sich* aus entdeckt bzw. identifiziert. Sie orientiert sich vielmehr an der öffentlichen Wahrnehmung und untersucht Problemlagen regelmäßig erst dann, wenn diese bereits von der Gesellschaft erkannt und anerkannt worden sind. Der *Vorwurf an Merton* lautet hier also, dieser würde die Rolle der Soziologie bei der Identifizierung sozialer Probleme *empirisch inkorrekt* beschreiben. Falls diese These Blumers richtig ist, wäre sowohl Mertons These von der Überführung latenter in manifeste Probleme unhaltbar, wie auch die Idee einer herausgehobenen Rolle der soziologischen Experten.

> 2. „Die gesellschaftliche Definition und nicht der objektive Charakter einer gegebenen sozialen Bedingung bestimmt, ob diese Bedingung als soziales Problem existiert oder nicht" (Blumer 1975[20]: 105).

Dies ist die – bis heute immer wieder zitierte – theoretische Grundidee Blumers, die gleichzeitig eine nachdrückliche Kampfansage an das traditionelle Verständnis sozialer Probleme beinhaltet. „Soziologen behandeln ein soziales Problem, als

---

19 Diese hatten, zunächst wenig beachtet, die Auffassung vertreten, dass soziale Probleme sowohl von objektiven Faktoren als auch von gesellschaftlichen Definitionen abhängig seien: „Jedes soziale Problem hat sowohl einen objektiven als auch einen subjektiven Aspekt. Die objektive Seite besteht aus einer nachweisbaren Bedingung, einer Situation oder einem Ereignis. Die subjektive Seite ist die Überzeugung oder Definition von bestimmten Personen, daß Bedingung, Situation, oder Ereignis gegen ihre Interessen verstoßen, und die Einstellung, daß etwas dagegen unternommen werden muss" (Fuller/Myers 1941 a: 25 – Übers. von M. Sch.).

20 Zitiert wird auch hier nach der deutschen Übersetzung im Sammelband von Hondrich (1975).

bestünde es aus einer Reihe objektiver Faktoren wie Unfallquote, die Kategorie der Menschen, die an dem Problem beteiligt sind, ihre Anzahl, ihre Typenzugehörigkeit, ihre sozialen Merkmale und die Beziehungen, die zwischen ihnen und bestimmten anderen sozialen Faktoren bestehen. Es wird angenommen, daß die Zurückführung eines sozialen Problems auf solche objektiven Elemente das Problem zentral erfaßt und seine wissenschaftliche Analyse konstituiert. Nach meiner Auffassung ist diese Annahme falsch" (ebd.). Diese These muss gerade auch in empirischer Hinsicht als *programmatisch* angesehen werden, weil aus ihr folgt, dass im Mittelpunkt der empirischen Analyse sozialer Probleme nicht deren ‚objektive Bedingungen' zu stehen haben, sondern *diskursive Prozesse*. Und diesem Programm folgt die sich im Anschluss an Blumers Thesen formierende konstruktionistische Problemsoziologie tatsächlich bis heute.

3. Anerkennung wie Bekämpfung sozialer Probleme sind Gegenstand sozialer *Aushandlungsprozesse*.

Da von der Soziologie identifizierte soziale Probleme immer im Zentrum divergierender und konfligierender Interessen stehen, ergeben sich aus der wissenschaftlichen Erkenntnis der ‚objektiven Beschaffenheit' eines sozialen Problems mitnichten bereits die Chancen oder gar die Mittel zu dessen Bekämpfung. Dies gilt selbst dann, wenn die soziologischen Analysen – was nicht immer der Fall sein muss – große öffentliche Aufmerksamkeit erhalten. Bereits die Anerkennung der *Existenz* einer Notlage ist nach dieser Auffassung in hohem Maße von den Interessen wirkungsmächtiger sozialer Gruppen abhängig – umso mehr gilt dies für die möglichen Strategien zu ihrer Bekämpfung[21].

Im Anschluss an die Kritik formuliert Blumer sein vom traditionellen Denken der Problemsoziologie abweichendes Verständnis noch einmal *programmatisch*:

> „Der Prozeß der kollektiven Definition ist verantwortlich für das Auftauchen sozialer Probleme, dafür, wie sie wahrgenommen, untersucht und betrachtet werden, für die Art des offiziellen Plans zu ihrer Sanierung, der ausgearbeitet wird, und für die Transformation des sanierenden Plans in seine praktische Anwendung. Kurz, der

---

21 An dieser Stelle sind die Übereinstimmungen mit Merton deutlich größer, als Blumer in seiner prononcierten Kritik zugestehen will: Beide machen die Anerkennung einer Problemlage und Umfang sowie Art ihrer Bekämpfung von den Aktivitäten der Besitzer strategischer Machtpositionen abhängig. Dies ist eine der Ähnlichkeiten, die in der Folgezeit zu verschiedenen Versuchen geführt hat, die theoretische Kluft zwischen den beiden hier skizzierten Grundpositionen zu überbrücken – mehr dazu im folgenden Kapitel.

Prozeß der kollektiven Definition bestimmt die Geschichte und das Schicksal der sozialen Probleme von dem ersten Augenblick ihrer Entstehung an" (S. 106).

Da als Problem in diesem Sinne nur gelten kann, was von der Gesellschaft (was hier primär heißt: der Öffentlichkeit) als solches behandelt wird, kann es von der Problemsoziologie auch nur in Form des Prozesses analysiert werden, der es konstituiert. „Es ist dies ein Prozeß, der bestimmt, ob soziale Probleme als existierend anerkannt werden, ob sie der öffentlichen Beachtung wert sind, wie sie betrachtet werden sollen, was mit ihnen geschehen soll und wie sie in den Versuchen, sie zu kontrollieren, wiederhergestellt werden sollen. Soziale Probleme haben ihre Existenz, ihre ‚Lebensgeschichte' und ihr Schicksal in diesem Prozeß" (S. 112).

Noch radikaler als Blumer, für den die Existenz gewisser ‚objektiver Sachverhalte' als Grundlage der Formulierung sozialer Probleme zumindest vorstellbar war, kritisierten zwei Jahre später die beiden Soziologen John I. Kitsuse und Malcom Spector (1973) das klassische Verständnis aus sozialkonstruktivistischer Sicht[22]. Sie behaupteten, dass soziale Probleme von kollektiven Akteuren *völlig unabhängig von der Existenz sozialer Sachverhalte* konstruiert werden können und es in aller Regel auch werden (vgl. Peters 2002: 41); ihre praktische Folgerung:

„Unsere Auffassung ist, dass man die Existenz der objektiven Bedingung weder voraussetzen noch untersuchen sollte; tatsächlich würde man damit nur die Aufmerksamkeit von der Erforschung des Definitionsprozesses ablenken. Die Definition kann von empirisch belegten Behauptungen über Ausmaß, Intensität, Verteilung und Auswirkung der zugeschriebenen gesellschaftlichen Bedingungen begleitet sein; sie kann es aber auch nicht und theoretisch muss sie es nicht" (Kitsuse/Spector 1973: 414 – Übers. von M. Sch.).

3 Grundsätzliche Diskussionen und vergebliche Integrationsversuche

Auf Basis sozialkonstruktivistischer Vorannahmen ist der Vorschlag von Kitsuse und Spector zur Beschränkung des ‚Untersuchungsauftrags' der Problemsoziologie durchaus folgerichtig. Es ist jedoch immer wieder – und nicht nur von vehementen Anhängern der objektivistischen Problemtheorie – die Frage aufgeworfen worden, ob ein solches Verständnis nicht zu unauflösbaren erkenntnistheoreti-

---

22 Zur Bedeutung der Kritik von Kitsuse und Spector für die Entwicklung der Theorie und Empirie sozialer Probleme vgl. Best 2006: 22-23.

schen Widersprüchen führt und damit nicht letztlich eine systematische wissenschaftliche Analyse sozialer Probleme unmöglich macht.

Über diese Frage ist Mitte der achtziger Jahre in der – international dominierenden – englischsprachigen Fachzeitschrift „Social Problems" eine sehr intensive Debatte geführt worden. Ihr Ausgangspunkt war der Aufsatz „Ontological Gerrymandering: The Anatomy of Social Problems Explanations" von Steve Woolgar und Dorothy Pawluch (1985), der im ersten Teil des Titels bereits den zentralen Vorwurf an die konstruktionistische Problemtheorie formulierte: die Manipulation der Grenzen zwischen ontologischer und epistemologischer Untersuchungsebene[23]. Gemeint war damit, dass die konstruktionistische Schule – entsprechend der Vorgaben bei Kitsuse und Spector – *willkürlich* und damit wissenschaftlich unzulässig festlegen würde, welche Bereiche der sozialen Wirklichkeit Gegenstand empirischer Untersuchung (der Problemsoziologie) sein dürften und welche nicht. Im Zentrum der Kritik stand die konstruktionistische Behauptung[24], dass soziale Bedingungen von kollektiven Akteuren – je nach dem Stand des Problemdiskurses – heute so und morgen so beschrieben würden, *ohne dass es entsprechende Änderungen bei den betreffenden sozialen Sachverhalten selbst gegeben hätte*. Dieses Argument würde als Beleg für eine faktisch rein diskursive Bestimmung von Problemlagen benutzt: Wenn sich soziale Sachverhalte nicht wandelten, könnten die empirisch feststellbaren Veränderungen in ihrer Beschreibung nur aus gesellschaftlichen Definitionsprozessen resultieren. Merkwürdig sei dabei nur, dass die Betrachtung *sozialer Tatsachen* aus der empirischen Problemanalyse nach dem konstruktionistischen Modell ausgeschlossen ist, über deren Stabilität oder eine Veränderung im Laufe der Zeit folglich empirisch gar nichts gesagt werden kann. Entsprechend lautete der Vorwurf von Woolgar und Pawluch: Die Vertreter der konstruktionistischen Schule verwenden Sachverhalte, die nach ihrer theoretischen Auffassung soziologisch unzugänglich sind, in ihren empirischen Studien als Kontrollvariable, um damit die eigene Position zu stützen.

Es leuchtet ein, dass die Entscheidung für die Beschränkung der empirischen Untersuchung auf Definitionsprozesse sozialer Probleme nicht damit begründet werden kann, dass sich die sozialen Sachverhalte im Prozess der Thematisierung

---

23 Woolgar und Pawluch schließen hier an den politikwissenschaftlichen Begriff des ‚Gerrymandering' an, der ursprünglich die Manipulation von Wahlergebnissen durch die willkürliche Verschiebung der Grenzen von Wahlkreisen bezeichnet.

24 Woolgar und Pawluch führten diese ‚manipulative Strategie' in ihrem Beitrag zunächst exemplarisch anhand der von Spector und Kitsuse verwendeten Vorannahmen zum Thema ‚Marihuana-Konsum' vor und identifizieren eine entsprechende Vorgehensweise anschließend bei einer Vielzahl konstruktionistischer Fallstudien aus dem englischsprachigen Raum.

gar nicht verändert hätten, wenn gleichzeitig (wie dies zumindest bei Spector und Kitsuse explizit der Fall ist) eine von der Thematisierung unabhängige empirische Untersuchung dieser Sachverhalte aus erkenntnistheoretischen Gründen ausgeschlossen wird (vgl. Albrecht 1990: 16).

Im selben und in den folgenden Heften der Zeitschrift „Social Problems" kamen verschiedene Vertreter der ‚angegriffenen' Schule mit ausführlichen Erwiderungen zu Wort. In manchen der Beiträge (etwa Pfohl 1985, Schneider 1985), wurde die monierte Inkonsistenz der konstruktionistischen Problemtheorie durchaus zugestanden; deren theoretische Grundannahmen wurden jedoch durchweg verteidigt. Die in dieser Debatte von beiden ‚Parteien' vorgebrachten Argumente sind ebenso komplex wie erkenntnis- und wissenschaftstheoretisch schwerwiegend. Es ist nicht möglich und auch nicht nötig, sie an dieser Stelle im Einzelnen nachzuvollziehen[25]; eine ausführliche Darstellung und kritische Würdigung der Diskussionen findet sich bei Schetsche 2000 (18-25).

Unverzichtbar ist hingegen der Verweis auf die Konsequenzen des Streits für die weitere Theorieentwicklung: Ergebnis der Debatte war nicht etwa eine Relativierung der Methodologie der konstruktionistischen Problemanalyse, sondern im Gegenteil der Ruf nach deren Radikalisierung. So schlug Schneider (1985: 233) vor, alle „strukturellen Dimensionen" (einschließlich des Verhältnisses zwischen sozialen Bedingungen und Problemdefinitionen) strikt aus der soziologischen Problemanalyse auszuschließen. In der Folge dieser und ähnlicher Vorschläge differenzierte sich die konstruktionistische Problemsoziologie theoretisch wie in der empirischen Praxis aus. Zu unterscheiden sind heute insbesondere eine radikalere, später meist „strikt" genannte Variante, für die Namen wie Kitsuse, Spector, Ibarra und Schneider[26] stehen, und eine eher moderatere Variante, die

---

25 Erwähnt werden muss hier aber zumindest der Beitrag von Lawrence E. Hazelrigg (1986) in einem späteren Heft der Zeitschrift, weil dieser zwei weiterführende Argumente enthält: (1) In der bisherigen Debatte wäre übersehen worden, dass es der konstruktionistischen Schule gar nicht um die Frage ginge, ob eine von Problematisierern behauptete Bedingung soziologisch auch als *objektive* Bedingung konstatiert werden könnte oder nicht, sondern darum, ob die Bedingung von der Gesellschaft als *problematisch* definiert würde; folglich stünden kollektive Bewertungen, nicht aber mehr oder weniger anerkannte Tatsachenbehauptungen im Zentrum konfligierender Interessen. (2) Die ‚Eigenschaften' sozialer Bedingungen müssten als Ergebnis von Vereinbarungen zwischen sozialen Akteuren verstanden werden; es ginge also beim Streit nicht um ‚Objektivität', sondern um die Frage von Konsens oder Dissens zwischen den beteiligten Akteuren (S. 9-10).

26 Als typisch für die ‚radikale' Position können die Arbeiten von Kitsuse und Spector (1973), Spector und Kitsuse (1977), Ibarra und Kitsuse (1993) sowie J. W. Schneider (1985, 1985a) gelten.

sich in der Nachfolge der Arbeiten von Joel Best herausgebildet hat, und die heute meist als „kontextualer Konstruktionismus" bezeichnet wird (vgl. Nichols 1995: 314, Groenemeyer 1997: 65, Schetsche 2000: 23-25, Best 2006: 25-26). In der letztgenannten Variante wird (im Gegensatz zum strikten Konstruktionismus) sehr wohl nach sozialen Bedingungen gefragt – allerdings nur nach denen, die Akteure dazu bringen, die Existenz eines sozialen Problems zu behaupten. Im Mittelpunkt der Untersuchungen stehen entsprechend die Problemdefinierer *in ihrem sozialen Kontext* (daher der Name der Schule) – wozu allerdings auch Daten über die sozialen Bedingungen gehören können, von denen die Akteure bei ihrer Problematisierung beeinflusst werden (etwa die Kriminalstatistik)[27].

Gerade diese, im englischsprachigen Raum bis heute außerordentlich einflussreiche, kontextuale Variante macht deutlich, dass der von Woolgar und Pawluch benannte Widerspruch von den Vertretern des Konstruktionismus letztlich nicht aufgelöst werden konnte. Für den unvoreingenommenen Beobachter bleibt an dieser Stelle unverständlich, wieso ‚objektive' Daten zwar herangezogen werden dürfen, um die Ausgangsbedingungen und das Umfeld von sozialen Akteuren zu beschreiben, nicht aber dazu, die sozialen Bedingungen selbst zu bestimmen. Auch die Interpretation Hazelriggs (1986), es gehe den Konstruktionisten bei den ‚behaupteten Bedingungen' gar nicht um die Frage, ob diese selbst real seien, sondern darum, ob sie wirklich problematisch (im Sinne einer *Beurteilung* des Sachverhalts) seien, kann den Widerspruch nicht lösen. Es bleibt weiterhin zu fragen, ob die sozialen Bedingungen, über die Akteure Aussagen treffen, von der Problemsoziologie mit in die Analyse einbezogen werden *können und sollen*.

Die objektivistische Schule lehrt bis heute, dass soziale Probleme ohne Berücksichtigung der *sozialen Bedingungen*, die allen Thematisierungen der kollektiven Akteure zugrunde liegen, wissenschaftlich nicht zu verstehen sind. Die konstruktionistische Schule hingegen[28] behauptet weiterhin, dass solche Bedingungen erstens nicht nur für die Erklärung der Entstehung sozialer Probleme weitgehend irrelevant seien, sondern dass sie zweitens von der Soziologie auch gar nicht unabhängig von den Thematisierungen untersucht werden *könnten*. Diese beiden konstruktionistischen Behauptungen unterscheiden sich insofern funda-

---

27 Daten dieser Art dienen lediglich dazu, um die Ausgangsbedingungen einer Thematisierung zu beschreiben, nicht jedoch die problematisierten Bedingungen selbst (vgl. Best 1995: 6; entsprechend argumentiert Peters 2002: 90).

28 Die Unnachgiebigkeit beider Positionen zeigt sich etwa in der Gegenüberstellung der Beiträge von Best (2006) und Steinert (2006), die sich beide in dem Schwerpunktheft der Zeitschrift „Soziale Probleme" finden, dass zum 30. Jahrestag der Gründung der Sektion ‚Soziale Probleme und soziale Kontrolle' (in der Deutschen Gesellschaft für Soziologie) herausgegeben wurde.

mental, als erstere eine Hypothese ist, die empirisch überprüft werden müsste, sie dies jedoch nur könnte, wenn die zweite Behauptung falsch sein sollte. Tatsächlich immunisierte die letztere Behauptung, wenn sie denn richtig wäre, die erstere weitgehend gegen Falsifizierung (die Relevanz der sozialen Bedingungen für die Thematisierung könnte ja nur nachgewiesen werden, wenn diese unabhängig vom Thematisierungsprozess empirisch untersucht werden könnten). Allerdings handelt es sich bei der zweiten Behauptung – im Gegensatz zur ersten – um eine axiomatische Grundannahme, die (zumindest nach konstruktionistischem Verständnis) jeder empirischen Prüfung entzogen ist.

Im Rahmen der klassischen Formulierung der konstruktionistischen Problemtheorie, wie man sie bei Kitsuse und Spector findet, lässt sich dem Einwand von Woolgar und Pawluch letztlich nicht beggenen. Dies mag einer der Gründe dafür sein, dass sich das neue problemsoziologische Paradigma trotz aller Überzeugungskraft der in ihm formulierten Kritik am traditionellen Verständnis sozialer Probleme bis heute nicht vollständig durchgesetzt hat. Zwar dominieren die verschiedenen Varianten des konstruktionistischen Verständnisses inzwischen in der US-amerikanischen Soziologie; in anderen Ländern, nicht nur im deutschsprachigen Raum, finden sich bis in die jüngste Vergangenheit aber erhebliche Vorbehalte gegen diese Sichtweise[29].

Bei seiner Bestandsaufnahme der Theoriebildung konnte Gunter Albrecht (1990) zwar konstatieren, dass die klassische objektivistische Position aus empirischen, aber auch aus erkenntnistheoretischen Gründen letztlich nicht haltbar sei. Gleichzeitig jedoch bescheinigte er der konstruktionistischen Theorie erhebliche Mängel und Widersprüchlichkeiten. In seinem Fazit forderte der deutsche Problemsoziologe, den „Streit" zwischen den Schulen für die weitere Theoriebildung fruchtbar zu machen und den Versuch zu unternehmen, die Spaltung der Problemsoziologie durch *integrierende* theoretische Konzepte zu überwinden.

Tatsächlich hatte es solche Integrationsversuche bereits seit den siebziger Jahren des vergangenen Jahrhunderts gegeben (etwa Hartjen 1977, Giesen 1983, Schneider 1985, Jones/McFalls/Gallagher 1989[30]). Sie alle basierten auf der Annahme, dass die theoretischen Unterschiede zwischen den konkurrierenden Schulen letztlich gar nicht so gravierend wären, wie es auf den ersten Blick schien. Hoffnung machte dabei insbesondere die Beobachtung, dass sich nicht

---

29 Eine Übersicht über die aktuellen Debatten aus deutscher Sicht liefern das genannte Schwerpunktheft der Zeitschrift „Soziale Probleme" (siehe vorherige Fußnote); vgl. hierzu auch Schmidt (2008).
30 Eine kritische Übersicht findet sich bei Schetsche (2000: 26-29).

nur beim Begründer des Definitionsansatzes, Herbert Blumer[31], sondern auch in der klassischen Arbeit von Richard C. Fuller und Richard R. Myers, auf die sich die Anführer der ‚sozial-konstruktivistischen Revolte', Kitsuse und Spector, explizit berufen hatten, eine Art ‚theoretischer Dualismus' finden lässt, der sowohl objektivistische wie auch konstruktionistische Perspektiven zum Zug kommen lässt (vgl. Albrechts 1990: 8). Es schien deshalb lange Zeit durchaus möglich, zu einer theoretischen Beschreibung sozialer Probleme zu kommen, welche die Vorzüge beider Positionen miteinander vereint, ohne dabei die jeweiligen Mängel mit übernehmen zu müssen.

Die Realisierung dieser Idee erwies sich in der Praxis jedoch schwieriger als erhofft. Verdeutlicht werden kann dies an den Vorschlägen von Hartjen (1977) und Jones/McFalls/Gallagher (1989) sowie an den Anregungen des deutschen Soziologen Giesen (1983). Hartjen schließt argumentativ unmittelbar an die klassische Arbeit von Fuller und Myers (1941, 1941a) an, in dem er notwendige von hinreichenden Bedingungen für die Entstehung sozialer Probleme unterscheidet. Erstere bestehen für den Autor in Veränderungsinteressen sozialer Gruppen, die sich auf deren reale Lebensbedingungen beziehen, Letztere hingegen in der Fähigkeit dieser Gruppen, diesen Interessen öffentlich Geltung zu verschaffen[32]. Die Beziehung zwischen Lebensbedingungen und öffentlicher Thematisierung stehen auch im Mittelpunkt der Betrachtung von Jones/McFalls/Gallagher (1989). Während die strukturelle Beziehung zwischen den beiden ‚Komponenten' eines sozialen Problems bei Hartjen letztlich unbestimmt bleibt, stellen Jones u. a. eine systematische Verbindung her: Als ‚Vermittler' zwischen realen Lebensbedingungen und öffentlichen Diskursen fungierten „scientific facts", welche einerseits die Realitätswahrnehmung der Gesellschaftsmitglieder bestimmen, andererseits aber auch das Referenzwissen für die Problemakteure liefern.

Etwas ausführlicher soll auf einen Beitrag von Bernhard Giesen eingegangen werden, der weiterführende Vorschläge zur Lösung der geschilderten Widersprüche und Gegensätzlichkeiten enthält. In seinem Beitrag für die „Kölner Zeitschrift für Soziologie und Sozialpsychologie" stimmt Giesen (1983) zwar grundsätzlich der konstruktionistischen Idee zu, dass bei der öffentlichen Wahrnehmung und staatlichen Anerkennung sozialer Probleme gesellschaftliche Definitionsprozesse eine wichtige Rolle spielen, er wendet sich gleichzeitig jedoch gegen die Vor-

---

[31] Die Ausführungen bei Blumer (1971: 305) sind dabei so zu verstehen, dass er soziale Probleme zwar nicht nur, aber eben auch als objektive soziale Bedingungen interpretiert (vgl. Albrecht 1990: 7).

[32] Zu einer ausführlichen Darstellung und Kritik des Modells von Hartjen vgl. Groenemeyer (1999: 114-120).

stellung der *Beliebigkeit* solcher Problematisierungen[33]. Nach seiner Auffassung sind den beteiligten Akteuren bei der Definition gesellschaftlicher Problemlagen *gewisse Grenzen* gesetzt, Grenzen, die weniger aus der Knappheit der zur Problembekämpfung einsetzbaren Ressourcen resultieren, als vielmehr aus der Notwendigkeit, die Öffentlichkeit für einen Kampf gegen das neue Problem zu mobilisieren. Eine solche Mobilisierung ist für Giesen nur auf der Grundlage bereits *vorhandener gesellschaftlicher Überzeugungen* möglich. Sozial akzeptierbare (weil an bisheriges Wissen anschlussfähige) *Deutungen* bilden für ihn den von Problematisierern nicht überschreitbaren Rahmen dessen, was in der Gesellschaft als Störung der Sozialordnung vorstellbar ist[34]. Nach Giesens Auffassung bilden derartige Deutungen die Lebenslagen von Betroffenen ideell ab, basieren also auf sozialen Bedingungen und Strukturen, die von ihm (wie von den Objektivisten) als real existierend vorausgesetzt werden. Limitierende Auswirkungen auf den tatsächlichen Definitionsprozess eines Problems entfalten diese Bedingungen jedoch nur *vermittelt* über gesellschaftlich dominierende Deutungen: „Die Kontingenz der Definitionen sozialer Problemlagen wird dabei nicht einfach durch die materielle Objektivität einer Notlage, sondern durch eine weltbildspezifische ‚Logik' der Erklärung, Reaktion und Bearbeitung sozialer Problemlagen beschränkt" (S. 231).

Giesens Beitrag kann, obwohl er von ihm explizit nicht so bezeichnet wird, als erste Skizze eines primär *wissenssoziologischen* Verständnisses sozialer Probleme angesehen werden – ein Verständnis, das einerseits Vorstellungen der objektivistischen wie der konstruktionistischen Problemtheorie aufnimmt, andererseits durch einen innovativen Perspektivenwechsel über deren bisherigen theoretischen Horizont hinausweist[35]. Die Grundidee dabei ist, dass Lebenslagen, so real sie auch immer sein mögen, die Thematisierung sozialer Probleme gar nicht unmittelbar verursachen können, weil sie – von Betroffenen wie von Akteuren – erst auf Basis spezifischer (bereits vor der öffentlichen Thematisierung des Problems vorhandener) *Deutungsschemata* als etwas Besonderes, eben als ‚problematisch' bestimmt bzw. wahrgenommen werden *können*. Diese Schemata wiederum werden nicht monokausal von den sozialen Lebensbedingungen hervorgebracht, son-

---

33 Ähnlich argumentiert auch Peters (2002: 99): „Um also die Wirklichkeit sozialer zu erkunden, muss man ermitteln, welche Sachverhalte Menschen für soziale Probleme halten. Und dies – wie wir gesehen hatten – versucht die Soziologie sozialer Probleme. Dabei stößt sie auf bestimmte Problemhäufigkeiten, die ihr die Annahme nahe legen, dass Probleme nicht beliebig definiert werden."

34 Ein ähnlicher Vorschlag findet sich einige Jahre später bei Scheerer (1993: 79-80).

35 Eine Kritik an Giesens Problemverständnis aus konstruktionistischer Perspektive liefert Peters (2002: 68-69).

dern hängen lediglich mit diesen zusammen. Auch wenn in Giesens Aufsatz nicht geklärt wird, in welcher Weise genau sie dies tun, sind die Konsequenzen doch umso klarer: Der Formulierung von Problemdeutungen sind durch *gesellschaftlich bereits anerkannte Wissensbestände* Grenzen gesetzt – erst sie verknüpfen Lebenslagen und Problematisierungen miteinander und bestimmen, welches von Akteuren behauptete Problem gesellschaftliche Anerkennung erlangen kann und welches nicht.

4 Strukturelle Differenzen der konkurrierenden Theorien

Der Vorschlag von Giesen wurde in der der deutsch- wie in der englischsprachigen Soziologie weitgehend übersehen bzw. ignoriert. Aber auch wenn dies nicht so gewesen wäre, hätte es an den grundsätzlichen Reaktionen der verfeindeten theoretischen Lager auf solche und ähnliche ‚Vermittlungsversuche' kaum etwas geändert. Auf Seiten der Vertreter der konstruktionistischen Schule wird stets kritisiert, dass der, seit Blumer bzw. Kitsuse und Spector wiederholt formulierte, zentrale theoretische Einwand gegen die objektivistische Wahrnehmung sozialer Probleme von Integrationsversuchen der geschilderten Art nicht ausreichend berücksichtigt wird: die These, dass die Wahrnehmung sozialer Sachverhalte (eben z. B. die Sichtbarkeit von Schäden) *weniger die Ursache als die Folge* gesellschaftlicher Thematisierung eines Problems ist. Die als Vermittlungsversuche vorgelegten Modelle würden allesamt nicht erklären, wie die notwendigen Kriterien zur Ermittlung ‚objektiver Bedingungen' und ‚kollektiver Wertvorstellungen' von der Soziologie gewonnen werden könnten, ohne dass dieses Wissen von der Thematisierung selbst beeinflusst wäre (vgl. Woolgar/Pawluch 1985a: 160). Aus dieser Perspektive ist es durchaus verständlich, wenn Integrationsversuche der geschilderten Art von Joel Best (1995: 338), bis heute einer der Hauptvertreter der konstruktionistischen Position, als reine Lippenbekenntnisse ‚der Objektivisten' abgetan werden, als Versuche, sich in der Empirie der Vorzüge einer konstruktionistischen Analyse zu bedienen, ohne die eigene objektivistische Position theoretisch aufgeben zu müssen.

Diese Kompromisslosigkeit signalisierende Zurückweisung aller Integrationsversuche durch den langjährigen Herausgeber der theoretisch äußerst einflussreichen Fachzeitschrift „Social Problems" ist allerdings auch mit dafür verantwortlich, dass seit Beginn der neunziger Jahre auf Seiten der ‚Konstruktionisten' kaum noch Interesse bestand, die Spaltung der Problemsoziologie zu überwinden. Auf der ‚anderen Seite', im Lager der Verfechter einer objektivistischen Problemtheorie, sah (und sieht) es allerdings nicht viel anders aus. Im deutschsprachigen Raum war es Ende der neunziger Jahre insbesondere Axel Groenemeyer (1997), der die bereits im Jahrzehnt davor von Heinz Steinert (1981) und Hans Haferkamp (1987) vorgetragene objektivistische Kritik am konstruktionistischen Verständnis systematisierte und auf den neuesten Stand brachte. Auch wenn Groenemeyer an verschiedenen Stellen für eine Integration der beiden Problemparadigmen plädiert und gelegentlich sogar von einem „Doppelcharakter" sozialer Probleme spricht, bleibt die objektivistische Ausrichtung seiner Argumentation doch unübersehbar. Die von der konstruktionistischen Schule untersuchte Problemkarriere ist für den Autor lediglich ein *Reflex struktureller Bedingungen*, nicht aber ein eigenständiges Feld sozialer Prozesse (mit eben symbolischem Charakter). Soziale Probleme werden nach Groenemeyer (1997: 12 – Hervorh. von M. Sch.) einerseits zwar „von Akteuren in einem Konstruktionsprozeß in jeweils spezifischer Weise definiert und dadurch überhaupt erst geschaffen, andererseits *liegen* diesem Konstruktionsprozeß kulturelle und gesellschaftsstrukturelle Bedingungen *zugrunde*, die Definitionsaktivitäten sowohl ermöglichen als auch ihre Ausprägung begrenzen (...) Die Analyse der gesellschaftlichen Konstitution ‚sozialer Probleme' thematisiert also die Entstehungs- und Entwicklungsbedingungen der gesellschaftlichen Strukturen und des sozialen Wandels ebenso wie *dessen Verarbeitung* in der Entwicklung und Anwendung kultureller Muster und gesellschaftlicher Praktiken."

Nach konstruktionistischem Verständnis ist die Problemsoziologie keine Soziologie *der* Armut, *der* Obdachlosigkeit oder *des* Drogenkonsums, sie soll vielmehr beschreiben, wie soziale Probleme *generell* in modernen Gesellschaften entstehen, wie ihre Karrieren verlaufen, wie sie bekämpft und vielleicht auch gelöst werden (vgl. Peters 2002: 7-10). Und wenn sie ihre Ziele hoch steckt, versucht sie dabei gleichzeitig zu *erklären*, warum kollektive Akteure Probleme auf eine bestimmte Weise definieren, weshalb manche Problemwahrnehmungen öffentlich erfolgreicher sind als andere und wieso staatliche Instanzen die Verantwortung für die Problemlösung im einen Fall übernehmen und im anderen nicht. Gegenstand dieses Teilbereichs der Soziologie sind also nicht die sozialen Sachverhalte, die von den lebensweltlichen Akteuren in den Mittelpunkt ihrer Problemdeutungen gerückt werden, sondern die sozialen Prozesse, in denen jene Problemwahrnehmungen konstituiert werden. Vertreter der objektivistischen Position (wie Hans Haferkamp, Heinz Steinert oder Axel Groenemeyer) können sich mit einer solche ‚Selbstbeschränkung' nicht zufrieden geben. Nach ihrem Verständnis hat die Problemsoziologie die Aufgabe (und die sozialethische Pflicht), in gesellschaftlichen Auseinandersetzungen Partei zu ergreifen, in dem sie ‚inakzeptable Lebenslagen' als solche benennt, die Parameter ihrer Entstehung und Entwicklung untersucht und damit auch einen (sozialpolitisch mehr oder weniger schwergewichtigen) Beitrag zur Problembekämpfung leistet. Mit der letzten Feststellung ist ein gesellschaftspolitischer Hintergrund angesprochen, der bei der Gegenüberstellung der beiden konkurrierenden Schulen in der Literatur meist ausgeblendet wird – und dies zu recht, weil er das nachdrückliche Engagement von Problemsoziologen (und Problemsoziologinnen) für die eine oder für die andere Position zwar im Einzelfall motivational durchaus nachvollziehbar zu erklären vermag, die generelle Frage nach den Gründen für die Entstehung der theoretischen Spaltung jedoch nicht beantwortet. Um dieser Frage näher zu kommen, ist es hilfreicher, sich die *theoretischen* Unterschiede zwischen dem objektivistischen und dem konstruktionistischen Verständnis noch einmal in der Zusammenschau zu vergegenwärtigen. Es finden sich dann im Wesentlichen sieben strittige Fragen[36]:

(1) *Die Frage der Problemdefinition*: Die objektivistische Problemtheorie (dies wurde oben am Beispiel Mertons beschrieben) geht von der Annahme aus, dass es zweifelsfrei konstatierbare Diskrepanzen zwischen sozialethischen Standards und der sozialen Realität einer Gesellschaft gibt, Diskrepanzen die von der Soziologie wissenschaftlich festgestellt werden können. Wenn eine solche Abweichung soziale Ursachen hat und im Rahmen der bestehenden Gesellschaft prinzipiell beseitigt werden kann, liegt – qua Feststellung durch soziologische Experten – ein soziales Problem vor. Nach Auffassung der konstruktionistischen Schule hingegen (siehe Blumer und Kitsuse/Spector) sind soziale Probleme Produkt gesellschaftlicher (nicht soziologischer!) Definitionsprozesse: Wenn kollektive Akteure erfolgreich die Existenz eines sozialen Problems behaupten und dieses durch gesellschaftliche Praxen im Alltag anerkannt und reproduziert wird, existiert das Problem auch – und zwar unabhängig von der Frage, was es mit den sozialen Sachverhalten auf sich hat, auf die es sich (vermeintlich) bezieht. Nach dieser Auffassung sind soziale Probleme nur in Form des Prozesses zu analysieren, in dem die betreffenden Problemwahrnehmungen diskursiv erzeugt und durchgesetzt werden. Etwas philosophischer gesprochen: Für die objektivistische Position sind soziale Probleme eher ontisch, für die konstruktionistische Position hingegen eher epistemisch verankerte Phänomene[37].

---

36 Redundanzen zwischen den bisherigen und den folgenden Darstellungen sind didaktischen Überlegungen geschuldet.

37 Wobei klar sein sollte, dass solche Unterscheidungen bei dem von Menschen gemachten (also gesellschaftlichen) Teil der Realität nicht die gleiche erkenntnistheoretische Trennschärfe aufweisen wie in der so genannten natürlichen Welt.

(2) *Die Frage nach möglichen Erfolgsfaktoren*: In objektivistischer Betrachtung hängt der Erfolg oder Misserfolg der öffentlichen Thematisierung eines sozialen Problems auf den ersten Blick nur von objektiv messbaren Faktoren ab, etwa der Zahl der Betroffenen, der Massivität der verursachten Schäden oder vom Ausmaß der Diskrepanz zwischen Werteordnung und realen Lebenslagen. Zum Problem können nur soziale Lebenslagen werden, bei denen diese Faktoren eine (theoretisch jedoch nicht näher bestimmte) Schwelle des Inakzeptablen überschreiten. Wie Merton, einer der Väter der objektivistischen Problemtheorie, anmerkt, sind die Vorstellungen der Öffentlichkeit über soziale Probleme jedoch „oft ungeheuer falsch aus Gründen, die wir gerade zu verstehen beginnen" (Merton 1975: 122) – entsprechend müsste es Aufgabe der Problemsoziologie sein, den Ursachen dieser kollektiven Fehlwahrnehmungen nachzugehen. Differenzen zwischen der wirklichen Problemlage und der öffentlichen Wahrnehmung können sich nach dieser Auffassung sowohl in latenten Problemen wie in Scheinproblemen niederschlagen. Dass weder die Anzahl der Betroffenen noch das Ausmaß der Konsequenzen Gewähr dafür bieten, dass ein Sachverhalt zu einem anerkannten sozialen Problem wird oder nicht, gilt auf konstruktionistischer Seite geradezu als Beleg für die Unangemessenheit der objektivistischen Problembeschreibung (vgl. Hilgartner/ Bosk 1988: 54-58). Die konstruktionistische Problemanalyse untersucht, gemäß der von ihr verwendeten Problemdefinition, ausschließlich Thematisierungen, die gesellschaftlich erfolgreich waren oder sind. Die Beschreibung einer gelungenen Problematisierung sagt dabei nichts darüber aus, ob es bereits zu früheren Zeitpunkten erfolglose Versuche einer entsprechenden Thematisierung gegeben hat. Und da dies in der Regel auch nicht empirisch untersucht wird, können Gründe für die erfolgreiche Problematisierung zu einem bestimmten Zeitpunkt nicht geliefert werden. In dieser Grundsätzlichkeit gilt dies jedoch nur für den strikten Konstruktionismus; die kontextuale Variante hat es sich hingegen zur Aufgabe gemacht, Erfolgsparameter sozialer Probleme zu untersuchen; dabei stehen regelmäßig die sozialen Ressourcen der beteiligten Akteure im Mittelpunkt des Interesses.

(3) *Die Frage der Prozesshaftigkeit*: Entsprechend ihrer Problemdefinition tritt die objektivistische Schule mit der Forderung an, die Entwicklung der Diskrepanzen zwischen sozialen Standards und realen Lebensbedingungen in den verschiedensten Bereichen und für diverse Gesellschaften über mehr oder weniger längere Zeiträume empirisch zu untersuchen (vgl. Groenemeyer 1997: passim). Dabei können die konstatierten Diskrepanzen sich im Laufe der Zeit verstärken oder verringern, auch sind zyklische Verläufe vorstellbar, die Notlagen in mehr oder regelmäßigen Abständen entstehen und wieder verschwinden lassen. In der klassischen konstruktionistischen Problemanalyse wird hingegen nur der – mehr

oder weniger lineare – Karriereverlauf einer singulären Thematisierung untersucht; ‚Vorläuferprobleme' oder die Möglichkeit zeitlich versetzter Mehrfach-Thematisierungen bleiben ausgeblendet[38]. Generell gilt, dass sich aus konstruktionistischer Perspektive ein als Problemursache postulierter sozialer Wandel nur in Form von Veränderungen bei gesellschaftlich dominierenden Deutungsmustern oder kollektiven Einstellungen niederschlägt, nicht aber in der Veränderung ‚objektiver Faktoren' – Feststellungen in der Gesellschaft hinsichtlich des letzteren Wandels werden vielmehr als Ergebnis von Thematisierungsprozessen gedeutet. Zumindest für die Schule des strikten Konstruktionismus haben Kitsuse und Spector (1973) unmissverständlich deutlich gemacht, dass die Beobachtung sozialer Wandlungsprozesse mittels ‚Messapparaturen' und Wertmaßstäben erfolgt, die von gesellschaftlichen Übereinkünften – und damit auch wiederum von Thematisierungen – abhängen. (Dieser Aspekt stand im Mittelpunkt der oben ausführlich dargestellten ‚Ontological gerrymandering'-Debatte.)

(4) *Die Frage der Bewertung*: Ausgangspunkt der objektivistischen Bestimmung sozialer Probleme ist die Diskrepanz zwischen realen Lebensbedingungen gesellschaftlicher Gruppen und der (als gegeben vorausgesetzten) gesellschaftlichen Werteordnung. Aus dieser Problemdefinition ergibt sich gleichsam automatisch ein sozialethisches Unwerturteil hinsichtlich der benannten Bedingungen: Nur weil sie gegen gesellschaftlich anerkannte Werte verstoßen, handelt es sich überhaupt um soziale Probleme. Aus diesem unmittelbaren (definitorischen) Zusammenhang wird von manchen Problemsoziologen entsprechend gefolgert, dass – zumindest im Wohlfahrtsstaat – politische Maßnahmen zur Bekämpfung sozialer Probleme ganz fraglos ergriffen werden müssen. Aus der konstruktionistischen Problembeschreibung ergeben sich demgegenüber keinerlei Maßstäbe für eine ethische bzw. politische Beurteilung sozialer Probleme. Dass es diese nicht geben kann, ist im Gegenteil sogar einer der Ausgangspunkte für die Entwicklung der konstruktionistischen Problemtheorie. Von Beginn an wurde postuliert, dass ‚Schwere und Bedeutung' von Problemlagen (also die aus Bewertungsoperationen gezogenen Konsequenzen) nicht darüber entscheiden, ob ein Sachverhalt zu einem anerkannten sozialen Problem wird oder nicht. Allerdings lässt sich diese axiomatische Annahme nicht überprüfen – zumindest nicht im Rahmen des strikt konstruktionistischen Modells, weil dem soziologischen Beobachter hier keine Bewertungen vorliegen können, die unabhängig vom Thematisierungs-

---

38   Erst Schetsche (1996: 29-33) hat im Kontext des unten noch vorzustellenden Kokonmodells sozialer Probleme vorgeschlagen, die Vorstellung einer linearen Entwicklung von Problemkarrieren durch ein Stufenmodell mit *auf- und absteigenden* Phasenübergängen zu ersetzen.

prozess sind. Konstatierbare ‚Schäden' bei den so genannten Betroffenen können nach diesem Modell deshalb nicht nur als quasi natürliche Konsequenz einer objektiven Lebenslage, sondern ebenso gut als Folge einer spezifischen Problematisierung bzw. der auf ihr aufbauenden institutionalisierten Bekämpfungspraxis interpretiert werden39. Nach diesem Verständnis geht also auch bei sozialen Problemen das Wissen stets der Bewertung voraus (vgl. Berger/Luckmann 1991: 100).

(5) *Die Frage nach ‚latenten Problemen':* Nach objektivistischem Verständnis ist eine der wichtigsten Aufgaben der Soziologie die Identifizierung ‚latenter Probleme', also der Problemlagen, die zwar objektiv vorhanden sind, von der Gesellschaft aber noch nicht als solche erkannt bzw. anerkannt worden sind. Voraussetzung ist hier, dass die Soziologie mittels ihrer wissenschaftlichen Methoden solche sozial noch ‚unentdeckten' Probleme zweifelsfrei zu konstatieren vermag. Blumers (1971) erster Einwand gegen die objektivistische Problemtheorie kritisierte diese Idee explizit. In seinem Beitrag zeigte er anhand von Beispielen letztlich jedoch nur auf, dass sich die soziologische Bestimmung eines sozialen Problems in manchen historischen Fällen empirisch nachweisbar an der öffentlichen Wahrnehmung orientierte. Erst Kitsuse und Spector (1973) führten ein generelles Argumente dafür an, dass eine Bestimmung sozialer Probleme durch die Wissenschaft nicht vor deren gesellschaftlicher Thematisierung erfolgen kann: Die Soziologie könne keine objektiven Aussagen über das Vorliegen bestimmter sozialer Sachverhalte oder gar über deren Widerspruch zu gesellschaftlichen Werten treffen, da der Wahrheitsgehalt solcher Behauptungen nicht empirisch verifizierbar sei. Grund dieser Unüberprüfbarkeit sei die Tatsache, dass solche Analysen stets von Instrumenten und Techniken abhingen, über deren Einsatz und Gültigkeit gemeinsam von Wissenschaftlern und anderen Mitgliedern der Gesellschaft beschlossen würde. Auch die Kriterien zur Messung der ‚objektiven Bedingungen' seien Ergebnis gesellschaftlicher Definitions- und Entscheidungsprozesse, wären mithin vom Stand der öffentlichen Thematisierung des Problems abhängig und gingen dieser nicht voraus.

(6) *Die Frage nach ‚Scheinproblemen':* Ebenso wie die objektivistische Soziologie nach eigener Auffassung latente Probleme identifizieren kann, sieht sie sich auch als befähigt und legitimiert an, öffentliche Thematisierungen als „Scheinprobleme" zu entlarven, wenn keine Diskrepanz zwischen Werteordnung und realen

---

39 Für Kausalbehauptungen der letztgenannten Art lassen sich auch bei objektivistischer Betrachtung eine ganze Reihe von Beispielen anführen; als exemplarisch kann hier etwa das bis in die zweite Hälfte des 20. Jahrhunderts als schwerwiegend betrachtete Problem der kindlichen Onanie angesehen werden (vgl. Schetsche 1993: 18-79 und Schetsche/Schmidt 1996).

Lebenslagen vorliegt. Beide Fähigkeiten ergeben sich in gleicher Weise aus einem (angenommenen) bevorzugten Beobachterstatus der Soziologie gegenüber den gesellschaftlichen Instanzen und beide setzen voraus, dass über den Wahrheitsgehalt von Problemdefinitionen objektiv entschieden werden kann, die Soziologie also über Wahrheitskriterien verfüge, die unabhängig von der Thematisierung sind. Und genau dies wird von der konstruktionistischen Position bestritten: Konstitutiv für diese Perspektive – die Darlegungen von Kitsuse und Spector 1973 sind hinsichtlich dieser Frage völlig unmissverständlich – ist die Annahme, dass die Soziologie grundsätzlich nicht in der Lage ist, Informationen über die ‚Sachverhalte' unabhängig vom Thematisierungsprozess zu gewinnen. Folglich kann und muss die Soziologie als soziales Problem stets nur das ansprechen, was in der und von der Gesellschaft als solches angesehen wird. Jede problemförmige Thematisierung, soweit sie denn leidlich erfolgreich ist[40], konstituiert deshalb ein soziales Problem – ein Problem, das anschließend Gegenstand problemsoziologischer Untersuchungen werden kann. Die Frage nach sachlich unangemessenen Problematisierungen stellt sich aus dieser Perspektive deshalb erst gar nicht.

(7) *Die Frage nach der Rolle der Soziologie*: Die Diskussion der Rolle von ‚latenten Problemen' und ‚Scheinproblemen' führt auf die Spur der wohl grundlegendsten Differenz zwischen den beiden konkurrierenden Schulen. Die Definitionsmacht über die ‚soziale Probleme' genannten gesellschaftlichen Phänomene wird von den Objektivisten eindeutig der Soziologie, von den Konstruktivisten hingegen ebenso eindeutig den lebensweltlichen Akteuren zugewiesen. Die objektivistische Position unterstellt der Soziologie einen bevorzugten Beobachterstatus. Aus ihm resultiert der Anspruch, Scheinprobleme ebenso zurückweisen wie objektiv konstatierbare „problematische Sachverhalte" vor deren gesellschaftlicher Thematisierung als latente soziale Probleme identifizieren zu können. Wenn sie Letzteres im Einzelfall tatsächlich tut, macht die objektivistische Soziologie sich aus konstruktivistischer Sicht jedoch zum gesellschaftlichen Akteur, der eine Problemwahrnehmung zu konstituieren und gesellschaftlich durchzusetzen versucht. Mit anderen Worten: Für die konstruktionistische Schule ‚entdeckt' die objektivistische Soziologie, wenn sie latente Probleme thematisiert, diese nicht, sondern sie bringt sie als das, was sie nun sind, überhaupt erst in die Welt. Dabei wird – deutlich ist dies in Blumers (1971) Kritik – nicht geleugnet, dass die So-

---

40 Dreyer und Schade (1992) konnten zeigen, dass bei konstruktionistischen Analysen tatsächlich nicht nur Probleme untersucht werden, die erfolgreich einen Großteil der theoretisch postulierten Karrierephasen durchlaufen haben. Vielmehr genügt regelmäßig das Erreichen der ersten Stufe der Problemwahrnehmung (vgl. Kapitel 1 von Teil II), damit eine Untersuchungsmöglichkeit gegeben ist (vorausgesetzt ist allerdings stets das Vorhandensein eines primären Akteurs).

ziologie ein Thematisierer mit besonderer Macht ist; es wird vielmehr behauptet, dass sie sich zu einem sozialen Akteur unter vielen anderen macht, wenn sie im öffentlichen ihre eigenen Problemdefinitionen feilbietet. Weil der spezifische Expertenstatus der Soziologen dadurch verloren geht, legen die meisten Vertreter der konstruktivistischen Schule Wert darauf, sich als Problemsoziologen nicht an gesellschaftlichen Problematisierungen zu beteiligen und soziale Probleme (in ihrem Verständnis: die Problematisierung) möglichst nur ex post factum zum Gegenstand ihrer Analysen zu machen.

Tabelle 1 Differenzen der konkurrierenden Theorien (nach: Schetsche 2000)

Streitpunkt/**Problemtheorie**	**objektivistische**	**konstruktionistische**
Grundlage von Problematisierungen	objektiv konstatierbare Lebenslagen und Werteordnungen	Problemdefinitionen/ gesellschaftliche Diskurse
Erfolgsfaktoren von Problemwahrnehmungen	objektive messbare Faktoren (etwa Schwere der Schäden, Zahl der Betroffenen)	(nur in der kontextualen Variante: soziale Ressourcen von Akteuren)
untersuchte Prozesshaftigkeit	langfristiger sozialer Wandel	Thematisierungen in Form singulärer Problemkarrieren
Ethische Bewertung	Maßstab: objektive Schwere und Bedeutung von Problemlagen	prinzipiell nicht möglich
problematische, noch nicht problematisierte Bedingungen	als ‚latente Probleme' wichtiger Gegenstand der Problemsoziologie	Untersuchung per Definition ausgeschlossen
problematisierte, aber nicht problematische Sachverhalte	soziologische Identifizierung von ‚Scheinproblemen'	alle Probleme sind in gleicher Weise ‚konstruiert'
die Rolle der Soziologie	problemspezifischer Expertenstatus aufgrund der Überlegenheit soziologischen Wissens	allgemeiner Expertenstatus, solange keine Beteiligung an Problematisierungen erfolgt

Dieses Bestreben lässt sich gänzlich nur in ‚historischen' Fällen realisieren, wird jedoch kontrafaktisch, wenn es um aktuell in einer Gesellschaft diskutierte Probleme geht. Allgemeine Feststellungen über die ‚Konstruiertheit' eines sozialen

Problems, wie spezifische Behauptungen etwa über die Eigeninteressen bestimmter Akteure, werden von den Beteiligten – ob dies beabsichtigt ist oder nicht – stets als Delegitimierung ihrer (nach eigener Überzeugung berechtigten) Kritik an gesellschaftlichen Zuständen verstanden. Aus lebensweltlicher Sicht erscheint deshalb die objektivistische Problemsoziologie ebenso als gleichsam natürlicher Verbündeter der Problematisierer (etwa sozialer Bewegungen) wie die konstruktionistische Problemsoziologie als deren Gegner – perspektivisch verständliche Zuschreibungen, die in der soziologischen Analyse erst dann prekär werden, wenn sie von den Soziologen und Soziologinnen selbst unreflektiert perpetuiert werden.

Wenn man von dieser Zusammenschau ausgeht, lassen sich die zentralen Unterschiede im theoretischen wie im gesellschaftspolitischen Verständnis sozialer Probleme zwischen den beiden konkurrierenden Schulen in Form einer Tabelle mit sieben zentralen Streitpunkten gegenüberstellen.

5 Die Erklärung der theoretischen Spaltung der Problemsoziologie

Die Gegenüberstellung in Tabelle 1 sollte deutlich gemacht haben, dass der Streit zwischen den beiden Schulen letztlich auf die Existenz zweier weitgehend voneinander unabhängigen theoretischen ‚Welten' verweist, Denkwelten, in denen soziale Probleme auf extrem unterschiedliche und *nicht miteinander vereinbare Weise* definiert, interpretiert und analysiert werden. Diese Unvereinbarkeit haben auch die (oben vorgestellten) Integrationsversuche zu spüren bekommen. Letztlich mussten sie theoretisch scheitern. Dies führt fast automatisch zu der Frage, wie es zu dieser Spaltung der Problemsoziologie kommen konnte, also welches genau ihre *Ursache* ist.

Auf den ersten Blick scheinen die beschriebenen Differenzen der traditionellen Spaltung in Mikro- und Makrosoziologie zu entsprechen (vgl. Groenemeyer 1997: 10). Richtig an dieser Überlegung ist, dass die ursprüngliche Kritik am objektivistischen Ansatz (am deutlichsten wird dies bei Herbert Blumer) sich mancher aus dem symbolischen Interaktionismus stammender Argumente bediente. Spätestens mit der Radikalisierung der Position durch Kitsuse und Spector wurde jedoch klar, dass die zentrale theoretische Referenz der Kritik das *sozial-konstruktivistische Paradigma* ist. Im Mittelpunkt dieses, von Berger und Luckmann (1966/1991) begründeten Verständnisses von Gesellschaft, stehen Prozesse der *kulturellen* Konstruktion von Wirklichkeit, die ebenso auf makro- wie auf mikrosoziologischer Ebene zu verorten sind. Eine von diesem sozial- und kulturwissenschaftlichen Paradigma ausgehende konstruktionistische Soziologie sozialer Probleme untersucht in erster Linie eben nicht (dies ist ein Missverständnis) die ‚subjektive' Seite von Problemwahrnehmungen, sondern die *symbolischen gesellschaftlichen Prozesse, in denen Problemwahrnehmungen konstituiert werden*. Wenn man die beiden fast antagonistischen Sichtweisen sozialer Probleme in traditionellen soziologischen Leitbegriffen zu fassen versuchte, wäre die theoretische Spaltung deshalb richtiger durch diese Feststellung zu beschreiben: Im Mittelpunkt der objektivistischen Untersuchungen steht die *materielle*, im Zentrum der konstruktionistischen Analyse hingegen die *symbolische* Produktion und Reproduktion.

Dazu gleich mehr. Zunächst ist noch zu klären, wie die Entstehung der beiden konkurrierenden Schulen von der Problemsoziologie selbst wahrgenommen und reflektiert wird. Die vorfindbaren Antworten auf die Frage nach den Ursachen der theoretischen Spaltung konstatieren übereinstimmend, dass in den siebziger und achtziger Jahren des vergangenen Jahrhunderts ein Paradigmenwechsel weg von einem objektivistischen und hin zu einem konstruktionistischen Verständnis sozialer Probleme stattgefunden hätte. Letztlich handelt es sich also nicht nur um zwei konkurrierende, sondern eindeutig auch um *eine ältere und eine neuere* Theorie (wobei Letztere in expliziter Absetzung von Ersterer formuliert worden ist). Zeitliche Veränderungen in der theoretischen Beschreibung eines Untersuchungsgegenstandes, der nicht grundsätzlich als invariant angesehen wird, lassen prinzipiell zwei Arten der Erklärung zu: Entweder – Erklärungstyp I – hat der Wandel ‚nur' in der theoretischen Perspektive stattgefunden oder – Erklärungstyp II – er ist Folge von Veränderungen des Untersuchungsobjekts. Beide Typen finden sich auch bezüglich der Theorie sozialer Probleme. Dies sei jeweils anhand eines ausgewählten Beispiels demonstriert.

Erklärungstyp I: Reinarman und Levine (1995) beschreiben die Ablösung der objektivistischen durch die konstruktionistische Betrachtungsweise als *politisch motivierten* Paradigmenwechsel. Das Beispiel USA soll dabei zeigen, dass die untersuchte Theorieentwicklungen in zeitlich engem (und wie die Autoren behaupten: auch kausalem) Zusammenhang mit Veränderungen der politischen Rahmenbedingungen gestanden hat; Referenzpunkte sind hier die Präsidentschaft Ronald Reagans und der Einfluss der ‚Neuen Rechten': „Programm und Forschung, die viele Jahre lang auf die sozialen und strukturellen Ressourcen sozialer Probleme fokussiert waren, sind systematisch finanziell ausgetrocknet und diskursiv delegitimiert worden" (Reinarman/Levine 1995: 169 – Übers. von M. Sch.) Der Übergang zur konstruktionistischen Theorie wird hier als Folge veränderter politisch-ideologischer Rahmenbedingungen beschrieben, deren Wirkungsmacht sich das soziologische Denken nicht zu entziehen vermochte.

Erklärungstyp II: Für Albrecht (1990) liegt die Ursache für den theoretischen Wandel hingegen in Veränderungen bei den sozialen Gruppen begründet, die bei neuen sozialen Problemen als primäre Akteure auftreten. Die Rede ist von *neuen sozialen Bewegungen*, bei denen der Kampf gegen soziale Benachteiligung nicht mehr von einem die materiellen Lebensbedingungen bestimmenden Klassencharakter determiniert ist. „Bedenkt man, daß die Problematisierungsforschung erst jüngeren Datums ist und sich vor allem auf gegenwärtige Fälle der Konstitution von sozialen Problemen konzentriert hat, so dürfte klar sein, daß in der bisherigen Forschungsbilanz jene Fälle dominieren, die eher den neuen sozialen Bewegungen entsprechen ..." (Albrecht 1990: 12)[41]. Der Wechsel von der alten zur neuen Theorie erscheint hier gleichsam als ‚Antwort' der Problemsoziologie auf Veränderungen in den *Konstitutionsbedingungen* der unter dem Stichwort sozialer Probleme jeweils gesellschaftlich verhandelten Phänomene[42].

Wenn man Albrechts Erklärungsmodell verallgemeinert, kann man die Ursache des Übergangs vom objektivistischen zum konstruktionistischen Verständnis sozialer Probleme als Reaktion der Soziologie auf den Wandel der von ihr untersuchen ‚gesellschaftlichen Verhältnisse' interpretieren. Eine radikalere Variante dieser Erklärung – in ihrem Zentrum steht das Verhältnis zwischen materiellen und symbolischen Bestandteilen der sozialen Wirklichkeit – ist von Schetsche (2000: 39-57) vorgelegt worden. Dieses (erkenntnistheoretisch voraussetzungsreiche) Erklärungsmodell ist bis heute in der deutschen Problemsoziologie nicht akzeptiert worden[43] und muss deshalb hier nicht weiter berücksichtigt werden. Es reicht aus, festzuhalten, dass die gesellschaftliche Entwicklung in den westlichen Gesellschaften seit Mitte des zwanzigsten Jahrhunderts durch einen generellen Wandel charakterisiert ist, den Giesen (1991) als „Entdinglichung des Sozialen" bezeichnet. In seiner Folge werden gesellschaftliche Prozesse zunehmen nicht mehr von materiellen, sondern von immateriellen (symbolischen) Faktoren bestimmt. Nicht nur für die Soziologie sozialer Probleme, aber eben auch für sie, hat dies eine Reihe von Folgen:

1. *In der alltäglichen Lebenswelt können Tatsachenbehauptungen immer seltener mittels traditioneller Wahrheitskriterien überprüft werden.* Heute stammt ein

---

41 Ähnlich argumentiert Karstedt (1999: 97).
42 Zum Verhältnis zwischen sozialem Wandel und kollektiver Wirklichkeitsbestimmung generell vgl. Berger/Luckmann (1991: 131).
43 Eine Kritik an dem Modell aus konstruktionistischer Sicht findet sich etwa bei Peters (2002: 100-106); die objektivistischen Vorbehalte formuliert hingegen Albrecht (2001: 125-130).

Großteil der Informationen, die für die Alltagsubjekte handlungsleitend sind, aus den Massen- und Netzwerkmedien. In vielen Lebensbereichen dominiert entsprechend Sekundärerfahrung die Primärerfahrung; die Subjekte sind gezwungen, viele Behauptungen über die Wirklichkeit einfach nur hinzunehmen, ohne sie durch eigene Erfahrung überprüfen zu können. In der Folge ist auch bei vielen der heute diskutierten sozialen Probleme nach traditionellen Wirklichkeitskriterien des Alltags (wie sie z. B. Harold H. Kelley im Rahmen seiner Attributionstheorie behandelt[44]) *nicht* zu entscheiden, wie realitätsgerecht die medial behaupteten Sachverhalte überhaupt sind[45].

2. *Der Anteil der immateriellen Problemlagen nimmt zu.* In der zweiten Hälfte des zwanzigsten Jahrhunderts bestimmen zunehmend nicht mehr Arbeitslosigkeit, Armut oder Obdachlosigkeit, sondern Probleme wie Spielsucht, Kaufsucht oder satanisch-ritueller Missbrauch die öffentliche Aufmerksamkeit. Die strukturelle Ursache dieser Entwicklung kann in der Zunahme des materiellen Reichtums und der Steigerung des durchschnittlichen Lebensstandards in den westlichen Industriegesellschaften verortet werden: Es scheint immer weniger materielle Notlagen zu geben, die überhaupt thematisiert werden können[46]. Deren Platz in der massenmedialen Berichterstattung und auf der gesellschaftspolitischen Agenda wird entsprechend von Problematisierungen eingenommen, bei denen die thematisierte Diskrepanz zwischen Werteordnung und Lebensbedingungen stärker auf innerpsychische als auf äußerliche Notlagen verweist – es geht immer weniger um Lebensbedingungen als um die Handlungen der Subjekte und ihre Gefühlslagen. Entsprechend sind hier nicht mehr Soziologen, sondern Psychologen oder Psychiater Spezialisten für die behaupteten sozialen ‚Sachverhalte'.

3. *Der wissenschaftlichen Zugang zu sozialen Sachverhalten wird schwieriger.* Folge der ‚Dematerialisierung' der gesellschaftlich diskutierten Problemlagen ist, dass viele soziale Sachverhalte (etwa manche der verhandelten Süchte) primär auf *innerpsychische* Zustände rekurrieren, die einer unmittelbaren sozialwis-

---

44 Kelley (1978: 213) untersucht in seiner psychologischen Erkenntnislehre, „wie der Mensch seine Welt erkennt und – was noch wichtiger ist – wie er Kenntnisse über sein Erkennen gewinnt, d. h. ein Wissen über die Richtigkeit seiner Ansichten und Urteile besitzt".

45 Zur theoretischen Einordnung dieser Entwicklung vgl. Baudrillard (1978: 10, 30), Bolz (1993: 113-114) und Münch (1995: 101).

46 Diese Tendenz gilt trotz aller ‚relativen materiellen Verelendung', welche die Soziologie seit den neunziger Jahren in Industriestaaten wie der Bundesrepublik (wieder) zu beobachten meint (vgl. Markert/Otto 2008: 444-445, Groenemeyer/Ratzka 2012: 384-385).

senschaftliche Beobachtung nicht zugänglich sind. Empirische Daten können hier ausschließlich über die Aussagen von Betroffenen erhoben werden: Selbstzeugnisse, Gruppendiskussionen, Interviews. Als Rekonstruktionen alltagsweltlicher Deutungsmuster sind solche Daten wissenssoziologisch überaus wertvoll, für eine Problemverständnis im objektivistischen Sinne sind sie hingegen meist unzulänglich: Aussagen über ‚reale Lebenslagen' basieren auf Selbstwahrnehmungen und Selbstzuschreibungen Betroffener und können (prinzipiell oder zumindest tendenziell) nicht mit unabhängigen wissenschaftlichen Beobachtungen abgeglichen werden. In der Folge läuft die Soziologie Gefahr, die lebensweltliche Deutung sozialer Probleme lediglich wissenschaftlich zu verdoppeln[47].
4. *Rückkopplungsprozesse zwischen lebensweltlichem und sozialwissenschaftlichem Wissen sind alltäglich geworden.* Wenn die Wissenschaft sich heute einmal eines Problems angenommen hat, können die Betroffenen in weiteren Studien nicht mehr unabhängig von den vorausgegangenen wissenschaftlichen Befunden befragt werden. Ursache ist der von Beck und Bonß (1984) beschriebene Prozess der „Sekundärverwissenschaftlichung", bei dem die lebensweltlichen Subjekte sich das (medial vermittelte) wissenschaftliche Wissen aneignen und die sie erforschenden Wissenschaftler anschließend mit deren eigenen Interpretationen konfrontieren. Befragungen zu sozialen Lebenslagen werden dadurch zu Untersuchungen über die Verbreitung von soziologischem Wissen *über* jene Lebenslagen in der Bevölkerung. Der Prozess der Produktion von Wissen wird folglich zirkulär, die soziologische Befragung der ‚Alltagssubjekte' zu einem soziologischen Selbstgespräch. Rückkopplungen dieser Art hat es zwar immer gegeben, die Durchlässigkeit zwischen lebensweltlichen und wissenschaftlichen Wissensbeständen hat in der zweiten Hälfte des 20. Jahrhunderts jedoch zugenommen und sich im letzten Jahrzehnt durch die Verbreitung der Netzwerkmedien noch einmal deutlich beschleunigt. Außerdem sind Probleme, bei denen die Beschreibung sozialer Sachverhalte in der geschilderten Weise primär auf den Zeugnissen von Betroffenen beruht, für solche Prozesse besonders anfällig, weil hier Deutungen nicht durch Beobachtungen relativiert werden können.
5. *Der gesellschaftliche Konsens über die Realität sozialer Sachverhalte nimmt ab.* Im Kontext des geschilderten Prozesses der Sekundärverwissenschaftlichung hat in den letzten Jahrzehnten auch das sozialkonstruktivistische Denken die alltägliche Lebenswelt erreicht und die Weltbilder der Menschen gleichsam

---

[47] Jedenfalls solange die Soziologie versucht, aus den Interpretationen der Betroffenen unmittelbar auf einen ‚dahinter liegenden' objektivierbaren Sachverhalt zu schließen.

kontaminiert. Nicht nur für die Scientific Community, auch für die Gesellschaft insgesamt gilt nun, dass „eine Vielzahl gleichermaßen ‚möglicher' Interpretationen in der Welt vorhanden [ist], und kein unbestreitbares Fundament, kein allem übergeordneter Bezugspunkt steht zur Verfügung, um über sie zu entscheiden" (Giesen 1991: 118). Tatsachen werden zunehmend als Ergebnis sozialer Definitions- und Zuweisungsprozesse angesehen, Theorien als soziale Konstruktionen, die Zusammenhänge zwischen diesen definierten Tatsachen herzustellen versuchen. Wissenschaftliche Erkenntnis erscheint schließlich – auch in der lebensweltlichen Wahrnehmung – eher als Ergebnis von Aushandlungsprozessen zwischen von unterschiedlichen Interessen geleiteten Akteuren denn als objektive Weltbeschreibung. Deutlich wird dies etwa an der zunehmend prekären Position von Experten in den Massenmedien und in der Politik: Sie können offensichtlich in gleicher Weise zur Legitimierung antagonistischer Diskurspositionen eingesetzt werden. Dies gilt nicht nur, aber in besonderes Maße für Teile der sozialen Wirklichkeit, die in der Öffentlichkeit als in irgendeiner Weise ‚problematisch' erscheinen (vgl. Giesen 1991: 118-119) – namentlich finden wir dies im Bereich der sozialen Probleme[48].

Zusammengenommen haben diese Prozesse der objektivistischen Betrachtung sozialer Probleme in den vergangenen Jahrzehnten die Grundlage entzogen, weil die problematisierten Lebenslagen und Verhaltensweisen aus den geschilderten Gründen für die Soziologie empirisch zunehmend unzugänglich geworden sind. Dies liegt insbesondere[49] daran, dass die Soziologie mehr und mehr mit sozialen Problemen konfrontiert wird, bei denen die behaupteten Sachverhalte wegen ihres spezifischen Charakters (etwa als innerpsychische Notlagen) weder einer

---

48 Aus diesem letzten Argument könnte geschlossen werden, dass der Sozialkonstruktivismus im letzten Drittel des zwanzigsten Jahrhunderts wie eine sich selbst erfüllende Prophezeiung funktioniert hätte. Berger und Luckmann (1991: 184) selbst gehen jedoch davon aus, dass die Tendenz zu konkurrierenden multiplen Wirklichkeiten in der Moderne bereits *alltagsweltlich* angelegt war, bevor sie sie theoretisch konstatieren konnten: „Das allgemeine Gefühl für die Relativität *aller* Welten nimmt zu – einschließlich der eigenen, die subjektiv als *eine* Welt, nicht als *die* Welt angesehen wird." Falls diese Annahme richtig ist, könnte eine (von den Autoren nicht genannte) Ursache die oben beschriebene Umkehr des Dominanzverhältnisses zwischen Primär- und Sekundärerfahrung in der alltäglichen Lebenswelt sein.

49 Man könnte zusätzlich behaupten, dass der wissenschaftliche Zugang zur sozialen Wirklichkeit aufgrund der geschilderten Veränderungen im Verhältnis zwischen symbolischer und materieller Welt insgesamt prekärer geworden ist – diese These ist jedoch nicht die notwendige Voraussetzung, um den geschilderten Wandel bei den gesellschaftlich diskutierten sozialen Problemen akzeptieren zu können.

lebensweltlichen noch einer wissenschaftlichen Wirklichkeitsprüfung zugänglich sind. Im Ergebnis bedeutet dies, dass das Vorliegen einer Diskrepanz zwischen Werteordnung und Lebensbedingungen in vielen Fällen[50] objektiv nicht (mehr) konstatiert werden *kann*. Damit ist eine zentrale Voraussetzung für eine Analyse sozialer Probleme nach dem objektivistischen Modell entfallen. Eine Problemanalyse am Beginn des 21. Jahrhunderts muss sich deshalb notwendig eines konstruktionistisch fundierten Zugangs zur sozialen Wirklichkeit bedienen. Richtiger: Heute und in Zukunft müssen soziale Probleme auf Basis eines wissenssoziologischen Konzepts von Gesellschaft verstanden werden – oder sie werden soziologisch überhaupt nicht mehr verstanden.

6 Theoretische Konsequenzen: Das Kokonmodell sozialer Probleme

Die obigen Ausführungen können auch die (in der ‚Ontological gerrymandering'-Debatte offen gebliebene) Frage beantworten, warum die konstruktionistische Problemsoziologie nach eigenem Verständnis zwar Akteure und deren Interessen, nicht jedoch soziale Sachverhalte empirisch zu untersuchen vermag: Im Gegensatz zu den sozialen Sachverhalten sind die Akteure selbst Symbolproduzenten; ihren Aktivitäten und Produkten gegenüber tritt die Problemsoziologie stets als Beobachter erster Ordnung (vgl. Luhmann 1996: 12-20) auf. Hinsichtlich der von den Akteuren definierten und beschriebenen sozialen Sachverhalte ist die Soziologie hingegen zunehmend Beobachter zweiter Ordnung (jedenfalls wenn die Annahme zutrifft, dass soziale Sachverhalte selbst direkter Beobachtung immer weniger zugänglich sind). Die Selbstbeschränkung der konstruktionistischen Problemsoziologie folgt offenbar dem – explizit bisher nur noch nicht ausgesprochenen – Grundsatz, dass die Problemsoziologie wissenschaftlich gesicherte Aussagen nur über Phänomene treffen kann, bei denen sie als Beobachter erster Ordnung auftritt.

---

50 Es kann nicht geleugnet werden, dass einige als ‚materiell' zu apostrophierenden Problemlagen, die seit der Jahrtausendwende wieder verstärkt in die Öffentlichkeit drängen, den Anschein zu erwecken vermögen, als wären sie geeignete ‚Kandidaten' für eine aktuelle objektivistische Problemanalyse – etwa Arbeitslosigkeit oder Armut. Für letztere hat Leisering (1993) zeigen können, dass ein rein objektivistisches Verständnis diesem Problem bereits in der zweiten Hälfte des 20. Jahrhunderts nicht gerecht werden konnte. Für die überwiegende Zahl der am Beginn des 21. Jahrhunderts gesellschaftlich prozessierten sozialen Probleme stellt sich diese Frage so aber ohnehin nicht.

6 Theoretische Konsequenzen: Das Kokonmodell sozialer Probleme

Selbst wenn dieser Grundsatz gelten sollte, stellt sich die Frage, ob die dadurch konstituierte Begrenzung des Untersuchungsraums tatsächlich so gestaltet sein muss, wie sie es bei den traditionellen konstruktionistischen Problemanalysen ist. Mit dem „Kokonmodell sozialer Probleme" (Schetsche 1996) liegt ein Vorschlag für Grundsätze und Prozeduren einer Analyse sozialer Probleme vor, die es ermöglichen die konstruktionistischen Untersuchungen sozialer Probleme auf Bereiche auszudehnen, die (wegen der verwendeten Problemdefinition und der erkenntnistheoretisch scheinbar notwendigen Einschränkungen) dort traditionell ausgeklammert bleiben mussten[51].

Konstitutiv für das ‚Kokonmodell sozialer Probleme', welches das wissenssoziologische Verständnis sozialer Probleme theoretisch-methodisch konkretisiert, ist die *analytische Unterscheidung* zwischen sozialen Sachverhalten, deren Deutung als Problem und dem Prozess, in dem diese Deutung soziale Anerkennung erlangt[52]. Soziale Probleme werden in diesem Modell – hier folgt es der konstruktionistischen Tradition – *primär* als Ergebnisse eines diskursiven gesellschaftlichen Prozesses beschrieben: Jede *Problemkarriere* beginnt mit der Problematisierung eines in der Gesellschaft bereits bekannten oder neu konstatierten *sozialen Sachverhalts* (wie ihn die objektivistische Analyse zugrunde legt). Kollektive Akteure (etwa wissenschaftliche Experten oder soziale Bewegungen) formulieren ein *Problemmuster*[53], das diesen Sachverhalt wegen des Verstoßes gegen die von der Gesellschaft postulierten Werte als problematisch erscheinen lässt. In der Folge kann eine öffentliche *Problemwahrnehmung* entstehen – dies wird allerdings nur geschehen, wenn das formulierte Problemmuster bestimmten äußerlichen wie innerlichen Anforderungen genügt. Diese *Erfolgsfaktoren* (vgl. Schetsche 2000: 204-214) entscheiden auch darüber, ob die betreffende Problemwahrnehmung von sozialstaatlichen Instanzen anerkannt wird und es zu entsprechenden Bekämpfungsmaßnahmen kommt. Falls dies geschieht, wird die Problemwahrnehmung (etwa durch Aufklärungskampagnen) ideell weiterverbreitet und durch

---

51 Das Analysemodell wurde später in einen umfassenderen theoretischen Rahmen gestellt: die relativistische Problemtheorie (Schetsche 2000).

52 Eine solche Unterscheidung rückt auch Peters (2002: 7) in den Mittelpunkt seiner Aufgabenbeschreibung der Problemsoziologie: „Antworten auf noch so intensives Fragen nach den Umständen, unter denen soziale Probleme entstehen, auf das Fragen nach den Ursachen von Armut, Kriminalität und Alkoholismus etwa, würden ja nichts darüber sagen, warum diese Phänomene als *problematisch*, eben als soziale *Probleme* gelten."

53 Ein spezifischer Typus kollektiver Deutungsmuster (mehr dazu in Kapitel 4 von Teil II).

finanzielle und rechtliche Maßnahmen, mit denen die behaupteten Sachverhalte bekämpft werden sollen, auch faktisch reproduziert.

Die Bezeichnung ‚Kokonmodell' bezieht sich auf eine Metapher, die verdeutlicht, welche spezifische Rolle *kollektive Wissensbestände* nach diesem Verständnis für die Wahrnehmung sozialer Probleme spielen: Nach der erfolgreichen Problematisierung eines sozialen Sachverhalts wird von der Öffentlichkeit (und über diese vermittelt von den gesellschaftlichen Subjekten) nicht mehr dieser Sachverhalt selbst wahrgenommen, sondern nur das mittels des erfolgreichen Problemmusters verbreitete Wissen über ihn, Zuschreibungen also, die der Logik der betreffenden Problemdeutung folgen. Mit anderen Worten: Jedes Problemmuster umgibt den von ihr thematisierten sozialen Sachverhalt mit einer Art ideellem Gespinst, eben dem ‚Kokon' von Wissensbeständen; dieser verdichtet sich um so stärker und wird auch analytisch immer undurchdringlicher, je länger die öffentlichen Debatten über das betreffende Problem anhalten und je erfolgreicher der Problemdiskurs wird. In der Folge orientieren sich kollektive Akteure wie Individuen in ihrem Denken und Handeln nicht mehr am Sachverhalt selbst, sondern an der zu einem *Wahrnehmungskokon* verdichteten Problemwahrnehmung, in welchen der Sachverhalt gleichsam eingesponnen ist. Schließlich ist auch die wissenschaftliche Analyse nicht mehr in der Lage, den ursprünglichen Sachverhalt getrennt von den problematisierenden Zuschreibungen zu untersuchen: der Wahrnehmungskokon ist analytisch weitgehend undurchdringlich geworden[54].

Falls die Vorstellung eines solchen Wahrnehmungskokons zutreffend sein sollte, wäre es *nach der gesellschaftlichen Anerkennung* eines sozialen Problems kaum noch möglich, den einer Thematisierung (tatsächlich oder vermeintlich) unterliegenden sozialen Sachverhalt objektiv zu untersuchen: Das meiste Wissen, das sich mit wissenschaftlichen Methoden über den Sachverhalt sammeln lässt, wäre bereits durch die vorangegangene gesellschaftliche Debatte präformiert. Dies war auch der zentrale Einwand von Kitsuse und Spector (1973) gegen die Untersuchung sozialer Sachverhalte, wie die objektivistische Problemanalyse sie verlangte. Im Gegensatz zum traditionellen Konstruktionismus verlangt das Kokonmodell jedoch nicht den generellen Ausschluss sozialer Sachverhalte aus der Problemanalyse – deren Untersuchung muss lediglich in einer Form geschehen,

---

54 Aus *gesellschaftspolitischer* Perspektive ist ohnehin davon auszugehen, dass „die soziale Definition eines Sachverhalts als Problem zur Entstehung einer definitionsinduzierten Problematik führt, die – unabhängig davon, ob sie auf einer vorgängigen objektiven Problemlage aufbaut oder nicht – bald ihre eigene Realität schafft" (Scheerer 1993: 82).

welche die diskursive Transformation des Wissens über soziale Sachverhalte (also die Entstehung eines Wahrnehmungskokons) angemessen berücksichtigt.

Dazu bedient sich das Modell der Kategorie der *‚konsensualen Sachverhalte'*. Diese Kategorie geht von der Idee aus, dass es neben dem Wissen über soziale Sachverhalte, das mittels der Problemwahrnehmung erzeugt und verbreitet wird, auch noch andere, *von der Problematisierung unabhängige* gesellschaftliche Wissensbestände geben *kann*. Gemeint ist insbesondere Wissen, das auch von Akteuren geteilt bzw. anerkannt wird, welche die betreffende Problemdeutung nicht teilen – sei es, weil sie das betreffende Problem gedanklich völlig anderes konturieren, oder gar, weil sie die Sachverhalte selbst überhaupt nicht für problematisch halten. Es wird also angenommen, dass es neben den unter diesen verschiedenen Akteuren umstrittenen Aussagen über soziale Sachverhalte auch solche Feststellungen geben wird, über deren Realitätsgehalt allgemeiner Konsens herrscht. Diese ‚Schnittmenge' der von allen am Diskurs Beteiligten übereinstimmend anerkannten Wissensbestände stellt eben jene konsensualen Sachverhalte dar, die es bei der Problemanalyse nach dem Kokonmodell zu bestimmen gilt. Welches Ausmaß diese Übereinstimmungen haben und worin sie im Einzelnen bestehen (also die Frage, was zu den konsensualen Sachverhalten gehört und was nicht), ist in jedem Einzelfall *empirisch* zu untersuchen[55].

Um die Besonderheiten dieses Modells zu verstehen, muss es im Kontext der beiden widerstreitenden traditionellen Problemtheorien betrachtet werden. Das Kokonmodell sozialer Probleme geht wie das traditionelle konstruktionistische Verständnis davon aus, dass es nicht objektive soziale Strukturen, sondern die diskursiv konstituierten kollektiven Wissensbestände sind, welche gesellschaftliche Problemwahrnehmungen hervorbringen. Bei der Rekonstruktion dieser Diskurse werden zwar auch im weitesten Sinne strukturelle Faktoren (etwa die Handlungsmacht und die Ressourcen von Akteuren) berücksichtigt, im Mittelpunkt der Betrachtung stehen jedoch symbolische Strukturen und Prozesse (Wissensbestände, Deutungsmuster und Diskursstrategien). Damit verletzt dieses Modell zwar die Grenzlinien des strikten Konstruktionismus, verlässt jedoch noch nicht den analytischen Rahmen, der etwa von der kontextualen Schule gesetzt ist (vgl. Rafter 1992). Eine wirkliche Neuerung[56] stellt erst die systematische Berücksich-

---

55 Denkbar ist dabei, dass eine solche komparatistische Analyse keine nennenswerten konsensualen Sachverhalte zu ermitteln vermag. Thematisierungen dieser Art, bei der nicht einmal ansatzweise Einigkeit über den Realitätsgehalt der behaupteten sozialen Bedingungen besteht, werden als „virtuelle Probleme" (Schetsche 1998; Schetsche 2000: 165-221) bezeichnet; mehr dazu im Kapitel 2 des zweiten Teils dieses Buches.

56 Sie kann sich jedoch auf die Überlegungen bei Giesen (1983) berufen.

tigung der *von der Problematisierung unabhängigen* Wissensbestände bei der Bestimmung der ‚konsensualen Sachverhalte' dar. Aussagen über deren Umfang liefern, und hier wird der Unterschied zum traditionellen konstruktionistischen Modell besonders deutlich, auch Argumente zur sozialethischen Bewertung von Problemwahrnehmungen: Problematisierungen, die auf einen in der Gesellschaft allgemein anerkannten Sachverhalt verweisen, können von ‚virtuellen Problemen' unterschieden werden, bei denen bereits die Existenz der im Problemdiskurs behaupteten Sachverhalte strittig ist. Ein weiterer Unterschied besteht hinsichtlich der Rolle der Soziologie: Da Problemdiskurse regelmäßig auch auf wissenschaftlichem Wissen beruhen (in welchem Umfang, ist eine im Einzelfall empirisch zu beantwortende Frage), können Soziologen sich durchaus als Experten an der Problemkonstituierung beteiligen (und sie tun dies ja auch seit es die Soziologie gibt). Soziologen, die sich an der Untersuchung ‚problematischer Bedingungen' beteiligen, treten dabei jedoch *nicht* als Problemsoziologen auf, sondern als Experten in einem gesellschaftspolitischen Diskurs, mithin als ein weiterer Akteur, der an der Konstituierung des betreffenden Problems beteiligt ist. Zu Rollenkonflikten kommt es lediglich dann, wenn dieselben Soziologen gleichzeitig oder zu einem späteren Zeitpunkt versuchen, als *Problemsoziologen* die Karriere *dieser* Problematisierung zu rekonstruieren. Nur in diesem Falle würde die Analyse zu einem Akt rückkoppelnder Selbstbeforschung. (Nach dem Verständnis des Kokonmodells ist mithin zwischen der Rolle des wissenschaftlichen Experten für eine bestimmte Problemlage und der des Problemsoziologen zu differenzieren.)

Eine (oberflächliche) Ähnlichkeit mit objektivistischen Ansätzen liegt insofern vor, als das Kokonmodell auf den ersten Blick Aussagen über soziale Sachverhalte zu ermöglichen scheint. Ein zweiter Blick zeigt jedoch, dass die hier eingeführte Kategorie der ‚konsensualen Sachverhalte' konstruktionistischem bzw. wissenssoziologischem Denken folgt: Es werden keine Aussagen über den ontologischen Status der thematisierten sozialen Sachverhalte selbst getroffen, sondern ausschließlich über deren symbolischen Repräsentationen in Form gesellschaftlicher Diskurse und sozialer Deutungsmuster[57]. Empirische Analysen ‚objektiver Bedingungen' hingegen, wie sie im Mittelpunkt der objektivistischen Betrachtung stehen, werden von diesem Modell weder initiiert noch angeleitet. Die Ergebnisse solcher Untersuchungen können jedoch (ohne deren Gültigkeit zu thematisieren)

---

57 Es werden also nicht die sozial-strukturellen Ursachen sozialer Probleme untersucht, sondern die mehr oder weniger konsensualen Annahmen der Subjekte über solche Ursachen; nur nach strikt konstruktionistischer Auffassung sind letztere mit ersteren identisch.

– wie andere Wissensbestände auch – komparatistisch genutzt werden, um den Umfang der konsensualen Sachverhalte zu bestimmen.

Die in der ‚Ontological gerrymandering'-Debatte (Woolgar/Pawluch 1985) aufgeworfene Frage nach der erkenntnistheoretischen Legitimität der Ablehnung einer Untersuchung objektiver Bedingungen wird vom Kokonmodell in spezieller Weise beantwortet. Der Untersuchungsbereich wird auf ein Segment der sozialen Wirklichkeit ausgedehnt, den es nach dem ursprünglichen konstruktionistischen Verständnis (im Sinne von Kitsuse und Spector) gar nicht geben kann: Wissen über soziale Sachverhalte, das unabhängig vom Definitionsprozess der Problematisierung ist. Durch die mittels wissenssoziologischer Komparatistik gewonnenen konsensualen Sachverhalte werden zwar nicht die von der objektivistischen Schule in den Mittelpunkt der Betrachtung gerückten ‚objektiven Sachverhalte' selbst, aber zumindest die sich auf sie beziehenden, der Problematisierung vorgängigen Wissensbestände der Gesellschaft (und deren Wandel) in die Untersuchung mit einbezogen. Damit wird nicht nur der bei klassischen konstruktionistischen Analysen auftretende theoretische Widerspruch vermieden[58], sondern es wird gleichzeitig auch eine (konstruktionistisch ausgeschlossene) sozialpolitische Beurteilung einzelner Problemwahrnehmungen nach dem Umfang der vorfindbaren konsensualen Sachverhalte möglich.

Bilanzierend betrachtet handelt es sich beim Kokonmodell sozialer Probleme nicht um den Versuch der Integration von theoretischen Elementen und analytischen Zugangsweisen der beiden konkurrierenden Schulen[59], sondern um eine *wissenssoziologische Reformulierung der klassischen konstruktionistischen Problemtheorie*, der es durch die Berücksichtigung vorgängiger Definitionsprozesse und Wissensbestände gelingt, in Bereiche der sozialen Wirklichkeit vorzudringen, die bislang aus Untersuchungen jener Schule ausgeschlossen bleiben mussten. Im Zentrum dieser *wissenssoziologischen Problemtheorie* stehen Strukturen und Prozesse der symbolischen Produktion und Reproduktion der Gesellschaft. Definiert wird damit eine Analyseebene, die bei der Rekonstruktion sozialer Probleme am Beginn des 21. Jahrhunderts wegen des oben ausführlich diskutierten Wandels im

---

58 Die Notwendigkeit der besonderen Perspektive und der mit ihr verbundenen Beschränkungen der Analyse wird durch die Benennung der konkreten Prozesse begründet, die in den letzten Jahrzehnten zu einer zunehmenden wissenschaftlichen Unzugänglichkeit der sozialen Sachverhalte geführt haben (vgl. Schetsche 2001). Das unhinterfragbare epistemologische Axiom des ursprünglichen Konstruktionismus wird dabei durch empirisch überprüfbare Thesen über den Wandel in den Konstitutionsbedingungen dessen ersetzt, was gemeinhin ‚soziale Wirklichkeit' genannt wird.

59 Die von Schetsche (1996: 12) ursprünglich postulierte Integrationsthese ist zu verwerfen.

Verhältnis zwischen materieller und symbolischer Teilwirklichkeit nicht verlassen werden kann – und auch nicht verlassen werden muss, um soziale Probleme als das zu verstehen, was sie *heute* sind. Das zentrale Theorem lautet hier: Unter der Vorherrschaft symbolischer Prozesse haben sozialstrukturelle (materielle) Bedingungen nicht nur ihre Dominanz bei der Konstituierung sozialer Probleme eingebüßt, sie sind in vielen Fällen auch der wissenschaftlichen Analyse entzogen. Soziale Probleme können deshalb *heute* analytisch nur durch die Untersuchung der Wissensbestände und Diskurse untersucht werden, welche nun die sozialen Problemwahrnehmungen hervorbringen und für deren öffentlichen Erfolg (oder Misserfolg) verantwortlich sind[60]. Und entsprechend hat auch ein problemsoziologisches Analyseprogramm am Beginn des 21. Jahrhunderts auszusehen.

7 Das Analyseprogramm

Um die Wirklichkeit sozialer Probleme wissenschaftlich zu verstehen, muss man sich die symbolischen Strukturen und Prozesse anschauen, denen sie ihre Entstehung und Entwicklung verdanken (vgl. Peters 2002: 12). Die heute und in näherer Zukunft zu untersuchenden sozialen Probleme sind durch immaterielle, diskursive Faktoren und Trajektorien beherrscht – und selbst wo dies ausnahmsweise nicht der Fall ist, ist der analytische Zugang zur materiellen Wirklichkeit aus den geschilderten Gründen schwierig geworden. Die in Teil II. dieses Buches vorgelegten Vorschläge für die schrittweise empirische Analyse sozialer Probleme sowie die praktischen Beispiele in Teil III. werden sich deshalb weitgehend am Kokonmodell sozialer Probleme orientieren. Um den Übergang vom theoretischen Verständnis zur empirischen Analyse zu erleichtern, wird das Modell in diesem letzten Kapitel des ersten Teils im Detail vorgestellt.

Die ursprüngliche konstruktionistische Problemtheorie überließ die soziale und politische Definitionsmacht den lebensweltlichen Akteuren: Ein soziales Problem ist das, was im öffentlichen Diskurs als solches bezeichnet und in den entsprechenden alltäglichen Praxen reproduziert wird. Eine solche Festlegung erweckt den Anschein, bei der wissenschaftlichen Bestimmung eines sozialen Problems würde – ohne eigenständige theoretische Konzeptualisierung – lediglich das Ergebnis des lebensweltlichen Definitionsprozesses aufgenommen und gespiegelt.

---

60 Ähnliche das Fazit bei Peters (2002: 91): „Wir meinen nach allem, dass eine Soziologie sozialer Probleme, die ihren eigenen Gegenstand haben und keine Soziologie sein will, die aus einer Summe von Soziologien besonderer sozialer Probleme besteht, eine definitionstheoretisch orientierte Soziologie sein muss."

Diese Vermutung beruht jedoch auf einer Verwechslung zwischen dem einzelnen sozialen Problem, wie es Gegenstand der empirischen Analyse ist, und der generellen Bestimmung der *theoretischen Kategorie*. Als Letztere sind ‚soziale Probleme' wissenschaftlich definiert als *öffentliche Thematisierungen*, bei denen soziale Akteure Forderungen materieller oder immaterieller Art an gesellschaftliche und staatliche Instanzen stellen, indem sie die Existenz sozialer Sachverhalte mit drei Eigenschaften *behaupten*:

1. Der betreffende Sachverhalt ist nach der dominierenden Werteordnung der Gesellschaft negativ zu bewerten und damit unerwünscht.
2. Es existieren Geschädigte oder Benachteiligte, die an ihrer Lage zumindest teilweise schuldlos sind.
3. Abhilfe oder wenigstens Linderung von Not ist im Rahmen der bestehenden Sozialordnung möglich und ethisch auch erstrebenswert.

Diese Bestimmung nimmt das klassische objektivistische Problemverständnis (exemplarisch: Merton 1961) auf, wendet es jedoch wissenssoziologisch, indem Aussagen über ‚objektive Sachverhalte' durch *Aussagen über diese Aussagen* ersetzt werden. Aus Mertons objektivistischer Problemdefinition – soziale Probleme als „signifikante Diskrepanz" zwischen den sozialen Standards (der Werteordnung) einer Gesellschaft und der sozialen Realität – wird eine wissenssoziologische: soziale Probleme als *gesellschaftliche Thematisierung* einer entsprechenden Diskrepanz. Im Mittelpunkt der Untersuchung stehen hier gesellschaftliche Wissensbestände und die Diskurse, in denen sie prozessiert werden.

Das Kokonmodell beschreibt soziale Probleme also als primär symbolischen Prozess der gesellschaftlichen Durchsetzung einer Problemwahrnehmung. Wie dieser Prozess im Detail aussieht, wie also soziale Probleme, wie wir sie heute kennen, zur anerkannten sozialen Wirklichkeit werden, veranschaulicht die folgende Graphik I, die – in leicht abgewandelter Form) dem Band entnommen ist, in der das Modell erstmalig formuliert wurde (Schetsche 1996: 15). Die Graphik benennt den zentralen ‚kategorialen Apparat' des Modells und beschreibt gleichzeitig das funktionale Zusammenwirken der einzelnen Komponenten im Laufe der *Problemkarriere*: Das von *kollektiven Akteuren* formulierte *Problemmuster* deutet bestimmte soziale *Sachverhalte* als Verstoß gegen die gesellschaftliche Werteordnung (*Problemdeutung*). Die massenmediale Verbreitung dieser *Problemdeutung* erzeugt – unterstützt durch *Diskursstrategien* – bei der Bevölkerung und bei staatlichen Instanzen eine *Problemwahrnehmung*, welche den ursprünglichen Sachverhalt mit einem epistemologisch undurchdringlichen *Wahrnehmungskokon* umgibt: das *gesellschaftlich anerkannte soziale Problem*.

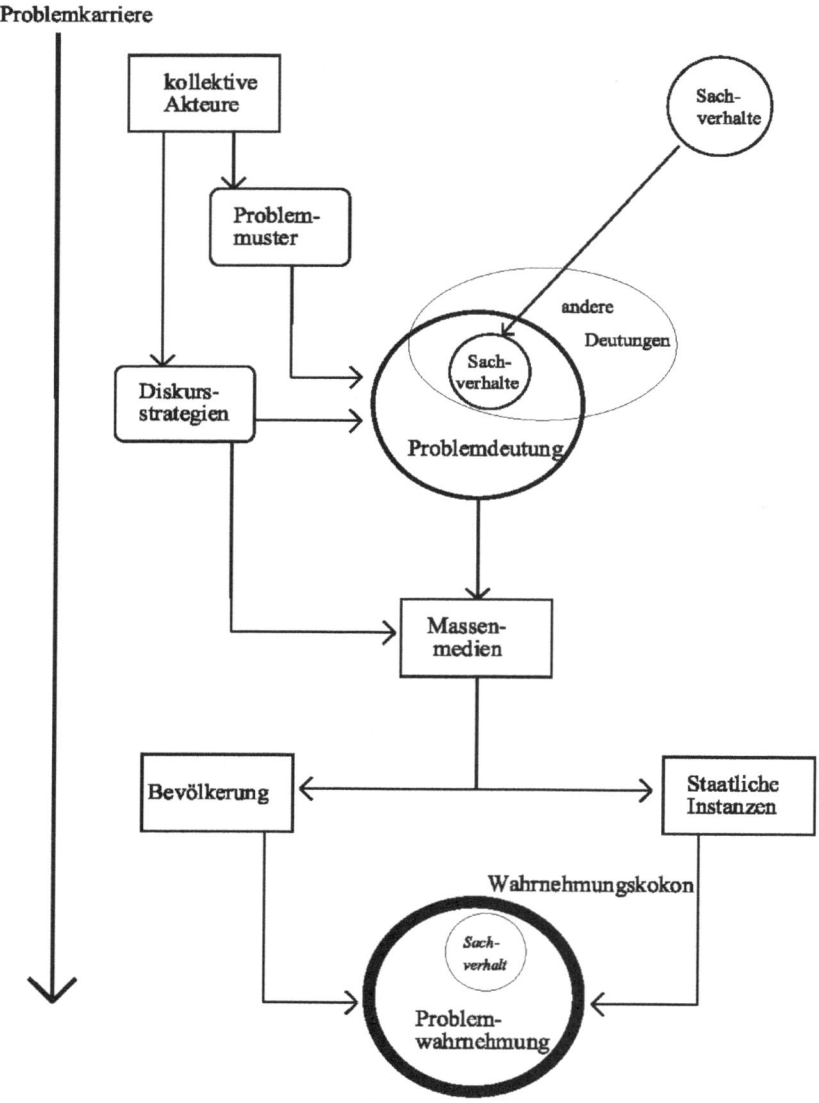

Abbildung 1 Entstehung eines sozialen Problems (nach Schetsche 1996)

Das Modell im Einzelnen

(1) *Problemkarriere*: Der Pfeil links in der Grafik steht für die zeitliche Entwicklung eines sozialen Problems. Die Problemkarriere beginnt mit der ersten öffentlichen (bzw. fachöffentlichen) Thematisierung durch den so genannten ‚primären Akteur' (meist wissenschaftliche Experten, Advokaten oder soziale Bewegungen). Die erste Thematisierung erfolgt oftmals in Medien der Fachöffentlichkeit oder der Bewegungsöffentlichkeit; in den letzten Jahren zunehmend auch im Internet[61]. Der primäre Akteur besitzt eine besondere Definitionsmacht: Das von ihm verbreitete Problemmuster gibt insbesondere vor, welche gesellschaftlichen Gruppen für die Bearbeitung des Problems zuständig sind und welche Bekämpfungsstrategien als Erfolg versprechend angenommen werden können. Vor dem Zeitalter der Netzwerkmedien konnten andere Akteure sich mit ihren Vorstellungen meist erst dann einmischen, wenn die Problemwahrnehmung von den Massenmedien reproduziert wurde[62]. Das Problem durchläuft nach der ersten Thematisierung idealtypisch verschiedene Karrierephasen, an deren Ende (wenn die Problemdeutung erfolgreich ist) die Formulierung und Durchführung von Bekämpfungsprogrammen sowie die Etablierung von Praxisformen stehen, in denen das Problem reproduziert wird. Ersteres konstituiert die Problemwahrnehmung als gesellschaftliches Faktum, Letzteres sorgt dafür, dass das Problem sich fortlaufend als soziale Realität bewährt.

(2) *Sachverhalte* werden (wie oben dargelegt) im Kokonmodell ausschließlich in Form einer Komparatistik der in der Gesellschaft prozessierten Wissensbestände untersucht. Ein von einem Akteur thematisierter Sachverhalt kann gesellschaftlich allgemein anerkannt sein; dies bedeutet, dass er als real auch von den kollektiven Akteuren angesehen wird, die seine Deutung als Problem *nicht* teilen. Nach dem Kokonmodell sind solche konsensualen Sachverhalte der ‚tiefste' Untersuchungshorizont; die Frage, ob diese thematisierten Sachverhalte einen eindeutigen Referenten in der ontischen Ordnung besitzen, wird hingegen explizit ausgeklammert (erstens weil diese Frage – aus den bereits mehrfach geschilderten Gründen – in der Regel nicht beantwortbar ist und zweitens weil dies für die Karriere sozialer Probleme heute keine Rolle mehr spielt). Die Schnittmenge zwischen allen gesellschaftlich vorfindbaren Beschreibungen des spezifi-

---

61 Medientheoretisch wäre es richtiger, hier von der Gruppe der ‚Netzwerkmedien' zu sprechen – da sich jedoch zwischenzeitlich der Name ‚Internet' nicht nur alltagssprachlich, sondern auch im wissenschaftlichen Diskurs durchgesetzt hat, werden beide Begriffe im Weiteren synonym verwendet.

62 Die Netzwerkmedien haben mit ihrer Entstehung neue Wege der Verbreitung von Problemwahrnehmungen eröffnet; welchen davon die dominierende Rolle zukommt, wird sich in Zukunft erst noch zeigen müssen (vgl. Teil II, Kapitel 6).

schen Sachverhalts kann größer oder kleiner sein; wenn sie leer ist, also bereits die *Existenz* des behaupteten Sachverhalts komplett strittig ist, spricht man von einem ‚virtuellen Problem'. Jenseits solcher konsensualen Sachverhalte finden sich die Sachverhalts*behauptungen* der verschiedenen Akteure, die es im Rahmen des Problemmusters und seiner Ausprägungen zu untersuchen gilt.

(3) *Kollektive Akteure* sind definiert als Gruppen von Personen mit gemeinsamen Motiven, Zielen und Handlungsstrategien, die ein Problemmuster formulieren (primärer Akteur) oder sich an der Thematisierung beteiligen (weitere Akteure). Analytisch lassen sich fünf Typen von Akteuren unterscheiden: aktiv Betroffene, Advokaten, Experten, politische und ideologische Problemnutzer und soziale Bewegungen (dazu kommen Massenmedien und staatliche Instanzen als Akteure ganz eigener Couleur). Eine solche Differenzierung ist für die empirische Analyse sozialer Probleme bedeutsam, weil jeder dieser Akteurstypen mit der Thematisierung spezifische Eigeninteressen verbindet, die das von ihm favorisierte Problemmuster nachhaltig beeinflussen. Manche Details der Problemwahrnehmung (etwa die für möglich gehaltenen und für sinnvoll erklärten Bekämpfungsstrategien) hängen unmittelbar davon ab, welcher Akteure sich bei der Formulierung des Problemmusters durchsetzen konnte.

(4) Das *Problemmuster*, mit dem ein Sachverhalt als problematisch interpretiert wird, steht im *Zentrum* der phänomenologischen Rekonstruktion jedes sozialen Problems. Es handelt sich bei Problemmustern nach theoretischem Verständnis um eine Untergruppe der ‚Deutungsmuster' genannten Formkategorie sozialen Wissens[63]. Nicht alle in der Gesellschaft vorfindbaren Deutungen zielen darauf ab, einen Sachverhalt als soziales Problem zu konstituieren. Ein Problemmuster ist im Gegensatz zu anderen Deutungen dadurch charakterisiert, dass es einem Sachverhalt die weiter oben bereits formulierten Eigenschaften zuweist (Verstoß gegen die Werteordnung, Schuldlosigkeit der Betroffenen, Möglichkeit und moralische Pflicht zur Abhilfe). Das Problemmuster wird vom primären Akteur formuliert und muss sich im öffentlichen Diskurs gegen die Konkurrenz anderer problematisierender Deutungen desselben Sachverhalts (*alternative Problemdeutungen*) und gegen den Problemgehalt negierende *Gegendeutungen* durchsetzen. Jedes Problemmuster besteht aus sieben Elementen: (1) Problemname, (2) Erkennungsschema, (3) Problembeschreibung, (4) Bewertung, (5) generelle Bekämpfungsvorschläge, (6) konkrete Handlungsanleitungen und (7) affektive Be-

---

63 „Soziale Deutungsmuster" im wissenssoziologischen Verständnis, wie es von Plaß und Schetsche (2001) theoretisch formuliert worden ist; vgl. hierzu aktuell Schetsche/Schmied-Knittel 2013.

standteile. Diese Elemente wirken bei der Rezeption und bei der Anwendung des Problemmusters in jeweils spezifischer Weise zusammen.

(5) *Diskursstrategien* werden von Akteuren gemeinsam mit den Problemmustern entwickelt bzw. nach Formulierung des Problemmusters von ihnen eingesetzt. Nicht zuletzt von ihnen hängt es ab, wie erfolgreich eine Problemwahrnehmung ist. Diskursstrategien wie die Verwendung dramatisierender Statistiken oder das Moralisieren formatieren das Problemmuster so, dass die Aufmerksamkeitsschwelle zunächst der Massenmedien selbst und dann die ihrer Rezipienten überschritten wird. Dies geschieht insbesondere, indem Emotionen in die Problemwahrnehmung eingeschrieben werden, die den Wirkungsgrad der kognitiven Mechanismen reduzieren, mit deren Hilfe neue Deutungen im Alltag auf Rationalität und Angemessenheit überprüft werden. Emotionalisierung lässt die Subjekte ein Problemmuster schneller und nachhaltiger akzeptieren, es gelangt in das Alltagsbewusstsein und kann tagtäglich in der Wahrnehmung wie im Handeln reproduziert werden. Diskursstrategien werden nicht erst in den Massenmedien, sondern bereits in der Fachöffentlichkeit eingesetzt, um Problemmustern die nötige Aufmerksamkeit zu verschaffen.

(6) Die *Massenmedien* allein waren es vor der Etablierung der Netzwerkmedien, welche in letzter Instanz über Erfolg oder Misserfolg einer Problemwahrnehmung entschieden haben. Durch die mediale Verbreitung der Problemwahrnehmung erhalten nicht nur die Rezipienten die Chance das Problemmuster aufzunehmen (was Voraussetzung für dessen individuelle Reproduktion ist), auch das politisch-administrative System richtet sich bei der Bearbeitung von Problemlagen im Wesentlichen nach der öffentlichen Aufmerksamkeit die ein Problem erhält. Die Massenmedien sind jedoch nicht nur Arena der Konkurrenz von Problemwahrnehmungen um die öffentliche und politische Aufmerksamkeit, sondern auch ein Akteur mit einem ganz spezifischen Eigeninteresse: ökonomischer Erfolg durch hohe Verkaufszahlen und Einschaltquoten. Die Verbreitung der Problemmuster wird im Kokonmodell in Form medienspezifischer Konkurrenzprozesse beschrieben, bei der spezifische Merkmale der Deutung über dessen Erfolg in der Öffentlichkeit entscheiden. Diskursstrategien haben hier die primäre Aufgabe, eine Erwartungshaltung hinsichtlich des potenziellen Interesses der Rezipienten zu erzeugen: Sie erhöhen den Nachrichtenwert und steigern die Aufmerksamkeit. Die Thematisierung eines sozialen Problems kann in dokumentarischen wie in fiktionalen Beiträgen erfolgen, heute zunehmend auch in Hybridformaten, in denen beide Formen bis zur Unkenntlichkeit miteinander verschmolzen sind. Wenn eine Problemwahrnehmung die Massenmedien erreicht, wird sie der Verfügungsgewalt der ursprünglichen Akteure entzogen und gemäß der Eigengesetzlichkeiten des Mediensystems reformuliert und medial ausgestaltet.

(7) *Bevölkerung:* Wenn der massenmediale Transfer der Deutung gelingt, nimmt die nun informierte Bevölkerung das Problem im Alltag wahr und agiert im Fall des Falles entsprechend der in das Problemmuster integrierten Handlungsanleitungen. Die hier regelmäßig zu beobachtende ‚Folgsamkeit' der Subjekte resultiert dabei nicht aus expliziten normativen Anforderungen der Problemwahrnehmung, sondern daraus, dass Alltagssituationen individuell wie kollektiv gemäß der Vorgaben des Problemmusters definiert werden, wenn dies erst einmal soziale Anerkennung erlangt hat (vgl. Berger/Luckmann 1991: 114). Voraussetzung dafür ist, dass das betreffende Problemmuster nicht nur in den aktiven Wissenskorpus einer großen Zahl von Individuen aufgenommen wurde, sondern dort auch Wahrnehmungs- und Handlungspriorität erlangt (der gedeutete Sachverhalt muss also im Alltag nicht nur Aufmerksamkeit bei den Individuen finden, sondern diese müssen auch tatsächlich gemäß der Handlungsanleitungen des Problemmuster reagieren).

(8) *Staatliche Instanzen* sind regelmäßig der primäre Adressat für Forderungen sowohl nach Hilfe für die Betroffenen als auch nach Maßnahmen zur grundlegenden Lösung des formulierten Problems. Dabei ist es insbesondere die nachhaltige Thematisierung in den Massenmedien, die dem politisch-administrativen System Handlungsbedarf signalisiert. Nach politischer Opportunität wird im Wechselspiel zwischen verschiedenen Akteuren (Parteien, Parlamente, Exekutive usw.) über Ausmaß und Form des staatlichen Engagements entschieden. Der Einsatz verschiedener Ressourcen (Geld, Information, Recht) zur Problembekämpfung ist von der Art des Problems und vom politischen Kalkül der entscheidenden Instanzen abhängig. Wenn es zu Bekämpfungsmaßnahmen kommt, verändern diese die Problemwahrnehmung umso mehr, je stärker das Problem institutionalisiert wird.

(9) Zum *gesellschaftlich fraglos anerkannten sozialen Problem* wird eine Thematisierung erst dann, wenn die ihr ideell unterliegende Problemdeutung fortlaufend in doppelter Weise reproduziert wird: kollektiv durch Bekämpfungsmaßnahmen und individuell durch das Handeln der Subjekte. Wenn ein Problemmuster auf diese Weise im gesellschaftlichen Diskurs erfolgreich ist, wird aus der Problemwahrnehmung die ‚einzig wahre' soziale Realität. Das erfolgreiche Problemmuster erzeugt durch seine unablässige individuelle und kollektive Reproduktion einen Wahrnehmungskokon, der den Sachverhalt immer dichter einspinnt, ja, ihn schließlich unsichtbarer werden lässt. In dem Ausmaß, in dem Alternativ- und Gegendeutungen aus dem öffentlichen Diskurs und den Köpfen der Menschen verdrängt werden, wird der Sachverhalt auch für die wissenschaftliche Untersuchung immer unerreichbarer; für Bevölkerung, Massenmedien, staatliche Instanzen und für die Wissenschaften sichtbar und zugänglich ist

ausschließlich der Wahrnehmungskokon. Im Extremfall unterscheiden sich die komparatistisch ermittelten konsensualen Sachverhalte substanziell nicht mehr von den Sachverhaltsbehauptungen des nun hegemonialen Problemmusters: Der Sachverhalt ist bezüglich seiner Erkennbarkeit mit der Problemwahrnehmung identisch geworden. In der Bezeichnung ‚Kokonmodell sozialer Probleme' ist deshalb bereits die zentrale theoretische Annahme vorformuliert: die Substituierung objektiver Sachverhalte durch diskursiv erzeugte symbolische Formen.

Teil II:
Die empirische Analyse sozialer Probleme

Vorbemerkung

Der zweite Teil des Buches führt systematisch in die Problemanalyse nach dem skizzierten Kokonmodell ein. Das von diesem Modell angeleitete Analyseprogramm wird dabei in sieben Schritten systematisch entfaltet:

1. Problemgeschichte: Die Karriere sozialer Probleme
2. Sachverhalte: Zwischen Konsens und virtuellem Problem
3. Kollektive Akteure: Typen, Interessen, Kooperationen
4. Problemmuster: Die Deutung sozialer Sachverhalte
5. Diskursstrategien: Mediale Zurichtungen von Problemmustern
6. Medien: Die Verbreitung von Problemdeutungen
7. Die politische Arena: Sozialstaat und soziale Probleme

Dieser Teil des Buches schließt mit einem Fragenkatalog, der als Leitfaden für die empirische Analyse benutzt werden sollte (Kapitel 8).

1 Problemgeschichte: Die Karriere sozialer Probleme

Die empirische Analyse eines sozialen Problems beginnt am sinnvollsten dort, wo auch die Problemgeschichte selbst beginnt – bei der erstmaligen Thematisierung eines Sachverhalts als soziales Problem. Die Leitfragen der ersten Analyseschritte lauten deshalb: Wo (in welchen Medien) ist das Problem erstmals benannt und dargestellt worden? Wer hat dies getan? Anschließend ist zu fragen: Gab es Vorläuferprobleme, die einen ähnlichen Sachverhalt unter anderem Namen verhandelt haben? Wie hat das Problem sich im Laufe der Problemkarriere entwickelt?

1.1 Der Beginn der Thematisierung

Nach den Befunden der Agenda-Setting-Forschung (vgl. Schenk/Rössler 1994; Kolb 2005: 101-111; Rhomberg 2008: 118-128) legten – vor der massenhaften Nutzung des Internet – allein die Massenmedien fest, welche Themen im Mittelpunkt des öffentlichen Interesses stehen und welche nicht. Wie Niklas Luhmann (1970: 14-15) ausführt, entwickelt sich die öffentliche Aufmerksamkeit zu einem Thema – etwa einem der hier interessierenden sozialen Probleme – stets in drei Stufen: Einer „latente Phase", in der es nur wenigen ‚Eingeweihten' bekannt ist, folgt ein „Durchbruch", in dem das Thema fortlaufend in den Massenmedien behandelt wird, der schließlich in eine Phase der Ermüdung mündet, in der die Berichterstattung selbstkritisch wird und niemand mehr so recht von der Sache hören mag.

Vor den von Luhmann beschriebenen massenmedialen Phasen steht bei *sozialen Problemen,* zwar nicht immer, aber doch regelmäßig, die Thematisierung in einer von diversen speziellen Teilöffentlichkeiten – etwa in Form von Beiträgen für Fachzeitschriften, von Reden auf wissenschaftlichen Kongressen oder, in jüngerer Zeit, als Beiträge in bestimmten Internetforen oder Mailinglisten. Traditionell waren es wissenschaftliche Experten, die in ihren Fachpublikationen die Aufmerksamkeit auf neue Problemlagen lenkten (vgl. Hondrich 1974: 173). Die Suche nach der ersten Formulierung eines Problemmusters beginnt für den Problemforscher deshalb am besten in der einen oder anderen Fachöffentlichkeit. Im Mittelpunkt der Recherche sollten dabei zweckmäßigerweise Veröffentlichungen (etwa Kongressberichte, Sammelbände oder Fachzeitschriften) der Disziplinen stehen, die in unserer Gesellschaft traditionell für die Bearbeitung sozialer Probleme zuständig sind: Sozialarbeit und Sozialpädagogik, Psychologie und Pädagogik, Kriminologie und Kriminalistik, Soziologie und Politikwissenschaft.

Wenn es sich um ein aktuelles Problem handelt, kann der Verlauf der frühen Thematisierung gut mit Hilfe fachwissenschaftlicher und bibliothekarischer Datenbanken rekonstruiert werden; bei älteren Problemen müssen Stichwortregister von wissenschaftlichen Zeitschriften und Bibliothekskataloge manuell durchgearbeitet werden. Dabei gilt die Grundregel: Wenn der Problemname in Fachzeitschriften als *eigenständiges Schlagwort* auftaucht, ist das von ihm bezeichnete Problem in der betreffenden Profession bereits anerkannt. Vorher lassen sich Beiträge zum Thema nur unter Stichwörtern finden, die eine inhaltliche Nähe zur Problemlage aufweisen. Schwierig gestaltet sich die Arbeit insbesondere dann, wenn ein Problem zunächst unter verschiedenen Bezeichnungen bzw. Stichwörtern verhandelt wird, ehe sich in der betreffenden Fachdisziplin ein Problemname durchsetzt – wie etwas „Internet-Abhängigkeit", „Chatsucht", „Onlinesucht", „Surfsucht" und „Internet-Abhängigkeitssyndrom", die alle das gleiche Problem benennen (siehe Teil III, Kapitel 1). Selbst bei sorgfältiger Rückverfolgung von Zitationsketten wird sich nur bei einem Teil der Probleme eine singuläre Quelle identifizieren lassen, von der die Thematisierung ihren Ausgang genommen hat. In anderen Fällen taucht die neue Problematisierung praktisch zeitgleich in verschiedenen Quellen auf; dies kann etwa daran liegen, dass die ersten Diskussionen (vielleicht auf Fachtagungen) nicht schriftlich dokumentiert sind. Unabhängig davon nimmt die Ausformulierung des vollständigen Problemmusters meist eine gewisse Zeit in Anspruch; an ihr sind regelmäßig verschiedene Autoren und manchmal bereits in der ‚Startphase' mehrere Disziplinen beteiligt.

Manche Probleme werden nicht von Experten, sondern zunächst von Betroffenen (oder Co-Betroffenen) im Kontext sozialer Bewegungen öffentlichkeitswirksam thematisiert; etwa in Form direkter Aktionen wie Demonstrationen oder Streiks. Gerade am Beginn einer Themenkarriere ist die Berichterstattung der Massenmedien zu solchen Aktionen alles andere als zuverlässig. Im Gegenteil, kann davon ausgegangen werden, dass die Proteste usw. zumindest die überregionale Presse, den Hörfunk und das Fernsehen überhaupt nur dann erreichen, wenn eine bestimmte Zahl von Teilnehmen vorhanden war oder außergewöhnliche Protestformen gewählt wurden. Friedliche Versammlungen weniger Betroffener scheitern hingegen regelmäßig im Kampf um die massenmediale Aufmerksamkeit. In diesen Fällen hilft bei der Rekonstruktion der Frühphase einer Thematisierung die systematische Durchsicht der regionalen bzw. lokalen Medienberichterstattung oder die Nutzung etwa eines Archivs sozialer Bewegungen. Aber selbst wenn man hier fündig wird, ist damit nur die erste *öffentlichkeitswirksame* Thematisierung erfasst; über vorgängige Diskussions- und Definitionsprozesse, die oftmals in Form direkter Kommunikation unter den Beteiligten stattfinden, ist nachträglich meist kaum noch etwas in Erfahrung zu bringen (vgl. Albrecht 2012: 1389-1399). Aufgrund dieses Zugangsproblems ist die Bedeutung von Gruppenprozessen und Versammlungsöffentlichkeiten in der Forschung lange Zeit unterschätzt worden (vgl. Neidhardt 1994: 10; Sidler 1999: 165)[64].

---

64 Bei aktuelleren Problemlagen ist die Rekonstruktion der frühen Definitionsprozesse mittels retrospektiver Interviews prinzipiell noch so lange möglich, wie sich ‚Aktivisten der ersten Stunde' identifizieren lassen; wegen der methodischen Problematik

Wie noch zu zeigen sein wird (vgl. Kapitel 6), entscheidet über die gesellschaftliche *Anerkennung* einer Problemdeutung bis heute letztlich die Berücksichtigung des Themas in den Massenmedien. Auch nach der Digitalisierung vieler Zeitungsarchive ist die massenmediale Berichterstattung zu einem neuen Problem nur mit erheblichem zeitlichem bzw. personellem Aufwand zu rekonstruieren. Sinnvoll ist es, sich hier auf die so genannten Leitmedien zu konzentrieren, die eine besondere Rolle im nationalen System des „Agenda setting" spielen (vgl. Wilke 1999: passim). Die Suche in Archivdatenbanken bzw. Stichwortregistern (soweit vorhanden) wird auch hier – wie bei der Fachöffentlichkeit – dadurch erschwert, dass das interessierende Problem als eigenständiges Stichwort immer erst dann erscheint, wenn die betreffende Problemdeutung bereits in der Öffentlichkeit etabliert ist. Der systematische Vergleich von Jahrgangsregistern bzw. Datenbankeinträgen erlaubt es hier aber immerhin, mit recht großer Sicherheit das Jahr anzugeben, in dem das Problem massenmediale Anerkennung erlangt hat (nämlich genau dann, wenn es ein eigenständiges Stichwort bildet). Fast unmöglich wird eine auch nur leidlich systematische Rekonstruktion, wenn zusätzlich Hörfunk und Fernsehen mit einbezogen werden sollen. Der Verlauf der Berichterstattung in dokumentarischer Form (etwa in Beiträgen für politische Magazinsendungen) ist nachträglich ebenso schwer nachzuvollziehen, wie die Thematisierung in fiktionalen oder hybriden Formaten. Da soziale Probleme sich in den beiden letztgenannten Formaten jedoch primär erst finden, wenn die Problemwahrnehmung schon eine gewisse öffentliche Anerkennung erreicht hat (vgl. Kapitel 6), können solche Formate für die Rekonstruktion der frühen Thematisierung meist ausgeklammert werden. Bei den dokumentarischen Formaten wird allein aus Gründen der Machbarkeit der Rekonstruktion eine Konzentration auf Sender und einzelne Sendungen erfolgen müssen, deren Beiträge in für den Wissenschaftler zugänglichen Datenbanken erfasst sind.

Mit der Etablierung des *Internet* als neuem Standardmedium der Kommunikation und Informationsverbreitung sind einerseits die Recherchemöglichkeiten hinsichtlich der frühen Thematisierung sozialer Probleme deutlich verbessert worden – andererseits ist ein neuer, extrem unübersichtlicher Kommunikationsraum entstanden (vgl. Schetsche 2006), der von sozialen Bewegungen wie von den verschiedenen Fachdisziplinen, aber auch von einzelnen Nutzern als Plattform für die Verbreitung ganz neuer Problemdeutungen genutzt werden kann. Suchmaschinen, etwa der heutige Marktführer Google, bieten umfangreiche und sehr bequeme Recherchemöglichkeiten, was Problemnamen, aber auch was alternative

---

solcher rückschauenden Befragungen (vgl. etwa Nassehi 1994) ist es dabei stets sinnvoll, zumindest parallel auch Zeitdokumente (wie etwas Tagebücher) auszuwerten.

Begriffe angeht (vgl. Unterkapitel 6.4). Und mittels verschiedener Archivdienste kann sogar die zeitliche Tiefe des World Wide Web und mancher Foren in einem bestimmten Umfang erschlossen werden. Die Berücksichtigung der ‚Neuen Medien', die bekanntlich ohne eine redaktionelle Zurichtung und Steuerung von Informationen auskommen, führt jedoch auch zu einem extremen Anschwellen der Dokumentenmenge, die bei der Rekonstruktion der ersten Thematisierungsphase eines neuen Problems zu sichten und durchzuarbeiten ist. Frühe Formulierungen eines Problemmusters können sich auf Websites, aber auch in Newsgroups bzw. Foren oder Mailinglisten finden. Manches, aber nicht alles davon ist öffentlich zugänglich – und trotz einer recht umfangreichen Archivfunktion des Netzes sind auch nicht alle diese Kommunikate Jahre später immer noch zugänglich. Und da das Internet ein vergleichsweise junger Medientypus ist, gibt es auch noch keine verbindlichen methodischen Standards, wie mit Quellen dieser Art umzugehen ist (etwa wie bei einer prinzipiell unbekannten Grundgesamtheit Stichproben systematisch gezogen werden können)[65]. Wie Internetquellen bei der Rekonstruktion der ersten Thematisierung eines Problems auszuwerten sind, ist heute noch weitgehend dem Gutdünken (und der Kreativität) des einzelnen Problemforschers überlassen[66].

1.2   Primäre Akteure und ‚Vorläuferprobleme'

Die historische Rekonstruktion der ersten Thematisierung liefert auch den *primären Akteur* des Problems. Das Wissen um die Personengruppe, die das Problemmuster formuliert hat, gibt wichtige Hinweise auf soziale und ideelle Hintergründe der Problematisierung und erleichtert das Verständnis möglicher Besonderheiten der Problemdeutung und der weiteren Entwicklung der Problemwahrnehmung. Als primäre Akteure kommen insbesondere wissenschaftliche Experten, soziale Bewegungen oder auch Leitmedien in Frage; seltener stehen am Beginn staatliche Instanzen oder neuerdings – in Zeiten des Internet – auch Akteure der Internetöffentlichkeit.

---

65 Einen Überblick über verschiedene Ansätze auf diesem Gebiet bieten das „SAGE Handbook of Online Research Methods" von Fielding, Lee und Blank (2008) sowie das Sammelwerk „SAGE internet research methods" von Hughes (2012).

66 Ein Weg ist etwa die Rekonstruktion der Thematisierung in Internetquellen, die auf kollaborativer Textarbeit beruhen und dadurch kollektive Meinungsbildungsprozesse widerspiegeln – etwa des zeitlichen Verlaufs der Änderungen der Darstellung eines neuen Problems im Online-Lexikon Wikipedia (zu dieser Quelle generell vgl. Schlieker/Lehmann 2005).

Die Gruppe des primären Akteurs verfügt hinsichtlich des neuen Problems über eine besondere Definitionsmacht: Mit ihrer Deutung legt sie (zumindest vorläufig) fest, welche Ursachen für das Problems angenommen werden, wie mögliche Bekämpfungsstrategien aussehen – und natürlich wer (insbesondere welche Profession) für die Bekämpfung zuständig ist (vgl. Hilgartner/Bosk 1988: 58). Erst wenn die Problemdeutung eine weite Öffentlichkeit erreicht, können die anderen „unterschiedlichen Gruppen, Organisationen und Institutionen einen interessengeleiteten Einfluß darauf zu nehmen versuchen, daß ihre Definition des Problems zu einer mehr oder weniger allgemein verbindlichen Zustandsbeschreibung und in den politischen Entscheidungsprozeß implementiert wird" (Müller 1977: 51).

Falls die Identifizierung des primären Akteurs sich in erster Linie auf dessen eigenen Berichte (bzw. deren Verarbeitung in sekundären wissenschaftlichen Quellen) stützt, müssen bei der Rekonstruktion der entsprechenden Dokumente mögliche Eigeninteressen des Akteurs mitberücksichtigt werden – nicht zuletzt deshalb, weil die meisten kollektiven Akteure ein hohes Interesse daran haben, mit der Entstehung einer Problemwahrnehmung in Verbindung gebracht zu werden. So können soziale Bewegungen aufgrund ihrer ‚Urheberschaft' nicht nur in späteren Phasen der Thematisierung eine Sonderstellung reklamieren, sondern sie können diese Aktivitäten auch strategisch für die Verbesserung ihrer öffentlichen Reputation nutzen[67]. Auch bei wissenschaftlichen Experten kann es für das professionelle Ansehen hilfreich sein, als Erster auf einen Sachverhalt hingewiesen zu haben, der später als soziales Problem gesellschaftliche Anerkennung erlangt. Es ist daher empfehlenswert, die Eigendarstellungen einzelner Akteure hinsichtlich der erstmaligen Problematisierung eines Sachverhalts in jedem Fall mittels weiterer, unabhängiger Quellen zu überprüfen.

Bei den Massenmedien treten regelmäßig nur die so genannten Prestige- oder Leitmedien als primäre Akteure auf. Dies sind im hier interessierenden Falle Zeitungen, Zeitschriften oder einzelne Fernsehsendungen, die es sich zur Aufgabe gemacht haben, soziale und politische ‚Missstände' aufzudecken (traditionell fiel diese Rolle in Deutschland Presseorganen wie ‚Spiegel' oder ‚Stern' und Fernsehsendungen wie ‚Report' oder ‚Monitor' zu). Die Fähigkeit zur Initiierung öffentlicher Problemwahrnehmungen besitzen solche Akteuren nur deshalb, weil sie wegen ihrer Anerkennung als Leitmedien durch Journalisten und anderen Multiplikatoren einen hohen Einfluss auf die mediale Berichterstattung insgesamt haben: Was in diesen Zeitungen, Zeitschriften oder Sendungen berichtet wird, gilt

---

67 Für beides ist nicht entscheidend, ob die Behauptung der eigenen Urheberschaft sachlich richtig ist, sondern nur, dass sie durch die Öffentlichkeit bzw. andere Akteure anerkannt wird.

als so relevant, dass auch andere Medien unmittelbar in das betreffende Thema ‚einsteigen'. Welchen generellen Anteil solche Leitmedien – verglichen etwa mit sozialen Bewegungen oder wissenschaftlichen Experten – an der ersten Thematisierung haben, ist für den deutschsprachigen Raum bislang jedoch noch nicht systematisch untersucht worden[68].

Schwer einzuschätzen ist aktuell auch die Bedeutung der Netzwerkmedien für die erste Thematisierung. Wie in Teil III des Bandes (Analysebeispiel 1) gezeigt wird, *können* Problemwahrnehmungen seit Ende des 20. Jahrhunderts ihren Ausgangspunkt in der internetvermittelten Kommunikation nehmen. Wegen des vergleichsweise geringen Alters dieses Medientypus, ist heute jedoch noch nicht zu entscheiden, ob dem Internet insgesamt oder einigen seiner Bestandteile (etwa den Internetforen) zukünftig ganz generell eine herausragende Rolle bei der ersten Thematisierung neuer Probleme zukommen wird. Deutlich ist allerdings schon jetzt, dass die ‚Neuen Medien' zunehmend als Themenlieferant und Trendsetter für die traditionellen Massenmedien fungieren. Es ist zu erwarten, dass dies auch im Bereich sozialer Probleme immer häufiger der Fall sein wird. Zu untersuchen ist deshalb in Zukunft insbesondere, welche Akteursgruppen es im Einzelnen sind, die sich der Netzwerkmedien bedienen, um ihre Problemmuster in die Öffentlichkeit zu bringen (zu denken ist hier etwa an Betroffene bzw. Co-Betroffene oder an wissenschaftliche Experten). Auch der determinierende Einfluss der spezifischen Merkmale dieses Medientypus (etwa der Netzwerklogik – vgl. Schetsche 2003) auf den Verlauf der ersten Thematisierung oder die Struktur der verwendeten Problemmuster sollten hier berücksichtigt werden[69].

Wer auch immer als primärer Akteur zu gelten hat, mit seiner Identifizierung ist noch nicht erklärt, *warum* die untersuchte Thematisierung zu diesem bestimmten Zeitpunkt (und nicht einige Jahre früher oder später) begann – und auch nicht, warum sie sich in der vorfindbaren Form durchsetzen konnte. Die ers-

---

68 Es liegen allerdings einige Untersuchungen vor, welche die besondere Rolle von Leitmedien als Themensetzer innerhalb der öffentlichen Aufmerksamkeit herausarbeiten. So gibt Wilke (2009) als besondere Merkmale für Leitmedien unter anderen deren publizistische Vorbildsfunktion und ihre Zitierhäufigkeit an. Ähnlich argumentieren Jarren und Vogel (2009), denen zufolge diese Medien von ihren Rezipienten eine besondere Beobachtungs- und Reflexionskompetenz zugeschrieben bekommen.

69 Dokumente, in denen die Internet-Aktivitäten solcher Gruppen abgebildet sind, lassen sich einerseits durch den Einsatz von Suchmaschinen leicht identifizieren und wegen der digitalen Form, in der sie vorliegen, auch problemlos weiterverarbeiten. Andererseits sind sie wegen der extremen Schnelllebigkeit der Netzwerkmedien oftmals von flüchtigem Charakter und werden auch nicht in jedem Fall durch Web-Archivierungssysteme erfasst (Details hierzu siehe in den Teilkapiteln 6.4 und 6.5).

tere Frage wird, soweit sie auf kausale Erklärungen abstellt, in den meisten Fällen unbeantwortbar bleiben müssen; auf die Letztere kann mit der Benennung einer Reihe von Faktoren geantwortet werden, die etwas mit dem primären Akteur zu tun haben können, es aber nicht müssen (vgl. Schetsche 2000: 204-214).

Mit angesprochen ist hier auch die Frage nach einem auf den gleichen oder zumindest einen ähnliche Sachverhalt bezogenen ‚Vorläufer' der untersuchten Problemwahrnehmung. Sie stellt sich aus objektivistischer und aus konstruktionistischer Sicht recht unterschiedlich. Aus der erstgenannten Perspektive gehören alle Problematisierungen zusammen, die sich auf dieselbe ‚objektive Notlage' beziehen. Im Extremfall können sich Phasen allgemeiner Anerkennung dieser Problemlage mit Phasen abwechseln, in denen von einem ‚latenten Problem' gesprochen werden muss (weil die Notlage aus dem Blickpunkt der Gesellschaft geraten, also gleichsam kollektiv vergessen worden ist). Da die Soziologie gemäß dieses Paradigmas über Methoden verfügt, das Problem dauerhaft zu identifizieren (und von anderen zu unterscheiden), ist es hier eher sekundär, ob die einmal festgestellte Notlage unter dem gleichen oder unter einem anderen Namen thematisiert wird. Wenn wir Niklas Luhmann glauben, ist es im Rahmen solcher Thematisierungsprozesse nicht nur üblich, sondern sogar notwendig, dass eine neue Problematisierung mit geänderten Problemnahmen und zumindest partiell verwandelter Problemdeutung auftritt: „Als Impuls für Veränderungen ist das Thema tot, jedenfalls schwieriger zu beleben als ungeborene Themen, weil seine Geschichte eine Erneuerung blockiert. Hat das Thema sein Problem nicht gelöst, *muß* es als neues Thema wiedergeboren werden" (Luhmann 1970: 15 – Hervorh. von M. Sch.).

Aus konstruktionistischer Warte sind Vorläuferprobleme der geschilderten Art undenkbar, weil ein soziales Probleme erst durch die Thematisierung ‚in die Welt kommt'; entsprechend wird jede Themenkonjunktur einschließlich des mit ihr verknüpften Problemnamens als singuläres soziales Problem verstanden. Der Terminus ‚Vorläuferprobleme' bezieht sich deshalb hier – wenn er überhaupt benutzt wird – auf frühere Thematisierungen, die *für die beteiligten Akteure* eine ähnliche Rolle spielten, wie das zu untersuchende Problem. In dieser Weise wird etwa der Wandel im Themenfokus einer sozialen Bewegung registriert und analysiert (zum Beispiel wenn die öffentliche Aufmerksamkeit für das bisherige Leitthema dieses Akteurs zu erlahmen beginn). Im Zentrum des analytischen Interesses stehen dann jedoch die Deutungs- und Thematisierungsaktivitäten eines bestimmten kollektiven Akteurs, nicht die Entwicklung einer bestimmten Problemwahrnehmung.

Das hier bevorzugte Kokonmodell legt nahe, dass der gleiche soziale Sachverhalt durchaus auf mehr als eine Weise beschrieben und auch bezeichnet werden kann. Aufgrund der Berücksichtigung von – bezüglich einer konkreten Thematisierung – *vorgängigen* gesellschaftlichen Wissensbeständen kann untersucht und entschieden werden, ob ein bestimmter Sachverhalt schon einmal unter einem anderen Namen als soziales Problem thematisiert worden ist oder nicht. Gerade Sachverhalte, die im Laufe der Zeit in unterschiedlicher Weise diskursiv als Problem konturiert worden sind, liefern vielfältige Aufschlüsse über das Zustandekommen von Problemdeutungen, die Rolle der beteiligten Akteure und auch die sich historisch wandelnden ideellen bzw. ideologischen Rahmenbedingungen einer Problematisierung. Außerdem können bestimmte Besonderheiten einer aktuellen Problemwahrnehmung vor dem Hintergrund früherer Thematisierungen des gleichen Sachverhalts untersucht und so, etwa in einem ideengeschichtlichen Kontext, besser verstanden werden. In welchem Umfang solche vorgängigen Wissensbestände erfasst werden und ob zwei (oder gar mehr) Thematisierungen des gleichen bzw. eines sehr ähnlichen Sachverhalts analytisch als eine oder zwei Problemwahrnehmungen gefasst werden, hängt letztlich vom konkreten Analyseraster der Untersuchung und den ihr zugrunde liegenden Leitfragen ab. (Die Auslotung ‚historischer Tiefen' eines Untersuchungsgegenstandes ist theoretisch betrachtet immer sinnvoll, wird aber praktisch in der bei jeder empirischen Rekonstruktion bedeutsamen Frage der Arbeitsökonomie ihre Grenzen finden.)

1.3 Modelle der Problementwicklung

Im objektivistischen Denken wird unter ‚Entwicklung eines Problems' zum Ersten die Änderung des sozialen Sachverhalts und damit zum Zweiten auch ein möglicher Wandel in der kritisierten Diskrepanz zur Werteordnung verstanden[70]. Beide, die primäre wie die sekundäre Entwicklung, können dabei sowohl in die eine wie in die andere Richtung verlaufen. In der Folge wird das Problem an Relevanz und Brisanz entweder zu oder abnehmen. (Solche Veränderungsprozesse

---

70 Auffällig ist, dass die Werteordnung in empirischen Studien meist unreflektiert als zeitstabil vorausgesetzt wird. Aus konstruktionistischer Sicht erscheint die Ausblendung dieser Veränderungsmöglichkeit als Folge einer Art ‚Denkverbot'. Zumindest im durch das Recht konstituierten Segment der Werteordnung ist die Bedeutung gesellschaftlicher Diskurse so offensichtlich, dass eine Berücksichtigung dieses Moments die objektive Bestimmtheit sozialer Probleme unübersehbar relativieren würde: Was heute als Straftatbestand eine Werteentscheidung der Rechtsordnung realisiert, kann morgen nach einer durch umfangreiche öffentlichen und fachlichen Debatten ausgelösten Strafrechtsreform normativ irrelevant sein.

waren zentraler Reverenzpunkt in der im Teil I geschilderten ‚Ontological gerrymandering'-Debatte.)

Im Rahmen des konstruktionistischen Paradigmas wird mit ‚Problementwicklung' hingegen der zeitlichen Verlauf des gesellschaftlichen Thematisierungsprozesses bezeichnet, der im Einzelfall eine Problemwahrnehmung – und damit in diesem Verständnis auch ein soziales Problem – hervorbringt. Die historische Rekonstruktion dieser Entwicklung ist eine, wenn nicht gar *die* zentrale Aufgabe der konstruktionistischen Problemanalyse. Es wird angenommen, dass die Entwicklung verschiedener sozialer Probleme in einer bzw. in vergleichbaren Gesellschaften[71] stets in ähnlicher Weise verläuft. Die empirisch beobachteten Verlaufsmuster können zu Entwicklungsmodellen verallgemeinert werden, welche die Entstehung und den Fortgang von Problematisierungen *idealtypisch* beschreiben. Bereits Fuller und Myers (1941 a und b) hatten eine solche „Naturgeschichte" sozialer Probleme mittels eines *dreistufigen Modells* (das Problem wird erstens öffentlich bekannt, zweitens politisch bestimmt und ist drittens Gegenstand von Reformbemühungen) nachzuzeichnen versucht[72]. Differenzierter ist die von Blumer (1972) postulierte *fünfstufige „Karriereleiter"* sozialer Probleme, bei der für die einzelnen Stufen unterschiedliche Verlaufsmuster gelten und die Problemwahrnehmung jeweils von verschiedenen Akteuren beeinflusst wird:

1. Auftauchen: Das Problem wird vom primären Akteur erstmals öffentlich formuliert (etwa in Fachpublikationen).
2. Legitimation: Das Problem hat die Massenmedien erreicht; der Öffentlichkeit wird klar gemacht, dass es im geschilderten Bereich eine Diskrepanz zu den sozialen Standards der Gesellschaft gibt, die nicht hingenommen werden darf.
3. Mobilisierung zum Handeln: Von verschiedenen Akteuren werden Vorschläge zur Problembekämpfung unterbreitet und konkrete Handlungsstrategien ausgearbeitet.
4. Ausarbeitung eines offiziellen Handlungsplans: Staatliche Instanzen, an die sich Forderungen nach Abhilfe regelmäßig richten, verabschieden Pläne zur Bekämpfung des Problems bzw. zur Linderung seiner Folgen.

---

71 Die konstruktionistische Problemtheorie ist keine allgemeine Gesellschaftstheorie – es wird deshalb bei theoretischen Setzungen von einem impliziten Standardmodell westlich-kapitalistischer Gesellschaften ausgegangen, deren Vorbild stets die USA zu sein scheinen (dies offenbar nur, weil die zentralen theoretischen Beiträge aus jenem Land stammen).

72 Eine ausführliche kritische Darstellung dieses Modells findet sich bei Peters (2002: 25-28).

5. Ausführung des Handlungsplans: Mit mehr oder weniger Erfolg werden der offizielle Plan und dessen Modifikationen[73] in die Praxis umgesetzt.

Nach Auffassung von Blumer sind die beiden letztgenannten Stadien der Problementwicklung in demokratisch verfassten Gesellschaften nur dann zu erreichen, wenn das Mitgefühl für die (schuldlos gedachten) Problemopfer allgemein verbreitet ist – nur dann sind staatliche Instanzen gleichsam gezwungen, sich des Problems anzunehmen (und zumindest in der Öffentlichkeit den Eindruck zu erwecken, im Rahmen ihrer Möglichkeiten gegen den Missstand vorzugehen). An die fünfte Stufe der Problementwicklung kann sich noch ein längerer Zyklus aus Modifikation von Handlungsplänen und – mehr oder weniger erfolgreichen – Versuchen zu deren Umsetzung anschließen[74].

Den letzten Punkt rückt das alternative Modell von Spector und Kitsuse (1977: 150-155) in den Mittelpunkt des Interesses. In ihrem *Vier-Stufen-Modell* ist die Entwicklung bis zur „Ausführung des offiziellen Handlungsplans" in zwei Stufen zusammengefasst; daran schließen zwei neu postulierte Entwicklungsphasen an. In Phase 3 kommt es zur Unzufriedenheit des primären Akteurs mit der bisherigen Art der Problembekämpfung – das Augenmerk dieser (und anderer) Gruppen richtet sich nun mehr und mehr auf die institutionellen Formen der Problembehandlung. Falls sich hier keine den Akteur zufrieden stellenden Lösungen abzeichnen, kommt es in Phase 4 zu Zweifeln an der Fähigkeit oder dem Willen der etablierten gesellschaftlichen Instanzen zur Lösung des Problems; Folge können Resignation oder die Entwicklung alternativer Bekämpfungsmodelle sein (vgl. Peters 2002: 32-35).

Entwicklungsmodelle dieser und ähnlicher Art können prinzipiell kritisiert werden. So behaupten Hilgartner und Bosk (1988), soziale Probleme könnten durchaus gleichzeitig in verschiedenen Karrierestadien existieren; außerdem seien auch ganz andere als die postulierten Phasen beobachtbar. Allerdings bleiben die beiden Autoren jeden empirischen Beleg für ihre Behauptungen schuldig. Von vornherein theoretisch orientiert ist die Kritik von Gerhards (1992), der die vorgelegten Modelle für reine Ex-Post-Beschreibungen hält, die hinsichtlich der

---

73 „Die Annahme, daß ein amtlicher Plan und seine Ausführung praktisch ein und dasselbe seien, ist eine Verkennung der Tatsachen. Bei seiner Realisierung wird der Plan auf jeden Fall bis zu einem gewissen Ausmaß und häufig auch zu einem höheren Ausmaß modifiziert, gewendet und neu geformt" (Blumer 1975: 111).

74 „Die Ausführung des Plans führt zu einem neuen Prozeß kollektiver Definition. Sie schafft das Gerüst für die Bildung neuer Richtlinien für das Handeln auf Seiten derjenigen, die vom sozialen Problem betroffen sind, und derjenigen, die vom Plan berührt werden" (Blumer 1975: 111).

Problementwicklung nur geringen Erklärungswert haben, weil sie keine Formulierung von überprüfbaren Hypothesen über den Erfolg oder Misserfolg von Thematisierungen erlauben. Richtig ist, dass die vorgestellten Modelle auf Basis theoretischer Annahmen nur einen möglichen Verlauf in der Thematisierung sozialer Probleme skizzieren – dies schließt jedoch nicht aus, dass sie *empirisch überprüft* und zu einem Instrument weiterentwickelt werden können, das auch Voraussagen über die Entwicklungschancen von Problemwahrnehmungen möglich macht.

Bei einem Vergleich diverser konstruktionistischer Fallstudien, die in den Jahren 1981 bis 1985 in der US-amerikanischen Zeitschrift „Social Problems" veröffentlicht worden sind, konnten Dreyer und Schade (1992) zeigen, dass kein einziges der 13 untersuchten historischen Probleme sämtliche der von Spector und Kitsuse postulierten Entwicklungsstufen tatsächlich durchlaufen hatte. Lediglich zwei der rekonstruierten Problemkarrieren erreichten die Stufe 3 des Modells; die Mehrheit endete in Stufe 2 (fünf Fälle) oder gar in Stufe 1 (vier Probleme) – und die beiden übrigen Fälle ließen sich erst gar nicht in das Schema von Spector und Kitsuse einpassen. Dieser Befund deutet zunächst darauf hin, dass die von Herbert Blumer einige Jahre früher postulierte ‚Stufenleiter' die realistischere ist. Wenn man die Befunde von Dreyer und Schade (was die Autorinnen selbst nicht tun) in Beziehung zu dessen Modell setzt, lassen sich zwei Fälle unterscheiden: (1) ein Akteur behauptet die Existenz eines Problems, kann sich damit in der Öffentlichkeit aber nicht durchsetzen oder (2) die Problemwahrnehmung erlangt allgemeine öffentliche Anerkennung und führt zu staatlichen Handlungsplänen. Allerdings zeigen die Befunde der Vergleichsuntersuchung auch, dass die von Blumer postulierten ersten drei Stufen der Problementwicklung sich zeitlich nur schwer trennen lassen. Die Benennung des Problems, dessen Legitimierung und die Mobilisierung zum Handeln stellen offenbar keine eigenen Entwicklungsstufen dar, sondern gehören gemeinsam zur ersten Phase der Problemkonstituierung. Erklärbar wird dies, wenn man diese drei vermeintlichen Phasen symbolisch re-interpretiert und als Bestandteile der verwendeten Problemdeutung auffasst: Problematisierungen werden vom primären Akteur erst dann öffentlich vertreten, wenn das Problemmuster mit Problembeschreibung, Bewertung und Bekämpfungsvorschlägen fertig ausformuliert ist.

Die Befunde von Dreyer und Schade zeigen, dass die Wirklichkeit der Problementwicklung komplexer ist, als sie von den bisher skizzierten theoretischen Entwicklungsmodellen dargestellt wird. Außerdem wirft der Einwand von Gerhards die grundsätzliche Frage nach deren wissenschaftlichem Sinn auf. Wenn sie mehr als heuristische Modelle zur Beschreibung möglicher Problemkarrieren sein sollen, müssen sie (leidlich trennscharf) die Unterscheidung von Phasen der Thematisierung erlauben, in denen die Problemdeutung jeweils dem spezifischen

1 Problemgeschichte: Die Karriere sozialer Probleme

Einfluss unterschiedlicher Akteure und gesellschaftlicher Instanzen ausgesetzt ist. Erst die Feststellung einer entsprechenden ‚phasenabhängigen Entwicklungslogik' würde Faktoren für die von Gerhards verlangte Prognostizierbarkeit liefern. Um der (empirisch zu beobachtenden) Vielfältigkeit von Entwicklungen gerecht zu werden, müsste ein realistischeres Modell sich außerdem vom Gedanken des linearen ‚Fortschritts' von Thematisierungen lösen. Es würde vielmehr verschiedene mögliche Zustände einer Problemwahrnehmung (mit jeweils dominierenden Akteuren und Einflussfaktoren) beschreiben, zwischen denen eine Problemwahrnehmung im Verlauf ihrer Entwicklung wechseln kann. Ein entsprechendes Modell mit sechs möglichen Zuständen oder Phasen (in der Grafik fett) und den entsprechenden Übergängen (kursiv) findet sich bei Schetsche (1996: 31)[75].

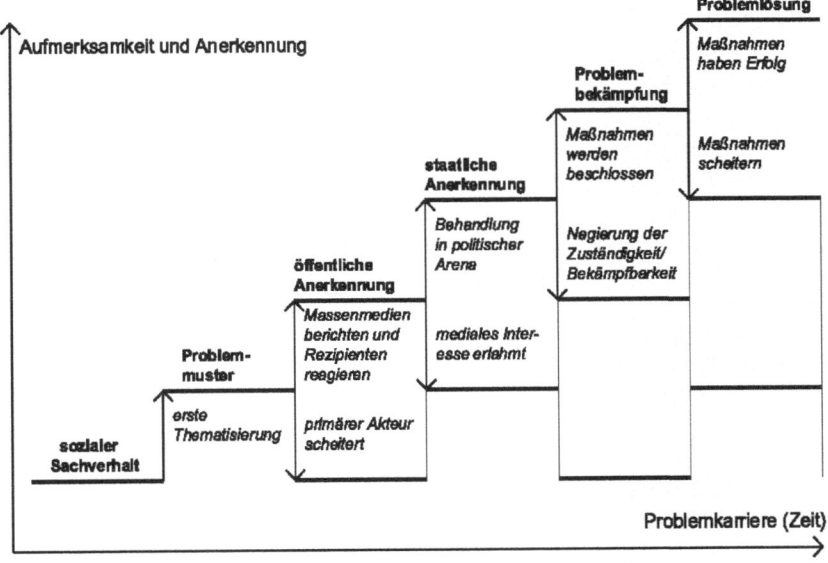

Abbildung 2 Zustandsraum der Problementwicklung (nach Schetsche 1996)

Nach der ersten Thematisierung durch den primären Akteur kann das Problem Karriere machen, jedoch auch in der einen oder anderen Phase scheitern: Nach

---
75 Details des Modells kritisiert Peters (2002: 39-40).

jedem ‚Fortschritt' hinsichtlich Aufmerksamkeit und gesellschaftlicher Anerkennung der Problemdeutung kann ein einzelner oder gar ein mehrfacher ‚Rückschritt' erfolgen – ebenfalls aber auch ein späterer ‚Wiederaufstieg'. Mit diesem Modell können zyklische Entwicklungen in der Anerkennung eines Problems, wie sie etwa von Leisering (1993) für das Beispiel ‚Armut' empirisch beschrieben worden sind, theoretisch verstanden und gleichzeitig auch zeitlich länger zurückliegende Thematisierungen des gleichen Sachverhalts berücksichtigt werden. So kann auch ein mehrfacher zyklischer Wechsel zwischen einzelnen Zuständen abgebildet werden, bei dem das Problemmuster (etwa wegen der Eigeninteressen der Akteure) verschiedenen Veränderungen unterworfen ist; dabei ist es letztlich eine Frage der Interpretation, ob ein altes Problem einen neuen Zyklus beginnt und ein neues entstanden ist.

Auch wenn dieses Modell auf die Idee einer linear aufsteigenden Problemkarriere zugunsten vielfältiger Entwicklungsmöglichkeiten verzichtet, ist der Wechsel im Grad der Wahrnehmung und Anerkennung eines Problems doch nicht beliebig: Eine Problemkarriere kann von jedem Zustand lediglich in einen der Nachbarzustände wechseln, nicht jedoch die unmittelbar benachbarten Phasen überspringen. Zu berücksichtigen ist hierbei allerdings, dass die Verweildauer in den einzelnen Zuständen sehr unterschiedlich sein kann (es ist eine empirisch zu entscheidende Frage, ob Probleme gleichsam automatisch in einen niedrigeren Zustand wechseln, wenn sie die höhere Stufe innerhalb eines bestimmten Zeitraums nicht erreicht haben). Nicht vernachlässigt werden darf außerdem die erhebliche Eigendynamik, der eine Problemdeutung während solcher Zustandsübergänge unterliegt; so wird das ursprünglich formulierte Problemmuster im Laufe der Problemkarriere schnell der Verfügungsgewalt der Problemdefinierer entzogen und generiert eine ganz eigene soziale Realität: die diskursiv konstituierte Wirklichkeit eines sozialen Problems.

2 Sachverhalte: Zwischen Konsens und virtuellem Problem

Die Lektüre von Teil I dieses Buches, insbesondere der Passagen über die so genannte ‚Onological gerrymandering'-Debatte (Kapitel 3 in Teil I), sollte deutlich gemacht haben, dass das Thema der ‚objektiven Bedingungen' bzw. ‚sozialen Sachverhalte'[76] nicht nur die objektivistische von der konstruktionistischen Position

---

76 Nach Peters (2002: 80-89) bezieht die Figur der ‚Sachverhalte' sich entweder auf Zustände oder auf Handlungen – oder eben auf eine Mischung von beidem.

trennt, sondern auch grundlegende erkenntnis- und wissenschaftstheoretische Fragen berührt. Diese betreffen etwa das Verhältnis zwischen lebensweltlichem und wissenschaftlichem Wissen oder die Rolle der Soziologie als (möglicherweise bevorzugter) Beobachter der Gesellschaft. Letztlich geht es in ihnen um die Möglichkeiten und Grenzen wissenschaftlicher Erkenntnis und um die Frage nach notwendiger oder strategischer Limitierung der Untersuchungsgegenstände der Problemsoziologie.

2.1   Soziale Sachverhalte als Problem

Für Merton und seine Nachfolger verfügt die *Soziologie* verglichen mit der Alltagswelt fraglos über eine bevorzugte Beobachterposition: Sie kann nicht nur die sozialen Bedingungen und die Verstöße gegen die Werteordnung zweifelsfrei und eben ‚objektiv' konstatieren und damit „latente Probleme" entdecken, sondern sie kann mit Hilfe ihrer wissenschaftlichen Methoden auch die gesellschaftlichen Klischees, Mythen und Vorurteile entlarven, die das Alltagsdenken über soziale Probleme beherrschen (vgl. Merton 1975: 114). Bedenkenswert erscheint Merton weniger die Frage nach den Grenzen ‚objektiver Messung' sozialer Bedingungen, als vielmehr die Gefahr, dass ‚der Soziologe' sich hinsichtlich der Diskrepanz zwischen seinen Befunden und der Werteordnung der Gesellschaft täuscht, also Problemlagen dort postuliert, wo Sachverhalte sich ‚in Wirklichkeit' in Übereinstimmung mit den sozialen Standards befinden (S. 122).

Ein anderer Vertreter der objektivistischen Position, der deutsche Soziologe Hans Haferkamp, ist bezüglich der bevorzugten Beobachterposition der Soziologie deutlich skeptischer. Nach seiner Auffassung benötigen die Subjekte der Alltagswelt in vielen Fällen *keine* Nachhilfe der Soziologie, um zu bemerken, dass sie sich in einer Notlage befinden: „Die Differenzen von tot oder lebendig, krank oder gesund, hungrig oder satt, gefangen oder frei beziehen sich auf Mißlingen oder Gelingen der Lösung von grundlegenden Lebensproblemen der Akteure, die auch in modernen Gesellschaften bestehen. Die meisten Unterschiede dieser Art können schon von den Mitgliedern der Alltagswelt eindeutig getroffen werden, andere sind durch Beobachtungen von Wissenschaftlern zu bestimmen" (Haferkamp 1987: 126). Haferkamp lässt allerdings offen, was es genau ist, das die im Alltag ummittelbar erfahrbaren sozialen Probleme von jenen unterscheidet, bei denen den Betroffenen erst durch die Wissenschaft klar gemacht werden muss, dass sie

‚ein Problem haben'⁷⁷. Die entscheidende erkenntnistheoretische Frage nach dem Verhältnis von subjektiver und wissenschaftlicher Evidenz wird in Haferkamps Text nicht gestellt. So bleibt auch ungeklärt, *wie* die Soziologen es bei *manchen* sozialen Problemen schaffen, Erkenntnisse zu erlangen, die über das Selbstwissen der Gesellschaft und ihrer Mitglieder über kollektive Notlagen hinausgehen.

Indirekt sind die hier gesuchten Zusammenhänge allerdings mit dem beachtenswerten Satz angesprochen, in dem die Kritik Haferkamps an der konstruktionistischen Problemtheorie kulminiert: „Es ist zwar richtig, daß kein Verhalten und keine Struktur per se eine Bedeutung in der Alltagswelt haben, aber das heißt nicht, daß Verhalten oder Strukturen vor ihrer Be-Deutung [sic!] durch die Akteure in der Alltagswelt nicht existieren und deshalb auch nicht analysiert werden können" (S. 125). Haferkamp gesteht hier scheinbar die prinzipielle Richtigkeit der paradigmatischen Setzungen des Sozialkonstruktivismus à la Berger und Luckmann zu, nimmt diese Zustimmung aber unmittelbar wieder zurück, indem er behauptet, die Soziologie könne sehr wohl das Verhalten der Subjekte jenseits der Bedeutungen erfassen und analysieren, damit also gleichsam hinter den Horizont der gesellschaftlich geltenden Deutungen der Welt blicken. Tatsächlich besteht die zentrale Annahme jenes wissenssoziologischen Paradigmas, das der konstruktionistischen Problemsoziologie letztlich zugrunde liegt, aber gerade darin, dass kollektives Handeln und die von ihm hervorgebrachten gesellschaftlichen Institutionen auf symbolischen Prozessen der Konstruktion von Wirklichkeit *beruhen* und deshalb auch nicht anders verstanden werden können, als durch die und in der Re-Konstruktion eben dieser Prozesse: „Gesellschaft besitzt tatsächlich objektive Faktizität. Und Gesellschaft wird tatsächlich konstruiert durch Tätigkeiten, die subjektiv gemeinten Sinn zum Ausdruck bringen" (Berger/Luckmann 1991: 20). Zwar leugnen Berger und Luckmann nicht die Existenz einer vorsozialen Realität, etwa hinsichtlich der biologischen Qualitäten des Menschen, die Gegenstand ausführlicher anthropologischer Reflexionen sind (S. 49-56); dies trennen sie aber analytisch explizit von dem, was die *Wirklichkeit der Gesellschaft* ausmacht: „Gesellschaftsordnung ist nicht Teil der ‚Natur der Dinge' und sie kann nicht aus ‚Naturgesetzen' abgeleitet werden. Sie besteht einzig und allein als Produkt menschlichen Tuns. Will man ihre empirischen Erscheinungen nicht hoffnungslos verdunkeln, so kann ihr kein anderer ontologischer Status zugesprochen werden" (S. 55).

---

77 Der Verdacht, es könnte hier um die Diskrepanz zwischen ökonomisch-materiellen und immateriellen Notlagen gehen, lässt sich anhand von Haferkamps Text weder bestätigen noch zurückweisen.

2 Sachverhalte: Zwischen Konsens und virtuellem Problem

Erst vor diesem Hintergrund sind die Schwierigkeiten zu verstehen, welche die konstruktionistische Problemtheorie, soweit sie denn an Berger und Luckmann anschließt, mit den „objektiven Bedingungen" haben *muss*. Soziale Sachverhalte jeglicher Art, also auch die, die im Kontext sozialer Probleme benannt werden, sind nach diesem Verständnis nicht nur durch menschliches Handeln erzeugt[78], sondern über diesen Entstehungsprozess auch *untrennbar* mit Deutungen bzw. Bedeutungszuweisungen verbunden: Erst weil Menschen sich und ihre Umwelt in bestimmter Weise interpretieren, erschaffen sie die gesellschaftliche Wirklichkeit (einschließlich der sozialen Probleme), wie sie ihnen dann als etwas scheinbar Äußerlich-Objektives gegenüber tritt. Dies schließt nun allerdings nicht prinzipiell aus (und hierin liegt der zutreffende Kerngedanke des zitierten Satzes von Haferkamp), dass ein so verstandener sozialer Sachverhalt *unabhängig von seiner Deutung als soziales Problem* soziologisch untersucht werden kann. Denn dass eine Problemwahrnehmung die Existenz eines Sachverhaltes mit bestimmten Qualitäten behauptet, heißt ja nicht, dass dieser Sachverhalt nicht außerhalb oder zeitlich vor der Problematisierung beschrieben und gedeutet werden könnte und dies auch wurde bzw. wird.

Bei der Frage nach der Untersuchbarkeit sozialer Bedingungen ist deshalb festzuhalten: Soziale Sachverhalte sind als solche Teil der von Menschen gemachten gesellschaftlichen Wirklichkeit. Mithin sind sie, jedenfalls wenn man Berger und Luckmann folgt, nicht nur stets mit symbolischen Prozessen der Sinnproduktion verbunden, sondern sie erhalten über diese Prozesse überhaupt erst ihren Wirklichkeitsstatus: „Was wirklich ist, wird von der Gesellschaft definiert. Und die Form dieser Definition ist das (was als) Wissen (gilt)" (Knoblauch 2005: 156). Es ist deshalb unmöglich, soziale Sachverhalte unabhängig von Sinn gebenden symbolischen Prozessen zu untersuchen.

Diese gesellschaftliche Konstruktion von Wirklichkeit geschieht allerdings – dies wird von vielen Anhängern des konstruktionistischen Paradigmas übersehen – nicht nur im Kontext von Thematisierungsprozessen, wie sie soziale Probleme konstituieren. Das Wissen über soziale Sachverhalte kann vielmehr auch andere Quellen haben, Quellen die zwar nicht unabhängig von jeglichem gesellschaftlichen Deutungs- und Definitionsprozess sein können, aber doch unabhängig von den spezifischen Problematisierungen, welche die Soziologie sozialer Probleme untersucht. Dabei kann es sich um *vorgängiges Wissen* über soziale Bedingungen/Sachverhalte in zweierlei Bedeutungen handeln: Zum einen kann

---

78 Bis zu diesem Punkt würde wohl auch Merton der Aussage zustimmen, für den Probleme ja nur insofern ‚soziale' genannt werden dürfen, als sie gesellschaftliche Ursachen haben (vgl. Merton 1975: 116-117).

es gesellschaftlich verbreitetes Wissen über die angesprochenen Sachverhalte geben, das zeitlich gesehen vor der ersten Thematisierung entstanden ist – dies ist ein Teil der Wissensbestände, von denen Giesen (1983) spricht, wenn er meint, dass Thematisierungen immer eine ideelle Grundlage in gesellschaftlich bereits anerkannten Deutungen haben. Zum anderen geht es um Wissen, das zwar zeitlich parallel, inhaltlich aber unabhängig von der *untersuchten* Problemdeutung produziert bzw. verbreitet worden ist, sei es in lebensweltlicher Form (etwa als so genannte alternative Problemdeutungen) oder auch als wissenschaftliche Befunde, deren Gewinnung nicht im Kontext der betreffenden Problematisierung stand. Und schließlich kann es noch Wissensbestände über soziale Sachverhalte geben, die zwar im Kontext der interessierenden Thematisierung stehen, aber explizit mit dem Ziel verbreitet werden, deren Problematisierung diskursiv zu konterkarieren (Gegendeutungen).

Nach Auffassung von Kitsuse und Spector (1973: 414) können niemals „objektive Bedingungen" sozialer Probleme untersucht werden, sondern nur die „vermeintlichen Bedingungen", also die *Behauptungen* der Problematisierer über soziale Sachverhalte. Der Wahrheitsgehalt dieser Behauptungen ist dabei *objektiv nicht* überprüfbar, weil die hierbei zu verwendenden methodischen Instrumente und Techniken ihrerseits Ergebnis gesellschaftlicher Definitions- und Entscheidungsprozesse sind. Dabei wird von den Autoren jedoch nicht zwischen wissenschaftlichen Befunden unterschieden, die im Rahmen einer Problematisierung entstehen und jenen Ergebnissen, die unabhängig von dieser sind. Die von den Autoren getroffene Feststellung der Abhängigkeit von Forschungsergebnissen von gesellschaftlichen (hier wohl eher: innerwissenschaftlichen) Entscheidungsprozessen über Forschungsmethoden betrifft wissenschaftliche Ergebnisse *generell* (also auch ihre eigenen Befunde), nicht aber in besonderer Weise soziale Probleme. Bei deren Analyse führt die Kitsuse-Spector-These, soziale Bedingungen ließen sich nun einmal ‚objektiv' nicht ermitteln, in die Irre, weil sie die Frage des prinzipiellen Zugangs zur ontischen Ebene gesellschaftlicher Phänomene mit dem Problem der Gewinnung von Daten im Sonderfall sozialer Probleme unzulässig vermischt.

Aus der wissenssoziologischen Perspektive des Kokonmodells sozialer Probleme sind diese beiden Fragen strikt zu trennen. Das Problem der gesellschaftlichen (bzw. innerwissenschaftlichen) Festlegung der Gültigkeit und Validität sozialwissenschaftlicher Methoden betrifft jede empirische Forschung – die ontologische ebenso wie die epistemologische. Die Befunde einer objektivistisch orientierten Problemsoziologie sind hiervon in gleicher Weise betroffen wie die einer konstruktionistischen (und insofern ist der Kritik von Woolgar und Pawluch 1985 zuzustimmen). Diese Fragen zu klären und entsprechende Einschränkungen wissenschaftlicher Aussagen nahe zu legen, ist Aufgabe jedoch nicht der Problemsoziologie, sondern der Methodologie bzw. Wissenschafts- und Erkenntnistheorie (vgl. dazu auch Berger/Luckmann 1991: 15). Hiervon zu unterscheiden sind die *spezifischen* Schwierigkeiten, die sich bei der Überprüfung der Sachverhaltsbehauptungen im Kontext sozialer Probleme ergeben. In Teil 1 (Kapitel 5) ist dargelegt worden, warum Aussagen über die epistemische Wirklichkeit der sozialen Welt (heute) leichter zu gewinnen sind, als solche über deren ontische Realität. Zum dort beschriebenen Wandel im Dominanzverhältnis zwischen materieller und symbolischer Welt (Substituierung von Primär- durch Sekundärerfahrung, Zunahme innerpsychischer Notlagen und die damit verbundene Verarmung des Methodenarsenals, der Prozess der Sekundärverwissenschaftlichung und die Delegitimierung wissenschaftlicher Erkenntnis) kommt noch die Besonderheit des Untersuchungsgegenstandes ‚soziales Problem'.

Zum einen bewegt sich, da eine Problematisierung *per Definition* mit einer sozialethischen Bewertung verbunden ist, jede Untersuchung der thematisierten Sachverhalte von vornherein in einem gesellschaftlichen Kontext, der eine sachliche Analyse erschwert: Von der Problematisierungsthese abweichende wissenschaftliche Befunde sind stets dem Risiko moralischer Diskreditierung und damit verbundener Restriktionen der Forschung ausgesetzt. Die Wahrscheinlichkeit und Bedeutsamkeit entsprechender Einflüsse aus dem nichtwissenschaftlichen Raum nimmt dabei zu, je größer die öffentliche Anerkennung der betreffenden Problemwahrnehmung ist. Wenn diese gesellschaftliche Hegemonie erlangt hat, ist es für Sozialwissenschaftler nur noch schwer möglich, den Sachverhaltsaussagen und Bewertungen der Problemdeutung zu widersprechen. Ein gutes Beispiel für diesen Zusammenhang ist die – lange Zeit auch von weiten Teilen der wissenschaftlichen Öffentlichkeit unreflektiert akzeptierte – Behauptung, jährlich würden in Deutschland 300.000 Kinder sexuell missbraucht. Diese Zahl wurde gleich zu Beginn der Problematisierung (Mitte der achtziger Jahre des vergangenen Jahrhunderts) vom primären Akteur in das Missbrauchsmuster eingefügt und beherrschte mehr als zehn Jahre fast unwidersprochen den öffentlichen und den fachlichen Problemdiskurs, obwohl für jeden methodisch auch nur rudimentär ausgebildeten wissenschaftlichen Experten erkennbar gewesen wäre, dass sie durch eine falsche Anwendung der Methode der Dunkelfeldschätzung zustande gekommen war (vgl. Schetsche 1993: 296-298). Die Ursachen für die wissenschaftliche Perpetuierung einer offensichtlich fehlerhaften Behauptung über einen zentralen Parameter der Sachverhaltsbeschreibung lagen in diesem Falle eindeutig in außerwissenschaftlichen Faktoren: Kaum ein Forscher traute sich beim zur damaligen Zeit herrschenden hoch emotionalisierten Klima auch nur einer Behauptung des Problemmusters öffentlich zu widersprechen – jede auch nur ansatzweise Kritik an den Tatsachenbehauptungen des Problemmusters ‚sexueller Kindesmissbrauch' wurde als Delegitimierung eines gesellschaftlich allgemein anerkannten Gefahrendiskurses innerhalb wie außerhalb der Scientific Community sozial sanktioniert.

Zum anderen sind die *von der Problematisierung angeleiteten* Forschungen (namentlich wenn die beteiligten Wissenschaftler den Status des Experten nicht von jenem des Advokaten zu trennen vermögen) selten in der Lage, Ergebnisse zu erlangen, die sich substantiell von den Sachverhaltsaussagen des Problemmusters unterscheiden. An dieser Stelle trifft die Kritik von Kitsuse und Spector (1973) zu, die Kriterien zur Messung ‚objektiver Bedingungen' seien vom Stand der öffentlichen Thematisierung des Problems abhängig. Als typisches Beispiel kann hier die Untersuchung der US-amerikanischen Psychologin Kimberly Young (1998) zur Internetsucht gelten: Ganz am Beginn der Karriere jenes Problems formulierte sie *in der Rolle eines primären Akteurs* für eine von ihr durchgeführte Untersuchung diagnostische Kriterien, mit deren Hilfe sie anschließend knapp 80 Prozent (!) der 496 von ihr befragten Nutzer von Newsgroups und Chatrooms zu Internetsüchtigen erklären konnte. Hier leitete das Problemmuster die Entwicklung des Messinstruments an, mit deren Hilfe dann dessen Sachverhaltsbehauptung (die extreme Verbreitungsrate der Internetsucht unter den Nutzern dieses Medientypus) scheinbar ‚wissenschaftlich-objektiv' überprüft wurde. (Da dieser Problemdiskurs jedoch bei weitem nicht den Grad an Absicherung qua Moralisierung[79] erlangte, wie dies seinerzeit beim sexuellen Kindesmissbrauch der Fall war, wurde diesem Befund in der wissenschaftlichen Fachöffentlichkeit recht schnell widersprochen.)

2.2 Konsensuale Sachverhalte

Aus diesen Überlegungen wurden für das Kokonmodell sozialer Probleme zwei Konsequenzen gezogen: Erstens müssen soziale Sachverhalte nicht grundsätzlich aus der konstruktionistischen Problemanalyse ausgeklammert werden. Und zweitens können sie im Rahmen einer solchen Problemanalyse nur in einer ganz spezifischen Form untersucht werden – in Form der *Wissensbestände, die in der Gesellschaft über sie verbreitet sind*. Ausgangspunkt ist dabei die Annahme, dass es zum einen Wissensbestände über soziale Probleme geben könnte, die (zeitlich oder diskursiv) unabhängig von der Problematisierung entstanden sind, und dass dieses Wissen sich zum anderen mit den Sachverhalten des Problemmusters in

---

79 Zum Moralisieren als Diskursstrategie vgl. Teilkapitel 5.1.

2 Sachverhalte: Zwischen Konsens und virtuellem Problem

mehr oder weniger großem Umfang decken kann. Empirisch geprüft wird beides mittels der Kategorie der *konsensualen Sachverhalte*. So bezeichnet werden Behauptungen über soziale Sachverhalte, die sowohl von den Vertretern der Problemwahrnehmung als zutreffend angesehen werden, als auch von jenen Akteuren, welche die betreffende Problemdeutung *nicht* teilen. Diese konsensualen Sachverhalte repräsentieren mithin dass Wissen einer Gesellschaft über die thematisierten Sachverhalte, das auch *jenseits* der konkreten Problemdeutung gesellschaftlich anerkannt ist. Die konsensualen Sachverhalte dienen im Kokonmodell nicht nur als Referenz für die Einschätzung der Erfolgsaussichten von Problemdeutungen, sondern könnten auch als Ausgangspunkt einer sozialethischen Beurteilung von Problematisierungen dienen (dazu später mehr).

Auch wenn lebensweltliche und wissenschaftliche Wissensbestände in Problemdiskursen oftmals bis zur Unkenntlichkeit verschmolzen sind, macht es doch Sinn, analytisch zwischen ihnen zu unterscheiden. Und nach der Etablierung der – nicht an dieser traditionellen Differenzierung orientierten – Netzwerkmedien, haben wir es sogar mit drei Arten von Quellen zu tun, in denen sich Wissensbestände zur Ermittlung des konsensualen Sachverhalts finden könnten: (1) massenmedial distribuiertes Wissen[80], (2) via wissenschaftlicher Fachliteratur[81] verbreitetes Wissen und (3) in den Netzwerkmedien prozessiertes Wissen. Als ‚konsensual' müssen in einer Gesellschaft jene Aussagen über von einer Problematisierung thematisierte Sachverhalte gelten, die sich als feststehende und weitgehend unbestrittene Wissensbestände in allen drei Arten von Quellen finden. Die Ermittlung des Umfangs und der Struktur der jeweiligen konsensualen Sachverhalte geschieht mittels systematischer Komparatistik der Aussagen in öffentlich zugänglichen Quellen der genannten Arten.

Da sowohl die hier potenziell zu untersuchenden Quellen als auch deren Inhalte schnell alle Grenzen der praktisch noch handhabbaren Quantitäten überschreiten, ist bei der empirischen Analyse eine *doppelte Fokussierung* nötig. Zum einen ist – ausgehend von den Feststellungen der Problemdeutung – zu ermitteln, welches die *zentralen* Behauptungen über den thematisierten Sachverhalt sind.

---

80 Hier bietet sich nicht nur eine Analyse von Zeitungs- und Zeitschriftenartikeln, sondern auch die von Fernsehsendungen zum entsprechenden Thema an; dabei ist zu berücksichtigen, dass das lebensweltliche Wissen über soziale Probleme nicht nur in dokumentarischen, sondern – oftmals sogar wirkungsmächtiger – auch in fiktionalen bzw. hybriden Formaten transportiert wird (mehr dazu in Teilkapitel 6.2).

81 Die durch direkte Kommunikation (etwa bei Fachkongressen) vermittelten Wissensbestände müssen hier ausgeklammert werden, weil sie für die spätere Rekonstruktion ohnehin nur dann zur Verfügung stehen, wenn sie ihren Niederschlag in entsprechenden Veröffentlichungen gefunden haben.

Wenn man dabei der bei *Problemdeutungen* üblichen Binnenlogik (vgl. Kapitel 4) folgt, wird es regelmäßig um Fragen wie die Folgenden gehen[82]:

- Um welche Lebenssituation bzw. um welches menschliche Handeln geht es? (Dies ist auch die Leifrage zur Identifizierung der Quellen, die in der Komparatistik zu berücksichtigen sind.)
- Wird die Situation bzw. das Handeln als problematisch angesehen? Und gegen welche gesellschaftlich anerkannten Werte wird ggf. verstoßen?
- Welche Personengruppen sind betroffen? Falls es Problemopfer sind: Warum können sie sich nicht selbst helfen?
- Welche gesellschaftlichen Auswirkungen hat die Situation bzw. das Handeln?
- Welches sind die angenommenen Ursachen? Muss etwas dagegen unternommen werden? Und wie könnten Bekämpfungsstrategien aussehen (falls sie überhaupt notwendig sind)?

Zum anderen wird es arbeitsökonomisch meist unmöglich sein, eine Vielzahl von Quellen unterschiedlicher Herkunft (und dazu noch aus einem längeren Zeitraum) auf diese und ähnliche Fragen hin zu untersuchen. Die Methode der Wahl ist deshalb hier der *Kontrastgruppenvergleich*. Er basiert auf der Annahme, dass ein bestimmter gesellschaftlicher Sachverhalt nicht nur auf mehr als eine Art problematisiert wird, sondern die behauptete Problemhaftigkeit eben auch explizit *bestritten* werden kann[83]. Im ersteren Fall haben wir es mit *alternativen Problemdeutungen*, im letzteren mit *Gegendeutungen* zu tun. In beiden Fällen ist relativ sicher davon auszugehen, dass der jeweilige Sachverhalt anders dargestellt wird als im primär untersuchten Problemmuster.

Bei *alternativen Problemdeutungen* wird der betreffende Sachverhalt zwar auch als soziales Problem definiert, jedoch mit Hilfe eines Problemmusters, das sich in

---

82 Um die für die Komparatistik geeigneten Fragen zu finden, wird es in der Regel nötig sein, vor Beginn der Rekonstruktion der konsensualen Sachverhalte das der Problemdeutung unterliegende Problemmuster zumindest in groben Zügen zu rekonstruieren – entsprechend sollte die Reihenfolge der praktischen Analyseschritte gewählt werden.

83 „Öffentlichkeit ist in liberaldemokratischen Gesellschaften (...) ein Konkurrenzsystem in dem Sinne, daß Akteure, die spezifische Themen und Meinungen als öffentliche Themen definieren wollen, meist nicht allein und nicht unangefochten bleiben (...). Meist gibt es Protagonisten, die einen anderen Standpunkt vertreten und mit möglicherweise eindrucksvollen Argumenten die Priorität anderer Themen oder zum gleichen Thema das Gegenteil behaupten" (Gerhards/Neidhardt 1991: 76 - vgl. Leisering 1993: 489).

dieser oder jener Hinsicht von der ursprünglich untersuchten Problemdeutung unterscheidet. Auch hier wird die Existenz von Sachverhalten mit den für soziale Probleme charakteristischen Eigenschaften behauptet – diese können jedoch anders beschaffen sein, abweichend interpretiert oder auch unterschiedlich bewertet werden. So kann etwa die Gruppe der Hauptbetroffenen eine andere sein, das Problem kann gänzlich andere Ursachen haben oder die Bewertung kann auf andere sozialethische Bewertungen rekurrieren.

Gegendeutungen hingegen stellen die Problematisierung selbst in Frage, indem sie zentrale Annahmen der Problemdeutung (und ggf. auch die von alternativen Problemdeutungen) explizit negieren[84]. So kann etwa die Auffassung vertreten werden, dass die sozialen Sachverhalte in der behaupteten Form gar nicht existieren, dass sie nicht gegen die Werteordnung der Gesellschaft verstoßen, dass die Betroffenen für ihre Situation ausschließlich selbst verantwortlich sind (dass also keine sozialethische Pflicht zu gesellschaftlichen Abhilfen besteht) oder auch, dass das Problem innerhalb der bestehenden Gesellschaft überhaupt nicht gelöst werden kann (vgl. hierzu Hilgartner/Bosk 1988: 62; Gamson 1988: 167-169). Allesamt Behauptungen, die – auf die eine oder andere Weise – den Status als soziales Problem in Frage stellen.

Schließlich können sich (historisch wie in der Gegenwart) noch Deutungen der entsprechenden Sachverhalte finden, die weder eine Problematisierung beinhalten noch – wie die Gegendeutung – in diskursivem Zusammenhang mit der untersuchten Problemdeutung stehen. Die Zahl solcher Darstellungen wird jedoch mit dem Grad der öffentlichen Anerkennung einer Problemdeutung und der damit einhergehenden Verbreitung der Problemwahrnehmung schnell zurückgehen, weil Veröffentlichungen zum entsprechenden Thema ohne eine explizite – zustimmende oder ablehnende – Bezugnahme zum prosperierenden Problemmuster kaum (noch) eine Chance zur Veröffentlichung haben. Wenn die Problemwahrnehmung erst einmal auf der öffentlichen Agenda steht, strukturieren deren

---

84 Gegendeutungen können auch in Form von ‚sozialen Problemen zweiten Grades' auftreten, bei denen soziale Gegenbewegungen (vgl. Rucht 1991: 11) die Problematisierungen anderer Akteure ihrerseits problematisieren. Sie behaupten etwa, das wirkliche Problem sei nicht die große Verbreitung von Übergewichtigkeit unter Schulkindern, sondern die gesellschaftliche Diskriminierung von Menschen, die sich dem ‚allgemeinen Schlankheitswahn' widersetzen – oder auch, dass die Kriminalitätsfurcht in der Bevölkerung sozial viel gefährlicher sei als die Kriminalität selbst. Probleme zweiten Grades folgen ähnlichen Karrierepfaden und bedienen sich derselben Diskursstrategien, wie die Problemwahrnehmungen, auf die sie antworten.

Behauptungen den massenmedialen wie den fachlichen Diskurs (und zwar gerade auch dann, wenn die Problematisierung von einem Akteur kritisiert wird[85]).

Für die empirische Komparatistik zur Ermittlung konsensualer Sachverhalte bieten sich insbesondere Quellen an, in denen explizit eine *Gegendeutung* vertreten wird: Hier kann mit hoher Plausibilität davon ausgegangen werden, dass es hinsichtlich der Beschreibung des betreffenden Sachverhalts maximale Abweichungen gegenüber der untersuchten Problemwahrnehmung geben wird. Stellt man die Sachverhaltsbehauptungen der Problemdeutung jenen der Gegendeutungen gegenüber, werden die – in der Regel wenigen – vorfindbaren *Gemeinsamkeiten in den Wissensbeständen dem entsprechen, was im Kokonmodell ‚konsensuale Sachverhalte' genannt wird.*

Im Rahmen einer solchen Komparatistik macht es durchaus Sinn, Aussagen aus lebensweltlichen und wissenschaftlichen Quellen zunächst getrennt zu untersuchen (weil sie sich typischerweise unterschiedlicher Begrifflichkeiten und Denkfiguren bedienen – vgl. Haferkamp 1987: 129) und die Befunde erst in einem zweiten Schritt auf Ähnlichkeiten hin zu untersuchen. Durch diese nachträgliche Vergleichsoperation können wichtige Informationen über das Verhältnis von lebensweltlichem und wissenschaftlichem Wissen bezüglich des untersuchten Segments sozialer Wirklichkeit gewonnen werden. Was von der traditionellen Problemsoziologie ‚objektive Bedingungen' genannt wird, ist aus wissenssoziologischer Sicht nichts anderes als das leidlich konsensuale wissenschaftliche Wissen über die beschriebenen Sachverhalte – Wissen, das in Widerspruch zum kollektiven Selbstwissen der Alltagssubjekte stehen kann, aber nicht muss. Wenn Ersteres der Fall ist, wird diese Abweichung – je nach ihrer Richtung – von der objektivistischen Problemsoziologie als ‚latentes Problem' oder als ‚Scheinproblem' apostrophiert. Herrscht hingegen Übereinstimmung, bestätigt der Soziologe aus seiner Sicht nur das, was das Alltagsbewusstsein bereits wusste[86].

Im letzteren Fall stellt sich die Frage, in welchem generativen Zusammenhang die inhaltlich ähnlichen lebensweltlichen und wissenschaftlichen Wissensbestände stehen: Ist das lebensweltliche Wissen im soziologischen nur mehr oder

---

85 Dies ist auch der Grund, warum es für einen Akteur, der *kein* Interesse an einer bestimmten Problematisierung hat, meist sinnvoller ist, frühzeitig im Rahmen eines „Non-Agenda-Setting" die öffentliche Thematisierung selbst zu torpedieren, als zu einem späteren Zeitpunkt einen Gegendiskurs zu initiieren (vgl. Strünck 2006).

86 Hier wird auch eine Grundannahme der konstruktionistischen Wissenssoziologie ganz praktisch verdeutlicht: Wissenschaftliches Wissen geht dem alltagsweltlichen Wissen nicht voraus, sondern schließt an dieses an. „Die Bedeutung theoretischen Denkens in Gesellschaft und Geschichte allzu wichtig zu nehmen, ist ein begrifflicher Fehler der Theoretiker" (Berger/Luckmann 1991: 16).

weniger unreflektiert verdoppelt, sind die Überzeugungen weitgehend unabhängig voneinander entstanden oder hat sich gar, wie Beck und Bonß (1984) dies beschreiben, das wissenschaftliche Wissen dem lebensweltlichen Denken aufgeprägt? Die Antwort auf diese Frage hängt direkt mit den *empirischen Quellen* des wissenschaftlichen Wissens zusammen: Beruht es auf Beobachtungen erster Ordnung, also dem des Handelns der lebensweltlichen Subjekte, oder fragt es im Rahmen einer Beobachtung zweiter Ordnung direkt oder indirekt deren Selbstwissen ab (etwa in Interviews oder der Analyse von Alltagsdokumenten)? Von der Art des methodischen Zugangs hängt ab, wie groß der Abstand zwischen wissenschaftlicher und lebensweltlicher Beschreibung eines Sachverhalts tendenziell sein wird. Angenommen werden muss hier, dass diese Differenz umso geringer ist, je stärker die Selbstdeutungen der lebensweltlichen Subjekte – wie sie etwa durch problemzentrierte Interviews gewonnen werden – in das Zentrum der Untersuchung rücken.

2.3 Reale und virtuelle Probleme

Am Ende einer Bestimmung der konsensualen Sachverhalte durch eine Komparatistik der gesellschaftlich vorfindbaren Wissensbestände können ganz unterschiedliche Ergebnisse stehen. Der Umfang der Übereinstimmungen in den Sachverhaltsbehauptungen zwischen der untersuchten Problemdeutung auf der einen und alternativen Problemdeutungen sowie Gegendeutungen und anderen nichtproblematisierenden Thematisierungen auf der anderen Seite kann sehr groß oder auch sehr klein sein – oder er kann an einem beliebigen Punkt zwischen diesen beiden Extremen liegen. Von besonderer Bedeutung für das Verständnis, aber auch für die Bewertung von Problemwahrnehmungen sind die Befunde, die zu dem einen oder dem anderen Ende des vorgestellten Kontinuums führen, bei denen die Komparatistik also (1) eine *allgemeine Übereinstimmung* in den Sachverhaltsbeschreibungen oder (2) das fast *völlige Fehlen* entsprechender Übereinstimmungen konstatiert.

(zu 1) Alle Quellen und damit auch alle öffentlich auftretenden Akteure scheinen sich einig darüber, was es mit den betreffenden Sachverhalten auf sich hat. Auf den ersten Blick wirkt dies wie ein Fall, bei dem der konsensuale Sachverhalt geradezu mit einem – theoretisch postulierten – objektiven Sachverhalt identisch ist. Die epistemische und die ontische Ebene scheinen zur Deckung gekommen: Die Welt ist mit der Weltsicht, die wissenschaftliche mit der lebensweltlichen Anschauung im Einklang. Dies ist der von der objektivistischen Problemtheorie letztlich angestrebte Idealzustand (zwar nicht hinsichtlich der Beschaffenheit der sozialen Welt, aber doch zumindest hinsichtlich der Anerkennung des betreffenden sozialen Problems). Aus Sicht des Kokonmodells stellt sich die Situation jedoch ganz anders dar: Wenn alle Quellen sich hinsichtlich der Beschreibung und Bewertung des inkriminierten Sachverhalts einig sind, heißt dies lediglich, dass wissenschaftlich offenbar keine Informationen über den Sachverhalt gewonnen werden können, die unabhängig von der untersuchten Problemwahrnehmung sind. Die betreffende Problemdeutung hat mithin absolute gesellschaftliche Hegemonie erlangt[87]; der vom Problemmuster konstituierte Wahrnehmungskokon ist folglich analytisch undurchdringlich geworden. Für die empirische Forschung zum Sachverhalt bedeutet dies etwa, dass Hypothesen nur noch entsprechend der Logik der Problemdeutung formuliert und Daten innerhalb des Rahmens der Problemwahrnehmung gewonnen werden *können* (etwa weil dessen inhaltliche Vorgaben alle *vorstellbaren* Formulierungen von Forschungsfragen anleiten und auch die zu verwendenden Messinstrumente und Beurteilungsmaßstäbe vorgeben). Zweifel an der Gültigkeit der allgemein anerkannten Tatsachenbehauptungen können in dieser Situation erst aufkommen, wenn zu einem späteren Zeitpunkt ein Gegendiskurs bzw. eine Gegendeutung entsteht, in dessen bzw. deren Rahmen alternative Aussagen zum Sachverhalt formuliert werden (können). Bis zu diesem Zeitpunkt ist ein Blick ‚hinter' den konsensualen Sachverhalt nur durch eine historische Rekonstruktion möglich, welche die wissenschaftlichen und lebensweltlichen Aussagen aus Zeiträumen untersucht, als die betreffende Problemdeutung noch keine Hegemonie erlangt hatte[88]. Auch dies ist allerdings nur dann möglich, wenn der betreffende Sachverhalt bereits vor der so erfolgreichen

---

87 Dies kann etwa daran liegen, dass eine bestimmte Problemdeutung Teil der dominierenden Weltanschauung einer Gesellschaft ist – wir finden solche Verknüpfungen etwa beim Hexenmuster zu Beginn der Neuzeit oder in Bezug auf die so genannte ‚Rassenhygiene' im Dritten Reich. Hier sind Problemwahrnehmungen so eng mit grundlegenden Wirklichkeitsannahmen verknüpft, dass sie nur gemeinsam mit der vorherrschenden Weltanschauung, in die sie eingebunden sind, kritisiert und delegitimiert werden konnten. Eine absolute und fraglose Geltung einer Problemwahrnehmung ist stets das Ergebnis einer außergewöhnlichen Passung von Problemmuster und bereits gesellschaftlich anerkannten Wissensbeständen, die von handlungsmächtigen kollektiven Akteuren genutzt wird.

88 Ein empirisches Beispiel für ein solches Vorgehen findet sich bei Schetsche (1993: 127-203). Dort konnte die Rekonstruktion der Vorgeschichte des in den neunziger Jahren gesellschaftlich hegemonialen Problemdiskurses zum ‚sexuellen Kindesmissbrauch' die Existenz von zwei historisch aufeinander folgenden Problemdeutungen mit einem äußerst marginalen konsensualen Sachverhalt nachweisen – was in der Konsequenz zu einer wechselseitigen Relativierung des von den beiden konkurrierenden Problemdeutungen gezeichneten Bildes der sozialen Wirklichkeit führte.

Problematisierung Gegenstand wissenschaftlich zugänglicher Thematisierungen war – und nicht erst mit dieser gleichsam in die Welt kam.

(zu 2) Denkbar ist aber auch, dass die komparatistische Analyse keine konsensualen Sachverhalte in nennenswertem Umfang zu ermitteln vermag. Thematisierungen, bei denen nicht nur Fragen nach der Bewertung, der Zahl der Betroffenen oder dem Umfang der Schädlichkeit, sondern sogar die *Existenz* der von einer Problemdeutung behaupteten Sachverhalte umstritten ist, können als „virtuelle Probleme" bezeichnet werden (Schetsche 1998). Das dort angeführte Beispiel der so genannten „Entführungen durch Außerirdische" macht die besondere epistemologische Stellung dieser Art von Problemwahrnehmungen deutlich: Während die Akteure dieses konkreten Problemmusters davon ausgehen, dass jährlich hunderte, wenn nicht tausende von Menschen von nichtmenschlichen Wesenheiten entführt, in deren Raumschiffen zu fürchterlichen Experimenten missbraucht und dadurch nachhaltig traumatisiert werden, dominiert in den Wissenschaften die Auffassung, dass weder die behaupteten Entführungen in der Realität stattgefunden haben, noch dass überhaupt die Existenz außerirdischer Besucher auf der Erde angenommen werden kann. Die entsprechenden Berichte von Entführungsopfern werden als Folge des ‚False-memory-Syndrom's gedeutet (vgl. Schetsche 2007a). In den Massenmedien und in der Bevölkerung wird das Phänomen außerordentlich kontrovers eingeschätzt[89]. Die komparatistische Analyse kommt hier letztlich zu dem Ergebnis, dass es so gut wie keine einzige Behauptung hinsichtlich der problematisieren Sachverhalte gibt, über die ein wissenschaftlicher oder lebensweltlicher Konsens bestünde[90].

Die empirische Analyse einer Vielzahl sozialer Probleme zeigt jedoch, dass wir es in den meisten Fällen mit einer Situation zu tun haben, die *zwischen* den beiden vorgestellten Extremen liegt. Hier wird die Komparatistik der gesellschaftlich verbreiteten Wissensbestände sowohl allgemein anerkannte als auch umstrittene Annahmen bezüglich der thematisierten Sachverhalte finden. Wir haben es also bei generalisierender Betrachtung mit einem *Kontinuum* zu tun, auf dem Sachverhaltsbeschreibungen nach dem Ausmaß der Übereinstimmungen zwischen den Polen ‚hegemonial' und ‚virtuell' einzuordnen sind.

---

89 Eine Repräsentativbefragung des Meinungsforschungsinstituts Emnid im Auftrag der Zeitschrift „Reader's Digest" zeigte, dass Ende 2006 zwar vierzig Prozent der Deutschen an intelligentes Leben außerhalb der Erde glaubten, jedoch nur 15 Prozent der Meinung waren, dass die Erde bereits Besuch von solchen ‚Aliens' erhalten hat – nach der angenommenen Glaubwürdigkeit der UFO-Entführungsberichte wurde allerdings nicht gefragt (vgl. Kochanek 2007).

90 Einen in dieser Hinsicht ähnlichen Fall untersucht die Beispielanalyse zum „satanisch-rituellen Missbrauch" im III. Teil dieses Buches.

Analytisch ist die Frage nach Übereinstimmungen und Unterschieden in den behaupteten Sachverhalten von der Frage ihrer *Beurteilung* zu trennen (vgl. Schetsche 2001). Dies betrifft nicht nur, aber in besonderer Weise das Verhältnis zwischen einer Problemdeutung und der sich explizit auf sie beziehenden Gegendeutung. Bei ihrer Gegenüberstellung können wir zwei Ebenen unterscheiden: das Vorliegen bzw. Fehlen eines Konsenses hinsichtlich der behaupteten Sachverhalte auf der einen und Übereinstimmungen bzw. Differenzen in der Bewertung dieser Sachverhalte auf der anderen Seite. So können sich Problem- und Gegendeutung beim sozialen Problem ‚Mobbing' beispielsweise darüber einig sein, dass es an Erwerbsarbeitsplätzen häufig zu Konflikten zwischen Kollegen kommt, oder beim Problem ‚Drogenmissbrauch', dass eine gewisse Anzahl von Menschen regelmäßig Marihuana raucht. Dabei wären jedoch jeweils die Beschreibungen der typischen Auswirkungen überaus unterschiedlich und es würde – und dies ist hier der zentrale Punkt – jeweils *eine differierende Beurteilung* hinsichtlich des Verstoßes gegen die gesellschaftliche Werteordnung vorgenommen. Im erstgenannten Beispiel könnten die betrieblichen Konflikte im Gegendiskurs als gesellschaftlich geradezu erwünschte berufliche Konkurrenzprozesse beschrieben, im zweiten Beispiel ein zur freiheitlichen Grundordnung gehörendes ‚Recht auf Rausch' postuliert werden

Die Bedeutung der *Bewertung sozialer Sachverhalte* (also die Subsumtion dessen, was jeweils für die Wirklichkeit gehalten, unter das, was zur verbindlichen gesellschaftlichen Werteordnung erklärt wird) für die gesellschaftliche Anerkennung eines Problems ist unmittelbar einleuchtend: Nur Akteure, die die Annahme der Diskrepanz zwischen Sachverhalten und gesellschaftlichen Werten teilen, werden die entsprechende Problemwahrnehmung fördern. Ähnliche Konsequenzen hat aber auch das Ausmaß des konsensualen Sachverhalts: Je größer der Konsens ist und je mehr die Problematisierung sich auf gesellschaftlich bereits anerkannte Wissensbestände stützen kann, desto schneller und erfolgreicher wird die Problemkarriere verlaufen. Darüber hinaus kann bei der Verwendung des Kokonmodells (im Gegensatz zur traditionellen konstruktionistischen Problemsoziologie) auf Basis einer komparatistischen Bestimmung der konsensualen Sachverhalte eine von der Problematisierung unabhängige *sozialethische Beurteilung* vorgenommen werden. Und zwar eine, die durchaus auch in gesellschaftspolitische Empfehlungen münden kann – etwa dahingehend, dass bei Problemwahrnehmungen, die auf dem skizzierten Kontinuum eher auf der Seite der *virtuellen* Probleme einzuordnen sind, auf einen Einsatz staatlicher Ressourcen zur Problembekämpfung verzichtet werden sollte. Welche Bedeutung solche ‚Ratschläge aus der Soziologie' für die Entscheidungen staatlicher Instanzen tatsächlich haben, ist allerdings eine Frage für sich. Immerhin ermöglicht die Komparatistik der geschilderten Art dem Problemsoziologen, die Position des unbeteiligten Beobachters zu verlassen, ohne selbst inhaltlich in den Streit um die problematisierten sozialen Sachverhalte eingreifen zu müssen. Seine Position ist nun die eines ‚Buchhalters gesellschaftlicher Wissensbestände', der zu klären (und zu erklären) hat, was in seiner Gesellschaft als Wirklichkeit gilt und was nicht.

3 Akteure: Typen, Interessen, Kooperationen

Die in diesem Buch diskutierten Prozesse und Strukturen beruhen allesamt auf dem Denken und Handeln von Menschen[91]: Ebenso wie soziale Sachverhalte Folge kollektiven menschlichen Handelns sind, wird deren Deutung als Problem von Menschen erdacht und verbreitet; auch zur anerkannten sozialen Wirklichkeit werden Probleme allein durch menschliches Handeln und die sie hervorbringenden Objektivationen. „Wirklichkeit ist gesellschaftlich bestimmt. Aber die Bestimmung wird immer auch verkörpert, das heißt: konkrete Personen und Gruppen sind die Bestimmer von Wirklichkeit", heißt es bei Berger und Luckmann (1991: 124). Wenn man sich die sozialen Prozesse anschaut, die aus einem Sachverhalt ein soziales Problem und aus einer Problemdeutung die Kokonrealität der Problemwahrnehmung machen, finden sich eine Vielzahl von Personen und Gruppen, die besonders aktiv an der Problemkarriere ‚mitwirken', die im kausalen (manchmal auch im moralischen) Sinne die Verantwortung dafür tragen, dass eine Problemwahrnehmung in die Welt kommt.

3.1 Typen kollektiver Akteure

Bei der Untersuchung konkreter Problemkarrieren wird man auf zahllose Namen, aber auch auf eine Vielzahl anonym bleibender Individuen stoßen. Da kein individueller Akteur, wie handlungsmächtig und mit welchen sozialen oder ökonomischen Ressourcen er auch immer ausgestattet sein mag, ein soziales Problem allein zur Anerkennung führen kann, interessiert sich die Problemsoziologie seit Ihrer Entstehung weniger für die Individuen als solche, die an einer Problemkonstituierung beteiligt sind, als vielmehr für die sozialen Gruppen, zu denen sie gehören und die als Kollektive die Durchsetzung einer Problemwahrnehmung betreiben. Die an der Thematisierung eines sozialen Problems (in welcher Rolle

---

91 Auf diese Limitierung des Begriffs *soziale Probleme* hatte bereits Merton (1975) deutlich hingewiesen.

auch immer) beteiligten Gruppen werden in der Theorie sozialer Probleme ‚*kollektive Akteure*' genannt. Während die objektivistische Problemtheorie nur einen kollektiven Akteur[92] kennt, die Soziologen nämlich, die etwa latente in manifeste Probleme verwandeln, finden sich in konstruktionistischen Modellen eine Vielzahl ganz unterschiedlicher Akteure, die alle auf die eine oder andere Weise (etwa als ‚primärer Akteur') an der Wirklichwerdung eines sozialen Problems beteiligt sind[93].

Bei allen Akteuren, die an der Thematisierung eines sozialen Problems mitwirken, können mehr oder weniger spezifische Handlungsformen und Aktivitätsmuster beobachtet, ihnen können charakteristische Eigeninteressen und Motive zugeschrieben und Verbindungen mit der Entstehung und Entwicklung eines konkreten sozialen Problems rekonstruiert werden. Der systematische Vergleich einer Vielzahl von Problemkarrieren zeigt jedoch, dass es immer wieder *fünf Typen von Akteuren* sind, die entscheidenden Einfluss auf die Entstehung von Problemwahrnehmungen, den Grad der öffentlichen Anerkennung und die Frage der staatlichen Reaktionen nehmen: *Aktive Betroffene, Advokaten, Experten, Problemnutzer und soziale Bewegungen*[94]. Aus der Sicht einer *empirischen* Problemforschung ist dieser Befund zutreffender jedoch andersherum zu formulieren: Die verschiedenen Akteure, die man bei der Rekonstruktion von Problemkarrieren als ‚handelnde Gestalten' vorfindet, lassen sich – auch theoretisch einleuchtend – zu den fünf *idealtypischen Akteuren* aggregieren, von denen im Folgenden die Rede sein wird. Die Ausführungen sind deshalb so zu verstehen, dass die genannten Typen *hypothetische* Aussagen hinsichtlich der Motive und Aktivitäten der an der Konstituierung sozialer Probleme beteiligten Akteure liefern, Hypo-

---

92   Problemopfer bilden in diesem Verständnis eher eine passive Gruppe von ‚nur Betroffenen', die mit der Entstehung des Phänomens ‚soziales Problem' selbst nichts zu tun haben.

93   Ein Überblick über verschiedene Typologien der Problemakteure bei konstruktionistischen Ansätzen findet sich bei Sidler (1999: 115-117).

94   Bei der Betrachtung der Karriere sozialer Probleme sind zwei weitere Typen von ‚Akteuren' zu berücksichtigen, die jedoch eher den Status von gesellschaftlichen Institutionen bzw. Instanzen haben, und deshalb gesondert betrachtet werden müssen: *Massenmedien* stellen gleichzeitig einen Akteur mit spezifischen Eigeninteressen *und* eine Klasse von Thematisierungsmedien dar (ihre spezifische Rolle wird im Kapitel 6 behandelt). Die unterschiedlichen Einrichtungen des *Sozialstaates* (unter diesem generellen Label sind staatliche Instanzen sinnvollerweise immer dann zu fassen, wenn sie im Bereich sozialer Probleme tätig sind) werden von anderen Akteuren adressiert, wenn es um die Bekämpfung von Notlagen geht – sie haben aber (wie im Kapitel 7 zu diskutieren ist) ganz eigene Interessen, was die Anerkennung sozialer Probleme und den fortgesetzten Umgang mit diesen angeht.

thesen, deren Passung in jedem Einzelfall (etwa durch die Rekonstruktion entsprechender Dokumente) *empirisch überprüft werden muss*. Die generalisierende (oftmals auch notwendig pauschalierende) Typologie kollektiver Akteure liefert lediglich eine theoretische Folie, an der eine entsprechende empirische Analyse sich orientieren kann. Im Zweifelsfall – und das kann gerade in diesem Zusammenhang nicht oft genug betont werden – haben immer die empirischen Befunde des Einzelfalls ‚Recht', nicht aber das generalisierende theoretische Modell. Bei Beachtung dieses *Primats der Empirie* ermöglicht die folgende Typologie jedoch einen Blick unter die Oberfläche des Wahrnehmungskokons und offenbart die treibenden sozial-personalen Kräfte hinter erfolgreichen (und auch von weniger erfolgreichen) Problematisierungen. Eine zentrale Aufgabe der empirischen Analyse eines sozialen Problems besteht deshalb in der Identifizierung der an der jeweiligen Thematisierung beteiligten Personen und Personengruppen, sowie (falls möglich) deren Einordnung im Kontext der folgenden Typologie.

Typ 1: Aktive Betroffene
Bei weitem nicht alle so genannten Problemopfer wirken aktiv an der Konstituierung des sozialen Problems mit, von dem sie betroffen sein sollen. Dies ist unmittelbar einleuchtend, schon weil es bei praktisch allen Problemen eine Vielzahl *fremddeklarierter* Opfer gibt. Dies sind Menschen, die von anderen Akteuren zu Betroffenen erklärt wurden, selbst aber noch nichts von der Notlage, in der sie sich angeblich befinden, bemerkt haben, oder nicht bereit sind, diese Zuschreibung zu akzeptieren. Die Betreffenden werden damit zum Objekt einer ihnen äußerlichen Problematisierung und damit oftmals auch gegen ihren Willen zum Adressaten von Bekämpfungsmaßnahmen. Als Beispiel können hier etwa die Nutzer von weit verbreiteten, gesellschaftlich jedoch geächteten Rauschmitteln angeführt werden, die ihr Verhalten nicht ändern wollen, weil sie subjektiv darin nichts Problematisches zu entdecken vermögen – und die sich auch in keiner Weise als ‚Drogenopfer' ansehen[95].

Aktiv an der Problematisierung beteiligen werden sich unter den ‚Betroffenen' ausschließlich jene, die sich selbst gemäß der Logik der betreffenden Problemdeutung als *Opfer* betrachten. Ihr Motiv für die Beteiligung an problembezogenen Kampagnen ist auf den ersten Blick ebenso simpel wie einleuchtend: Sie hoffen

---

[95] Diese Personen können sich sehr wohl an den gesellschaftlichen Debatten über das sie (vermeintlich) betreffende soziale Problem im Kontext gesellschaftlicher Gegendiskurse beteiligen, etwa in Form von Kampagnen zur Legalisierung bestimmter Drogen – in diesem Kontext können sie sich auch als Opfer staatlicher Drogenpolitik ansehen. Solch ein *Opferstatus zweiten Grades* ist hier jedoch nicht das Thema.

auf die ‚Lösung' ihres Problems, zumindest aber auf die Verbesserung ihrer Lebenssituation (etwa auf einen Ausgleich für materielle, soziale oder sonstige Benachteiligungen oder Beeinträchtigungen). Bei genauerem Hinsehen zeigt sich jedoch, dass hier durchaus auch andere Motive eine Rolle spielen können, etwa der Wunsch nach öffentlicher Aufmerksamkeit – insbesondere in Form medialer Selbstinszenierung. Vor dem Hintergrund der heute die Öffentlichkeit beherrschenden ‚Ökonomie der Aufmerksamkeit' (vgl. Franck 1998: passim; Meckel/ Kamps 2006: 55-58) können die mit medialer Präsenz verbundenen psychischen und sozialen Gratifikationen ein starkes *zusätzliches* Motiv für die Aktivitäten von Betroffenen sein. Da Bestrebungen dieser Art jedoch ebenfalls als eine Form des Ausgleichs für empfundene soziale Benachteiligungen interpretiert werden können, ist letztlich davon auszugehen, dass im Zentrum des Interesses dieses Akteurstypus der Wunsch nach Verbesserung der eigenen, als unzumutbar empfundenen Lebenssituation steht (ob diese nun mit der konkret verhandelten Problemlage zusammenhängt oder nicht).

In der theoretisch orientierten Literatur wird meist angenommen, dass die Definitions- und Durchsetzungsmacht von Betroffenen als kollektiver Akteur bei der Problemkonstituierung relativ gering ist. So heißt es etwa bei Giesen (1983: 232), dass „die Konstruktion sozialer Probleme zu weiten Teilen als ein makrosozialer Prozeß zu verstehen ist, der unter Ausschluß der Betroffenen verläuft und in dem Definitionskonkurrenzen von ‚Nichtbetroffenen' eine zentrale Rolle spielen" (vgl. Winter 1992: 401 und Peters 2002: 9). Entsprechend dieser theoretischen Verortung ist die Aufmerksamkeit, die diesem Akteurstyp in der Literatur gewidmet wird, insgesamt eher gering[96]. Anders ist dies lediglich dann, wenn Betroffene als Subgruppe im Rahmen so genannter sozialer Bewegungen aktiv werden (dazu unten mehr).

Es ist nicht nur möglich, sondern sogar wahrscheinlich, dass die bisherige Auffassung zur Rolle der Betroffenen im Kontext der gegenwärtig zu beobachtenden *Medienrevolution* revidiert werden muss. In den die Kommunikation heute mehr und mehr dominierenden *Netzwerkmedien* ist die traditionelle Trennung in Produzenten und Rezipienten von Wissen, wie sie die massenmediale Öffentlichkeit beherrschte, aufgehoben: Jeder Nutzer des Internets kann selbst neue Inhalte produzieren und sie in den verschiedensten Formen und Formaten (Websites, Beiträge für Foren und Mailinglisten, Online-Kommentare usw.) öffentlich machen (vgl. Schetsche 2005: 117). Inzwischen bieten Websites und Internetforen für eine

---

96 Sidler (1999: 200-201) und Groenemeyer/Hohage/Ratzka (2012: 135-136) liefern einige Begründungen, warum Betroffene eher selten zu den ersten Problematisierern gehören.

Vielzahl der aktuell diskutieren sozialen Probleme selbstdeklarierten Betroffenen die Möglichkeit, ihre Sicht der Dinge öffentlich darzustellen, Informationen und Meinungen auszutauschen und ggf. auch ihren kollektiven Protest zu organisieren. Bei all dem gibt es, im Gegensatz zu den Massenmedien, nur ausnahmsweise Instanzen, die eine redaktionelle Kontrolle ausüben und die Verbreitung von Meinungen einschränken. Die früher dominierende Rolle der Massenmedien bei der Bestimmung der Agenda öffentlich behandelter Probleme ist damit zumindest eingeschränkt, jede individuelle Problemdeutung hat wenigstens eine Chance, öffentliche Aufmerksamkeit zu erlangen (mehr dazu im Unterkapitel 6.3). Welche Bedeutung diese massiven Veränderungen im Mediensystem und in den von ihm konstituierten Öffentlichkeiten für die Etablierung und Entwicklung von Problemwahrnehmungen, namentlich für die Rolle aktiver Betroffener, haben wird, bedarf zukünftig intensiver empirischer Untersuchung (vgl. hierzu aktuell Baringhorst/Kneip/Niesyto 2010).

Typ 2: Advokaten
Als ‚Advokaten' werden Personen und Personengruppen bezeichnet, die „stellvertretend für die Betroffenen deren Lebenslagen als problematisch definieren und artikulierten Interessen zur Durchsetzung verhelfen" (Giesen 1983: 232). Der entscheidende Unterschied zur Gruppe der aktiven Betroffenen, die ebenfalls für sich beanspruchen, ihre Stimme stellvertretend für andere (Problemopfer) zu erheben, liegt darin, dass Advokaten sich – zumindest bezüglich des betreffenden Problems – nicht in der Rolle von Betroffenen sehen. Es handelt sich meist um Menschen, die sich aus sozialen, religiösen oder ganz individuellen Motiven für einzelne Problemopfer einsetzen oder im Kampf gegen das eine oder andere Probleme im Allgemeinen engagieren[97]. Aus dieser Differenz leiten sich wesentliche Besonderheiten des advokatorischen Engagements ab: Im Gegensatz zu den Opfern, deren Engagement für jeden Beobachter unmittelbar einleuchtend ist (schließlich kämpfen sie für ihre eigenen Interessen), bedürfen die Aktivitäten der Advokaten in der Innen- wie in der Außensicht einer *Legitimierung*. Sinnvoll bei der Untersuchung dieser Frage ist die Unterscheidung zwischen der (mehr oder weniger erbetenen) Unterstützung des ‚Kampfes' aktiver Betroffener einerseits und dem Handeln *für* jene Betroffene andererseits, denen nach Einschätzung

---

97 Ein weiteres Motiv für das advokatorische Engagement kann beim Einzelnen, aber auch bei bestimmten beruflichen Gruppen – namentlich jenen, „die ihre Tätigkeit noch nicht in einem nachfrageunabhängigen Amt institutionalisieren" konnten (Giesen 1983: 234) – der Wunsch nach öffentlicher Aufmerksamkeit für die eigene Person oder die eigene Berufsgruppe sein.

der Advokaten die Fähigkeit zur Durchsetzung der (unterstellten) eigenen Interessen fehlen. Im ersten Fall speist sich die Legitimität des Engagements aus den Wünschen der selbstdeklarierten Problemopfer nach Unterstützung – im zweiten Fall hingegen basiert sie auf der Feststellung Dritter über die Notwendigkeit des Handelns für diejenigen, die sich (vermeintlich oder tatsächlich) nicht selbst helfen können.

Advokatorisches Handeln der letztgenannten Art basiert notwendig auf einer Attribuierung, welche die Problemopfer handlungspraktisch als defizitär erscheinen lässt. Es geht um Kinder oder Senioren, behinderte Menschen oder um andere Personengruppen, die nach advokatorischer Sichtweise entweder (1) persönlich über keine ausreichenden Handlungsmöglichkeiten verfügen, denen es (2) an materiellen bzw. organisatorischen Ressourcen zur Durchsetzung ihrer Interessen fehlt oder die (3) nicht bereit sind, diese von sich aus einzusetzen (vgl. Gusfield 1989: 432-433; B. Peters 1994: 57). Die letztgenannte Gruppe schließt dabei auch die Personen ein, die sich selbst (noch) nicht als Problemopfer sehen. Die drei genannten Fälle sind gesellschaftspolitisch wie sozialethisch unterschiedlich zu beurteilen: Im ersten Fall ist die Notwendigkeit der Hilfe Dritter bei der Interessendurchsetzung sozial meist unumstritten – hier sind etwa psychisch Kranke zu nennen, die im Alltag orientierungslos sind. Weniger eindeutig ist die Situation hingegen bei Heranwachsenden oder Senioren; hier kann advokatorisches Engagement durchaus vorhandene Selbstbestimmungs- und Handlungsmöglichkeiten von Betroffenen einschränken. In zweiten Fall geht es beispielsweise um Obdachlose oder Drogenabhängige, von denen angenommen wird, dass sie selbst keine ausreichenden Ressourcen besitzen, um ihre Interessen gesellschaftlich wirksam zu artikulieren. Die Aktivitäten von Advokaten auf diesem Feld sind in der Vergangenheit verschiedentlich kritisiert worden, weil sie meist in organisatorischen Strukturen verlaufen (etwa im Kontext von ‚karitativen Gruppen'), die jeden Einfluss der Betroffenen auf die *in ihrem Namen* erhobenen Forderungen wie auf die Verteilung der zur Problembekämpfung erlangten Ressourcen systematisch verhindern (vgl. Backhaus-Maul/Olk 1994: 110; Winter 1992: 417). Der dritte Fall schließlich markiert – sozialethisch betrachtet – den Übergang zwischen dem gesellschaftspolitisch erwünschten Einsatz für hilfsbedürftige Mitmenschen und einer unaufgeforderten (oftmals auch explizit unerwünschten) Einmischung in die persönliche Lebensgestaltung und damit auch in die Privatsphäre der Mitbürger. Die Gefahr der Übergriffigkeit adovakatorischen Engagements kann etwa am Beispiel der ‚Hilfe' für jene ‚Drogensüchtige' aufgezeigt werden, die für sich selbst das (allerdings ungeschriebene) ‚Recht auf Rausch' in Anspruch nehmen. Die selbst zugewiesenen Aufgaben der Advokaten bestehen in diesem Falle nicht nur darin, sich gegenüber Öffentlichkeit und sozialstaatlichen Instanzen für die

3 Akteure: Typen, Interessen, Kooperationen

‚Opfer' einzusetzen, sondern schließen auch mit ein, diesen zunächst einmal klarzumachen, dass sie sich ‚helfen lassen müssen'[98].

Viele Advokaten gehen in der Aufgabe der Problembekämpfung auf und vertreten ‚ihre' Problemwahrnehmung mit einem hohen emotionalen Engagement – was zu extremen Strategien der Moralisierung und Skandalisierung führen kann. Es sind deshalb oftmals Akteure diese Typus, die den zentralen Kern der in der sozialwissenschaftlichen Literatur vielfach kritisierten Gruppe der so genannten *Moralunternehmer* ausmachen. Als „humanitarian crusaders" beschrieb erstmals Gusfield (1963) die Mitglieder von Aktivistengruppen in der US-amerikanischen Abstinenzbewegung; Becker (1973) prägte dann den Begriff des Moralunternehmers. Populär wurde diese Kategorie in der deutschen Soziologie insbesondere durch die Arbeiten Scheerers (1986) zum Problem des Drogenkonsums[99]. Ausgangspunkt der kategorialen Bestimmung der ‚Moralunternehmer' sind regelmäßig deren von festen moralischen Unwerturteilen dominierten Überzeugungen und Handlungspraxen. Gerade dies ist es jedoch, was die Abgrenzung eines solchen Akteurstypus bei der Analyse sozialer Probleme so schwierig macht: Da Problemdeutungen durch die Behauptungen von Diskrepanzen zwischen sozialen Sachverhalten und gesellschaftlicher Werteordnung definiert sind, muss jede Thematisierung eines Problems notwendig auch moralisch argumentieren. Vor diesem Hintergrund ist *jeder Akteur* auf dem Feld sozialer Probleme in gewisser Weise ein Moralunternehmer – was der Kategorie viel von ihrer Trennschärfe nimmt. Dies ist (neben der negativen Konnotation des Begriffs, der ihn im wissenschaftlichen Kontext unangemessen werden lässt) auch der Grund, warum die Figur des ‚Moralunternehmers' in der Analyse sozialer Probleme nur mit Zurückhaltung verwendet werden sollte[100]. Es ist zweckmäßiger von Advokaten, ihrem Engagement und ihren spezifischen Interessen zu sprechen – auch wenn sich der

---

98 In letzterer Hinsicht verhalten Advokaten sich wie die Gruppe von Soziologen, die es sich zur Aufgabe gemacht haben, latente in manifeste Probleme zu überführen. Der Unterschied zwischen diesen Problemsoziologen auf der einen und den Advokaten auf der anderen Seite besteht allerdings darin, dass erstere rollenwidrig, letztere jedoch rollengemäß im *Modus der Parteilichkeit* handeln.

99 Bei Scheerer (1986: 147-148) findet sich auch eine eingängige Definition dieser besonderen Gruppe von Akteuren.

100 Angemessen und sinnvoll ist die Verwendung des Begriffs sicherlich dort, wo Akteure ihr eigenes Moralsystem für gesellschaftlich verbindlich erklären und gleichzeitig verlangen, dass staatliche Instanzen dessen Einhaltung mit allen Mitteln (einschließlich denen des Strafrechts) sicherstellen; ein Beispiel hierfür geben Sack und Schlepper (2011) in ihrem Beitrag über Problemakteure im Bereich des Sexualstrafrechts.

Modus ihres Handelns oftmals dem annähern mag, was in der Literatur als ‚Moralunternehmertum' beschrieben wird.

Typ 3: Experten
Die Abgrenzung zwischen Advokaten auf der einen und Experten auf der anderen Seite wird nicht immer klar möglich sein. Viele Personen, die sich im Kampf gegen ein soziales Problem oder zur Unterstützung von Problemopfern advokatorisch engagieren, gehören gleichzeitig auch zur Gruppe der gesellschaftlich anerkannten Experten für soziale Probleme: Sozialarbeiter und Psychologen, Rechtsanwälte und Ärzte – aber eben auch Laien, die durch die langjährigen Aktivitäten im Kontext eines singulären Problems besondere fallbezogene Sachkompetenz erworben haben. Es ist deshalb sinnvoll, die hier gemeinte Gruppe etwas genauer abzugrenzen. Als ‚Experten' sollen nur die Personen bezeichnet werden, die im Rahmen einer spezifischen Ausbildung eine nicht-alltägliche Kompetenz auf Arbeitsfeldern erworben haben, die unmittelbar mit sozialen Problemen zusammenhängen (vgl. B. Peters 1994: 57). Zu denken ist dabei zum einen an den klassischen wissenschaftlichen Experten[101], zum anderen an Mitglieder eher praktisch orientierter Professionen, die ihre Qualifikation für die Beurteilung sozialer Probleme im Rahmen einer systematischen, auch formal geregelten Ausbildung erworben haben[102].

Wenn man dieser Abgrenzung folgt, *gelten als typische Experten* für die sozialen Probleme in unserer Gesellschaft in erster Linie Sozialarbeiter und Sozialpädagogen, Psychologen und Mediziner, Juristen und (in religiös beherrschten Zusammenhängen) auch Pfarrer. Es fällt auf, dass sich in dieser Zusammenstellung nur Angehörige von Berufsgruppen mit eher fachlich-praktischer, denn mit

---

101 Nach H. P. Peters (1994: 167) ist deren Status durch drei Kriterien bestimmt: „1. Verfügung über wissenschaftliches Sonderwissen, 2. Bereitstellung des Sonderwissens im Rahmen von Experte-Klient-Verhältnis und 3. Anwendung dieses Wissens zur Diagnose und Bewältigung von praktischen (nicht-wissenschaftlichen) Problemen".

102 Ausgeschlossen vom Expertenstatus in dem hier gemeinten Sinne sind hingegen Personen, die sich, ohne eine systematische Ausbildung bzw. wissenschaftliche Kompetenz zu besitzen, in einem konkreten Problemfeld engagiert und in die hier anstehenden grundsätzlichen Fragen mehr oder weniger gut ‚eingearbeitet' haben (vgl. H. P. Peters 1994: 167). Einen vermeintlichen Expertenstatus erhalten diese Individuen durch Selbstzuschreibung oder durch eine entsprechende Adressierung in den Massenmedien. Auch wenn einzelne dieser Personen große Kompetenz bezüglich des von ihnen bearbeiteten singulären Problems besitzen, sollten sie – aus grundsätzlichen Überlegungen zum Verhältnis zwischen Experten- und Laienstatus im Kontext gesellschaftlicher Wissensproduktion – analytisch besser dem Bereich der Advokaten oder Bewegungsprofessionellen (s. u.) zugeordnet werden.

wissenschaftlich-theoretischer Ausrichtung finden. Dies ist auch Rüdiger Lautmann aufgefallen, der – zu Recht – moniert, dass die Rolle der im engeren Sinne *wissenschaftlichen* Experten bei der Entstehung von Problemwahrnehmungen in der Literatur meist unterschätzt wird: „In den neueren Lehr- und Handbüchern zu Sozialen Problemen bleibt seltsam unterbelichtet, was die einzelnen Wissenschaften von sich aus dazu beitragen, wenn gesellschaftliche Verhältnisse zu interventionsbedürftigen Notlagen stilisiert werden" (Lautmann 2003: 65). Gemeint ist damit nicht speziell die Soziologie (insbesondere nicht die Problemsoziologie in ihrer geschilderten theoretischen Ambivalenz), gemeint sind vielmehr alle jene Disziplinen, die sich im Wunsch nach Erlangung expertischer Deutungshoheit an Problemdiskursen beteiligen oder zumindest die Früchte „szientistischer Erkenntnis" (Lautmann) auf dem Markt konkurrierender Problemdeutungen feilbieten. Von allen diesen Experten aber, den wissenschaftlich wie den eher praktisch arbeitenden, kann angenommen werden, dass das *primäre* Motiv für die Aktivitäten im Bereich sozialer Probleme „berufsständische Eigeninteressen" (Müller 1977: 77) sind, Eigeninteressen die ihnen letztlich „näher sitzen als diejenigen der Personenkategorien, zu deren Problemartikulation sie sich berufen fühlen" (Hondrich 1974: 174).

Besonderer Aufmerksamkeit bedarf die Rolle von Experten bei der Ausbildung einer neuen Problemdeutung, wenn die formulierte Problemdefinition im direkten Zusammenhang mit einer fachspezifischen Sichtweise steht, die mittels des betreffenden Problems durch- und umgesetzt werden soll[103]. Professionell engagierten Personen „reicht das bloße Bewußtsein von sozialen Problemlagen oder allgemeiner: von Störungen der normativen Ordnung keineswegs aus: Sie müssen die berufliche Bearbeitung des Problems gegenüber anderen Lösungsformen – etwa familiärer Solidarität, religiöser Verdammung oder Selbstorganisation – als erfolgversprechend empfehlen und sie müssen sich möglicherweise auf dem Markt beruflicher Leistungen gegenüber den Angeboten konkurrierender Professionen durchsetzen können" (Giesen 1983: 234). Wenn Experten im Kontext sozialer Probleme aktiv werden, fällt „sozialpolitischer Output" in aller Regel[104]

---

103 Wenn es einer Profession gelingt, eine gesellschaftlich anerkannte Monopolstellung in der Zuständigkeit für die Bekämpfung eines Problems zu erreichen, wird dieses zu einer Art „Eigentum" der betreffenden Disziplin (vgl. Gusfield 1989: 433).

104 Diese generelle Feststellung schließt keineswegs ein individuelles Engagement eines Experten zur Bekämpfung einer Problemlage aus, das advokatorische Züge annimmt. Ein solche Rollenvermischung birgt jedoch (aus den in Teil I, Kapitel 1 diskutieren Gründen) für den Wissenschaftler das Risiko, des eigenen Expertenstatus verlustig zu gehen. Für die Praktiker unter den Experten besteht diese Gefahr weniger, weil außergewöhnlicher Einsatz für die Klientel vom beruflichen Umfeld in den meisten Fällen

also nur als „Nebenprodukt bei der Verfolgung berufsbezogener Primärinteressen an" (Winter 1992: 402). Dabei kann es einerseits ganz konkret um die Berücksichtigung bei der Verteilung finanzieller Mittel zur Problembekämpfung gehen, welche die eigene berufliche Position absichert oder neue Stellen im eigenen Umfeld schafft. Andererseits fördert jede Expertise ganz generell die öffentliche Aufmerksamkeit für die Profession des Experten – eine Aufmerksamkeit von welcher der soziale Status und damit wiederum auch die Berücksichtigung bei der langfristigen Verteilung gesellschaftlicher Ressourcen (materieller wie immaterieller Art) abhängen[105].

Typ 4: Problemnutzer

Während der Wunsch nach Linderung von Not und Bekämpfung einer angenommenen Problemlage bei Advokaten als typisches primäres, bei Experten hingegen eher als sekundäres Motiv für die Beteiligung an Problematisierung angesehen werden kann, funktionalisieren *Problemnutzer* die öffentliche Thematisierung für ihre Interessen – in der Regel ohne an einer Lösung des Problems aus anderen als opportunistischen Gründen interessiert zu sein[106]. Tatsächlich kann als kon-

---

positiv vermerkt und nur in Grenzfällen als ‚mangelnde professionelle Distanz' negativ beurteilt wird. Dies ist auch der Grund, warum sich bei vielen Einzelproblemen in der Gruppe der Advokaten Personen mit einem beruflichen Expertenstatus finden (namentlich Sozialarbeiter und Sozialpädagogen, neuerdings oftmals aber auch Psychologen und Psychotherapeuten).

105 Damit ist ein zentraler Unterschied zur Rolle der Advokaten formuliert, bei denen zwar auch diverse Eigeninteressen konstatiert werden können (etwa emotionale, soziale oder mediale Gratifikationen), deren Bestrebungen hinsichtlich der bekämpften Problemlagen in aller Regel aber als primär durch den Wunsch zur Linderung von Not motiviert angesehen werden müssen. Es kommt hinzu, dass die Rolle von Advokaten in den gesellschaftlichen Debatten über soziale Probleme deutungsstrukturell festgeschrieben ist: sie (be-)fördern Problematisierungen. Im Gegensatz dazu kann die Rolle von Experten durchaus vielfältiger, gelegentlich auch ambivalent sein; gerade wissenschaftliche Experten im engeren Sinne können ebenso auf Seiten der Problematisierer zu finden sein, wie unter den Akteuren, die einen Gegendiskurs führen.

106 „Soziale Probleme sind offenbar nicht unbedingt dazu da, gelöst zu werden, und politische Maßnahmen können durchaus andere Funktionen erfüllen oder Ziele verfolgen, als ihre Programmatik in Bezug auf die Bearbeitung sozialer Probleme angibt [...] Gerade in Zeiten knapper Ressourcen und einer Überlastung des politischen Systems mit Ansprüchen wird die Beeinflussung der Deutungsmuster sozialer Probleme zu einer entscheidenden Ressource für die Erhaltung von Handlungsfähigkeit. Die Art der Definition eines sozialen Problems kann also selbst zu einem Objekt strategischer Politik werden" (Groenemeyer 1999: 130).

stitutives Merkmal dieses (in der Literatur bislang nur wenig beachteten[107]) Akteurstypus sogar angenommen werden, dass eine Lösung des Problems oftmals dessen Interessen widerspricht. Wer die Thematisierung eines sozialen Problems aus politischen, religiösen oder anderweitigen Gründen zur Verbesserung seines öffentlichen Einflusses bzw. der gesellschaftlichen Machtposition zu nutzen versucht, wird jede Art von Veränderung, die der betreffenden Problematisierung gesellschaftliche Aufmerksamkeit nimmt, als seinen Interessen zuwiderlaufend interpretieren – sei es, dass das Problem an Brisanz verliert, weil es als erfolgreich bekämpft gilt, sei es, dass die Problemwahrnehmung durch einen Gegendiskurs diskreditiert wird.

In dem im engeren Sinne politischen Raum von demokratischer Willensbildung und Machtverteilung geht es Akteuren dieses Typs um Wählerstimmen, Sitze in Parlamenten und ihren Gremien, Positionen im politisch-administrativen System oder von diesem abhängigen semistaatlichen Einrichtungen (wie etwa Dachverbände von Wohlfahrtsorganisationen oder öffentlich-rechtliche Körperschaften). Die Mitarbeit in solchen Instanzen ist für das Verständnis der Entwicklung sozialer Probleme von besonderer Bedeutung: Die Instrumentalisierung von Problemen ist strategisches Mittel zur Erlangungen politischer Machtpositionen, welche die Kontrolle der Instanzen einschließt, die wiederum für die sozialstaatliche Bekämpfung jener Problemlagen zuständig sind. Erfolgreiche Problemnutzer können auf diesem Wege ihren politischen Einfluss langfristig sicherstellen.

In Politikbereichen *jenseits demokratisch-parlamentarischer Willensbildungsprozesse* kann es bei der Problemnutzung um eine generelle Destabilisierung der Sozialordnung oder um die Verminderung der Zustimmung der Bevölkerung zum bestehenden politischen System gehen. Wenn reformerische Ansprüche durch (implizite oder explizite) revolutionäre Zielvorstellungen ersetzt werden, scheint der Rahmen dessen überschritten, was gemeinhin als soziales Problem benannt und untersucht wird[108]. Falls eine Reihe von Akteuren mit partiell unterschiedlichen Deutungen und Forderungen an einer Problematisierung beteiligt ist, bleibt deren Problemcharakter jedoch auch dann erhalten, wenn Problemnutzer im Spiel sind, die das Thema nur als Vehikel für ihre Bestrebungen zur generellen Umwälzung der gesellschaftlichen Zustände nutzen. Als Themen kommen

---

107 Personen oder Gruppen mit entsprechenden Motiven werden gelegentlich im Kontext des Moralunternehmertums (siehe oben den Abschnitt über den Typus des Advokaten) einer kritischen Betrachtung unterzogen (vgl. Groenemeyer/Hohage/Ratzka 2012: 180-182).

108 Abhilfe oder wenigstens die Linderung von Not muss im Rahmen der *bestehenden* Sozialordnung möglich sein (vgl. Teil I, Kapitel 7).

in diesem Kontext besonders solche Problemwahrnehmungen in Frage, die auf eine lange Karriere zurückblicken, an denen bereits verschiedenste ‚systemimmanente' Bekämpfungsversuche gescheitert sind und die eine große Zahl von Betroffenen unterstellen. Bevorzugt bei solchen Themen instrumentalisieren Problemnutzer mit der Intention zur ‚Systemüberwindung' öffentliche Kampagnen, um Betroffene und Aktivisten für ihre eigenen Ziele zu gewinnen, oder sie versuchen strategische Machtpositionen in (bereits bestehenden oder sich ausbildenden) sozialen Bewegungen zu okkupieren. Da Problemnutzer dieser Couleur oftmals nicht offen, sondern in einem Modus von Geheimhaltung und Unterwanderung agieren, sind sie analytisch primär über signifikante Abweichungen in der vertretenen Problemdeutung identifizierbar: Bei diesem Akteurstyp sind die beklagten Problemlagen stets Ausdruck einer gänzlich missratenen Sozialordnung, in deren Kontext sie außerdem niemals befriedigend gelöst werden können. Soziale Probleme verweisen hier immer auf die Notwendigkeit einer ‚Heilsordnung' jenseits des Bestehenden.

Durch die Streichung der Anführungszeichen im vorangegangenen Satz wird der Übergang von politischen zu *religiösen* Problemnutzern unmittelbar vollzogen. Für diese Gruppe sind soziale Probleme entweder die Bestätigung für die Unzulänglichkeit jeder menschlichen Ordnung überhaupt oder Folge einer Abkehr (zu) vieler Menschen von göttlichen Geboten, deren Einhaltung von ihnen als verpflichtend erlebt und propagiert wird. Anschlussmöglichkeiten bieten hier alle jene Problemwahrnehmungen, in denen die inkriminierten Sachverhalte nicht nur gegen eine mehrheitlich anerkannte (und staatlich garantierte) Werteordnung, sondern darüber hinaus auch gegen das religiös verbindliche Moralsystem der jeweiligen Personen verstoßen. Bei christlich motivierten Problemnutzern geht es hier meist um die Nutzung von Rauschdrogen oder um bestimmte sexuelle Praktiken. Religiös motivierte Gruppen versprechen sich von der Beteiligung an Problematisierungskampagnen mehr öffentliches Gehör für ihr Weltbild oder auch ganz konkret einen Zulauf von Gläubigen; es kann ihnen aber auch um eine eschatologisch bedeutsame Veränderung des Gesamtzustands von Gesellschaft und Welt gehen. Bei diesen Akteuren sind die üblichen säkularen Ursachenbehauptungen meist durch religiöse Erklärungsmodelle ersetzt[109]; entsprechend werden Lösungsvorschläge für das Problem unterbreitet, die im Zusammenhang

---

109 Ein typisches Beispiel der achtziger und neunziger Jahre des vergangenen Jahrhunderts ist die Interpretation (und Erklärung) der primär durch Sexualkontakte und den Konsum ‚harter Drogen' übertragenen HIV-Infektion als ‚Strafe Gottes für die Lasterhaftigkeit der Menschen' (vgl. hierzu Stürmer/Salewski 2009: 270).

mit dem eigenen Glaubenssystem stehen (etwa Überwindung der Drogensucht durch Gotteserfahrung)[110].

Typ 5: Soziale Bewegungen
Im Gegensatz zu den Problemnutzern stehen *soziale Bewegungen*[111] (und ihre Rolle bei der Konstituierung von Problemen) seit Jahrzehnten im Mittelpunkt des problemsoziologischen Interesses (vgl. Peters 2002: 45-61). Dies hängt in erster Linie mit zahlreichen empirischen Befunden zusammen, nach denen diesem Akteurstyp eine herausragende Bedeutung für die Karriere vieler sozialer Probleme zukommt (vgl. Dreyer/Schade 1992: 38). „Zwar gelten soziale Bewegungen nur als eine Gruppe von Akteuren im gesellschaftlichen Definitionsprozeß sozialer Probleme, ohne Zweifel handelt es sich jedoch um diesen Prozeß führende und prägende Gruppen. Insbesondere zeigt sich hier der politische Charakter sozialer Probleme: Definitionen, Bewertungen und Lösungen sozialer Probleme sind die entscheidenden Bestandteile der Zielsetzungen von problemorientierten sozialen Bewegungen, die den sozialen Wandel intendieren" (Karstedt 1999: 83).

Ursprünglich wurde in der Soziologie angenommen, dass Voraussetzung für die Entstehung einer sozialen Bewegung die Wahrnehmung einer (objektiven) kollektiven Notlage wäre: „Ohne die Erfahrung von Deprivation und ohne Unzufriedenheit würde sozialen Bewegungen der Rohstoff individueller Mobilisierungsgründe fehlen. Individuelle Problemwahrnehmungen geben ihnen ihren elementaren Sinn. Allerdings müssen sie, um politisierbar zu sein, von den ein-

---

110 Auch wenn die geschilderte religiöse *Nutzung* von Problemwahrnehmungen analytisch wie ethisch-politisch vom religiös motivierten Engagement für deklarierte Problemopfer (wir finden dies häufig beim Typus des Advokaten) unterschieden werden muss, bleibt eine gewisse Ambivalenz zwischen altruistischen und strategisch-instrumentellen Motiven religiös orientierter Akteure doch bestehen. Zumindest immer dann, wenn das Engagement für Problemopfer nicht im Stillen geschieht, sondern auf öffentliche Resonanz angelegt ist, weist es über den Einsatz des Einzelnen hinaus und soll den vorbildlichen Charakter aller Anhänger des betreffenden Glaubenssystems und damit auch dessen moralische Hochwertigkeit vor den Augen der Welt belegen.

111 Nach der bis heute immer wieder zitierten Arbeit von Raschke (1988: 77) ist eine soziale Bewegung „ein mobilisierender kollektiver Akteur, der mit einer gewissen Kontinuität auf der Grundlage hoher symbolischer Integration und geringer Rollenspezifikation mittels variabler Organisations- und Aktionsformen das Ziel verfolgt, grundlegenderen sozialen Wandel herbeizuführen, zu verhindern oder rückgängig zu machen." Ausgangspunkt der Aktivitäten soll dabei jeweils die „strukturell verursachte Unzufriedenheit von Großgruppen" sein (S. 117), primäres Ziel der „Protest gegen bestehende soziale Verhältnisse" (Rammstedt 1978: 132).

zelnen als nicht selbst verursacht und zugleich als kein Einzelschicksal empfunden werden" (Neidhardt/Rucht 1993: 307). Auch Deprivationen dieser Art führen jedoch erst dann zu kollektiven Handlungspraxen, wenn das Verhältnis zwischen Realität und Erwartung zahlreicher Individuen ins Ungleichgewicht gerät. Was eine soziale Bewegung thematisiert ist also – auch nach Auffassung der Bewegungsforschung – weniger die ‚objektive Lebenslage' selbst, als der subjektive Eindruck von Individuen, von der Gesellschaft diskriminiert zu werden (vgl. Raschke 1988: 148-153). Gesellschaftspolitisch wurde dieser Zusammenhang jedoch erst in den 60er und 70er Jahren des zwanzigsten Jahrhunderts offensichtlich, als diverse soziale Bewegungen (Frauen-, Friedens- und Umweltbewegung) innerhalb der *privilegierten* Bevölkerungsgruppen auftraten, „so dass die Bedingungen ihres Entstehens weniger in objektiver und relativer Deprivation und in problematischen Lebenslagen als vielmehr im Mobilisierungsprozeß selbst gesucht wurden" (Karstedt 1999: 74). Die hier angesprochenen so genannten *neuen sozialen Bewegungen* agieren im Rahmen einer Sichtweise von Welt, die durch Schemata von Verursachung und Betroffenheit sowie hohe moralische Ansprüche an sich wie an andere geprägt ist (vgl. Lau 1985: 1117; Eder 1985: 879). Letzteres erklärt auch die hohe „Bereitschaft der sozialen Bewegungen, in ihrem Bemühen um eine verstärkte Sensibilisierung der Bevölkerung auch vor repressiven Mitteln nicht zurückzuschrecken..." (Scheerer 1986: 135).

Für das Ende des zwanzigsten Jahrhunderts unterscheidet Karstedt (1999: 87) nach den Zielen ihrer jeweiligen Aktivitäten fünf Subtypen sozialer Bewegungen, denen es primär jeweils um (1) die Partizipation am gesellschaftlichen Reichtum, (2) die Gewährung oder Ausdehnung von Bürgerrechten, (3) die Regulierung oder Deregulierung abweichenden Verhaltens, (4) die Abwendung abstrakter Gefährdungen der Lebensführung oder (5) die Bewältigung individueller Lebenskrisen geht. Nach Karstedts Auffassung sind die Bewegungen in diesen Bereichen in ganz unterschiedlichem Ausmaß von Deprivation oder Benachteiligung betroffen: „Eine relativ starke Entkopplung von struktureller Problemlage, der Entstehung einer sozialen Bewegung und dem von ihr zum Anliegen erhobenen sozialen Problem liegt vor allem bei ‚moralischen Unternehmen' vor (Becker), also solchen Bewegungen, die die Kontrolle und Regulierung von abweichenden Verhaltensweisen fordern [...] Auch bei solchen Problemthemen, die die eher abstrakte Gefährdung großer Kollektive betreffen, wie im Falle der Umwelt- und Friedensbewegung, dürften Zusammenhänge zwischen strukturellen Problemlagen und der Entstehung sozialer Bewegungen kaum gegeben sein" (S. 88-89).

Von welchem Subtyp auch immer die Rede ist, die Zielsetzung einer sozialen Bewegung ist analytisch stets von den Motiven der Individuen für die Teilnahme an deren Aktivitäten (und damit auch von den Ursachen erfolgreicher Mobilisierung) zu trennen. Zu unterscheiden ist insbesondere zwischen den (offensichtlichen) Motiven von Betroffenen und denen anderer Akteursgruppen, die im Kontext sozialer Bewegungen aktiv sind (etwa Advokaten oder Experten). Doch selbst „wenn Mitglieder einer sozialen Bewegung unmittelbar von der Problemlösung profitieren, so bedarf es auch hier zusätzlicher selektiver Anreize (materielle Vergütung, Statusgewinn), um langfristige und insbesondere intensive Aktivitäten sicherzustellen" (S. 95).

Obwohl allgemein angenommen wird, dass sozialen Bewegungen eine wichtige Rolle für die Konstituierung sozialer Probleme zukommt (vgl. Karstedt 1999: 75), wird das historisch-genetische Verhältnis zwischen sozialer Bewegung auf der einen und sozialem Problem auf der anderen Seite oftmals zu einseitig bestimmt. „Zum einen kann eine in Ansätzen bereits vorhandene, aber marginale und der breiten Bevölkerung unbekannte Bewegung über zunehmend medienvermittelte Aufmerksamkeit ein bislang weithin ignoriertes Problem auf die öffentliche Agenda bringen [...] Zum anderen kann öffentliche Thematisierung und Meinungsbildung zu einem Problembereich, zu dem keine Bewegung existiert, unter bestimmten Bedingungen zur Aktivierung von Teilen des Publikums führen, welche sich dann als eine Bewegung herauskristallisiert" (Rucht 1994: 337-338). Außerdem kann, wenn man Ruchts Differenzierung einmal weiterdenkt, auch eine bereits bestehende und öffentlich bekannte Bewegung ihr Engagement ausdehnen und einen bislang unbeachteten Sachverhalt neu als Problem thematisieren. Motiv für eine solche Erweiterung der Zielvorstellungen bzw. des ‚bearbeiteten' Themenspektrums wird regelmäßig die Hoffnung von Aktivisten und Mitgliedern sein, wegen des Interesses der Öffentlichkeit an der neu formulierten Problemlage möge die Bewegung als Ganzes ‚erstarken' (etwa weil die neue Thematisierung zur öffentliche Akzeptanz der Gesamtheit der Anliegen beiträgt oder weil die Bewegung Zulauf von Menschen erhält, die sich vom neuen Thema besonders angesprochen fühlen)[112].

Man kann in diesem Zusammenhang von einer generellen Tendenz hin zu ‚Mehrproblembewegungen' sprechen: Eine soziale Bewegung kann langfristig nur überleben, wenn sie immer wieder neue Personengruppen mobilisiert und dauerhaft öffentlich sichtbare Aktivitäten zeigt (vgl. Raschke 1987: 21; McAdam 1994: 394). Das kollektive Handeln verläuft dabei in Aktivitätswellen; wenn die

---

112 Dies trifft etwa auf verschiedene Initiativen zum Umweltschutz zu, die sich in den 1960er Jahren zunächst für Erhaltung von lokalen Landschaften einsetzten und seither Themen wie die Erhaltung natürlicher Ressourcen, Kritik am wirtschaftlichen Wachstumsdenken und die globale Klimaproblematik aufgegriffen haben (vgl. Brand 2008: 224-230).

ursprünglich gesetzte Aufgabe erfüllt ist oder sich als unerfüllbar erwiesen hat, ist die Bewegung um den Preis ihrer Existenz gezwungen, sich neuer Themen anzunehmen. Die Freiheit bei der Wahl neuer Problematisierungen ist dabei zwar nicht unbegrenzt, aber doch recht groß; jede soziale Bewegung besitzt ein „strukturell umgrenzbares Feld, in dem sich relevante (nicht-sektiererische) Zielprojektionen entwickeln" lassen (Raschke 1988: 179-180). Soziale Bewegungen entwickeln sich „in einem temporären Interaktionssystem, das sie mit der Öffentlichkeit, Zielgruppen und wichtigen Konfliktgegnern, staatlichen Institutionen sozialer Kontrolle und möglicherweise einer Gegenbewegung konstituieren" (Karstedt 1999: 99). Dabei spielen staatliche Institutionen die zentrale Rolle als Interaktionspartner (im negativen wie im positiven Sinne).

Soziale Bewegungen können letztlich als eine Art Meta-Akteur verstanden werden, unter dessen organisatorischem und ideologischem Dach Betroffene, Advokaten und Experten (oftmals zusätzlich auch Problemnutzer) den ‚Kampf' gegen ein oder mehrere soziale Probleme organisieren. Entsprechend schwierig sind die Motive der Beteiligten und die Interessen der Bewegung insgesamt zu bestimmen. In der empirischen Untersuchung wird man regelmäßig mit einem (oftmals schwer durchschaubaren) Konglomerat aus den unterschiedlichsten Motivlagen und Eigeninteressen konfrontiert sein. Was hier weiterhilft, ist das Wissen, dass sich im organisatorischen Zentrum der Aktivitäten zumindest der Bewegungen, die über einen längeren Zeitraum existieren, fast immer eine Gruppe von Entscheidungsträgern befindet, der aus professionellen oder zumindest semiprofessionellen „Kadern" besteht (vgl. Karstedt 1999: 85). Es handelt sich hier meist um so genannte *Bewegungsprofessionelle*, Personen also, die ihre Karriere als einfache Mitglieder in Bewegungen beginnen, sich im Laufe der Jahre aber zu Vollzeit-Aktivisten wandeln, die von der Bewegung selbst oder ihr nahe stehenden Organisationen finanziell unterhalten werden (vgl. Kleidman 1994). Weil die ökonomische Existenz dieser Personengruppe vom Weiterbestehen der betreffenden Bewegung abhängt, gehen die Aktivitäten zur Formulierung neuer Zielvorstellungen oder zur Ausweitung des Engagements vielfach von ihnen aus. Auf die Interessen dieser Kader aus Bewegungsprofessionellen sollte vorgängig rekurriert werden, wenn es darum geht, im Chaos widerstreitender Interessen von Betroffenen, Experten und Advokaten, Gründe für eine empirisch zu beobachtende Entwicklung in der Ausrichtung einer bestimmten sozialen Bewegung zu identifizieren.

3.2 Motive und Interessen

Eine der schwierigsten (und letztlich auch methodisch unsichersten) Aufgaben der empirischen Analyse sozialer Probleme ist die Rekonstruktion der Motive und Interessen von Akteuren. Wie Karstedt (1999: 85) zu Recht feststellt, sind die nach außen hin vertretenen Zielsetzungen von kollektiven Akteuren (dies gilt nicht nur für soziale Bewegungen) keineswegs mit den individuellen Motiven ihrer Mitglieder und den daraus resultierenden kollektiven Interessen verschiedener Subgruppen identisch. Während die offiziellen Handlungsziele einer sozialen Bewegung oder eines anderen kollektiven Akteurs ganz unmittelbar der (meist gut dokumentierten) Programmatik entnommen werden können, müssen Motive und Interessen erschlossen werden – empirisch aus internen Dokumenten oder Aussagen von Beteiligten (entnommen etwa aus im Rahmen der Forschung geführten Interviews), theoretisch aus Überlegungen zum interessenbezogenen Charakter des jeweiligen Akteurs. Bei letzterem bereitet oftmals schon die Uneinheitlichkeit der Begriffsverwendung in der Literatur Schwierigkeiten. In diesem Kapitel sollen unter ‚Motiven' die Gründe für individuelles Handeln und unter ‚Interessen' die aggregierten Motivbündel der Mitglieder eines kollektiven Akteurs, die in eine gemeinsame Richtung weisen, verstanden werden.

Die Beantwortung der Frage nach den Motiven für menschliches Handeln ist eine der zentralen Aufgaben der Soziologie. Auf der ersten Seite von „Wirtschaft und Gesellschaft" liefert Max Weber seine bekannte Definition der Soziologie als „Wissenschaft, welche soziales Handeln deutend verstehen und dadurch in seinem Ablauf und seinen Wirkungen ursächlich erklären will" (Weber 1980: 1). In diesem Text unterscheidet er „das aktuelle Verstehen des gemeinten Sinnes einer Handlung" (*was* getan wird) vom „erklärenden Verstehen" – eben jenem Verstehen, das allein zur ursächlichen Erklärung des Handelns führt (*warum* es getan wird); letzteres basiert auf dem Verständnis der *Motivation* des handelnden Subjekts (S. 4) Diese Art des Verstehens ergründet nicht nur den Sinnzusammenhang eines Handelns, sondern bezieht sich explizit auch auf die Kausalität von Ursache und Wirkung, wobei die Ursache in der Motivation des Handelnden liegend angenommen wird. „Eine richtige kausale Deutung eines konkreten Handelns bedeutet: daß der äußere Ablauf und das Motiv zutreffend und zugleich in ihrem Zusammenhang sinnhaft verständlich erkannt sind" (S. 5)[113]. Unter ‚Motiv' wird also ein Sinnzusammenhang verstanden, „welcher dem Handelnden selbst oder

---

113 Weber (1980: 2) schränkt ein, dass ein solches „rationales Motivationsverstehen" nur bei „rational orientiertem Zweckhandeln" mit einem „Höchstmaß von Evidenz" gelingen kann.

dem Beobachtenden als sinnhafter ‚Grund' eines Verhaltens erscheint" (S. 5) – folglich besteht eine Kongruenz zwischen der Motivzuweisung (etwa durch den Soziologen) und dem subjektiv gemeinten Sinn einer Handlung.

Warum das so ist, erklärt Alfred Schütz in seinem Werk „Der sinnhafte Aufbau der sozialen Welt" mittels der wissenssoziologischen Kategorie der kollektiven Deutungsschemata: Dadurch, dass Handelnder und (alltagsweltlicher wie soziologischer) Beobachter denselben handlungsleitenden Schemata[114] folgen, stellt sich intersubjektiver Sinn her, der es dem Beobachter erlaubt, die Sinnzuschreibungen des Handelnden zu verstehen – und damit auch seine Motivation (im Weberschen Sinne). Die Motive einer beobachteten Handlung können zwar nicht in jedem Einzelfall, aber immerhin in der großen Mehrheit der Fälle durch Typisierung zutreffend rekonstruiert werden: Wir, die Beobachter, entwerfen „das fremde Handlungsziel als Ziel unseres eigenen Handelns und phantasieren nun den Hergang unseres an diesem Entwurf orientierten Handelns" (Schütz 1974: 158) – die für das eigene vergleichbare Handeln angenommenen Motive werden mithin zu Erklärungen für das Handeln des anderen[115].

In diesem Zusammenhang wichtig ist die von Schütz (1971) an anderer Stelle vorgenommene Unterscheidung zwischen Um-zu-Motiven und Weil-Motiven: Erstere benennen die Sinnzusammenhänge, in der ein Handelnder sein Handeln selbst rückt (die Ziele, die er formuliert), letztere die Gründe, die sich bei analytischer Betrachtung für sein Handeln ergeben. Letztere Motive werden von Schütz „objektiv" genannt, weil es nicht auf den subjektiven Sinn der Handlung, sondern auf die quasi ‚hinter' dieser liegenden Motivationen ankommt. Das Um-zu-Motiv ist „eine wesentlich subjektive Kategorie und dem Beobachter nur zugänglich, wenn er fragt, welchen Sinn der Handelnde seinem Handeln gibt. Das echte Weil-Motiv ist jedoch [...] eine objektive Kategorie, die dem Beobachter zugänglich ist, der die Einstellungen des Handelnden auf sein Handeln von der ausgeführten Handlung her rekonstruieren muß, das heißt, von dem Zustand her, der durch das Handeln des Handelnden in der äußeren Welt geschaffen wurde" (S. 82).

Wenn wir dies auf die Untersuchung sozialer Probleme, namentlich auf die der Aktivitäten kollektiver Akteure anwenden, entsprechen die mehr oder weniger explizit formulierten Ziele eines Akteurs quasi der Summe (oder auch dem Durch-

---

114 Solche Schemata werden im folgenden Kapitel 4 in Form problembezogener kollektiver Deutungsmuster näher zu untersuchen sein.

115 Die Deutung basiert dabei auf der – sozial evaluierten – Annahme, dass der beobachtete Handelnde den gleichen sozialen Deutungsschemata folgt wie der Beobachter, letzterer also jene Handlung aus eben den Motiven vollziehen würde, *wenn er an Stelle des Handelnden wäre*. Diese Einschränkung ist notwendig, weil Deutungsschemata durchaus unterschiedliche soziale Rollen kennen.

schnitt) der Um-zu-Motive seiner Mitglieder, die kollektiven Interessen hingegen stellen sich als Aggregat ihrer Weil-Motive dar. Die Zielvorstellungen lassen sich, wie bereits erwähnt, als hergestellter Sinnzusammenhang den öffentlichen Äußerungen der betreffenden Personen bzw. den Verlautbarungen der entsprechenden Gruppen empirisch unmittelbar entnehmen (etwa aus Presseerklärungen, Veröffentlichungen, Flugblättern oder Interviews). Die Interessen des Akteurs hingegen lassen sich (aus denselben Quellen) jedoch nur *indirekt* erschließen – oder eben theoretisch postulieren. Jede Behauptung über die Motive einzelner Personen oder Interessen von Personengruppen, die im Kontext einer Problemanalyse aufgestellt wird, ist deshalb in ganz besonderem Maße als vorläufig bzw. hypothetisch zu betrachten. Nur in den seltensten Fällen wird es möglich sein, entsprechende Hypothesen über tragfähige Indizien so gut abzusichern, dass sie als mit großer Wahrscheinlichkeit zutreffend eingeordnet werden müssen.

Tabelle 2 Primäre und sekundäre Interessen kollektiver Akteure

Akteurstyp	Primäres Interesse	Sekundäres Interesse
Aktive Betroffene	Verbesserung der eigenen Situation, Ausgleich für empfundene Benachteiligungen	öffentliche und soziale Aufmerksamkeit
Advokaten	Verbesserung der Situation anderer (angenommene bzw. zugewiesene individuelle und kollektive Notlagen)	öffentliche Aufmerksamkeit; Erlangung personaler Gratifikationen (entsprechend religiöser oder karitativer Grundmotivation)
Experten	berufsständische Eigeninteressen	gesellschaftspolitische Veränderungen; öffentliche Aufmerksamkeit und personale Gratifikationen
Problemnutzer	Verwirklichung politischer oder religiöser Ziele	öffentliche und soziale Aufmerksamkeit
Bewegungsprofessionelle als Entscheidungsträger sozialer Bewegungen	Bestand der sozialen Bewegung	öffentliche und soziale Aufmerksamkeit

Die Suche nach entsprechenden Weil-Motiven (Interessen) im empirischen Einzelfall sollte sich an der vorgestellten Typologie von kollektiven Akteuren orientieren, die ja ebenso die Befunde einer Vielzahl empirischer Studien als auch theoretische Reflexionen zur Rolle von Akteuren in Thematisierungs- und Willensbildungsprozessen generell abbildet. Wenn man die in den vorigen Abschnitten diskutieren Problematisierungsinteressen der einzelnen Akteurstypen einmal systematisiert und primäre von sekundären Interessen unterscheidet, ergibt sich die folgende Zusammenstellung (Tabelle 2):

Für eine Problemanalyse in Form einer Einzelfallstudie können die hier postulierten primären und sekundären Interessen als Vorannahmen mit dem Stellenwert von *Hypothesen* übernommen werden, die es jeweils anhand des empirischen Materials zu prüfen gilt. Falls sich aus den vorhandenen empirischen Quellen keine Aussagen extrahieren lassen, die als Indizien in die eine oder andere Richtung interpretiert werden können, bleibt die Zuweisung von primären und sekundären Interessen an die konkret untersuchte Akteursgruppe letztlich jedoch nicht mehr als ein durch Generalisierung anderer Fälle gewonnener *Verdacht*. Noch größere Vorsicht ist bei der Zuweisung von individuellen Motiven (etwa bei öffentlich besonders profilierten Mitgliedern eines kollektiven Akteurs) geboten; hier weist jede Motivunterstellung zunächst einmal nur auf die introspektive Selbsteinschätzung des Beobachters zurück: Wenn er an Stelle des Betreffenden wäre, hätten seine Aktivitäten nach eigener Einschätzung die Motive, die er jenem unterstellt.

3.3   Kooperationen und Konkurrenzen

Vor dem Hintergrund der Motivlagen kollektiver Akteure lassen sich auch die Möglichkeiten und Grenzen der *Kooperation* zwischen Akteuren gleichen und unterschiedlichen Typs bestimmen. Dies ist umso wichtiger, als heute in der Regel kein Akteur, mag er auch noch so handlungsmächtig sein, in der Lage ist, einer Problemdeutung ganz allein öffentliche Anerkennung zu verschaffen. Beziehungen zwischen verschiedenen Akteuren, die an der Konstituierung eines konkreten Problems beteiligt sind, lassen sich stets als Ort auf einem Kontinuum zwischen langfristiger strategischer Kooperation und dauerhafter Konkurrenz beschreiben. Dazwischen liegen unterschiedliche Grade der Interessenkonvergenz, die sich als Zusammenarbeit hier und als Konflikt dort abbilden.

Bei der Untersuchung von Kooperations- und Konkurrenzprozessen sind insbesondere zwei Faktoren zu berücksichtigen: Das Ausmaß der Interessenkonvergenz zwischen den an einer Problematisierung beteiligten Akteuren des gleichen oder eines unterschiedlichen Typs, sowie die Karrierephase in der das betreffende Problem sich gerade befindet. Tabelle 2 zeigt, dass die Interessen der unterschiedlichen Akteurstypen sich nur teilweise decken. Bei der Beurteilung der Wahrscheinlichkeit von Kooperationen ist die Feststellung wichtig, dass übereinstimmende Interessen sowohl die Kooperation wie auch die Konkurrenz zwischen den Akteuren unterschiedlichen Typs befördern können. Dies wiederum hängt nicht nur von der Art der Interessen, sondern auch davon ab, ob die öffentliche Aufmerksamkeit bzw. die zur Problembekämpfung bereitgestellten öffentlichen Ressourcen zunehmen oder stagnieren. Falls sich kollektive Akteure so verhalten, wie die Entscheidungstheorie (vgl. Wessler 2012: 97-98) es vorhersagt, sind (explizite oder implizite) Koalitionen so lange wahrscheinlich, wie die (erwarteten) Vorteile, die die Beteiligten aus ihnen ziehen, größer sind als die Nachteile aus dem Zurückstellen von nicht geteilten Interessen. So können z. B. in der Beziehung von Advokaten oder sozialen Bewegungen zu Problemnutzern am Beginn einer Problemkarriere (wenn es erst einmal darum geht, öffentliche Aufmerksamkeit herzustellen) selbst erhebliche Unterschiede in der Problemdeutung zurückgestellt werden. In späteren Karrierephasen sind die Problemnutzer hingegen als Bündnispartner noch zu akzeptieren, wenn die von ihnen favorisierten Möglichkeiten der Abhilfe sich mit den Interessen der Advokaten usw. decken. Andernfalls werden sie von Verbündeten zu Gegnern, die z. B. für misslungene Problemlösungsversuche der Instanzen sozialer Kontrolle (deren politisches Element sie oftmals sind) mit verantwortlich gemacht werden.

Von besonderer Bedeutung für das Verständnis der Karriere sozialer Probleme ist, dass alle Akteurstypen ein sekundäres Interesse teilen, das auf eine Ressource angewiesen ist, welche *nicht* im Rahmen eines Null-Summen-Spiels[116] verteilt wird: öffentliche (was hier insbesondere heißt: massenmediale) Aufmerksamkeit. Zwar ist diese Ressource insgesamt begrenzt – die Sendezeiten oder auch die Druckspalten, die einem sozialen Problem gewidmet werden, können jedoch sehr gut verschiedenen Akteuren gleichzeitig zugute kommen (vgl. Hilgartner/Bosk 1988). Ein Beispiel hierfür wäre eine Fernseh-Talkshow, in der Betroffene, deren Advokaten, Experten und politische Problemnutzer gemeinsam zu Wort kommen. Die Diskussionsteilnehmer müssen sich dabei bezüglich von Detailfragen gar nicht einig sein – was sie eint, ist ihr gemeinsames Interesse an der öffentlichen Aufmerksamkeit für ihr Tun (und gelegentlich auch für ihre Person). Tatsächlich treten durch das gemeinsame Interesse an öffentlicher Aufmerksamkeit mediale Synergieeffekte auf, etwa hinsichtlich der Bekanntheit individueller Akteure (was daher rühren kann, dass diese sich immer wieder wechselseitig aufeinander berufen oder wiederholt gemeinsam in der Öffentlichkeit auftreten). Es kommt

---

116 Bezeichnung in der Spieltheorie für Konkurrenzsituationen, in denen das begehrte Gut nicht vermehrbar ist: alles was ein Akteur gewinnt, muss ein anderer verlieren (für einen Überblick vgl. Holler/Illing 2006: passim).

hinzu, dass sich bei der Frage der öffentlichen Aufmerksamkeit die gemeinsamen Sekundärinteressen auch am leichtesten mit der allgemeinen Zielvorstellung der Thematisierungsbemühungen zur Deckung bringen lassen: öffentliche Aufmerksamkeit für das Problem. Daraus folgt, dass *hinsichtlich der Ressource Aufmerksamkeit* die formulierten Zielvorstellungen aller Typen von Akteuren weitgehend mit deren Eigeninteressen identisch sind[117].

Komplizierter sieht die Situation hingegen bei der Verwirklichung der Primärinteressen aus. Hier können nach der Art der nachgefragten Ressourcen zwei Arten von Interessen unterschieden werden: solche, die sich auf die Erlangung finanzieller Mittel, und jene, die sich auf den Erwerb oder den Erhalt von gesellschaftlichem Einfluss[118] beziehen. So konkurrieren etwa Experten auf der einen Seite mit Betroffenen und Advokaten auf der anderen Seite darum, ob Finanzmittel der öffentlichen Hand zur ‚Bearbeitung' eines Problems eher in die weitere Erforschung der betreffenden Problemlage oder direkt in Maßnahmen zur Problembekämpfung investiert werden. Eine Konkurrenzsituation zwischen Problemnutzern und Betroffenen hingegen kann entstehen, wenn das Interesse der Gewinnung oder des Erhaltes von politischem Einfluss dadurch zu realisieren versucht wird, dass die Bekämpfung einer Problemlage verzögert wird (etwa wenn eine Oppositionspartei mit dem Verweis auf die betreffende Notlage ihren Wahlkampf bestreitet). Ähnliches kann auch im Verhältnis zwischen Betroffenen und Bewegungsprofessionellen geschehen: Letztere sind ökonomisch von der Fortexistenz der betreffenden Bewegung und damit letztlich auch von der Nicht-Lösung des Problems abhängig.

Solche Überlegungen versuchen nichts anderes, als aus allgemeinen theoretischen Modellen (der Entscheidungstheorie, aber auch zur Funktionsweise von Öffentlichkeiten und zu Prozessen des Agenda-Setting) sehr generelle Prognosen für die Entwicklung von Konkurrenzen und Bündnissen in verschiedenen Phasen der

---

117 Anders sieht die Situation hingegen bei abnehmender öffentlicher Aufmerksamkeit für ein Thema aus. Hier kann es zu Streit darüber kommen, wer ‚für ein bestimmtes Problem' spricht (ein Betroffener, ein Experte, ein politischer Problemnutzer), wenn Medien sich, wegen der nun geringeren Bedeutung des Themas, auf einen einzigen Sprecher konzentrieren und eben nicht viele Stimmen konzertiert zu Wort kommen lassen.

118 Da ökonomischer Einfluss weitgehend unabhängig von der Thematisierung sozialer Probleme verteilt wird, ist hier primär an politische Macht im engeren Sinne zu denken, wie sie in demokratisch verfassten Gesellschaften durch Wahlen vergeben wird. Da diese Macht nicht nur eine auf Zeit ist, sondern auch im unmittelbaren Kontext öffentlich verhandelter Themen vergeben wird, können soziale Probleme in den entsprechenden politischen Meinungs- und Willensbildungsprozessen eine erhebliche Rolle spielen.

Problemkarriere abzuleiten. Erwägungen dieser Art müssen notwendig sehr pauschal ausfallen. In der empirisch fassbaren Wirklichkeit ist die Karriere sozialer Probleme in fast allen Fällen durch ein sehr komplexes Geflecht von Interessenkonvergenz und Interessenkonkurrenz und den sich daraus ergebenden Interaktionspraxen zwischen Bündnis, wechselseitiger Toleranz und Widerstreit bestimmt. Es kommt hinzu, dass das Handeln der kollektiven Akteure nicht nur von gemeinsamen Interessen aller Mitglieder, sondern immer auch von Motiven und Eigenheiten besonders einflussreicher Persönlichkeiten bestimmt wird, prominenter Einzelakteure, die in ganz unterschiedlichen, oftmals auch von Emotionen bestimmten Verhältnissen zueinander stehen können. Außerdem werden gerade in komplexen Konkurrenzsituationen auch Kontingenzen und schwer erschließbare Rückkopplungsdynamiken eine nicht zu vernachlässigende Rolle spielen. Die vorgestellten Überlegungen können deshalb nur Anregungen für die Rekonstruktion der tatsächlichen Verläufe von Konkurrenzen und Kooperationen liefern.

4   Problemmuster: Die Deutung sozialer Sachverhalte

Problemwahrnehmungen basieren auf *kollektiv geteilten Wissensbeständen*, welche die soziale Wirklichkeit gleichzeitig abbilden und generieren[119]. Die Rekonstruktion dieses *Problemwissens* bildet einen der Schwerpunkte der vom Kokonmodell angeleiteten empirischen Problemanalyse. Untersucht wird das Wissen[120], das von Akteuren erzeugt, in der Öffentlichkeit verbreitet und von verschiedensten gesellschaftlichen wie staatlichen Instanzen in die Praxis umgesetzt wird. Mittels des spezifischen Problemwissens werden Sachverhalte zu sozialen Problemen erklärt, Problemursachen und Betroffenengruppen definiert, Folgeschäden aufgezeigt und moralische Urteile gefällt sowie Bekämpfungsstrategien und die für sie zuständigen Instanzen festgelegt. Die mediale Verbreitung dieses Problemwissens, seine Rezeption durch die Bevölkerung sowie die Akzeptanz bei politischen und wohlfahrtsstaatlichen Instanzen führen zu einer allgemeinen Anerkennung der Problemwahrnehmung und lassen schließlich ein soziales Problem als gesellschaftliche Wirklichkeit sui generis entstehen.

---

119   „Wissen über die Gesellschaft ist demnach *Verwirklichung* im doppelten Sinne des Wortes: Erfassen der objektivierten gesellschaftlichen Wirklichkeit und das ständige Produzieren eben dieser Wirklichkeit in einem" (Berger/Luckmann 1991: 71).

120   Als ‚Wissen' werden hier alle Annahmen, Interpretationen, Überzeugungen verstanden, die von handelnden Subjekten (hier Akteuren einer Problemwahrnehmung) für wahr gehalten werden, also sozial als Wirklichkeitswissen gelten (vgl. Knoblauch 2005: 156). Dies ist unabhängig davon, welcher Realitätsstatus diesem Wissen aus Sicht der Soziologie oder anderer wissenschaftlicher Disziplinen zukommt.

Der *Form*, in der Problemwissen üblicherweise vorliegt, in der es prozessiert und von den Individuen wie von sozialen Instanzen rezipiert wird, wurde in den Problemtheorien (auch in konstruktionistischen) lange Zeit nur wenig Aufmerksamkeit geschenkt. Bereits Giesen (1983: 231) hatte jedoch darauf hingewiesen, dass soziale Probleme primär durch „eine weltbildspezifische ‚Logik' der Erklärung, Reaktion und Bearbeitung" bestimmt sind. Nach Auffassung von Hilgartner und Bosk (1988: 57-58 – Übers. von M. Sch.) wählen Problemakteure „eine spezifische Interpretation der Realität aus einer großen Anzahl von Möglichkeiten [...] Welche der ‚Realitäten' dann den öffentlichen Diskurs dominiert, hat erhebliche Implikationen für die Zukunft des sozialen Problems, für die beteiligten Interessengruppen und für die Politik." Die vom primären Akteur mit der Definition des Problems festgelegte *Binnenlogik* gibt mithin den gedanklichen Rahmen vor, in dem sich die anschließende öffentliche Debatte entfaltet. Von der Überzeugungskraft des verwendeten Argumentationsmusters hängt es nach Meinung von Gerhards (1992: 307) ab, ob sich die Problemwahrnehmung erfolgreich in der Öffentlichkeit verbreiten kann: „Wollen Akteure andere von der Dringlichkeit eines Problems, von der eigenen Position zu diesem Problem und möglichen Lösungen überzeugen, dann brauchen sie gute ‚Argumente' und Interpretationen des Gegenstandes, über den sie reden. Zu einer Mobilisierung von öffentlicher Meinung bedarf es spezifischer Deutungs- und Interpretationsmuster, die einem Laienpublikum plausibel machen, warum man meint, das thematisierte Problem sei ein Problem und wie man es lösen kann."

4.1 Deutungsmuster in der Theorie sozialer Probleme

Im Kokonmodell sozialer Probleme werden argumentativ verbundene Wissensbestände, mittels derer Sachverhalte als soziale Probleme formuliert werden, als *Problemmuster* bezeichnet. Diese Problemmuster sind der spezifische Subtypus einer Klasse von handlungsleitenden Wissensbeständen, die in der deutschsprachigen Soziologie heute regelmäßig ‚*soziale Deutungsmuster*' genannt werden[121]. Sozialwissenschaftlich konturiert und für empirische Analysen von Wissensbeständen mittleren Abstraktionsgrades fruchtbar gemacht, wurde diese theoretische Kategorie durch ein von Ulrich Oevermann im Jahre 1973 vorgelegtes Manuskript, das mehr als 25 Jahre in der deutschen Soziologie zirkulierte, bevor es vor einigen Jahren erstmals in einer Fachzeitschrift veröffentlicht wurde (Oevermann 2001). Dieses Manuskript war als *Skizze* zu einer Untersuchung über

---

121 Im englischsprachigen Raum wird meist der Begriff ‚frames' verwendet.

4 Problemmuster: Die Deutung sozialer Sachverhalte

das „für die sozialwissenschaftliche Analyse theoretisch-allgemeine Problem der Struktur von Deutungsmustern" (Oevermann 1973: 1) gedacht, deren Ziel die Entwicklung einer theoretisch fundierten Methode zur *Dokumentenanalyse* sein sollte (vgl. Plaß/Schetsche 2001: 511-512).

Seit den siebziger Jahren entstand im deutschsprachigen Raum eine Vielzahl von Beiträgen, in denen die theoretische Skizze Oevermanns auf die unterschiedlichste Weise interpretiert und weitergedacht wurde (vgl. Lüders/Meuser 1997; Plaß/Schetsche 2001). Für die Analyse problemkonstituierender Wissensbestände wurde die theoretische Kategorie systematisch erstmals von Schetsche (1996: 65-86) eingesetzt. Ausgangspunkt für die Bestimmung von Problemmustern als ideelle Grundlage von Problemwahrnehmungen soll im Folgenden die explizit *wissenssoziologische* Reformulierung des Deutungsmusterkonzepts[122] sein, wie sie von Plaß und Schetsche (2001) vorgelegt worden ist. Dieses theoretische Modell geht von vier Grundannahmen aus:

1. *Deutungsmuster* sind definiert als sozial geltende, mit Anleitungen zum Handeln verbundene Interpretationen der Umwelt und des Selbst. Sie strukturieren das Alltagshandeln, indem sie Modelle von (ideal-)typischen Situationen bereitstellen, unter die Sachverhalte, Situationen und Erlebnisse anhand vorgegebener Merkmale subsumiert werden können. Deutungsmuster fungieren dabei gleichermaßen als kollektive Interpretations- und Handlungsanleitungen, welche die Wahrnehmung von Situationen und die Reaktion auf diese steuern, wie als Regelwerke, welche die Kommunikation und Interaktionen zwischen den Subjekten ordnen.
2. Die Definition einer Situation durch ein Deutungsmuster legt deren Handlungsrelevanz, die zu ihr passenden Interpretationen und ein Feld möglicher Reaktionsweisen überindividuell fest. Durch soziale Deutungsmuster wird der individuelle Handlungsspielraum eingeengt – erst dadurch jedoch entsteht überhaupt ein sozialer Raum des aufeinander bezogenen Interpretierens und

---

122 „In Auseinandersetzung mit dem ursprünglichen heuristischen Deutungsmusterkonzept [Oevermanns] soll eine Theorie sozialer Deutungsmuster formuliert werden, die als tragfähiges theoretisches Fundament für die zukünftige empirische Analyse sozialer Wissensbestände und ihrer kollektiven Anwendung dienen kann. Die vorgenommene *wissenssoziologische* Rekonfiguration impliziert gleichzeitig einen Perspektivenwechsel: ‚Deutungsmuster' wird von uns nicht als subjektorientiertes Schematakonzept, sondern als Formkategorie sozialen Wissens verstanden" (Plaß/ Schetsche 2001: 512). Einen systematischen Vergleich dieser theoretischen Neuformulierung mit dem ursprünglichen Konzept Oevermanns liefert Kassner (2003).

Handelns, weil Handelnder und Beobachter nun denselben Interpretationsschemata und Handlungsanleitungen folgen (vgl. Kapitel 3.2).
3. Die soziale Geltung von Deutungsmustern wird durch ihre Weitergabe zwischen den Subjekten und die praktische Evaluation in sozialen Situationen hergestellt. Die in einer Gesellschaft (oder Subkultur) *bereits vorhandenen Deutungsmuster* werden durch Sozialisation an die nächste Generation weitergegeben. (Einheitlichkeit wird dabei zum einen durch den interaktiven Abgleich der Interpretationen und Handlungsoptionen im Alltag, zum anderen durch die Übermittlung idealtypischer Fallbeispiele - sei es in Erzählungen oder massenmedialen Darstellungen - sichergestellt.)
4. *Gesellschaftlich bisher unbekannte Deutungsmuster* (wie etwa ein neues Problemmuster) werden in der heutigen Gesellschaft fast ausschließlich durch Massen- und Netzwerkmedien verbreitet; durch diesen Weitergabeakt erhalten sie auch ihre soziale Geltung. Identifiziert und analysiert werden solche neuen Deutungsmuster entsprechend durch die Rekonstruktion *medialer Dokumente*.

Die sozialen Deutungsmuster selbst (wie sie sich in medialen Darstellungen finden) sind analytisch von ihren *individuellen Repräsentationen* (wie sie beispielsweise in Interviews mit Akteuren erhoben werden) zu unterscheiden. Deutungsmuster, wie sie beim einzelnen Individuum als handlungsleitende Wissensbestände auftreten, sind den sozialen Deutungsmustern im eigentlichen Sinne nur mehr oder weniger ähnlich, nicht jedoch mit diesen identisch. „Der durch die einzelfallspezifische Anwendung, aber auch durch lebensgeschichtliche Erfahrungen hervorgerufenen individuellen Varianz sind durch die Funktionalitätsanforderung der verwendeten Deutungen im Alltag jedoch Grenzen gesetzt: Damit unser Handeln für die anderen ebenso verstehbar und damit vorhersehbar wird, wie es ihr Handeln für uns ist, müssen die verwendeten Deutungsmuster, wenn auch nicht identisch, so doch kompatibel bleiben. Sie müssen also bei aller individuellen Modifizierung doch das gegenseitige Verstehen gewährleisten. Aufrechterhaltung von Kompatibilität ist dabei keine gesonderte, vom Individuum intentional zu bewältigende Aufgabe, sondern vollzieht sich interaktiv: Wenn Verständigung und Handlungserfolg Ziel der Interaktionen eines Subjekts sind, werden seine Deutungsmuster in der und durch die Handlungspraxis regelmäßig evaluiert, indem die gewonnenen (negativen wie positiven) Erfahrungen zur Modifikation verwendet werden ... *Ihre soziale Funktion können Deutungsmuster nur erfüllen, solange ihre individuellen Repräsentationen kompatibel zueinander bleiben*" (Höffling/Plaß/Schetsche 2002: 3-4).

Gleiches gilt auch für die Varianten eines Deutungsmusters, wie sie die empirische Analyse von medialen Dokumenten vorfinden mag: Solange zwei Aus-

4 Problemmuster: Die Deutung sozialer Sachverhalte

prägungen einander so ähnlich sind, dass sie im Alltag eine leidlich sichere wechselseitige Erwartung des Handelns generieren (etwa hinsichtlich der Frage, ob ein ganz bestimmter Sachverhalt als soziales Problem zu interpretieren und zu kommunizieren ist), hat man es mit ein und demselben Deutungsmuster bzw. im hier interessierenden Fall *einem* singulären Problemmuster zu tun. Ist dies nicht der Fall, muss von alternativen Problemdeutungen oder gar Gegendiskursen gesprochen werden, die sich jeweils ihrer eigenen Problemmuster bedienen (dazu mehr im Abschnitt 4.4).

4.2 Zur Struktur von Problemmustern

Wenn man das skizzierte wissenssoziologische Verständnis von Deutungsmustern auf jene Wissensbestände anwendet, die Problemwahrnehmungen konstituieren, finden sich *Problemmuster*, die idealtypisch aus sieben miteinander verknüpften Wissenselementen bestehen:

1. ein Name, der das Problem eingängig benennt;
2. ein Erkennungsschema, das mit Prioritätsattributen versehen ist;
3. eine Beschreibung des Problems;
4. ein Unwerturteil mit impliziten oder expliziten Bewertungsmaßstäben;
5. Vorschläge zur generellen Problembekämpfung;
6. konkrete Handlungsanleitungen für den Umgang mit dem Problem im Alltag;
7. affektive Bestandteile, die emotionale Reaktionen beim Rezipienten auslösen.

(1) Problemname
Die Benennung eines Problems durch den primären Akteur hat erhebliche Konsequenzen für die spätere Karriere des Problems, insbesondere für dessen Chancen, sich in der Öffentlichkeit durchzusetzen und allgemeine Anerkennung zu erlangen[123]. Soziale Probleme bedürfen eines Namens, der sich nicht nur unmittelbar

---

123 Die gilt generell für jedes öffentliche Thema: „Damit ein Thema zu einem öffentlich diskutierten Thema werden kann, braucht man einen Begriff, der den Gegenstandsbereich bezeichnet, um den es geht. Nicht jeder Begriff zur Bezeichnung eines Gegenstands ist gut geeignet. Läßt sich ein komplexer Sachverhalt begrifflich entdifferenzieren (...), dann läßt sich leichter darüber kommunizieren: Rentenlüge, Natodoppelbeschluß, AKW sind Kürzel für eine weit über die Kürzel selbst hinausweisenden Zusammenhang, die einen komplexen Sachverhalt auf einen begrifflichen Punkt bringen, Aufmerksamkeit konzentrieren und damit eine Kommunikation über das Thema vereinfachen" (Gerhards 1992: 310).

einprägt, sondern in dem sprachlich auch das mitschwingt, was den Kerngehalt der Problembehauptung ausmacht: das Unwerturteil über den so bezeichneten Sachverhalt. Vielfach handelt es sich um Begriffe, in denen gleichzeitig die Betroffenen genannt bzw. gekennzeichnet werden (etwa „Frauendiskriminierung" oder „sexueller Kindesmissbrauch"). Eine besondere Bedeutung haben in diesem Zusammenhang in den letzten Jahren die Problembezeichnungen erlangt, die mit dem Suffix ‚-sucht' gebildet werden. Sie signalisieren nicht nur bereits im Problemnamen die Hilflosigkeit der Betroffenen, sondern sind als Problembehauptungen auch fast beliebig generierbar: „Eine Unzahl sozialer Sacherverhalte kann in simpler Manier durch das Anhängen des Wörtchens ‚Sucht' problematisiert werden: traditionell etwa Alkoholsucht, Drogensucht, Tablettensucht, Koffeinsucht oder Nikotinsucht, heute auch Magersucht, Spielsucht, Arbeitssucht, Sammelsucht, Fernsehsucht, Putzsucht, Sexsucht, Fitnesssucht, Kaufsucht oder Internetsucht" (Schetsche 2007: 118). Der Problemname ermöglicht es auch, dass betreffende Problemmuster unabhängig von der konkreten Situation aufzurufen und abstrakt zum Gegenstand kommunikativer Akte zu machen.

(2) Erkennungsschema
Erkennungsschemata liefern schablonenhafte Kurzbeschreibungen der Situationen, in denen das betreffende Deutungsmuster anzuwenden ist – in den hier interessierenden Fällen also, in denen das entsprechende Problem ‚vorliegt'. Mit Hilfe dieser Schemata werden im Alltag Situationen kognitiv auf ihre Passung mit möglichen Deutungen hin abgeglichen. Wenn die Kriterien des Erkennungsschemas erfüllt sind, heißt dies für den Beobachter, dass ein entsprechendes soziales Problem (etwa Obdachlosigkeit oder Kindesmisshandlung) vorliegt – der Beobachter wird dem Problem nun die angemessene Aufmerksamkeit schenken und entsprechend der Handlungsanleitungen des Problemmusters (siehe unten) agieren. Wenn eine Situation erst einmal in der entsprechenden Weise gerahmt ist, muss sie vom Beobachter nicht mehr näher untersucht werden: Aufgrund des internalisierten Problemmusters ist ja bekannt, ‚worum es geht' und ‚wie die Sache sich verhält'. Gehandelt wird anschließend weniger aufgrund des vorgefundenen konkreten Einzelfalls, als auf Basis der abstrakten Situationsbeschreibungen, die das betreffende Problemmuster enthält. Da am Beginn der (möglichen) ‚Aktivierung' eines Problemmusters immer ein Vergleich zwischen wahrgenommener Situation und Erkennungsschema steht, die Chance, eine entsprechende Zuordnung zu treffen („hier liegt der Fall des Problems X vor") mithin weitgehend von der Qualität des Erkennungsschemas abhängig ist, spielt dieser Musterbestandteil eine wichtige Rolle in allen Dokumenten, in denen das betreffende Problemmuster verbreitet wird: Die Dokumente werden regelmäßig einen *Symptomkatalog*

4 Problemmuster: Die Deutung sozialer Sachverhalte

mit einer Vielzahl von Kriterien enthalten, von denen meist nur einige wenige zutreffen müssen, um die Beobachtung unter das Deutungsmuster zu subsumieren, also das Problem erfolgreich zu ‚identifizieren'.

Die Identifizierung problemhafter Situationen mittels des Erkennungsschemas kann im Alltag ganz oder teilweise unbewusst verlaufen, Schemata konkurrierender Deutungen können hierarchisch oder seriell verglichen, Entscheidungspfade binär oder polynär kodiert sein (vgl. die systematische Untersuchung dieser Fragen bei Esser 1996: 13-19). Entscheidend für den hier interessierenden Zusammenhang ist, dass eine Beobachtung im Alltag mit der Subsumtion unter die Merkmale des Erkennungsschemas eine *eindeutige Sinnzuweisung* erfährt, die in der Benennung durch den betreffenden Problemnamen kulminiert und im Vollzug der jener Deutung entsprechenden Handlungen ihren Abschluss findet.

Wie alle Erkennungsschemata sind auch die von Problemmustern mit *Prioritätsattributen* versehen, kognitiv-emotiven Markern, die den Beobachtern sagen, ob und wie viel Aufmerksamkeit sie der entsprechend definierten Situation widmen sollten und welche Relevanz es für sie hat, selbst handelnd aktiv zu werden. Zu unterscheiden von der *Wahrnehmungspriorität*, welche die bewusste Aufmerksamkeit des Individuums auf eine bestimmte Situation lenkt[124], ist die *Handlungspriorität*, welche darüber entscheidet, ob der Beobachter seinen eigentlich gerade geplanten Aktivitäten weiter nachgeht oder diese abbricht, um sich dem soeben identifizierten Problem zuzuwenden. Beides hängt – neben der subjektiven Relevanz der Aktivitäten bzw. der verfolgen Handlungspläne vor der Wahrnehmung des Problems – von den Prioritätsattributen ab, die in das jeweilige Problemmuster (und seine individuellen Repräsentationen) eingeschrieben sind. So hat etwa ein in einer Hausecke bettelnder Obdachloser in den meisten Fällen eine geringere Chance erst Wahrnehmungs- und dann Handlungspriorität zu erlangen, als ein laut schreiendes Kind, dass an gleicher Stelle von einem Erwachsenen körperlich misshandelt wird. Entsprechende Relevanzunterschiede spielen bereits bei der vorgängigen Introzeption des Problemmusters durch die Subjekte eine Rolle: Problemmuster, die mit mächtigen kognitiv-emotiven Prioritätsattributen versehen sind, haben eine größere Chance von den Individuen Aufmerksamkeit zu erhalten, erinnert und dann eben auch im Alltag exekutiert zu werden. Dies sind beispielsweise Problemwahrnehmungen, in denen die in unserer Gesellschaft als besonders schutz- und hilfsbedürftig wahrgenommenen Kinder die Opfer sind, oder Probleme bei denen zur Abwendung von Schäden un-

---

124 Wenn eine Situation keine Wahrnehmungspriorität erhält, wird sie schlicht ignoriert – dies wird in vielen Fällen ein un- oder halbbewusster Vorgang bleiben (vgl. Esser 1996: 13).

mittelbares Eingreifen erforderlich scheint (wie beim oben angeführten Beispiel physischer Gewalt in der Öffentlichkeit).

(3) Problembeschreibung

Nach der wissenssoziologischen Deutungsmustertheorie werden Alltagsbeobachtungen durch Deutungsmuster zu sozialen Situationen mit einem spezifischen überindividuellen (im Sinne von Schütz „objektiven") Sinngehalt verdichtet und handlungspraktisch zugänglich gemacht. Auch bei den hier interessierenden Problemmustern sind es *Situationsdefinitionen*, die dem Beobachter bedeuten, was denn im jeweiligen Fall ‚Sache ist'[125]. Solche *Situationsdefinitionen* und die mit ihnen verbundenen Situationsmodelle stehen im Zentrum jeder Problembeschreibung. Sie benennen und erklären die Fakten, sozialen Beziehungen und Handlungsweisen, um die es bei dem betreffenden sozialen Problem geht – also etwa der Konsum von Alkohol oder Marihuana, die körperliche Misshandlung von Kindern oder die sexuelle Gewalt gegen Frauen. Neben einer abstrakten Beschreibung finden sich in den Dokumenten, die ein Problemmuster verbreiten, meist modellhafte Beispielsituationen, anhand derer die gemeinten Phänomene verdeutlicht, aber auch ein- und abgegrenzt werden. Hinzu kommen verschiedene Wissensbestände (*Hintergrundwissen*), die im Kontext des definierten Problems von Bedeutung sein können: Behauptungen über die Ursachen des Problems, über seine Verbreitung in der Bevölkerung oder in bestimmten sozialen Gruppen sowie Aussagen über die Folgen der inkriminierten Handlung (physische und psychische Schäden bei den Problemopfern, aber auch mögliche soziale Folgeschäden).

In den medialen Dokumenten, mittels derer Problemmuster verbreitet werden, nehmen Feststellungen über die kritisierten sozialen Sachverhalte ganz unterschiedliche sprachliche und logische Formen an – typisch sind etwa Präsuppositionen, axiomatisch oder begründete Feststellungen und Kausalattribuierungen. Die letztgenannte Form ist bei Problemmustern von besonderer Bedeutung, weil sie unmittelbar mit moralischen Beurteilungen verbunden ist, die stets in der Frage der Schuld und Unschuld von Beteiligten kulminiert. Bei dieser Schuldfrage findet sich regelmäßig eine Dichotomisierung: Auf der einen Seite stehen Individuen (wie ‚die Kinderschänder' beim sexuellen Missbrauch), mehr oder weniger abstrakte Personengruppen (‚die Unternehmer' bei der Arbeitslosigkeit)

---

125 Dieser lebensweltliche Sprachgebrauch nimmt in intuitiver Weise eine sozialkonstruktivistische Erkenntnis vorweg: Die Ergebnisse ihres eigenen Handelns treten Menschen oftmals in Formen („Objektivationen" bei Berger und Luckmann) entgegen, die Sozialbeziehungen wie objektive *Sach*verhalte erscheinen lassen.

oder anonyme gesellschaftliche Strukturen (etwa ‚die westliche Lebensweise' bei der Klimakatastrophe), die kausal *und* moralisch für das Problem verantwortlich gemacht werden (vgl. Gerhards/Neidhardt 1991: 74; H. P. Peters 1994: 179). Auf der anderen Seite finden sich die Betroffenen, die vollständig oder zumindest weitgehend unschuldig an ihrem Leiden erscheinen (müssen).

(4) Bewertung
Bereits in den Problembeschreibungen spielen Bewertungen eine wichtige Rolle – im Kontext der Kausalattribuierungen ermöglichen sie die Gegenüberstellung von unschuldigem Opfer und schuldigem Täter. Voraussetzung dieser *moralischen* Dichotomisierung ist jedoch, dass die Handlungen bzw. Zustände, um die es in der Problembeschreibung geht, als solche *sozialethisch* zu verurteilen sind (vgl. Peters 2002: 80-89). Das Problemmuster muss deshalb Feststellungen enthalten, mittels derer die Problembeschreibung in eindeutiger Weise mit der (meist als allgemein anerkannt unterstellten) Werteordnung der Gesellschaft verknüpft werden kann. Dazu wird nach einer Subsumtionslogik ein Werturteil über den betreffenden Sachverhalt gefällt: Er wird unter die Handlungen oder Zustände eingeordnet, die gegen diesen oder jenen Wert verstoßen, den Gesellschaft und Staat zu schützen sich zur Aufgabe gemacht haben (vgl. Gerhards 1992: 311). Die dabei benannten Werte müssen entweder als allgemein anerkannt gelten (etwa weil sie in der Verfassung des betreffenden Staates ausdrücklich garantiert werden) oder sie müssen sich aus solchen allgemein anerkannten Werten – mittels irgendeiner in den Dokumenten entfalteten und vom Rezipienten nachzuvollziehenden Logik – ableiten lassen.

Solche Bewertungsoperationen sind aus zwei Gründen von Bedeutung: Erstens wird der Rezipient einer Problemwahrnehmung nur dann seine Aufmerksamkeit schenken und sie auch ganz *persönlich* mit einer hohen Wahrnehmungs- und Handlungspriorität versehen, wenn der Verstoß der gemeinten Situationen oder Handlungen gegen *auch von ihm* geteilte Werte unübersehbar ist[126]. Zweitens kann die Konstitution des Themas als soziales Problem nur gelingen, wenn der medialen Öffentlichkeit und den staatlichen Gremien klar gemacht wird, dass die inkriminierten Handlungen oder Zustände gesellschaftlich *inakzeptabel* sind. Der Bezug auf eindeutige staatliche Schutznormen (etwa in der Verfassung ge-

---

126 Dies ist der Grund, aus dem etwa der Konsum von Marihuana im Alltag so wenig Beachtung findet, obwohl er von staatlichen und manchen gesellschaftlichen Instanzen als soziales Problem gehandelt wird: selbst Nichtkonsumenten sind sich vielfach unsicher, worin hier genau der Verstoß gegen die gesellschaftliche Werteordnung bestehen soll.

nannte Güter wie „Menschenwürde" oder „körperliche Unversehrtheit") scheint geradezu unverzichtbar, wenn staatliche Instanzen, was ja regelmäßig der Fall ist (vgl. Kapitel 7), primärer Adressat der Forderungen von Betroffenen oder Advokaten sind[127].

(5) Generelle Bekämpfungsvorschläge
Bereits bei Merton (1961) findet sich die Festlegung, dass von ‚sozialen Problemen' nur gesprochen werden kann, wenn Abhilfe im Rahmen der bestehenden Gesellschaftsordnung möglich ist (vgl. Kapitel 2 in Teil I). *Vorschläge zur Bekämpfung* des Problems gehören deshalb stets zu einem vollständigen Problemmuster. Dabei kann es sich sowohl um Strategien zur generellen Lösung als auch ‚nur' zur Vermeidung zukünftiger Opfer oder zur Linderung der Not der bereits betroffenen Menschen handeln. Vorschläge zur *Ursachenbekämpfung* beziehen sich hier notwendig auf die Kausalattribuierungen in der Problembeschreibung: Nur was dort als Problemursache genannt ist, kann hier explizit Gegenstand von Bekämpfungsmaßnahmen werden.

Die zu einem Problemmuster gehörenden Bekämpfungsvorschläge stehen in ihrer Art und Zielrichtung in unmittelbarem Zusammenhang mit den Typen von Akteuren, die für die Formulierung des Problems verantwortlich sind: Betroffene und ihre Advokaten unterbreiten eher eine grundsätzlichen Lösung oder an der konkreten Hilfe für die Problemopfer orientierte Vorschläge, Experten orientieren ihre Empfehlungen hingegen an den spezifischen Kompetenzen der eigenen Profession[128], Bewegungsprofessionelle wiederum favorisieren weniger grundsätzliche Lösungsmodelle als eine Verstetigung der Problembekämpfung – und

---

127 Die vergleichende Analyse von Problemwahrnehmungen zeigt auch, dass durch eine Problematisierung nicht nur ein Bezug auf die Werteordnung hergestellt werden kann, sondern die entsprechenden Werte in manchen Fällen (und zwar unabhängig davon, ob das politisch-administrative System selbst als primärer Akteur auftritt) durch die Problematisierung überhaupt erst in die gesellschaftliche Debatte eingeführt und zur staatlichen Anerkennung gebracht werden. Soziale Probleme beziehen sich also nicht nur auf die gesellschaftliche Werteordnung; als diskursive politische Phänomene beeinflussen sie diese oftmals auch – etwa indem Moralurteile einzelner gesellschaftlicher Gruppen mittels einer Problematisierung in allgemeingültige Rechtsnormen verwandelt werden (die dann wiederum, verallgemeinert zu Rechtsgütern, Bestandteil der staatlich garantierten Werteordnung werden).

128 Ein gutes Beispiel für diesen Zusammenhang stellen die Vorschläge zur Bekämpfung des Problems ‚kindliche Onanie' zwischen dem 17. und dem frühen 20. Jahrhundert dar: Je nach Professionen der dominierenden Akteure wurden jeweils medizinische, pädagogische und psychologische Bekämpfungsstrategien favorisiert (vgl. Schmidt/Schetsche 1996).

die Problemnutzer schließlich legen Pläne vor, die ihre eigene Rolle bei der Bekämpfung in den Vordergrund rücken. *An keinem anderen Ort treten die typischen Eigeninteressen der verschiedenen Akteursgruppen so unverhüllt in den Vordergrund, wie bei den von ihnen jeweils favorisierten Bekämpfungsmaßnahmen.* Wie noch ausführlich zu zeigen sein wird (Kapitel 7), beziehen sich alle Vorschläge für Bekämpfungsmaßnahmen auf eine oder mehrere von drei primären Ressourcen: Geld, Information und Recht. Wichtigster Adressat der Vorschläge sind bei den meisten Problemen staatliche Instanzen, von denen erwartet wird, dass sie diese Ressourcen zur Verfügung stellen. Adressiert werden können aber auch die Öffentlichkeit generell, die Vertreter von Berufsgruppen bzw. Funktionsträger, die in ihrem Arbeitsbereich mit dem Problem konfrontiert sein können – oder auch ‚wir alle', etwa wenn zum Zwecke der Prävention, von der Bevölkerung erhöhte Aufmerksamkeit hinsichtlich bestimmter Handlungen oder Situationen verlangt wird.

(6) Konkrete Handlungsanleitungen
Von den generellen Bekämpfungsvorschlägen zu unterscheiden sind die konkreten Handlungsanleitungen für den Einzelfall, also für die *Alltagssituation*, in der das Individuum mit dem sozialen Problem und seinen Folgen konfrontiert ist. Hier geht es nicht darum, die kollektive Notlage insgesamt zu lindern oder gar die Problemursachen zu bekämpfen, es geht vielmehr um Hilfe oder Schutz für *einzelne* Betroffene. Dieser Bestandteil des Problemmusters adressiert nicht auf politische Weise gesellschaftliche oder staatliche Instanzen, sondern auf ganz persönliche Weise die Subjekte, welche die Entscheidungen im Einzelfall zu treffen haben. Dies sind nicht nur Personen, die beruflich mit dem betreffenden Problem zu tun haben, sondern alle Individuen, die im Alltag auf entsprechende Situationen bzw. Problemopfer treffen könnten. Die Handlungsanleitungen in Problemmustern sind meist nach verschiedenen sozialen Rollen ausdifferenziert; neben Vorschlägen für das professionelle Handeln, etwa von Ärzten, Psychologen, Sozialarbeitern oder Rechtsanwälten, stehen solche, die sich an *alle* Mitglieder der Gesellschaft richten.

Wenn man der wissenssoziologischen Deutungsmustertheorie folgt, bestehen solche Handlungsanleitungen zum einen aus Anweisungen für ein Standardhandeln, die ohne weiteres Abwägen ausgeführt werden können, wenn eine Beobachtung im Alltag entsprechend der Situationsdefinition des Musters gerahmt wurde. Der Vorzug solcher ‚fertigen Handlungsoptionen' besteht darin, dass sie die Entwicklung fallspezifischer Strategien weitgehend überflüssig machen und die Reaktion des Subjekts im Alltag erheblich beschleunigen. Zum anderen muss es zusätzliche Regeln geben, mit deren Hilfe das Handeln an Besonderheiten der identifizierten Situation angepasst werden kann. Auf diese wird zurückgegriffen, wenn die vorgegebenen Handlungsanleitungen bei Situationen mit hoher Priorität nicht mit den aktuellen Motiven des Subjekts oder mit den Besonderheiten der Situation in Einklang zu bringen sind; mittels solcher *Anpassungsregeln* können mithin neue, situationsangemessene Handlungsanleitungen generiert werden (vgl. Schetsche 2000: 134-136). Anleitungen beider Arten müssen bei sozialen Deutungsmustern allgemein nicht zu äußerlich sichtbaren Aktivitäten führen – möglich sind auch Vorgaben, die den Verzicht auf Handlungen nahe legen (bewusstes Ignorieren einer Situation). Die Gruppe der *Problemmuster* zeichnet sich in dieser Beziehung hingegen dadurch aus, dass Handlungsanleitungen (schon wegen der per Definition negativen Bewertung des Sachverhalts) fast immer ein aktives Engagement notwendig machen: Es muss entweder direkt eingeschritten oder eine entsprechende Information an zuständige Experten sozialer Kontrolle weitergegeben werden.

(7) Affektive Bestandteile

Auf die besondere Bedeutung von Emotionen für die Verbreitung und Anwendung von Problemmustern weist die relativistische Problemtheorie hin. Nach ihren Postulaten „hängt der Erfolg von Problemmustern – bei der Verbreitung ebenso wie bei der alltäglichen Anwendung – davon ab, daß den definierten Problemlagen möglichst hohe *Wahrnehmungs- und Handlungsprioritäten* zugewiesen werden. Diese Zuweisung wiederum scheint bei allen Trägern des Musters von emotionalen Faktoren abhängig zu sein. Wir müssen annehmen, daß die Implementierung von Problemmustern ganz wesentlich von einem Emotionskonglomerat abhängt, das man am besten als *Empörung* kennzeichnen könnte. Jede erfolgreiche Problemwahrnehmung basiert auf ihr: *Soziale Probleme sind stets eine empörende Ungerechtigkeit*" (Schetsche 2000: 146; vgl. Groenemeyer 1999: 119).

Zum Zwecke der Emotionalisierung des Denkens und Handelns enthalten Problemmuster affektive Bestandteile: Textpassagen, rhetorische Figuren und Metaphern, aber auch Fallbeispiele und Bilder (im direkten wie im übertragenen Sinne) sind so gestaltet, dass sie beim durchschnittlichen Rezipienten über die kognitive Beschäftigung mit dem Thema hinaus auch eine emotionale ‚Betroffenheit' auslösen[129]. Ziel solcher Bestandteile ist es, bei jeder Konfrontation

---

129 „*Affektauslöser* steuern den Aufbau der Emotionen, die der Träger der Deutung regelmäßig mit der Situation verbindet. Ihre Aktivierung verläuft parallel zum Aufruf des Situationsmodells und zum Setzen der Prioritätsattribute. Mit letzteren ist der Affektauslöser systematisch verknüpft: Gemeinsam motivieren sie das Subjekt dazu, gemäß der Handlungsanleitung tätig zu werden und dabei auch negative Nebenfolgen der Handlung in Kauf zu nehmen ..." (Schetsche 2000: 134).

mit dem entsprechenden Problem – sei es in der medialen Berichterstattung oder im realen Alltag – verschiedenste Affekte auszulösen, welche das Denken und Handeln im Sinne des Problemmusters beeinflussen. Wie die Verknüpfung von kognitiven und emotiven Prozessen bei der Introzeption und alltäglichen Anwendung von Problemmustern erfolgt, kann mittels der Theorie der Affektlogik von Luc Ciompi (1997: passim; vgl. Schetsche 2000: 147-148) aufgezeigt werden, auf die an dieser Stelle nur hingewiesen werden kann. In der Konsequenz ist von einer sehr intensiven und nachträglich kaum lösbaren Verschränkung zwischen kognitiv und affektiv funktionierenden Bestandteilen von Problemmustern auszugehen, die dazu führt, dass Emotionen bereits bei der medialen Rezeption einer Problemwahrnehmung den Subjekten gleichsam automatisch ‚eingeschrieben' werden. Ohne solche affektiven Bestandteile bzw. Mechanismen würden viele Problemmuster weder eine so große Verbreitung erfahren, noch eine so enorme Bereitschaft auslösen, sich an ihren Handlungsanleitungen zu orientieren – gerade auch dann, wenn dies mit persönlichen Nachteilen für die Handelnden verbunden ist[130].

4.3 Die empirische Rekonstruktion von Problemmustern

Da soziale Deutungsmuster bei der Introzeption durch die Subjekte aufgrund persönlicher Eigenheiten und Stilbildungen regelmäßig individuellen Modifikationen unterworfen sind, lassen sie sich als soziale gültige Wissensformen nur in der Form untersuchen, in der sie sozial verbreitet werden – dies geschieht heute primär durch Massen- und Netzwerkmedien. Wie bereits erwähnt, ist dieser mediale Prozess als der *primäre* Vorgang der Entstehung eines sozial geltenden Deutungsmusters anzusprechen, nur in den medialen Dokumenten sind soziale Deutungsmuster deshalb mit allen ihren Bestandteilen vollständig zu identifizieren. Bei der Introzeption durch das Subjekt werden hingegen nur diejenigen Elemente sicher bewahrt, die für die tägliche Musteranwendung benötigt werden. Entsprechend muss die Rekonstruktion von Problemmustern sich analytisch der Dokumente bedienen, in denen die entsprechende Deutung verbreitet wird; dies sind etwa Zeitschriftenaufsätze und Zeitungsartikel, Flugblätter und Ratgeberliteratur, aber auch Filme, Fernsehsendungen oder Dokumente aus dem Internet.

---

130 Hier ist etwa an den immensen Aufwand von Zeit und anderen Ressourcen zu denken, den gerade viele Advokaten, ohne unmittelbar sichtbare Gratifikationen, über zum Teil lange Zeiträume zu erbringen bereit sind. Mitleid und Empörung können starke Handlungsmotive sein.

Die empirische Rekonstruktion eines Dokuments, in dem ein Problemmuster massenmedial verbreitet wurde, findet sich bei Schetsche (2000: 137-140). Die Ergebnisse der dort durchgeführten Beispielanalyse eines Zeitungsartikels zum Problem „Kaufsucht" sollen hier wegen ihrer exemplarischen Bedeutung im vollen Wortlaut wiedergegeben werden.

Bei dem ausgewählten Beitrag handelt es sich um folgenden Hauptartikel aus dem Bremer ‚Weserkurier' vom 11.1.1999:

„500 000 Deutsche sind kaufsüchtig"

Experte: Jüngere Menschen besonders gefährdet

Münster (dpa). In Deutschland sind nach Schätzungen des Wirtschaftspsychologen Alfred Gebert (54) mindestens 500 000 Menschen kaufsüchtig. Rund vier Millionen lebten „im Vorstadium zum Kaufrausch, Tendenz steigend", sagte der Experte von der Fachhochschule des Bundes in Münster. „Vielen von ihnen wurde bereits das letzte Weihnachtsfest zum wirtschaftlichen Verhängnis."

Die nächste große Versuchung steht den Gefährdeten nach Geberts Erfahrungen mit dem Winterschlußverkauf ins Haus. Denn es seien insbesondere die Sonderangebote, denen diese Menschen nicht widerstehen könnten. „Dabei fahren Männer vorzugsweise auf technische Artikel wie CDs, Unterhaltungselektronik, Autozubehör und Computer ab. Frauen bevorzugen Kleidung und Kosmetik." Ältere Leute seien weniger gefährdet als junge. Auffallend hoch sei der Anteil der Singles.

Kaufkranke weisen nach Geberts Beobachtungen „alle Verhaltensweisen von Süchtigen" auf wie man sie von Alkohol- und Drogenabhängigen kennt. „Direkt nach dem Kaufakt, beim Bezahlen an der Kasse, brechen sie in Schweiß aus, zittern, bekommen Magenkrämpfe, weiche Knie und Herzflattern, leiden jedenfalls ganz schlimm", schilderte der Wissenschaftler. Schon auf dem Heimweg aber erholten sich die Süchtigen meist und seien dann als solche nicht mehr zu erkennen. Weil sie hervorragend lügen und täuschen könnten, hätten selbst Eltern oder Partner oft „keine Ahnung, wieviel unnütze Sachen schon im Keller modern". Das sei nämlich das Besondere an den Kaufkranken, die mit Vorliebe auch Lebensmittel kauften: „Sie verzehren diese nicht, packen sie oft nicht einmal aus, sondern verstecken sie nur."

Aus eigener Praxis kennt Gebert „etliche, die wegen ihrer Kaufsucht vom Arzt krankgeschrieben werden mußten und am Ende sogar arbeitslos wurden". Wie Spieler hätten sie sich immer wieder Geld beschaffen müssen. „Dabei ruinieren sie sich und ihre Familien."

Meist erlitten diese Menschen nach etwa zwei Jahren derart extreme Depressionen, daß sie klinisch behandelt werden müßten. Dabei falle auf, daß es den meisten Patienten an Selbstwertgefühl fehlt. „Kaufen stillt ihre Sehnsucht nach Sinn und Glück – aber nur vorübergehend.

„Deshalb sollte man ihnen keinesfalls Geld leihen, sonst fördert man ihre Sucht", betonte Gebert. Nach Angaben des Spezialisten gibt es in Deutschland durchaus Psychologen, die mit Therapien helfen könnten. „Noch größere Erfolge sind allerdings von Selbsthilfegruppen zu erwarten, wie es sie in Amerika gibt, in Deutschland leider noch viel zu wenig." In den USA würden diese Selbsthilfegruppen von großen Kaufhäusern ebenso gefördert wie von großen Banken", was deren Image nütze, während ihnen Negativschlagzeilen über Kauf-Exzesse nur schadeten.

Abbildung 1 Zeitungsartikel zum Problem Kaufsucht (Weserkurier vom 11.1.1999)

4 Problemmuster: Die Deutung sozialer Sachverhalte

Der Artikel breitet das Problemmuster eines neuen, noch am Anfang seiner Karriere stehenden sozialen Problems vor uns aus. Das Problem erhält zunächst einen *Namen:* „Kaufsucht". Als zur Klasse der mit der dem Suffix ‹-sucht› gebildeten Probleme steht dieser gleich für ein implizites sozialpolitisches und -pädagogisches Programm: signalisiert wird, daß wir es mit chronisch Kranken zu tun haben, die der Hilfe durch Experten bedürfen.

Damit Hilfe möglich wird, muß das Problem erkannt werden. Dazu wird ein doppeltes *Erkennungsschema* geliefert. Zunächst weisen die „Kaufkranken" spezifische Symptome auf: „Direkt nach dem Kaufakt, beim Bezahlen an der Kasse, brechen sie in Schweiß aus, zittern, bekommen Magenkrämpfe, weiche Knie und Herzflattern, leiden jedenfalls ganz schlimm". Die genannten vier konkreten Merkmale sind primär für die Selbstbeobachtung gedacht, sie dienen also der Erkennung des *eigenen* Betroffenenstatus. Für Dritte sind diese Symptome hingegen nur schwer zu identifizieren. Sie müssen sich damit begnügen, daß die Betroffenen die *äußerlichen* Verhaltensweisen von Süchtigen aufweisen, wie man „sie von Alkohol- und Drogenabhängigen kennt". Eine Identifizierung der Problemopfer außerhalb von Kaufsituationen ist jedoch immer schwierig, weil die Betroffenen schon auf dem Heimweg nicht mehr auffallen. Das wichtigste Indiz für ihre Identifizierung sind deshalb die unnützen Waren, die sie in ihrer Wohnung anhäufen. Leider werden diese Anzeichen von den Opfern nahestehenden Dritten bislang meist übersehen. Zur Erkennung des Betroffenenstatus von Angehörigen, Mitbewohnern und Freunden gilt es deshalb, Keller, Dachböden und Vorratskammern im Auge zu behalten.

Die *Prioritätsattribute* sind in der vorliegenden Transferform recht hoch. Das Problem wird im Hauptartikel auf der ersten Seite der einzigen Bremer Tageszeitung ausgebreitet. Die Überschrift – mit der apodiktischen Behauptung „500 000 Deutsche sind kaufsüchtig" – signalisiert: Jeder kann betroffen sein – Nachbarn, Freunde, Familienangehörige, sogar man selbst. Im Text erfahren wir dann, dass uns auch dann Gefahr droht, wenn weder wir noch enge Familienangehörige unter den unmittelbaren Opfern sind: Wer Kaufsüchtigen Geld leiht, kann es wohl abschreiben. Für Betroffene und Angehörige ist die Gefahr jedoch erheblich größer. Ihnen drohen Arbeitslosigkeit, wirtschaftlicher Ruin und chronische psychische Erkrankungen.

Die *Problembeschreibung* erklärt uns zunächst, daß es auch in unserer unmittelbaren Umgebung Menschen gibt, die unter einer psychischen Erkrankung leiden, die wir als ‚Kaufsucht' bezeichnen. Die Erkrankung besteht darin, daß diese Menschen unkontrolliert Dinge in großen Mengen kaufen, oft Lebensmittel, die sie gar nicht benötigen und die dann „im Keller modern". Abgesehen von dieser Verschwendung ist es inakzeptabel, daß die Betroffenen sich und ihre Familie ökonomisch ruinieren. Langfristige Schäden sind Arbeitslosigkeit und extreme Depressionen. Als Ursache des Problems werden mangelndes Selbstwertgefühl und eine Sehnsucht nach Sinn und Glück genannt, Bedürfnisse, welche die Betroffenen in ihrem Leben offensichtlich nicht befriedigen konnten bzw. können.

Die *erste Handlungsanleitung* ist die Achtsamkeit – einerseits hinsichtlich gehorteter unnützer Gegenstände im eigenen Haushalt und andererseits gegenüber auffälligem Verhalten Dritter in Kaufsituationen. Wenn ein Betroffener erst einmal identifiziert ist, gilt für Angehörige ebenso wie für Freunde und Bekannte, ihm keinesfalls Geld zu leihen (dies würde das Problem nur verschlimmern). Für Betroffene und Co-Betroffene gilt: Kaufsüchtige gehören in die Obhut eines Fachmannes. Dabei hilft es jedoch nicht, nur einen Arzt aufzusuchen und sich krank schreiben zu lassen – dies kann nämlich, wie der Artikel lehrt, in Arbeitslosigkeit und ökonomischem Ruin enden. Richtig ist es vielmehr, einen mit dem Problem vertrauten (!) Psychologen aufzusuchen und sich dort in Therapie zu begeben. Die Alternative dazu wäre die Teilnahme an einer Selbsthilfegruppe – von denen es in Deutschland bisher jedoch noch zu wenige gibt. Hier wird die konkrete Handlungsanleitung im Einzelfall mit der abstrakten Problembekämpfung verbunden: Es gilt Selbsthilfegruppen zu gründen, die von großen Kaufhäusern und Unternehmen finanziell gefördert werden könnten.

Es kommen mindestens fünf *Affektauslöser* in Frage: 1. die hohe Zahl der Betroffenen und die noch höhere der Gefährdeten, 2. die ansteigende Tendenz der Betroffenenzahlen, die uns sagt, daß die Situation immer bedrohlicher wird, 3. die „schlimmen", nur zu gut nachvollziehbaren Leiden der Betroffenen (wer hatte schließlich noch nicht Magenkrämpfe und Herzflattern?), 4. der drohende ökonomische Ruin der Betroffenen und ihrer Familien, sowie schließlich 5. die erschreckend suchtartige Verlaufsform, die mit „Kauf-Exzessen" endet.

Zum *Hintergrundwissen* gehört zunächst die Zahl der Betroffenen: mindestens 500.000 (und vier Millionen Gefährdete) allein in der Bundesrepublik bei steigender Tendenz. Besonders groß ist die Gefahr in der Vorweihnachtszeit und in den zweimal jährlich einsetzenden Schlußverkäufen, hauptsächlich gefährdet sind jüngere Singles. Wir lernen auch, daß die Auswahl der gekauften Objekte geschlechtsabhängig ist: Männer kaufen eher technische Artikel, Frauen Kleidung und Kosmetik (und wohl auch Lebensmittel). Schließlich ist ganz nebenbei noch zu erfahren, daß man in den USA – wo die Problemwahrnehmung wohl entstand – in der Bekämpfung ein ganzes Stück weiter ist. Dort gibt es zahlreiche von Wirtschaftsunternehmen geförderte Selbsthilfegruppen.

Bewertungsmaßstab: Die genannten Schäden (Arbeitslosigkeit, ökonomischer Ruin und chronische psychische Erkrankung) schließen an bekannte, heute dominierende Werte der Arbeitsgesellschaft an: Menschen sollen Arbeit haben, in geordneten ökonomischen Verhältnissen leben und gesund bleiben. Die hier zugrunde liegende Werteordnung kann als bekannt – und als geteilt – vorausgesetzt werden und muß deshalb nicht näher erläutert werden. Auffällig ist jedoch, daß am Ende des Artikels Sorge um das Image von Kaufhäusern und Banken (letztlich also wohl um die Zustimmung zur bestehenden ökonomischen Verfaßtheit der Gesellschaft) mitschwingt."

Diese Beispielanalyse zeigt, wie ein Problemmuster mit den geschilderten Bestandteilen durch ein Massenmedium (hier eine Tageszeitung) verbreitet wird.

Außer einigen Abweichungen gegenüber dem Sprachgebrauch in diesem Band[131] fällt auf, dass der Beispieltext nur sehr rudimentäre Vorschläge zur generellen Bekämpfung des geschilderten Problems enthält: Es geht ausschließlich um den Umgang mit Betroffenen (Behandlung durch einen Arzt oder Psychologen bzw. Teilnahme an einer Selbsthilfegruppe), Hinweise zur Bekämpfung der Problemursachen im Allgemeinen hingegen fehlen vollständig. Dieser Befund ist sicherlich erklärungsbedürftig – wichtiger ist an dieser Stelle jedoch die Feststellung, dass die Ergebnisse der Analyse einzelner Ausschnitte der sozialen Wirklichkeit (hier: eines singulären Textdokuments) nicht immer vollständig mit der theoretischen Erwartung übereinstimmen werden. Ob es sich hier im einen ‚Ausreißer' oder um eine systematische Abweichung der Empirie von den theoretischen Vorannahmen handelt, müsste durch die Analyse einer größeren Anzahl von Dokumenten zum Problem ‚Kaufsucht' geklärt werden. Vorstellbar ist, dass es durchaus eine Reihe von Vorschlägen für die generelle Bekämpfung dieses Problems gibt, die jedoch – aus welchen Gründen auch immer – nicht ihren Weg in den hier untersuchten Zeitungsartikel gefunden haben. Denkbar ist aber auch, dass für das Problem der Kaufsucht zum damaligen Zeitpunkt noch gar keine Vorschläge zur Ursachenbekämpfung unterbreitet worden waren. Falls dies so ist, dürften hierfür die sehr unspezifischen Vorstellungen über die Ursachen des Problems (mangelndes Selbstwertgefühl oder eine Sehnsucht nach Sinn und Glück), wahrscheinlicher aber die spezifischen Interessen der primären Akteure verantwortlich sein: Die Psychologen, die sich auf die Behandlung dieses Problems spezialisiert haben und die entsprechende öffentliche Problematisierung betreiben, sind weniger an einer generellen Lösung des Problems als an einer Behandlung im Einzelfall interessiert – nur letzteres dient ihren berufsständischen Eigeninteressen.

4.4 Konkurrierende Problemdeutungen

Wenn im Zentrum der empirischen Analyse ein konkretes Problemmuster steht, erscheinen andere Deutungen des von diesem thematisierten und kritisierten Sachverhalts (sei er konsensual oder nicht) als *Alternativdeutungen* bzw. *Gegendeutungen* (vgl. Hilgartner/Bosk 1988: 62; Gamson 1988: 167-169). Erstere thema-

---

131 Was nun ‚affektive Bestandteile' heißt, wurde damals ‚Affektauslöser' genannt, der angesprochene ‚Bewertungsmaßstab' ist weitgehend identisch mit der ‚Bewertung'; das Hintergrundwissen das hier als Teil der Problembeschreibung angesprochen ist, ist dort gesondert behandelt; ‚Prioritätsattribute' sind nun Teil des ‚Erkennungsschemas' (vgl. Schetsche 2000: 130-131).

tisieren zwar ebenfalls den betreffenden Sachverhalt explizit als soziales Problem, unterscheiden sich aber in zentralen Dimensionen von der ursprünglich untersuchten Deutung. Sie benennen andere Ursachen und Verursacher, beziehen sich auf andere Vorgaben der gesellschaftlichen Werteordnung oder schlagen andere Bekämpfungsstrategien vor. Die Differenzen zwischen den konkurrierenden Deutungen können mehr oder weniger umfangreich sein – die Frage, ob ein bestimmtes Dokument zu der einen oder anderen Problemdeutung gehört, wird in der Praxis in vielen Fällen sehr schwierig zu beantworten sein und kann nur von Fall zu Fall entschieden werden. Letztlich ermöglicht nur die Untersuchung einer Vielzahl von Dokumenten die Rekonstruktion mehrerer alternativer Problemdeutungen. Im Idealfall finden sich zwei (oder mehrere), von den primären Akteuren wie von den zentralen Bestandteilen der jeweiligen Problemmuster her, eindeutig unterscheidbare Problemwahrnehmungen, die vielleicht auch noch im zeitlichen Verlauf der jeweiligen Karrieren stark differieren[132].

Anders sieht die Sache bei Gegendeutungen aus, welche die gleichen Sachverhalte eben gerade *nicht* als soziales Problem interpretieren. Hier lässt sich – in den meisten Fällen jedenfalls – leicht entscheiden, ob ein rekonstruiertes Deutungsmuster der in Teil I (Kapitel 7) eingeführten Definition entspricht oder nicht. Wenn die dort genannten Kriterien verfehlt sind, handelt es sich um eine *Gegendeutung*. Es lassen sich *drei Typen von Gegendeutungen* unterscheiden, die jeweils eine der für soziale Probleme konstitutiven Behauptungen in Frage stellen:

I. Typus: *Behauptet wird, dass der betreffende Sachverhalt nicht gegen die gesellschaftliche Werteordnung verstößt*. Entsprechend wird nicht von einem sozialen Problem, sondern von gesellschaftlicher Normalität – zumindest im sozialethischen, manchmal auch im statistischen Sinne – gesprochen. Gegendeutungen dieses Typs werden die Problematisierung des Themas mit dem Verweis auf den fehlenden Verstoß gegen die Werteordnung kritisieren und jede Forderung nach einem besonderen Ressourceneinsatz zur ‚Problembekämpfung' zurückweisen.

---

132 Ein gutes Beispiel hierfür ist das soziale Problem der sexuellen Gewalt gegen Kinder, das im deutschsprachigen Raum nach dem zweiten Weltkrieg mittels zweier alternativer Problemmuster konstituiert wurde, die jedoch nur in einem schmalen Zeitfenster in den achtziger Jahren des vergangenen Jahrhunderts tatsächlich um Anerkennung konkurrierten. Das Problemmuster ‚Triebverbrechen' und das Problemmuster ‚Missbrauch' wiesen signifikante Unterschiede hinsichtlich der Problemursachen, der Konturierung der jeweils Schuldigen, der Situationsdefinitionen und entsprechend auch der generellen Bekämpfungsvorschläge und konkreten Handlungsanleitungen auf (vgl. Schetsche 1996: 192-203). In anderen Fällen wird eine Unterscheidung nicht so einfach sein – letztlich ist es dann am Sozialforscher zu entscheiden, ob seine Rekonstruktion auf eine oder mehrere Problemmuster rekurriert.

Als Akteure eines solchen Diskurses[133] kommen insbesondere Personen in Frage, die gegen ihren Willen zu Problemopfern erklärt werden, oder Experten, die Aufmerksamkeit und staatliche Mittel für andere, jeweils von ihnen ‚bearbeitete' Problemlagen einfordern und gegen unliebsame Konkurrenzthemen vorzugehen versuchen.

II. Typus: *Behauptet wird, dass keine Geschädigten oder Benachteiligten existieren, die an ihrer Lage schuldlos sind.* Diese Gegendeutung basiert auf der Vorstellung, dass bei selbstverschuldeten Notlagen keine moralische Pflicht der Gesellschaft zu Abhilfe besteht – es folglich auch keinen Grund für den Einsatz gemeinschaftlicher Ressourcen zur Problembekämpfung gibt. Allerdings wird hier nicht bestritten, dass es Personen gibt, die sich – aber eben durch *eigenes* Verschulden – in einer Notlage befinden. Im Verständnis dieser Gegendeutung handelt es sich letztlich um ‚individuelle Problemlagen', die auch auf individuellem Wege (etwa im familiären Kontext) gelöst werden müssen. Akteure sind hier primär Personen, die einen Eingriff in ihre eigenen Rechte und Ressourcen befürchten, falls die entsprechenden Notlagen als Folgen eines sozialen Problems anerkannt werden. Im politischen Bereich sind es oftmals Vertreter liberal-konservativer Parteien, die entsprechende Gegendiskurse führen – nicht nur, weil die Selbstverantwortlichkeit für das eigene Schicksal ihrem Menschenbild entspricht, sondern auch weil es zu ihrem politischen Programm gehört, sozialstaatliche Transferleistungen möglichst zu minimieren. Ziel der Aktivitäten ist es in jedem Fall, dem Problemdiskurs selbst die *moralische* Legitimität zu entziehen – in diesem Zusammenhang ist der wertende Begriff ‚Delegitimierung' ausnahmsweise einmal berechtigt.

III. Typus: *Behauptet wird, dass Abhilfe im Rahmen der bestehenden Sozialordnung gar nicht oder zumindest nicht effektiv möglich ist.* Einigkeit besteht mit den Akteuren des Problemdiskurses darin, dass der thematisierte Sachverhalt sozialethisch nicht hinnehmbar ist, und auch, dass die Betroffenen keine Schuld an ihrer Notlage tragen. Bezweifelt wird allerdings, dass Maßnahmen, die im Rahmen der bestehenden Gesellschaft getroffen werden, den Problemopfern nachhaltig werden helfen können. Das betreffende ‚Problem' erscheint deshalb als Indiz dafür, dass mit der bestehenden Gesellschaftsordnung grundsätzlich etwas ‚nicht stimmt'. Dies ist die typische Argumentationsweise von revolutionären Bewegun-

---

[133] Gegendiskurse dieser Art können sich zu ‚sozialen Problemen zweiten Grades' entwickeln, wenn die Akteure behaupten, dass das ‚wirkliche Problem' die gesellschaftliche Bekämpfung des vermeintlichen Problems wäre; also etwa die in der Bevölkerung zur Prävention erzeugte Kriminalitätsfurcht viel gefährlicher sei als die Kriminalität selbst.

gen, die öffentliche Thematisierungen für ihre eigenen politischen Zwecke nutzen. Solche Gruppierungen finden sich vielfach in sozialen Bewegungen, die sie zur politischen Mobilisierung ‚der Massen' zu funktionalisieren versuchen. Sie erklären jeden Vorschlag zur Problembekämpfung für unzureichend – und sind letztlich weder an der Linderung der Not der Betroffenen noch an der Lösung des Problems interessiert (vgl. Teilkapitel 3.1). Jedes gesellschaftlich anerkannte und ungelöst bleibende (!) Problem erscheint ihnen als eine Art objektivierter Kritik an den von ihnen bekämpften politischen Zuständen.

Die diskutierten Differenzen zwischen Problemdeutung und den verschiedenen Typen von Gegendeutungen fasst in komprimierter Form die folgende Tabelle 3 zusammen (die Unterscheidungsdimensionen beziehen sich auf die drei für Problemmuster konstitutiven Behauptungen).

Tabelle 3 Konkurrierende Deutungen eines Sachverhalts (nach Schetsche 2000: 144)

Deutung / Merkmal	Verstoß gegen Werteordnung	Schuldlosigkeit der Betroffenen	Veränderungsmöglichkeit	Deutung als
Gegendeutung I	nein	(irrelevant)	(irrelevant)	Normalität
Gegendeutung II	ja	nein	(irrelevant)	individuelles Problem
Gegendeutung III	ja	ja	nein	Beleg für Inakzeptanz der bestehenden Ordnung
Problemdeutung und Alternativdeutungen	ja	ja	ja	soziales Problem

Im Gegensatz zur Mehrheit der Bevölkerung, bei der die einzelnen Problemmuster mit ihren Situationsbeschreibungen und Handlungsanleitungen im ‚Konzert' unzähliger Deutungsmuster und Situationen des Alltagslebens nur eine nachgeordnete Rolle mit entsprechend reduzierter Wahrnehmungs- und Handlungspriorität spielen, steht bei Individuen, die zum einen oder anderen kollektiven Akteur gehören, das jeweils von ihnen bearbeitete Problem im Mittelpunkt des Interesses, der Aufmerksamkeit und oftmals auch des kommunikativen Handelns (unabhängig davon, ob ihr Engagement beruflich, moralisch oder von eigener Betroffenheit motiviert ist). Die Mitglieder eines kollektiven Akteurs teilen

4 Problemmuster: Die Deutung sozialer Sachverhalte

gewöhnlich ein Problemmuster; erst dieses gemeinsame Wissen befähigt sie zu *kollektivem* Handeln. Hierzu gehören nicht nur Hintergrundinformationen und Moralurteile oder geteilte Affekte und Handlungsstrategien, konstitutiv für den Zusammenhalt ist auch die *Fraglosigkeit* der geteilten Anschauungen über das Segment der sozialen Wirklichkeit, das vom sozialen Problem konstituiert wird.

Die Notwendigkeit[134], um den Erhalt der eigenen Handlungsfähigkeit willen, diese Fraglosigkeit der eigenen Überzeugungen zu bewahren, erzeugt bei Mitgliedern kollektiver Akteure spezifische Reaktionen gegenüber Dritten, welche die betreffenden Sachverhalte auf andere Weise deuten. Entsprechende negative Reaktionen, die bis zum offenen Hass reichen können, ziehen Vertreter von Gegendeutungen – insbesondere die des Typs I und II – bei manchen Problemakteuren auf sich. Es muss nicht verwundern, dass es hier (aufgrund der spezifischen Motive und Eigeninteressen) regelmäßig gerade die Gruppe der Advokaten ist, die nicht nur argumentativ rigide, sondern auch in hohem Maße emotionalisierend und moralisierend gegen alle diejenigen vorgeht, die ihre Problemwahrnehmung nicht teilen. In den Fokus der Kritik geraten hier oftmals auch Sozialforscher, wenn ihre wissenschaftlichen Untersuchungen des entsprechenden Problems nicht zu Ergebnissen führt, die sich mit dem Überzeugungssystem dieser Akteursgruppe decken. Insbesondere jede konstruktionistische Problemanalyse wird als Versuch der Delegitimierung der ‚berechtigten Interessen der Problemopfer' interpretiert und mit entsprechend emotionaler Rhetorik beantwortet. Dass konstruktionistische orientierte Problemforscher keine Gegendiskurse führen, muss manchen Akteuren entgehen, weil ihr hohes Engagement – verbunden mit einer an der Logik sozialer Probleme ausgerichteten Weltsicht – zu einer Dichotomisierung von Diskurspositionen führt: Wie es in der Welt der Problemursachen ausschließlich Opfer und Täter gibt, besteht auch die Welt der Problemdiskurse nur aus Freund und Feind. Jede mögliche Zwischenposition wird diskursiv zu neutralisieren versucht. Dies ist eine der Aufgaben der Diskursstrategien, von denen das folgende Kapitel handelt.

---

134 Auszunehmen hiervon sind soziale Bewegungen, deren Subakteure ein Problem durchaus auch aufgrund unterschiedlicher Problemdeutungen bekämpfen können, solange sich nur die aktuellen Handlungsziele im Großen und Ganzen decken – hierin liegt auch der Grund für eine gewisse Instabilität dieses Akteurstypus. Ein aktuelles Beispiel sind hierfür die verschiedenen Gruppierungen, die – zum Teil parteiübergreifend – gegen das Bauprojekt ‚Stuttgart 21' demonstriert haben, vgl. Baumgarten/Rucht (2013: 113-114).

5 Diskursstrategien: Erfolgsorientierte Zurichtung von Problemmustern

Als *gesellschaftlich* eingeführt kann eine Problemwahrnehmung gelten, wenn sie – nicht ganz unabhängig von der Frage der staatlichen Anerkennung – in den Massenmedien mit *Selbstverständlichkeit* prozessiert wird (siehe dazu das folgende Kapitel 6) und wenn das ihr ideell zugrunde liegende Deutungsmuster zum *allgemeinen* Wissen der Mitglieder der Gesellschaft zu rechnen ist. Letzteres bedeutet auch, dass dem Problem zumindest in Teilen der Bevölkerung *Wahrnehmungs- und Handlungspriorität* eingeräumt wird. Ob ein soziales Problem im Alltag diese doppelte Priorität erhält und ob es von den Massenmedien als soziale Realität inszeniert und verbreitet wird, hängt einerseits von inhaltlichen Merkmalen des Problemmusters, wie der inneren Kohärenz der Argumentationsstruktur oder der Anschlussfähigkeit an bereits anerkannte Wissensbestände, ab. Nach den Regeln der Ökonomie der Aufmerksamkeit (vgl. Franck 1998: passim) reicht dies aber nicht aus. Entscheidend ist vielmehr, ob es einer Problemwahrnehmung andererseits gelingt, die gesellschaftlichen Subjekte *moralisch* und auch *emotional* so zu adressieren, dass ihre Aufmerksamkeit und die Bereitschaft zum Handeln gleichsam erzwungen werden. Dies ist die Aufgabe von *Diskursstrategien*, spezifischen Techniken der Darstellung von Sachverhalten, welche die Problemwahrnehmung und die mit ihr verbundenen Handlungsanleitungen rhetorisch so absichern, dass es beim Subjekt erst gar nicht zu einem Abwägen kommt, ob ‚die Sache' näherer Aufmerksamkeit und einen eigenen Ressourceneinsatz Wert ist: Bei der Rezeption *muss* das Individuum das Problemmuster fraglos in seinen aktiven Wissenskorpus aufnehmen und bei der späteren Identifizierung des Problems im Alltags dieses Muster ebenso fraglos exekutieren[135]. Alles dies gilt entsprechend auch für diejenigen Personen, die in den Massenmedien über die redaktionellen Inhalte entscheiden: Es muss ihnen geradezu als Selbstverständlichkeit erscheinen, das betreffenden Problem in der Berichterstattung und auch bei der Produktion fiktionaler Formate immer wieder zu berücksichtigen. Diskursstrategien sorgen also dafür, dass soziale Probleme im (alltäglichen wie massenmedialen) Kampf um Aufmerksamkeit bestehen (vgl. Hilgartner/Bosk 1988: 6).

---

135 Aus psychologischer Sicht werden durch Diskursstrategien Affekte erzeugt und an das Problemmuster und seine Handlungsanleitungen gebunden. Ein Abweichen von deren ‚Geboten' wird dann beim Subjekt ebenso Schuldgefühle erzeugen, wie es Empörung auslöst, wenn Dritte dem Problem nicht mit entsprechender Wahrnehmungs- und Handlungspriorität begegnen.

5.1 Exemplarische Strategient

Im Folgenden werden einige solcher Strategien zur Durchsetzung und Absicherung von Problemwahrnehmungen exemplarisch vorgestellt – es geht im Einzelnen um (1) dramatisierende Statistik, (2) die selektive Auswahl von Fallbeispielen, (3) das Moralisieren und (4) die Nutzung von Alltagsmythen[136].

1. Strategie: Dramatisierende Statistik
In der heutigen Gesellschaft konkurriert eine Vielzahl von Themen um öffentliche wie um individuelle Aufmerksamkeit. Problemakteure können mit Recht annehmen, dass in dieser Situation ‚ihr Thema' nur dann Wahrnehmungs- und Handlungspriorität erhält, wenn sich die inkriminierten Sachverhalte als besonders bedeutsam, besser wohl im mehrfachen Sinne als ‚schwerwiegend' darstellen. Hinsichtlich der moralisch wie emotional besonders wirkmächtigen Fragen der negativen Auswirkungen des Problems, spielen zwei Faktoren eine herausragende Rolle: die Massivität des Verstoßes gegen die Werteordnung (siehe nächster Abschnitt) und die Zahl der Betroffenen. Obwohl die direkte Verknüpfung der reinen Zahl der Opfer eines Ereignisses bzw. Zustands mit der Frage nach dessen gesellschaftlicher Akzeptanz oder Nicht-Akzeptanz ethisch problematisch ist (Welchen Unterschied macht es hinsichtlich der moralischen Beurteilung des Phänomens, ob jährlich 30.000 oder 300.000 Kinder sexueller Gewalt zum Opfer fallen?), hat es sich eingebürgert, die öffentliche wie die individuelle Aufmerksamkeit für ein Phänomen genau mit dieser Frage zu verknüpfen: Je höher die behauptete Zahl der Betroffenen bzw. Opfer eines Ereignisses oder Zustands, um so eher findet das Problem seinen Weg in die Massenmedien und umso wahrscheinlicher weckt es das Interesse (und das Engagement!) der Subjekte[137].

Das Wissen um diesen Zusammenhang erzeugt eine starke Motivation bei Problemakteuren, die Zahl der vermeintlichen Problemopfer diskursiv in die Höhe zu treiben. Dazu gibt es verschiedene Methoden: (a) Die Definition der Betroffenen wird möglichst weit gefasst und schließt diverse Zweifelsfälle wie selbstverständlich mit ein, (b) wenn differierende Expertenmeinungen zu Opferzahlen vorliegen, werden stets die höchsten Werte kolportiert oder (c) statistische Daten werden willkürlich manipuliert. Eine Verknüpfung der letzten beiden Methoden

---

136 Die genannten Beispiele stehen exemplarisch für eine Vielzahl von Strategien, mit denen soziale Probleme zugerichtet werden, um maximale Aufmerksamkeit zu erzielen.

137 Schetsche (1996: 89-90) spricht in diesem Zusammenhang von einer „Magie der großen Zahl".

bedient sich der aus der Kriminologie stammenden Terminologie der ‚Dunkelfeldschätzung', um diskursiv maximale Opferzahlen zu erzeugen. Mittels Dunkelfeld*schätzung* wird versucht, das Verhältnis zwischen den Taten, die den Strafverfolgungsbehörden bekannt geworden sind, und jenen, die zwar verübt, aber nicht angezeigt wurden, in einer so genannten *Hellfeld-Dunkelfeld-Relation* zu fassen. (Ein Verhältnis von „1 zu 5" bedeutet beispielsweise, dass auf eine angezeigte fünf nicht angezeigte Straftaten kommen *könnten*.) Da über das Dunkelfeld per Definition keine verlässlichen Angaben vorliegen, wird diese Relation regelmäßig von Experten *geschätzt*. Dabei gibt es, gemäß der ‚Natur der Sache', erhebliche Spielräume und damit auch eine entsprechende Spannweite der Schätzwerte.

Wie mit solchen Dunkelfeldschätzungen strategisch umgegangen werden kann, zeigt sehr einprägsam der Fall des Problems sexueller Kindesmissbrauch, bei dem in Deutschland über viele Jahr hinweg aufgrund einer manipulierten Hellfeld-Dunkelfeld-Relation exorbitante Fallzahlen nicht nur medial verbreitet, sondern auch von der Bevölkerung und von vielen Fachleuten für soziale Realität gehalten wurden[138]. Neben den hohe Fallzahlen scheint dabei allein die Verwendung des Terminus „Dunkelfeld" die Phantasie der Medien wie die ihrer Rezipienten anzustacheln und ihnen zu bedeuten, dass alles noch schlimmer sein muss, als die Befürchtungen erahnen lassen: „Ist die Zahl alleine schon erschreckend genug, so erhöht sich dieser Schrecken noch durch diese effektvoll inszenierte Ahnung, daß es keine Grenze nach oben gibt und vieles im Dunkeln liegt" (Broszat 1984: 59).

2. Strategie: Selektive Auswahl von Fallbeispielen

Neben der Zahl der Betroffenen spielt die Frage der Massivität des Verstoßes gegen die Werteordnung eine wichtige Rolle für die Aufmerksamkeit, die ein Problem erhält. Zu den Problembeschreibungen, wie sie in Massen- und Netzwerkmedien zu finden sind, gehören deshalb regelmäßig konkrete Fallbeispiele, die exemplarisch über den angenommenen Verstoß gegen die Werteordnung oder auch über die behaupteten Schädigungen der Problemopfer bzw. der Allgemeinheit Auskunft geben. Obwohl viele der in der empirischen Analyse vorfindbaren Beispiele letztlich eher fiktional sein werden, treten sie stets mit dokumentarischem Anspruch auf. Unabhängig davon, wie realitätsgerecht dieser Anspruch auch immer

---

138 Konkret geschah die Manipulation dadurch, dass die Expertenschätzungen für die Hellfeld-Dunkelfeld-Relation aus dem Bereich der intrafamilialen Kontakte auf die Gesamtzahl der angezeigten Fälle sexuellen Missbrauchs angewendet wurde, obwohl dort, statistisch gesehen, die extrafamilialen Taten dominieren, bei denen von einem deutlich kleineren Dunkelfeld ausgegangen wurde – Ergebnis war eine um das Vier- bis Fünffache überhöhte Dunkelfeldschätzung (vgl. Schetsche 1993: 296-298).

4 Problemmuster: Die Deutung sozialer Sachverhalte

sein mag, zeichnen sich die in öffentlichen Quellen vorfindbaren Fallbeispiele fast durchgehend dadurch aus, dass sie zwar exemplarisch für die Gesamtheit des kritisierten Sachverhalts stehen sollen, tatsächlich aber dem Bereich extremer Einzelfälle entnommen sind, die (falls ein entsprechender konsensualer Sachverhalt bestimmbar ist) gerade nicht die Masse der angesprochenen Fälle repräsentieren (vgl. Cremer-Schäfer 1992: 32) Es werden vielmehr solche Fälle detailliert geschildert und kolportiert, von denen angenommen wird, dass sie bei Medien wie bei Rezipienten besondere Aufmerksamkeit erlangen – bei ersteren, indem sie traditionellen Nachrichtenfaktoren[139] gehorchen (etwa dem Ziel, das ‚Unerhörte' und geradezu ‚Unglaubliche' als Neuigkeit zu vermarkten), bei letzteren, indem sie auf besondere Art und Weise an Affekte wie Mitgefühl, Entsetzen und Abscheu appellieren und dadurch besonders geeignet scheinen, massenhafte Empörung auszulösen[140]. Indem Extremfälle zu typischen Beispielen für die Gesamtheit der inkriminierten Sachverhalte gemacht werden, wird die Wirklichkeit des sozialen Problems diskursiv (und manipulativ) zugerichtet[141].

3. Strategie: Moralisieren

Nach der vom Kokonmodell verwendeten Definition (vgl. Teil I, Kapitel 7), ist das moralische Unwerturteil über einen sozialen Sachverhalt konstitutives Merkmal jeder Problemwahrnehmung. Von dieser (notwendigen) moralischen Beurteilung ist die Strategie des *Moralisierens* zu unterscheiden, mit der versucht wird, ein individuelles oder auch gruppenspezifisches Moralurteil für die Gesellschaft als Ganzes (und damit auch für staatliche Instanzen) verbindlich zu machen: „Die Institutionalisierung des Themas wird mit den moralischen Implikationen von Meinungen so verschmolzen, daß die Behauptung einer Moral mit Annahmezwang herauskommt" (Luhmann 1970: 8-9). Ziel ist es, die Problemwahrnehmung in den Status einer sozialen Norm zu erheben, der niemand öffentlich widersprechen kann, ohne sich zumindest moralisch-diskursiven Sanktionen auszusetzen (vgl. Nedelmann 1986: 401-402; Gusfield 1989: 433).

Diese Strategie ist von besonderer Bedeutung, wenn das betreffende Problemmuster noch keine gesellschaftliche Hegemonie erreicht hat bzw. diese zu ver-

---

139 Siehe dazu ausführlich Kapitel 6.2
140 „So sind z. B. bestimmte Kategorien sozialer Probleme ‚automatisch' mit affektiven Reaktionen einer Empörung oder Ablehnung gekoppelt, noch bevor eine kognitive Reaktion möglicherweise zu einer anderen Bewertung der Situation kommt" (Groenemeyer 1999: 119).
141 Gemeinsam werden diese ersten beiden Strategien in der Literatur oftmals unter dem Stichwort ‚Dramatisierung' zusammengefasst (vgl. Hilgartner/Bosk 1988: 6; Neidhardt/Rucht 1993: 307).

lieren droht: In der Konkurrenz mit Alternativ-, besonders aber mit Gegendeutungen, versuchen die Problemakteure dann abweichende Meinungen und selbst indifferente Auffassungen auszugrenzen, indem diese für unmoralisch bzw. sozialethisch nicht tragbar erklärt werden. Die Vertreter alternativer Deutungen werden genötigt, „sich entweder auf die vorgegebene Sprache einzulassen und damit gewisse Wertprämissen stillschweigend zu übernehmen – oder die impliziten Voraussetzungen eines solchen Sprachgebrauchs zu thematisieren, eine implizite Konsenszumutung zurückzuweisen, das Sprachspiel zu unterbrechen, einen möglicherweise weit reichenden Dissens zu markieren, was häufig als Affront wahrgenommen wird" (B. Peters 1994: 66). Durch die moralische Ausgrenzung und Erzeugung von Schuldgefühlen soll das eigene Problemmuster vielleicht nicht als die einzige vorstellbare, aber doch als die einzige öffentlich kommunizierbare Deutung des betreffenden Sachverhalts etabliert werden. Falls dies gelingt, wird jeder moralisch schuldig, welcher der Problemwahrnehmung, ihren Tatsachenbehauptungen und Bewertungen widerspricht – gänzlich unabhängig von seinen Motiven und der Qualität seiner Argumente.

4. Strategie: Die Nutzung von Alltagsmythen
Die Kategorie des *Alltagsmythos*, wie sie Roland Barthes (1964) erstmals theoretisch bestimmt hat, bezeichnet Wissen der lebensweltlichen Subjekte über ihre alltägliche Lebenswelt, das jede Nachfrage und jeden Widerspruch unmöglich macht, weil es gesellschaftliche Phänomene als Bestandteile einer unhinterfragbaren Wirklichkeit, ja als ewige Wahrheit beschreibt. „Ein Alltagsmythos bietet einen Komplex von ausgewählten Informationen und Attitüden in Bezug auf ein bestimmtes Phänomen an, suggeriert, daß dieses Phänomen so, wie es in der Aussage erscheint, auch in der Realität existiere, als etwas Natürliches, So-Seiendes. Der Mythos unterschlägt, daß seine Aussage und das in dieser enthaltene Phänomen etwas sozial Gemachtes sind, und er unterschlägt auch die unterschwellige Zielsetzung dieser sozialen Konstruktion von Wirklichkeit" (Hess 1986: 26).

In den medialen Diskursen, mit deren Hilfe soziale Probleme als Wirklichkeit konstituiert werden, finden sich oftmals Bezüge auf gesellschaftliche Alltagsmythen, an die Problemmuster nahtlos anzuschließen versuchen, um von deren besonderer Stabilität in der Wirklichkeitskonstruktion zu profitieren[142]: Wenn

---

142 Durch die Einbindung von Alltagsmythen in die Problematisierungen erhalten deren Problemmuster genau genommen nicht nur einen besonderen (abgeleiteten) Wirklichkeitsstatus, sondern sie demonstrieren gleichzeitig auch ihre Passung an nicht nur allgemein anerkannte, sondern sogar sozial unhinterfragbare Wissensbestände, was ihnen zusätzliche Legitimität verleiht.

eine Problemwahrnehmung als gleichsam logische Fortsetzung eines Alltagsmythos erscheint, wird sie – so jedenfalls die Hoffnung der Akteure – ebenso unhinterfragbar wirklich wie der Mythos selbst, wird langfristig vielleicht sogar zu dessen Bestandteil. Ein gutes Beispiel sind hier Problemwahrnehmungen, die auf der Vorstellung der *Kindheit* als einer besonders schützenswerten Lebensphase und der des *Kindes* als eines auch moralisch defizitären Wesens basieren. Diese beiden eng zusammenhängenden Ideen haben sich, was wir seit der bahnbrechenden Untersuchung von Philippe Ariès aus dem Jahre 1960 (dtsch. 1975) wissen, gesellschaftlich erst zu Beginn der Neuzeit allgemein durchgesetzt, gelten heute aber als unbestreitbare und immer schon zutreffende Tatsachen. An diesen doppelten Kindheitsmythos versuchten im zwanzigsten Jahrhundert zahlreiche soziale Probleme mittelbar oder unmittelbar anzuschließen (vgl. Kuppfer 1977; Honig 1987)[143].

5.2 Zur Normalität von Diskursstrategien

Wie im folgenden Kapitel noch zu zeigen sein wird, ist der Erfolg sozialer Probleme in der Öffentlichkeit in entscheidender Weise davon abhängig, in welchem Maß ihr Problemmuster den Anforderungen entspricht, die Massenmedien an Thematisierungen stellen. Dass sich die Situation für soziale Probleme im System öffentlicher Aufmerksamkeit nicht von der anderer Thematisierungen unterscheidet, war bereits Anfang der vierziger Jahre des vergangenen Jahrhunderts dem Nationalökonomen Joseph A. Schumpeter (1980: 418 – Orig. 1942) aufgefallen: „Die Art und Weise, in der Probleme und der Volkswille in Bezug auf diese Probleme fabriziert werden, ist völlig analog zur Art und Weise der kommerziellen Reklametechnik. Wir finden die gleichen Versuche, an das Unterbewußtsein heranzukommen. Wir finden die gleiche Technik der Schaffung günstiger oder ungünstiger Assoziationen, die umso wirksamer sind, je weniger rational sie sind. Wir sehen, daß das gleiche vermieden, das gleiche verschwiegen wird, und wir finden den gleichen Trick, durch wiederholte Behauptungen eine Meinung zu schaffen".

Die dramatisierende Formatierung sozialer Probleme (und anderer Themen) in den Massenmedien entspricht voll und ganz deren spezifischer Systemlogik

---

143 Ein weiteres gutes Beispiel ist der *Verbrecher-Mythos*, der sich in praktisch allen Problemen findet, in denen es um strafrechtlich relevante Handlungen geht; dieser Mythos konstruiert das Bild eines Täters, der ein abstraktes Prinzip des Ur-Bösen zu personifizieren scheint (vgl. Strasser 1984: 10).

und kann deshalb weder analytisch noch moralisch als ‚manipulative Verzerrung der Wirklichkeit' angesprochen werden, wie dies in den sechziger und siebziger Jahren des vergangenen Jahrhunderts vielfach versucht wurde[144]. Es handelt sich vielmehr um normale Prozesse der Konkurrenz von Themen um Aufmerksamkeit. Diskursstrategien *müssen*[145] dabei eingesetzt werden, „um Aufmerksamkeit für bestimmte Themen zu erzielen und damit ein Publikum für diese Themen überhaupt erst zu konstituieren [...] In einer Kommunikationssituation aber, in der um die Aufmerksamkeit des Publikums konkurriert wird, weil diese gleichzeitig knapp und wertvoll ist, in einer Situation, in der dem Publikum ständig eine gar nicht faßbare Zahl von Reizen kommuniziert wird, bedarf es der Vermittlung starker Betroffenheitssuggestionen und drastischer Differenzbehauptungen, um vom Publikum überhaupt wahrgenommen zu werden" (Neidhardt 1994: 18; vgl. Groenemeyer 1999: 129). Ergebnis ist die Entstehung einer massenmedial geprägten Wirklichkeit, in der Sachverhalte und Ereignisse nicht nur in ganz spezifischen Formen (wie der des Skandals oder der Dramatisierungsspirale) repräsentiert sind, sondern von der diese Sachverhalte und Ereignisse vielfach überhaupt erst erzeugt werden.

Übersehen wird in der Kritik einer solchen „Gesellschaft des Spektakels" (Debord 1996) oftmals, dass sich entsprechende Diskursstrategien zumindest bei sozialen Problemen nicht erst in den Massenmedien finden, sondern von Beginn an konstitutiver Bestandteil ihrer Themenkarrieren sind. Argumentative Zurichtungen und Darstellungsformen der geschilderten Art finden sich bereits *vor* dem Erscheinen einer Problemwahrnehmung in den Massenmedien – unabhängig davon, wer jeweils der primäre Akteur eines Problems ist. Die größten Irritationen wird diese Feststellung sicherlich hinsichtlich *wissenschaftlicher Fachpublikationen* auslösen. Bei diesen wird gemeinhin davon ausgegangen, dass ‚kühle Logik' und Bemühung um Objektivität eine durch und durch sachliche Argumentation prägen. Tatsächlich jedoch werden Diskursstrategien der geschilderten Art von wissenschaftlichen Experten in ihren Publikationen in ähnlicher Weise verwendet, wie von allen anderen Akteuren in deren Teilöffentlichkeiten auch. Dies scheint auf den ersten Blick merkwürdig, weil dem hier adressierten wissenschaftlichem Publikum ein besonders hoher Grad an Rationalität des Denkens unterstellt werden kann – die Rezipienten also eher unempfänglich für die primär

---

144 Vgl. exemplarisch die Monografien von Müller 1968 und Nuissl 1975.
145 Die Analyse der Karrieren verschiedenster sozialer Probleme zeigt, dass Problemwahrnehmungen sich ohne Diskursstrategien der geschilderten Art öffentlich nicht durchsetzen können – entsprechend könnte der Mangel an solchen Techniken auch erklären, warum manche Problematisierungen gesellschaftlich erfolglos bleiben.

4 Problemmuster: Die Deutung sozialer Sachverhalte

auf Affekte zielenden Diskurstechniken sein sollten. Außerdem existieren die Publikationen, um die es hier geht, in aller Regel außerhalb des Herrschaftsbereiches der massenmedialen Ökonomie der Aufmerksamkeit. Da von den Lesern wissenschaftlicher Fachzeitschriften angenommen werden kann, dass sie besondere Qualitätsansprüche (inhaltlicher wie formaler Art) an ihre professionelle Kommunikation stellen (vgl. Lamnek 1987: 224), wäre zu erwarten, dass die Verwendung von Dramatisierungstechniken mit ihren Appellen an Gefühl und Moral der Rezipienten, redaktionell nicht gefördert, sondern eher unterbunden würde.

Vielleicht ist diese Unterstellung der Grund, warum die Verwendung von Diskursstrategien in der Fachöffentlichkeit bislang zwar vielfach beobachtet, aber kaum systematisch untersucht worden ist. Eine Ausnahme stellt hier die Studie vom Lamnek (1987) dar, die als empirische Referenz dienen kann. Sein umfassender Vergleich der Berichterstattung über das soziale Metaproblem „Kriminalität in Massenmedien und Fachzeitschriften" kommt zu dem Endergebnis, dass zwischen diesen beiden Publikationssegmenten keine nennenswerten Unterschiede in der Verwendung entsprechender Diskursstrategien zur Durchsetzung und Absicherung von Problemwahrnehmungen bestehen (S. 227)[146].

Theoretisch betrachtet ist die Verwendung von Dramatisierungsstrategien in der Fachöffentlichkeit, wenn man sich erst einmal von dem Mythos einer ‚stets objektiven Wissenschaft' verabschiedet hat, bei sozialen Problemen jedoch nachvollziehbar. In der oben (Kapitel 3) geschilderten spezifischen Konkurrenz der Experten aus verschiedenen Disziplinen um die Definitionsmacht, stellt die Fachöffentlichkeit (mit ihren Tagungen, Sammelbänden und Fachzeitschriften) das zentrale Forum dar, in dem die Zuständigkeit der eigenen Profession für ein neues soziales Problem durchgesetzt und gleichzeitig den Instanzen sozialer Kontrolle die eigene Kompetenz in der Problemanalyse und -bearbeitung vorgeführt

---

146 Willy Viehöver (2008: 234) versteht Diskurse als *Narrationen*, die durch bestimmte erzählungstypischen Elemente strukturiert werden. Er versucht zu erklären, warum sich die Theorie der durch Menschen verursachten Treibhauskatastrophe gegen andere Prognosen zum Klimawandel durchgesetzt hat. Um einen institutionellen Erfolg zu haben, müssten alle Narrationen – auch die von wissenschaftlicher Seite – „*erstens* das Problem kommunikabel machen, indem sie einen konsistenten und kohärenten *plot* entfalte[n], der eine Konfliktstruktur [...] sowie eine dramatische Handlungs- und Zeitstruktur umfasst und hinreichend offen ist, um neue Ereignisse in einer mit der Grundaussage der Narration konsistenten Weise einzubinden. *Zweitens* muss der *plot* und entsprechende rhetorische Figuren [...] an das kulturelle *Repertoire der anvisierten Rezipienten* anschlussfähig sein und *drittens* hängt die institutionelle Resonanz auch von der Passung zwischen themenspezifischen Narrationen und allgemeineren vorherrschenden meta-kulturellen Codes oder Narrationen (z.B. environmentalism) ab" (S. 259-260, Hervorhebungen im Original).

wird. Wie in den Massenmedien, geht es auch hier darum, ein spezifisches Problemmuster als zutreffend zu behaupten und die Wirklichkeit des sozialen Problems in einer die eigenen Interessen fördernden Weise zu konstituieren. Dieser Zusammenhang erklärt auch, warum es hier vielfach nicht zu einer wirklichen Kontrolle durch die Mitglieder der eigenen Profession (etwa durch die Herausgeber einer Zeitschrift oder die Peer-Reviewer des betreffenden Beitrags) kommt: die Verwendung von Dramatisierungsstrategien liegt im Interesse der gesamten Profession[147].

Für die empirische Untersuchung sozialer Probleme bedeutet dies, dass die Suche nach Diskursstrategien sich nicht auf Dokumente in Massen- und Netzwerkmedien beschränken kann; vielmehr müssen alle empirischen Quellen systematisch auch auf die Verwendung entsprechender Techniken hin analysiert werden. Dies gilt für die Dokumente aus sozialen Bewegungen ebenso wie für diejenigen, welche den verschiedenen wissenschaftlichen Fachöffentlichkeiten entstammen. Zu prüfen ist dabei nicht nur die Frage, welche Strategien im konkreten Fall jeweils zum Einsatz kommen, sondern auch, welchen Einfluss die eine oder andere Technik auf die Darstellungsform und Argumentationsweise des Problemmusters hatte – und welche Folgen dies für die öffentliche Wahrnehmung des konkreten sozialen Problems haben könnte bzw. bereits gehabt hat.

Eine Problemkonstituierung, die *gesellschaftlich notwendig* einer Logik von Dramatisierung und Skandalisierung folgt, kann stets nur eine entsprechende soziale Wirklichkeit zur Folge haben – nämlich ‚empörende Verhältnisse', die Subjekte wie gesellschaftliche Instanzen gleichermaßen moralisch zum Handeln zwingen. Dies stellt die Problemsoziologie jedoch nicht von der Anforderung frei, anhand ihres jeweiligen empirischen Untersuchungsmaterials detailliert aufzuzeigen, wie ein Problem auch diskurs*strategisch* in die Welt kommt. Ihre Aufgabe ist es dabei nicht, ihrerseits im Duktus der siebziger Jahre des vergangenen Jahrhunderts die vermeintliche ‚Manipulation der Wirklichkeit' moralisierend und skandalisierend zu verurteilen, sondern aufzuzeigen, durch welche Diskursstrategien eine Problemwahrnehmung gefördert wurde, gesellschaftliche Anerkennung erhielt und allgemeine Bekämpfungsmaßnahmen zu evozieren geeignet war.

Trotz dieser (vorsätzlich entdramatisierenden) Feststellungen bleibt die Frage im Raum, welche strukturellen Faktoren dazu führen, dass kollektive Notlagen

---

147 Es kommt hinzu, dass Strategien wie jene des Moralisierens innerhalb einer Fachdisziplin ebenso wirksam sind wie in der allgemeinen Öffentlichkeit: Wer einer Problemwahrnehmung widerspricht, muss nicht nur (wegen des Verstoßes gegen die Interessen der eigenen Profession) den Verlust von Ansehen im Kollegenkreis, sondern eben auch moralische Empörung und die ihr folgende soziale Ausgrenzung fürchten.

medial nur dann prozessiert und von staatlichen Instanzen auch nur dann wahrgenommen werden (können), wenn sie erfolgreich einen Prozess der formatierenden diskursiven Dramatisierung durchlaufen haben. Dies ist eine der Fragen, denen in den beiden nächsten Kapiteln nachgegangen wird.

6 Medien: Die Verbreitung von Problemdeutungen

Zur *sozialen Wirklichkeit* werden Problemwahrnehmungen, wenn sie allgemein erkannt sind und im alltäglichen Handeln reproduziert werden – und zwar ebenso durch die Mitglieder der Gesellschaft wie durch die für die Bekämpfung sozialer Probleme zuständigen sozialen und staatlichen Instanzen. Zwar nicht die hinreichende, aber doch die notwendige Bedingung für diese doppelte Anerkennung ist, dass die betreffenden Problemdeutungen von wirkungsmächtigen Medien nachhaltig prozessiert werden (vgl. Erbring 1989: 303; Flöhl 1990: 137; Jarren/Grothe/Rybarczyk 1993: 14; Brosius 1994: 272-275). Bis vor wenigen Jahren verfügten die *Massenmedien* hier über eine Monopolstellung – diese ist heute zwar nicht völlig passé, wird jedoch zunehmend von den Netzwerkmedien in Frage gestellt. Dazu später mehr (Teilkapitel 6.3 und 6.4). Die Frage, in welchem Umfang und in welcher Weise eine Problemdeutung in den Massen- und Netzwerkmedien behandelt wird, gehört zum unverzichtbaren Repertoire problemsoziologischer Analyse.

6.1 Zur Funktionslogik der Massenmedien

Am Beginn des einundzwanzigsten Jahrhunderts sind (in Deutschland wie in vielen anderen westlichen Staaten) fast alle für die Wissensverbreitung bedeutsamen Massenmedien entweder in Form von Wirtschaftsunternehmen organisiert – oder sie orientieren sich redaktionell an deren Funktionsmechanismen[148]. Während die Printmedien (Zeitungen, Zeitschriften) in der Bundesrepublik von Anfang an bis auf wenige Ausnahmen privatwirtschaftlich ‚funktionierten', gilt dies für den Rundfunk (Hörfunk, Fernsehen) in gleicher Weise erst seit den achtziger Jahren des zwanzigsten Jahrhunderts. Zwar gibt es in Deutschland (wie in vielen anderen westlichen Gesellschaften) bis heute auch noch ein System des so genannten öffentlich-rechtlichen Rundfunks – dieses hat in den letzten Jahrzehnten

---

148 Meckel und Kamps (2006: 55) sprechen in diesem Zusammenhang explizit von einer „Kommerzialisierung öffentlicher Kommunikation".

jedoch seine dominierende Position bei der Verbreitung von Deutungsmustern eingebüßt.[149] Die Untersuchung der Arbeitsweise von Massenmedien kann deshalb generalisierend von der Feststellung ausgehen, dass es hier um Wirtschaftsbetriebe geht, die in gleicher Weise arbeiten, wie alle anderen Unternehmen auch: Es ist ihr alles andere dominierendes Ziel, Gewinne für die Kapitalgeber bzw. Anteilseigner zu erwirtschaften (vgl. Zohlnhöfer 1989: 37; Jarren/Altmeppen/Schulz 1993: 119). Die Art, wie Medienunternehmen dies jeweils tun, ist von entscheidender Bedeutung dafür, ob und in welcher Form eine Problemwahrnehmung zum Gegenstand ihrer Aktivitäten wird.

Presseverlage erzielen Einnahmen einerseits durch den Verkauf von Zeitungen und Zeitschriften, andererseits durch die dort jeweils geschalteten (Werbe-) Anzeigen. Bereits in der Mitte der achtziger Jahre des vergangenen Jahrhunderts haben die Erlöse durch den Verkauf von Anzeigen die Einnahmen durch den Verkauf der Zeitungen und Zeitschriften selbst überwogen (vgl. Weischenberg 1990: 49). Diese Tendenz hat sich inzwischen eher noch verstärkt. Welche Einnahmen für eine bestimmte Anzeige erzielt werden, hängt fast ausschließlich von der Auflagenhöhe der betreffenden Zeitung oder Zeitschrift ab: Je mehr Rezipienten es gibt, desto höher sind die zu realisierenden Anzeigenpreise. Jeder Presseverlag ist daher bemüht, die Auflagenhöhe seiner Zeitungen und Zeitschriften zu maximieren.

Wenn man einmal vom sich bis heute wirtschaftlich (zumindest in Deutschland) nicht tragenden ‚Bezahlfernsehen' absieht, verfügt der privatwirtschaftlich organisierte *Rundfunk* nur über eine Einnahmequelle: den Verkauf von Sendezeiten an Werbetreibende[150]. Während bei Presseerzeugnissen die über die Auflagenhöhe geschätzte Zahl der Rezipienten recht pauschal die pro Seite oder Spalte zu realisierenden Werbeeinnahmen festlegt, werden beim Rundfunk die Preise für Sendeminuten oder -sekunden erheblich genauer bestimmt: Im Auftrag der Medienunternehmen werden (durch eine technisierte Form permanenter Repräsentativ‚befragung') die Einschaltquoten der einzelnen Hörfunk- und Fernseh-

---

149 Diese Aussage relativierende Daten finden sich bei Lucht (2006: 230-235).

150 Beim öffentlich-rechtlichen Rundfunk nimmt die Bedeutung solche Einnahmen immer mehr gegenüber den Erlösen aus den Gebühren zu, die alle Haushalte der Bundesrepublik zu entrichten gezwungen sind (vgl. Meyn 1994: 170; Lindschau 2007: 135); die primäre Bedeutung der Werbeeinnahmen besteht hier darin, dass sie – im Gegensatz zu den staatlich garantierten Einnahmen – in ihrer Höhe durch redaktionelle Aktivitäten mitbestimmt werden können, die wie beim privaten Rundfunk auf die Erhöhung der Einschaltquoten gerichtet sind.

sender fortlaufend genau bestimmt[151]. Nach dem Ergebnis dieser Erhebungen (die auch vielfältige sozialstrukturelle Faktoren berücksichtigen, um Werbesendungen zielgruppengenau platzieren zu können) berechnen sich die für Werbespots oder Werbedauersendungen einer bestimmten Länge zu zahlenden Preise – und entsprechend auch die Einnahmen der Medienunternehmen. Die entscheidende Frage für die Ausrichtung jeder einzelnen Fernseh- und Rundfunksendung ist deshalb, welche Einschaltquoten sie zu realisieren vermag. Diese Frage ist völlig unabhängig davon, um welches mediale Format es sich handelt und welchen inhaltlichen Anspruch die jeweilige Sendung hat.

Printmedienproduktion wie Sendebetrieb des Hörfunks sind deshalb fast vollständig an den Interessen und Vorlieben der Rezipienten ausgerichtet: „Die ökonomische Funktionslogik werbefinanzierten Rundfunks [und der Printmedien – M. Sch.] gründet sich darauf, daß es sich um die gemeinsame Erstellung zweier Güter handelt, die ganz unterschiedlichen Interessenten angeboten werden, aber in ihrer Existenz voneinander abhängen, nämlich (1) das Gut ‚Programm' für die Zuschauer und (2) das Gut ‚Publizität' für Werbetreibende. ... Eine Zahlungsbereitschaft der Werbetreibenden besteht jedoch nur in dem Maße, in dem das Programm Zuschauer anzieht und damit Publizität erzeugt. Das Gut Programm wieder ist nur in dem Maße produzierbar, in dem das Gut Publizität effektiv Erlöse erzielt. Für kommerzielle Rundfunkveranstalter ist also das Programm nur das Mittel zum Zweck der Produktion von Publizität" (Kruse 1989: 86; vgl. Schenk 1989: 9). Wenn dieses (primär wirtschaftliche) Verständnis der Massenmedien richtig ist, dienen redaktionelle Inhalte ausschließlich dazu, die Zahl der Rezipienten und damit auch die Höhe der Werbeeinnahmen zu maximieren. Gemäß dieser Verwertungslogik berichten Massenmedien also primär über solche Themen und benutzen solche Präsentationsformen, von denen die ‚Medienmacher' annehmen, dass sie hohe Verkaufszahlen bzw. hohe Einschaltquoten zu generieren in der Lage sind. Und da „die Rezeptionsmotivation des Publikums nicht per se gegeben ist, muß die Aufmerksamkeit für die von einem Medium verbreiteten Informationen vor allem unter Konkurrenzbedingungen erst erzeugt werden. Dies geschieht durch Anreize, die Auffälligkeiten sichern und beim Publikum Aufmerksamkeit auslösen" (Gerhards 1994: 91; vgl. Flöhl 1990: 137; Donsbach 1993: 247-248).

Für die Entscheidung von Rezipienten zum Konsum des einen oder anderen Mediums werden medientheoretisch allgemeine und spezielle Selektionskriterien verantwortlich gemacht. Bei den redaktionell eher auf die Verbreitung von

---

151 Flusser (2003: 48) untersucht diesen Zusammenhang als „Synchronisation von Massenmedien und Konsensus".

Informationen (und weniger auf Unterhaltung und Zeitvertreib) ausgerichteten Printmedien bzw. Fernseh- und Hörfunksendungen werden diese Selektionskriterien in Form so genannter *Nachrichtenfaktoren* untersucht (vgl. Schetsche 2000: 78-81). Wenn man hier den theoretischen und empirischen Befunden der letzten Jahrzehnte folgt, finden sich für informationsorientierte Medien(segmente) verschiedene Faktoren, die das Rezipienteninteresse dominieren und dafür sorgen sollen, dass Medieninhalte besondere Aufmerksamkeit erhalten (mehr dazu im folgenden Abschnitt 6.2). Die (theoretische und empirische) Bestimmung solcher Faktoren bedeutet nicht, dass Redakteure bei der Auswahl der Rahmenthemen, der konkreten Berichtsgegenstände oder gar bei der Entscheidung über die Form der Darstellung keine Ermessensspielräume hätten (vgl. Patzelt 2006: 143) – sie besagt nur, dass es jenseits individueller Entscheidungen oder auch kontingenter Ereignisse eine *Auswahllogik* gibt, die bestimmte Themen, Ereignisse usw. gegenüber anderen tendenziell stark bevorzugt. Und je mehr Einzelmedien an der Verbreitung eines bestimmen Themas oder einer konkreten Deutung beteilig sind, desto stärker werden diese generellen Faktoren sich gegenüber den durch singuläre Interessen oder Vorlieben bestimmten Einzelentscheidungen durchsetzen.

6.2 Soziale Probleme in den Massenmedien

Die geschilderten Mechanismen gelten für die Verbreitung von Problemdeutungen in gleicher Weise wie für alle anderen Themen von potenziell öffentlichem Interesse auch. Die im konkreten Einzelfall empirisch zu beantwortende Frage lautet deshalb, in welchem Umfang und in welchen Formen (bzw. Formaten) es der untersuchten Problemdeutung gelingt, in der massenmedialen Berichterstattung Fuß zu fassen. Im Anschluss daran kann gefragt werden, woraus der Erfolg oder Misserfolg einer Problemdeutung – im Vergleich zu konkurrierenden Deutungen desselben Sachverhalts, aber auch im Vergleich mit anderen, zeitlich parallel prozessierten Problemwahrnehmungen, resultieren könnte.

Über soziale Probleme kann in den Massemedien in sehr unterschiedlichen Formen und Formaten berichtet werden. Neben den mit dokumentarischem Anspruch auftretenden Formaten (etwa Nachricht, Hintergrundbericht, Feature, Dokumentation) finden sich in Hörfunk und Fernsehen vielfach fiktionale Beiträge (Hörspiel, Film und Fernsehserie). Außerdem sind in den letzten Jahren vielfältige so genannte Hybridformate (Reality-Shows, Reality-Soaps, Dokudramen usw.) entstanden, bei denen sich fiktionale Darstellungsform und dokumentarischer Anspruch – in einer für den Rezipienten oftmals undurchschaubaren Weise – vermischen (vgl. Wolf 2003).

6 Medien: Die Verbreitung von Problemdeutungen

Wenn bei der Analyse sozialer Probleme nach der Rolle der Massenmedien gefragt wird, rücken traditionell meist Formate in den Mittelpunkt der Aufmerksamkeit, denen primär die Aufgabe der Informationsvermittlung zugesprochen wird. Speziell in diesem medialen Segment kann untersucht werden, wie es bei sozialen Problemen generell oder auch bei diesem oder jenem konkreten Problem mit der Realisierung der oben genannten Nachrichtenfaktoren aussieht. Diese Frage ist deshalb von so großer Bedeutung, weil öffentliche Aufmerksamkeit ein knappes Gut ist, um das Problemwahrnehmungen untereinander, aber auch mit anderen Themen konkurrieren müssen. Diesen Zusammenhang thematisiert ein von Hilgartner und Bosk (1988) vorgelegtes Modell zur Funktionsweise der ‚öffentlichen Arena' bei der Verbreitung sozialer Probleme. Eine ihrer zentralen Thesen lautet, dass zu einem bestimmten Zeitpunkt stets nur eine begrenzte (und recht kleine) Zahl von sozialen Problemen öffentliche Aufmerksamkeit finden kann. Es ist also konkret zu fragen, was dafür und was dagegen spricht, dass eine bestimmte Problemwahrnehmung in der Konkurrenz mit anderen Themen den Weg auf die Titelseite einer Zeitung oder in eine Magazinsendung der ‚Primetime' findet. Dazu muss man sich die oben erwähnten Nachrichtenfaktoren und ihre Bedeutung für soziale Probleme im Einzelnen anschauen:

(1) *Der Neuigkeitswert eines berichteten Ereignisses oder Sachverhalts*: Hier geht es sozialen Problemen wie allen anderen Themen auch; sie haben – bereits Kapitel 1 ging auf diese Frage ein – eine Konjunktur mit einer ersten Thematisierung, einen Höhepunkt des öffentlichen Interesses und eine Art Endpunkt, in der niemand mehr von der Sache hören mag (so Luhmann 1970: 14-15; vgl. Strodthoff/ Hawkins/Schoenfeld 1985: 135-136)[152]. In dieser Hinsicht besitzen soziale Probleme also weder Wettbewerbsvorteile noch –nachteile gegenüber anderen Themen.

(2) *Die Existenz einer binär kodierten Konfliktsituation*: Wie bereits früher angemerkt, ist bei sozialen Problemen eine dichotomisierende Struktur konstitutiv mitgedacht: Unschuldigen Opfern stehen (meist) schuldige Täter gegenüber. Dies trifft zunächst einmal auf alle Probleme zu; für die mediale Berichterstattung sind vorrangig jedoch jene geeignet, die diese Logik auch moralisch in den Mittelpunkt rücken – etwa wenn die Opfer einer Personengruppe entstammen, die gesellschaftlich als per se hilflos gilt (beispielsweise Kinder). Weniger gut wird

---

152 Eine statistisch-formale Untersuchung der Konjunkturverläufe von Themen in den Massenmedien findet sich bei Kolb (2005: passim); er unterscheidet aufgrund empirischer Untersuchungen und methodischer Diskussionen fünf Phasen einer medialen Themenkonjunktur: Latenzphase, Aufschwungphase, Etablierungsphase, Abschwungphase, Marginalisierungsphase (S. 301-302).

dieser Faktor hingegen von Problemen erfüllt, bei denen eine Schuld bzw. Mitschuld der Betroffenen nicht von vornherein ausgeklammert werden kann (dies ist etwa bei den meisten als soziale Probleme definierten Süchten der Fall – vgl. Schetsche 2007).

(3) *Die Personalisierung von Verantwortung für Missstände*: Über die Schuldfrage hinaus schafft die konkrete Identifizierbarkeit von Schuldigen (verantwortliche Personen, im Gegensatz etwa zu namens- und gesichtslosen Kollektiven) die Möglichkeit, ausgelöste Empörung unmittelbar auf ein konkretes, wenn auch nur mediales Gegenüber zu richten. Eine verstärkte Aufmerksamkeit (bei den Medien *und* bei den Rezipienten) finden deshalb Probleme, bei denen individuelle Verursacher dingfest gemacht und – im Rahmen einer fiktionalen Dramaturgie – auch als Schurken oder Bösewichter vorgeführt werden können. Dies verschafft Problemen, in denen es etwa um personalisierte Gewalt geht, medial einen deutlichen Aufmerksamkeitsvorteil gegenüber solchen Problemlagen, bei denen ganz abstrakt Unternehmen oder gar die Wirtschaftslage insgesamt verantwortlich gemacht werden.

(4) *Die Möglichkeit zur Dramatisierung bzw. Skandalisierung eines Sachverhalts*: Sie ist bei sozialen Problemen generell gegeben – zur Realisierung dieses Nachrichtenfaktors dienen die im vorigen Kapitel diskutierten Diskursstrategien (auf eine Wiederholung kann hier verzichtet werden).

(5) *Das Vorliegen einer auch emotional berührenden Normverletzung*: Wie inzwischen bekannt ist, stellt das Vorliegen einer Verletzung der sozialen Werteordnung die konstitutive Bedingung sozialer Probleme dar. Ein großer Unterschied zwischen einzelnen sozialen Problemen kann hier jedoch in der Frage bestehen, in welchem Umfang die Verletzung von Werten bzw. Normen geeignet ist, den Rezipienten auch emotional zu adressieren und ggf. Empörung bei ihm auszulösen[153]. Dies ist einerseits von den Eigenschaften der Gruppe der primären Problemopfer, andererseits aber von der Schwere des Normverstoßes und der Massivität und Nachhaltigkeit der Schäden abhängig.

(6) *Die medien- und formatspezifische Darstellbarkeit eines Themas*: Während in der Form des Wortes (in Zeitungen oder im Hörfunk) über die meisten sozialen Probleme in gleicher Weise berichtet werden kann, sieht dies bei der bildlichen Darstellung deutlich anders aus. Manche Probleme (etwa psychische Erkrankungen) fallen äußerlich kaum auf und können deshalb in stark bildorientierten Medien nur schwer mit derselben Eindringlichkeit geschildert werden wie jene, bei

---

153 Hier wird meist angenommen, dass die in der klassischen Medieninhaltsforschung als ‚Sex-and-Crime' zusammengefassten Themen besondere Aufmerksamkeit finden (vgl. Gusfield 1989: 433; Krüger 1995: 86).

denen das Elend der Betroffenen (etwa Obdachlosigkeit) unmittelbar und gleichsam unübersehbar ins Bild gerückt werden kann[154]. Besonders bedeutsam ist die Frage nach der *Visualisierbarkeit* von Problemwahrnehmungen, weil Bilder nicht nur stärker als die meisten Worte emotionale Botschaften eines Problemmusters transportieren, sondern durch die bildliche Darstellung vielfach auch kognitive Prüfmechanismen (wie die hinsichtlich Konsistenz der Argumentation eines Medienberichts) umgehen, die mit dem Textverständnis verbunden sind (vgl. Flusser 2003: 67-68).

(7) *Die Herstellung eines unmittelbaren Bezugs zum Rezipienten*: Hier geht es sowohl um eine örtliche als auch um eine (im weitesten Sinne) sozialstrukturelle Nähe zwischen den geschilderten Sachverhalten und dem Rezipienten. In ersterer Hinsicht haben regionale Rundfunksender und Zeitungen nicht nur bei sozialen Problemen ‚die Nase vorn'; sie berichten aus dem ummittelbaren räumlichen Umfeld der Rezipienten, was den Aufmerksamkeitswert stets erhöht. Für soziale Probleme bedeutet dies, dass Berichte mehr Interesse finden, wenn konkrete Fallbeispiele aus der eigenen Stadt oder wenigstens aus der Region verfügbar sind. In letzterer Hinsicht ist dieser Aspekt für die Frage der ‚sozialen Nähe' von Bedeutung: Wer finanziell gut abgesichert ist, wird sich selbst und seine Familie eher dem Risiko von Spiel-, Drogen- oder Internetsucht ausgesetzt sehen, als dem Risiko, obdachlos zu werden. Und entsprechend wird sich auch die Verteilung der Ressourcen der persönlichen Aufmerksamkeit gestalten[155].

(8) *Die Anschlussfähigkeit der neuen Information an bereits vorhandene Wissensbestände*: Diese Frage stellt sich für soziale Probleme ähnlich wie für alle anderen Themen öffentlichen Interesses. Informationen, die unmittelbar an anerkannte Wissensbestände anschließen können, haben eine größere Chance bei der Medienrezeption aufgenommen und weiterverarbeitet zu werden. Außerdem generieren solche Anschlusseffekte regelmäßig auch eine Übertragung von Wirklichkeitsattributen: Ein Wissen das nahtlos an bereits als realitätsgerecht anerkannte Wissensbestände anzuschließen vermag, übernimmt zumindest einen Teil von deren Glaubwürdigkeit. In welchem Umfang dies bei einzelnen sozialen

---

154 Bei anderen Problemen wird der Visualisierbarkeit durch ethische Überlegungen oder gar staatliche Normen enge Grenzen gesetzt – beispielsweise bei Darstellungen zum Problem der ‚Kinderpornographie'.

155 Besonderer Vorteile in der Darstellung haben hier Probleme, von denen nicht nur (von der Sache her) jederzeit eine Person des persönlichen Umfelds betroffen sein könnte, sondern bei der sich aufgrund der angenommenen großen Verbreitung des Phänomens auch mit hoher Wahrscheinlichkeit tatsächlich bereits selbstdeklarierte Problemopfer in diesem Kreis finden (in der heutigen Zeit etwa Problemwahrnehmungen, in denen es um Essstörungen geht).

Problemen zutrifft, ist nicht nur von dem im Problemmuster enthaltenen Hintergrundwissen, sondern auch von den verwendeten Diskursstrategien, etwa der Nutzung von Alltagsmythen (vgl. Kapitel 5.1), abhängig.

Zusammenfassend ist festzuhalten, dass sich in den (im weitesten Sinne) dokumentarisch orientierten Formaten und Genres eher jene sozialen Probleme durchsetzen werden, welche die Mehrheit der genannten Faktoren bedienen können. Entsprechend ist öffentliche Aufmerksamkeit für sexuellen Missbrauch, politisch motivierte Gewaltkriminalität oder auch satanistische Kulte leichter zu erringen als etwa für Selbstmorde, seelische Erkrankungen oder Marihuanagebrauch. Die erstgenannten Probleme erhalten (so jedenfalls wird es von den Massenmedien selbst unterstellt) von den Rezipienten mehr Aufmerksamkeit als die letztgenannten – und deshalb wird ihnen in der Berichterstattung, zwar nicht in jedem Einzelfall, aber doch statistisch betrachtet, auch der Vorzug gegeben. Dies bedeutet nicht, dass die in dieser Hinsicht ‚benachteiligten' Problemwahrnehmungen in ihrer Karriere chancenlos sind, es heißt aber, dass von ihren Akteuren ein erheblich höheres Maß an Engagement bzw. Aktivitäten erforderlich ist, um einen gleichen Aufmerksamkeitsgewinn in den Massenmedien zu erreichen.

Es ist allerdings zu diskutieren, ob die *dokumentarischen* Formate für die Verbreitung sozialer Probleme heute tatsächlich noch die dominierende Rolle spielen, die sie im 20. Jahrhundert innehatten. Ebenso wie Nachrichten und Reportagen unterhalten, übermitteln auch *fiktionale* Sendungen Informationen und Deutungsmuster, die für das Alltagshandeln bedeutsam werden. „Vermutlich spielen sie durch ihre verdeckt ‚informierende' Tendenz eine ebenso große Rolle wie Informationsangebote, die sich in diesem Sinne ausdrücklich an den Bürger wenden" (Mast 1989: 106). Für die Bedeutung der – in der Forschung über die Verbreitung sozialer Probleme bisher stark vernachlässigten – fiktionalen Formate[156] bei der Weitergabe und Bestätigung von Problemmustern, spricht zweierlei: Erstens wirkt die Darstellung eines Problems in fiktionaler Gestalt oftmals nachhaltiger als in dokumentarischen Formaten, weil manche kognitiven Mechanismen gar nicht erst zum Einsatz kommen, mittels derer etwa Nachrichten auf die Glaubwürdigkeit oder die Passung zur eigenen Weltanschauung hin überprüft werden (vgl. Luhmann 1996: 152). Zweitens ist bei Spielfilmen (seien es Fernsehproduktionen oder Kinofilme) und Fernsehserien die Wirkung affektiver Bestandteile

---

156 Es ist zu fragen, ob die im 20. Jahrhundert für die meisten Medien konstitutive Trennung in dokumentarische und fiktionale Inhalte heute in dieser Form noch gültig ist (vgl. dazu bereits Gusfield 1989: 344 und Roegele 1989: 14) – dem kann an dieser Stelle aber nicht nachgegangen werden.

eines Problemmusters tendenziell größer, weil diese einen wesentlichen primären Gebrauchswert von Unterhaltungssendungen ausmachen.

Zusammengenommen vergrößern diese beiden Faktoren der fiktionalen Thematisierung die Chance einer Problemwahrnehmung, tatsächlich Wahrnehmungs- und Handlungspriorität zu erhalten. Ein weiterer wichtigerer Effekt ist, dass die Verweildauer von Problemmustern in den Massenmedien sich durch die fiktionale Thematisierung verlängert. Aufgrund der erheblich ausgedehnten Produktionszeiten von Fernsehserien und Spielfilmen gegenüber aktuellen Magazinen oder Talkshows tauchen Problemwahrnehmungen dort zwar sehr viel später auf, sind aber medial auch dann noch präsent, wenn das Interesse am Thema im dokumentarischen Segment bereits erlahmt ist. Diese Tendenz wird noch dadurch gesteigert, dass im Fernsehen Spielfilme und Serien als ‚Wiederholung' zyklisch zurückkehren – während dies bei aktuellen Nachrichten- und Magazinsendungen in der Regel nicht der Fall ist. Schließlich erlaubt die fiktionale Aufbereitung es auch, das behandelte soziale Problem in vielfältiger Weise zu variieren und zu modifizieren.

Für die empirische Analyse sozialer Probleme bedeutet dies, dass die öffentliche Durchsetzung einer Problemwahrnehmung am Übergang von der Darstellung in dokumentarischen Formaten hin zur Behandlung in fiktionaler Form gleichsam abzulesen ist: Wegen der mit der künstlerischen Be- und Verarbeitung von Problemwahrnehmungen verbundenen ‚Ungenauigkeiten' in der Reproduktion des Problemmusters, setzt die fiktionale Form meist[157] die Verbreitung der ursprünglichen Deutung bei den Rezipienten voraus. In besonderem Maße gilt dies, wenn ein Problemmuster in einem Film oder einer Serienfolge nicht im Zentrum der Handlung steht, sondern nur en passant erwähnt wird. Solch eine beiläufige Erwähnung signalisiert nicht nur dem Publikum, dass das betreffende Problem inzwischen allgemein bekannt und anerkannt ist, sondern belegt auch im Rahmen der wissenschaftlichen Rekonstruktion, dass genau dies der Fall sein *muss*: Wenn das Problemmuster nicht als bekannt vorausgesetzt werden kann, macht die Erwähnung etwa in Form einer Nebenhandlung keinen Sinn, weil die Anspielung vom Rezipienten nicht verstanden würde. Man kann daraus schließen, dass sich eine Problemwahrnehmung in der Öffentlichkeit spätestens dann

---

157 Nur in Ausnahmefällen gelingt es einem fiktionalen Format (etwa einem Kinofilm) die breite Öffentlichkeit auf ein soziales Problem hinzuweisen, das vorher dort so noch gar nicht diskutiert worden ist; historische Fälle sind hier die Filme „Rebel Without a Cause" (USA 1955) über Jugendgewalt und „One Flew Over the Cuckoo's Nest" (USA 1975) über bestimmte Formen psychiatrischer Behandlung.

durchgesetzt hat, wenn sie sich als (nicht mehr explizit erläuterter) Nebenaspekt in fiktionalen Formaten findet.

Die angestellten Überlegungen haben verschiedene Konsequenzen für die empirische Analyse der medialen Reproduktion konkreter Problemwahrnehmungen. Schon für den im weitesten Sinne dokumentarischen Bereich ist es bei einem so ausdifferenzierten Mediensystem, wie man es in der Regel in demokratischen Gesellschaften vorfindet, kaum möglich, auch nur für einen vergleichsweise kurzen Zeitraum alle Veröffentlichungen zu erfassen, in denen über das untersuchte Problem berichtet wird (im Teilkapitel 1.1 wurde bereits auf die entsprechenden Schwierigkeiten der empirischen Erhebung hingewiesen). Selbst wenn der Problemforscher sich via Datenbanken und Pressearchiven hier noch einen gewissen Überblick zu verschaffen vermag, scheitert er regelmäßig, wenn es um fiktionale und hybride Formate geht. Weder die Inhalte von Reality-Shows oder Dokudramen, noch die einzelner Folgen von Fernsehserien lassen sich über die üblichen Mediendatenbanken ausreichend detailliert erfassen, um hier die Entwicklung der fiktionalen Thematisierung ablesen zu können. Insbesondere wenn ein Problem in solchen Formaten nur am Rande auftaucht, ist der Sozialforscher letztlich auf Zufallsfunde angewiesen, die ihm Auskunft darüber geben, welches soziale Problem zu welchem Zeitpunkt bei den Rezipienten als bekannt vorausgesetzt wurde.

6.3 Die Rolle der Netzwerkmedien

Bis vor wenigen Jahren wurde allein im System der Massenmedien darüber entschieden, ob sich eine Problemwahrnehmung in der Bevölkerung verbreitet oder nicht. Heute gibt es zu diesem traditionellen Verbreitungsweg eine Alternative: die Netzwerkmedien. Inzwischen können über das World Wide Web, über Newsgroups und Mailinglisten Einzelinformationen und Deutungsmuster jeglicher Art von jedermann in kürzester Zeit weltweit verbreitet werden, ohne dass die Veröffentlichung einer inhaltlichen Kontrolle (etwa durch eine Redaktion) unterliegen würde. Um die Bedeutung zu verstehen, welche die ‚Neuen Medien' für die Verbreitung von Problemmustern haben, ist es notwendig, deren Funktionsweise jener der ‚traditionellen Medien' wie Zeitungen oder Fernsehsender gegenüberzustellen.

Wenn wir Niklas Luhmann glauben, besteht die primäre Aufgabe von Massenmedien darin, als Speicher- und Übertragungsmedium für die Wissensbestände zu fungieren, die in der Gesellschaft allgemein als realitätsgerecht anerkannt sind: „Für das Gesellschaftssystem besteht das [mediale – M. Sch.] Gedächtnis

6 Medien: Die Verbreitung von Problemdeutungen

darin, daß man bei jeder Kommunikation bestimmte Realitätsannahmen als bekannt voraussetzen kann, ohne sie eigens in die Kommunikation einführen und begründen zu müssen" (Luhmann 1996: 121). Die Nutzung der Massenmedien vermittelt den Rezipienten das Gefühl „als Mitglieder einer großen Gemeinschaft den wichtigsten Ereignissen in der Welt unmittelbar beizuwohnen (...) Sie erzeugen auf der Rezipientenseite zumindest die Illusion, Beobachter erster Ordnung zu sein, obwohl sie tatsächlich immer schon Beobachter zweiter Ordnung sind" (Wehner 1997: 139-140). Wesentliche Aufgabe dieser Integrations- und Orientierungsfunktion der Massenmedien ist es, das Realitätswissen der Mitglieder der Gesellschaft so weit zu vereinheitlichen, dass deren Deutungen in der alltäglichen Kommunikation kompatibel sind und zu einer allgemeinen und wechselseitigen Interaktionsfähigkeit führen[158].

Im Gegensatz dazu sind die in den *Netzwerkmedien* verbreiteten Wissensbestände inhaltlich durch weitgehende Beliebigkeit gekennzeichnet. Es gibt keine durch ökonomische oder andere Mechanismen verbürgte Vereinheitlichung und in der Regel auch keinen Stab redaktioneller Mitarbeiter, der entsprechende Funktionen praktisch exekutiert. Alles was sich überhaupt nur digital prozessieren lässt, wird auch via Internet verbreitet. In diesen Medien finden sich deshalb

---

158 Organisatorisch wird diese Vereinheitlichung, bei allen scheinbaren Differenzen (etwa in den politischen Ausrichtungen) zwischen den verschiedenen Medien, dadurch sichergestellt, dass ein Großteil der verbreiteten Informationen von einer kleinen Zahl von Einrichtungen in das mediale System eingespeist werden: Einige wenige Nachrichten-, Bild- und Filmagenturen versorgen weltweit eine Vielzahl von Fernseh- und Rundfunksender, Zeitungen und Zeitschriften mit Informationen. Entsprechend gleichförmig sind die Berichte und Bilder, oftmals sogar die Kommentare. Die Arbeitsweise der Massenmedien zielt jedoch nicht nur auf eine Vereinheitlichung der Weltdeutung der Rezipienten, sondern sie basiert gleichzeitig auch auf einem solcherart vereinheitlichten Weltbild, auf gemeinsamen Interessen und auch auf einer Art ‚Einheitsgeschmack' ihrer Konsumenten, auf kollektiven Informations- und Unterhaltungswünschen eben, von denen die genannten Nachrichtenfaktoren ein Ausfluss sind. „Das Massenprodukt ist nicht nur standardisiert, sondern setzt auch einen standardisierten und anonymen Konsumenten voraus, dessen Verhalten oder Aufmerksamkeit sich erst nachträglich feststellen läßt" (Rötzer 1998: 80). Bei einer solchen, an der Aufmerksamkeit der (statistisch erfassten) Zuschauer orientierten Verbreitung von Informationen und Deutungen führt auch eine zunehmende Zahl einzelner Medien nicht zu einer Diversifikation, sondern im Gegenteil zu einer stärkeren Vereinheitlichung der prozessierten Wissensbestände. Diese scheinbare Paradoxie erklärt sich dadurch, dass durch die Verschärfung der Konkurrenzsituation von einem Medium neu eingeführte und beim Publikum erfolgreiche Sende- und Präsentationsformen, Themen und Deutungen um den Preis des eigenen Erfolges sofort von allen anderen Medien reproduziert werden *müssen* (vgl. Münch 1995: 124).

auch Informationen und Deutungen, die in den Massenmedien fehlen, weil sie entweder keinen Aufmerksamkeitsvorteil beim Publikum versprechen oder weil sie die normativen Grenzen einer Gesellschaft überschreiten[159]. Bei den Netzwerkmedien fehlt nicht nur prinzipiell jede Kontrolle der prozessierten Inhalte, sondern auch die für die Massenmedien konstitutive Trennung zwischen Produzenten und Rezipienten (vgl. Wehner 1997: 133). Jeder, der Inhalte über das Internet ‚empfangen' kann, ist prinzipiell auch in der Lage, eigenes Material (seien es Texte, Bilder oder Filme) zu ‚senden', also einer weltweiten Öffentlichkeit zugänglich zu machen. Während bis vor wenigen Jahren zumindest minimale Kenntnisse der Funktionsweise von Hypertexten und ein Vertrag mit einem Provider notwendig waren, um eigene Inhalte über eine Website (dem bis heute dominierendem Medium des Netzes) zu verbreiten, macht die Entstehung des sog. Web 2.0 derartige Voraussetzungen überflüssig: Inzwischen existiert eine Vielzahl von format- und themenspezifischen Websites (Foren, Communities, Weblogs usw.), in denen beliebige Inhalte von jedem Nutzer per einfacher Upload-Funktion vom eigenen Rechner in Sekundenschnelle in ein weltweit zugängliches Datennetz transferiert werden können (vgl. Kerres 2006; Brückmann 2007; Schenk 2013).

Auch wenn die via Netzwerkmedien verbreiteten Inhalte beliebig sind, gibt es doch auch hier eine medienspezifische Logik, nach der über Erfolg oder Misserfolg von Wissensbeständen in der weltweiten Zirkulation entschieden wird. Die *im Netz* gültige Ökonomie der Aufmerksamkeit wird heute primär durch *Suchmaschinen* exekutiert. Durch sie werden nicht nur die Inhalte des Netzes erschlossen, sie sind heute – dies gilt insbesondere für den Marktführer Google – für die Mehrheit der Nutzer auch der zentrale Einstiegspunkt ins Netz. Entsprechend wird die Aufmerksamkeit, die bestimmte Inhalte durch die Gesamtheit der Nutzer (statistisch) erfahren, über die Suchmaschinen reguliert[160]. Nutzungsanalysen zeigen, „dass die Aufmerksamkeit der Nutzer nur Seiten erlangen, die in den Trefferlisten auf den ersten 5-30 Plätzen rangieren. Nach der Regel ‚Oben oder gar nicht' spielt die weitere Reihenfolge keine Rolle mehr. [...] Google & Co. strukturieren die Wahrnehmung der Welt durch die Festlegung, welche Websites am besten zu welchem Begriff passen – also wo sich die relevanten Antworten auf gestellte Fragen finden. Dies geschieht mit dem PageRank-Verfahren, dass auf

---

159 Zur Frage der normativen Kontrolle von Netzwerkmedien vgl. Schetsche 2002.
160 Marchil, Beiler und Zenker (2008: 195-197) beschreiben den Sonderfall von Journalisten, die Recherchen über das Internet durchführen. Während auch hier Suchmaschinen am häufigsten verwendet werden, nutzen viele die Onlineangebote redaktioneller Medien (z.B. Spiegel Online), verschiedene Archive und Datenbanken, sowie die Onlineenzyklopädie Wikipedia.

aggregierte Aufmerksamkeit zurückgreift: Wenn viele Seiten eine andere Seite empfehlen und die Empfehlenden wiederum viel Aufmerksamkeit bekommen, steigt der Wert der verlinkten Seite und sie wird höher in der Ergebnisliste angezeigt. Aus der einfachen Quantität des Rangplatzes wird somit die komplexe Qualität der Wirklichkeitswahrnehmung„ (Schetsche/Lehmann/Krug 2005: 27; vgl. Meckel/Kamps 2006: 55-56).

Letztlich unterscheidet sich der zentrale Mechanismus, mit dem sich bestimmte Inhalte medial durchsetzen, bei den Netzwerkmedien gar nicht so sehr von dem der Massenmedien: In beiden Fällen ist es das Interesse der *Mehrheit der Rezipienten*, das darüber entscheidet, ob eine bestimmte Information oder Deutung – bei den Massenmedien – gesendet wird oder – bei den Netzwerkmedien – in Suchmaschinen einen Rangplatz erhält, der sie wissenspraktisch auffindbar macht[161].

Für die Verbreitung sozialer Probleme in Netzwerkmedien bedeutet dies, dass – und hier liegt der zentrale Unterschied zu den Massenmedien – zwar jede beliebige Problemdeutung öffentlich gemacht werden kann, nicht jede dieser Deutungen aber auch eine größere netzöffentliche Aufmerksamkeit erfährt. Gerade konkurrierende Problemdeutungen werden in der reinen Menge der zu fast jedem diskutierten Problem bereits existierenden Beiträge schlicht untergehen – nicht zuletzt, weil sie, wenn die betreffenden Dokumente keine vorderen Rangplätze bei Suchmaschinen zu erlangen vermögen, von Nutzern nicht gefunden und damit auch nicht rezipiert werden können. Auch wenn es hier einzelne Faktoren geben mag, welche die Aufmerksamkeit beeinflussen, die eine bestimmte Deutung erhält, findet sich in der Welt der Netze heute noch nichts, was auch nur annähernd den Nachrichtenfaktoren entsprechen würde, wie sie für Massenmedien in den letzten Jahrzehnten empirisch und theoretisch bestimmt worden sind[162]. Eine Analyse der Verbreitung der Problemdeutungen in Netzwerkmedien zielt deshalb weniger auf die Rekonstruktion einer entsprechenden inhaltlichen und formalen ‚Passung', als auf eine zahlenmäßigen Erfassung der zu einem bestimmten Problem überhaupt existierenden Dokumente – bzw. auf eine (statistische) Ermittlung der Rolle, die verschiedene konkurrierende Probleme oder Problemdeutungen in der Netzöffentlichkeit spielen.

---

161 Interessanterweise haben die zunehmende Zahl an Artikeln sowie der internen und externen Verlinkungen bei Wikipedia dazu geführt, dass diese Enzyklopädie mittlerweile bei fast jeder Google-Suchanfrage auf der ersten Seite oder sogar an erster Stelle genannt wird, vgl. Marchil/Beiler/Zenker (2008: 223).

162 Ein Versuch hierzu unternahmen Schweiger und Jungnickel (2011) in ihrer Untersuchung zur Resonanz von Pressemitteilungen im Internet.

6.4 Suchmaschinen als Erhebungsinstrument

Aus Sicht des empirisch arbeitenden Problemforschers haben Netzwerkmedien gegenüber den Massenmedien den Vorteil, dass alles, was dort zu einem bestimmten Zeitpunkt über ein spezifisches Thema *wissenspraktisch* zugänglich ist, unmittelbar über Suchmaschinen identifiziert werden kann. Zwar werden die Inhalte der Netzwerkmedien durch Suchmaschinen nicht vollständig erschlossen[163], dies ist für die Frage der Untersuchung der rezipierten Dokumente über soziale Probleme aber auch weitgehend irrelevant, weil der Zugang zu den Informationsquellen des Netzes heute von der Suchmaschinennutzung dominiert wird. Bei der Verwendung von Suchmaschinen als Erhebungsinstrument vollzieht der Forscher den Weg der Informationssuche nach, der auch von den Nutzern dieser Medien gewählt wird, stößt folglich bei seinen Analysen automatisch auf dieselben Dokumente, welche auch von jenen gefunden werden. Da die Indizierung von Websites (einschließlich zahlreicher Foren, Weblogs usw.) inzwischen sehr kurzfristig erfolgt, bietet diese Technologie auch eine sehr gute Möglichkeit, die Verbreitung neuer Problemdeutungen im World Wide Web zu verfolgen.

Mit Hilfe von Google und anderen Suchmaschinen lassen sich zumindest einfache Fragen nach der Verbreitung bestimmter Problemwahrnehmungen auf dem Weg über die ‚Suchmaschinenstatistik' in wenigen Minuten beantworten. Unter der Vielzahl der hier sinnvollen Fragestellungen, seien nur zwei exemplarisch konkretisiert:

1. Zunächst kann gefragt werden, wie es sich mit der Häufigkeit der Thematisierung verschiedener sozialer Probleme im von Suchmaschinen erfassten Teil des Netzes zu einem bestimmten Zeitpunkt verhält. Dies funktioniert jedoch auf einfache Weise nur, wenn die interessierenden Probleme Namen besitzen, die nicht (oder nur marginal) auch etwas anderes bezeichnen. Bei diesem recherchetechnisch einfachsten Fall erhält man im Vergleich für einige aktuelle Probleme, folgende Trefferzahlen (Abfrage Google[164]: 30.05.2013):

   - Arbeitslosigkeit: 7.360.000

---

163 Eine Vielzahl von Dokumenten, die heute prinzipiell über das Netz verfügbar sind, werden von Suchmaschinen nicht erfasst: Dieses ‚Deep Web' besteht hauptsächlich aus den Inhalten von Datenbanken, die zwar vom einzelnen Nutzer abgefragt, aber nicht in ihrer Gesamtheit von Suchmaschinen erschlossen werden können, vgl. Weilemann (2012: 19-20).

164 Suchparameter: Nur nach Texten in deutscher Sprache suchen, Ergebnisse nicht filtern, keine Einschränkungen in Format, Datum, Position oder Lizenz.

- Armut: 10.500.000
- Jugendkriminalität: 401.000
- Alkoholmissbrauch: 860.000
- Internetsucht: 315.000

Komplizierter wird der Fall, wenn es um Begriffe geht, die nicht nur ein soziales Problem bezeichnen, sondern alltagssprachig bzw. im Kontext des Netzes vielfach auch in anderen Zusammenhängen benutzt werden. So kann unter dem Stichwort ‚Pornographie' zwar nach dem so bezeichneten Problem gesucht werden – die Treffer (5.130.000) lassen jedoch, im Gegensatz zu den oben gesuchten Begriffen, wenig Rückschlüsse zu, weil dieser Begriff auch als Marker für Seiten dient, auf denen sexualbezogenes Material feilgeboten wird. In solchen Fällen ist es für einen Vergleich notwendig, vorab das Problemmuster in seiner üblichen Verwendung zu rekonstruieren und dabei Schlüsselbegriffe festzulegen, die nicht nur typisch für den betreffenden Problemdiskurs sind, sondern auch möglichst selten gemeinsam in Texten auftreten, in denen es um einen anderen Zusammenhang geht.
2. Die Eingabe eines einzelnen Suchbegriffs wird auch dann zu Verzerrungen führen, wenn sich für ein bestimmtes Problem (noch) kein einheitlicher Problemname durchgesetzt hat. In diesem Falle ermöglicht die ‚Google-Statistik' jedoch die Bestimmung dominierender bzw. konkurrierender Begriffsverwendungen. So zeigte die Analyse von Offline-Quellen, dass das Problem der Internetsucht (vgl. die Beispielanalyse Kapitel 1 im III. Abschnitt des Buches) neben dieser Bezeichnung in der Fachliteratur auch unter den Begriffen „Internet-Abhängigkeit", „Chatsucht", „Onlinesucht" und „Surfsucht" und „Internet-Abhängigkeitssyndrom" firmiert. Welche Relevanz die verschiedenen Begriffe aktuell im WWW haben, zeigt eine kurze ‚Nachfrage' bei Google (Abfrage: 30.05.2013, Suchparameter wie oben):

- Onlinesucht: 780.000
- Internetsucht: 315.000
- Internetabhängigkeit: 29.700
- Chatsucht: 19.000
- Surfsucht: 3.190
- Internet-Abhängigkeitssyndrom: 13.200

Die Google-Statistik zeigt hier, dass wir es von den Häufigkeiten her mit zwei konkurrierenden Bezeichnungen zu tun haben: Onlinesucht und Internetsucht – im Vergleich dazu spielen alle anderen Begriffe nur eine untergeordnete Rolle[165]. Diese Methode ist nicht nur dazu geeignet, die zu einem bestimmten Zeitpunkt in der Netzöffentlichkeit dominierende Begriffsverwendung festzuhalten, sondern ermöglicht es auch, den zeitlichen Wandel in der Verwendung von Begriffen abzubilden. Die über einen längeren Zeitraum (möglichst mehrere Jahre) durchgeführte regelmäßige Befragung der ‚Google-Statistik' ermöglicht es so, Aussagen über den zeitlichen Verlauf von Thematisierungen in den Netzwerkmedien zu treffen. Bereits mittels solch einfacher ‚Google-Statistiken' lässt sich also feststellen, welche ‚aktive', sich in der Produktion von Dokumenten durch die Nutzer niederschlagende Aufmerksamkeit einzelne soziale Probleme in der Netzöffentlichkeit erhalten, wie diese Aufmerksamkeit sich entwickelt hat oder auch welcher Problemname in der netzwerkbasierten Kommunikation der dominierende ist. Weitergehende Analysen können angestellt werden, wenn nicht nur Trefferquoten erfasst, sondern auch die gefundenen Seiten inhaltsanalytisch untersucht werden (dazu gleich mehr).

6.5 Das Problemwissen der Bevölkerung

Im Gegensatz zur Untersuchung von traditionellen Medienprodukten (etwa Zeitungsartikeln oder Fernsehfilmen) kann über die Analyse der Inhalte von Netzwerkmedien zumindest tendenziell auch etwas über die *tatsächliche* Introzeption von Problemwissen durch die gesellschaftlichen Subjekte ausgesagt werden. Die Rekonstruktion der in Massenmedien veröffentlichten Dokumente kann zwar zeigen, welche Problemdeutungen in welcher Vollständigkeit (und etwa auch mittels welcher Diskursstrategien) öffentlich verbreitet worden sind, sie sagt jedoch letztlich nichts darüber aus, ob die entsprechenden Problemwahrnehmungen tatsächlich auch rezipiert wurden – oder gar, in welchem Ausmaß sie kollektive Wahrnehmungs- und Handlungspriorität enthalten. Die Antworten auf solche Fragen konnten bislang zwar theoretisch postuliert, empirisch aber kaum beantwortet werden. Dies lag nicht nur an den generell äußerst widersprüchlichen Befunden der Medienwirkungsforschung (für einen aktuellen Überblick vgl. Kunczik/Zipfel 2006: 79-193; Schenk 2007: 57-73), sondern auch daran, dass deren Untersuchungsmethoden sich nur in den seltensten Fällen für die Rekonstruk-

---

165 Dies macht auch deutlich, dass Abfragen mittels eines einzelnen Suchbegriffs (wie in der ersten Untersuchungsstrategie) täuschen können.

6 Medien: Die Verbreitung von Problemdeutungen

tion des zeitlichen Verlaufs der Verbreitung von Deutungsmustern (wie etwa neue soziale Probleme) in der Bevölkerung eigneten. So konnte bislang nur generell behauptet, meist aber nicht (oder nur sehr pauschal) belegt werden, dass bzw. in welchem Ausmaß eine mediale Themenkonjunktur zur Aufnahme der entsprechenden Wissensbestände oder gar zu konkreter Handlungsbereitschaft bei den Rezipienten geführt hat[166]. Eine empirische Untersuchung dieser Fragen hätte es bei sozialen Problemen notwendig gemacht, zu mehreren Zeitpunkten einer öffentlichen Themenkarriere umfangreiche Repräsentativbefragungen durchzuführen, in denen jeweils nicht nur *ausführlich* die Präsenz der entsprechenden Problemmuster (mit ihren verschiedenen Bestandteilen) im Alltagsbewusstsein der Bevölkerung, sondern etwa auch deren Bereitschaft zur Setzung von Handlungsprioritäten zu untersuchen gewesen wäre. Unabhängig von den Problemen der Validität der Aussagen einer solchen Befragung, hätte jede Längsschnittstudie dieser Art zu einem sehr frühen Zeitpunkt der Themenkarriere beginnen und sich über viele Jahre hinweg erstrecken müssen, um die Entwicklung des Status der Introzeption des betreffenden Problemmusters realitätsgerecht abbilden zu können.

Die Etablierung der Netzwerkmedien stellt der empirischen Wissenssoziologie (und der sich auf sie berufenden Problemsoziologie) heute große Mengen unmittelbar lebensweltlicher Daten zur Verfügung, anhand derer die Verbreitung einzelner Problemdeutungen zumindest in Teilen der Bevölkerung detailliert rekonstruiert werden kann. Eine solche Erhebung, die nach Wissen des Autors bisher (Anfang 2013), jedoch zumindest im deutschsprachigen Raum noch nicht realisiert worden ist, könnte mehr als nur die Verbreitung von bestimmten Problemdeutungen detailliert nachzeichnen.

Eine solche Untersuchung ginge von der Feststellung aus, dass in den Netzwerkmedien die traditionelle Teilung zwischen Produzenten und Rezipienten von Wissen aufgehoben ist. Die im Netz auffindbaren Dokumente zu einem sozialen Problemen können zu fast jedem Erhebungszeitraum[167] nur zu einem ganz ge-

---

166 Die Ende des zwanzigsten Jahrhunderts die deutsche Medienwissenschaft dominierende These war dabei, dass Massenmedien nicht beeinflussen, was Rezipienten im Einzelnen ‚denken‘, sondern lediglich, welche Themen sie für relevant bzw. welche gesellschaftlichen Fragen sie aktuell für lösungsbedürftig halten (zu diesem so genannten Agenda-Setting-Approach vgl. Schulz 1989: 139; Brosius 1994: 270; Funk/ Weiß 1995: 21).

167 Die Ausnahme können hier Probleme ganz am Beginn ihrer Themenkarriere sein – beispielsweise wenn die Diskussion sich auf spezifische Foren beschränkt, die überwiegend oder ausschließlich von Experten genutzt werden (etwa weil sie Laien von der aktiven Teilnahme ausschließen).

ringen Teil von wissenschaftlichen Experten oder Journalisten (die etwa für Online-Journale tätig sind) stammen – dies ergibt sich allein aus der hohen Zahl der zu etablierten Problemen vorhandenen Dokumente (siehe die Beispiele oben). Es wird sich deshalb eine Vielzahl von Beiträgen finden, die nicht Bestandteil eines expertischen oder advokatorischen Diskurses sind. Als Autoren kommen hier nicht nur Betroffene und Co-Betroffene, sondern auch andere Personen mit den unterschiedlichsten Interessen am Thema in Frage. Entsprechende Beiträge auf Websites, in Foren und Mailinglists oder auch in Form von Weblogs liefern nicht nur das empirische Material zur Untersuchung der Repräsentation der einzelnen Bestandteile vom Problemdeutungen im Alltagsbewusstsein, sie können auch zeigen, welche Bedeutung die betreffenden Nutzer dem Problem zumessen und in welchem Umfang es sie zu eigenen Aktivitäten motiviert. Über das Ausmaß des Engagements legen etwa die Unterschiede zwischen einzelnen Diskussionsbeiträgen in einem Forum zu einem Thema, zwischen mehr oder weniger aufwendig gestalteten Websites oder bei der Einrichtung von Weblogs Zeugnis ab. Solche und andere Seiten lassen sich inhaltsanalytisch ganz systematisch, nicht nur auf die vertretene Problemdeutung und das zur Verfügung stehende Hintergrundwissen, sondern auch bezüglich der eingesetzten Diskursstrategien, untersuchen. Wenn die Erhebung von Dokumenten in Zeitabständen erfolgt, können darüber hinaus auch detaillierte Aussagen zu zeitlichen Veränderungen im dominierenden Problemmuster oder bei einzelnen Musterbestandteilen getroffen werden. Die Genauigkeit der möglichen Aussagen hängt hier primär von der Größe der in einem Forschungsprojekt arbeitsmäßig zu bewältigenden Stichprobe[168] bzw. – bei Fragen nach temporären Verläufen – vom Zeitrahmen der Untersuchung ab.

Zu empfehlen ist eine solche Untersuchung nicht nur, wenn die Themenkarriere des interessierenden Problems in der Welt der Netze begonnen hat (vgl. hierzu das Beispiel in Teil III, Kap. 1), sondern auch, wenn das Problemmuster erst im Laufe der Zeit in die Netzwerkmedien ,eingewandert' ist. Bei aktuell diskutierten Problemen macht es – unabhängig davon, wo die Problemwahrnehmung ihren Ausgang genommen hat – stets Sinn, das Verhältnis und die Wechselwirkungen zwischen den Darstellungen in den Massen- und in den Netzwerkmedien zu analysieren: Stimmen die in den beiden Medientypen prozessierten Problemdeutungen überein? Werden die gleichen Diskursstrategien verwendet? Wer beruft sich auf wen, um die Legitimität des Themas oder einzelner Tatsachenbehauptungen diskursiv herzustellen? Das ausführliche Programm einer solchen empirischen

---

168 Ein kaum zu überschätzender Vorteil der Untersuchung von Netzdokumenten besteht darin, dass sie bereits in digitaler Form vorliegen, also in den meisten Fällen unmittelbar in den Dokumentenkorpus der Untersuchung überführt werden können.

Untersuchung der Repräsentation von Problemwissen in den Netzwerkmedien bleibt aber noch zu formulieren.

7 Die politische Arena: Sozialstaat und soziale Probleme

In ihrer Metaanalyse der Entwicklung verschiedener sozialer Probleme konnten Dreyer und Schade 1992 zeigen, dass bei weitem nicht alle von ihnen das von den üblichen Stufenmodellen (siehe Unterkapitel 1.3) postulierte Stadium der staatlichen Anerkennung, geschweige denn eine Phase intensiver Bekämpfungsmaßnahmen erreichen. Der diesem Befund zugrunde liegende Tatbestand wirkt limitierend auf die Berücksichtigung der Rolle staatlicher Instanzen bei der empirischen Problemanalyse: Zwar kann stets gefragt werden, *ob* die untersuchte Problemwahrnehmung das Interesse des politisch-administrativen Systems errungen hat – die Analyse wird an dieser Stelle jedoch relativ schnell enden, wenn (wie etwa im Beispiel der Internetsucht; vgl. Teil III) die Antwort negativ ausfällt. In diesem Fall kann nur noch – analytisch bis hypothetisch – gefragt werden, welches die Gründe für das Scheitern des Phasenübergangs von öffentlicher und staatlicher Anerkennung gewesen sein könnten. Wenn die Antwort hingegen positiv ausfällt, ergibt sich die Notwendigkeit für eine nähere Untersuchung der Bearbeitung des betreffenden Problems im politisch-administrativen System (einschließlich der Analyse der intendierten und nichtintendierten Folgen staatlichen Handelns). Die entsprechenden Fragen werden in den folgenden Teilkapiteln zu entfalten sein: Abschnitt 7.1 diskutiert mögliche Gründe für die politische Ankerkennung oder Nichtanerkennung einer Problemwahrnehmung, Abschnitt 7.2 behandelt die Ressourcen, die dem Sozialstaat für die Bekämpfung sozialer Probleme prinzipiell zur Verfügung stehen und Abschnitt 7.3 fragt, was mit einem sozialen Problem geschieht, wenn dessen Bekämpfung staatlich *institutionalisiert* wird[169].

---

169 Wegen der großen Unterschiede in den Reaktionen des politisch-administrativen Systems, bei den vorgeschlagenen und realisierten Bekämpfungsmaßnahmen sowie den Institutionalisierungspraxen im Einzelfall, kann in diesem Kapitel lediglich sehr pauschal auf einige sehr grundsätzliche Zusammenhänge verwiesen werden, aus denen sich analytische Leitlinien für die empirische Analyse im Einzelfall ergeben.

7.1 Staatliche Instanzen als (erwünschte) Problemlöser

Dieser Abschnitt muss mit der Feststellung beginnen, dass staatliche Instanzen nicht nur von einer Vielzahl der Problemakteure als der ‚große Problemlöser' mit einer tendenziellen Allzuständigkeit für die Bekämpfung sozialer Probleme angesehen werden (vgl. Halfmann 1984: 296; Rucht 1994: 347; Groenemeyer 1999: 111; Grüner 2004: 83), sondern dass diese Rolle vom Sozialstaat und von dem diesen verwaltenden politisch-administrativen System auch nur allzu bereitwillig übernommen wird[170]. Die allgemeine Zuständigkeit ‚des Staates' für soziale Probleme in vielen westlichen Gesellschaften ist das Ergebnis eines historischen Prozesses, an dessen Ende überall dort staatliche Eingriffe gefragt sind, „wo wirtschaftliche und soziale Entwicklungen zum Problem werden" (Heyder 1993: 531; vgl. Gerhards/Neidhardt 1991: 74). Die Bereitwilligkeit staatlicher Instanzen, diese Rolle auch wahrzunehmen, resultiert daraus, dass moderne Staaten bis heute einen wichtigen Teil ihrer Legitimation aus dieser Aufgabe beziehen. Seit der Mitte des 19. Jahrhunderts hat sich der Sozialstaat im Kontext der Thematisierung sozialer Probleme entwickelt und bis heute bedingen beide sich wechselseitig: Ohne soziale Probleme keine Notwendigkeit für die Entstehung des Sozialstaates – und ohne Sozialstaat keine Instanz, die erwartbar für die Bearbeitung der Forderungen von Problemakteuren verantwortlich ist.

Aus Sicht staatlicher Instanzen stellt die Idee „soziales Problem" (als spezifische gesellschaftliche Diskursform) einen Mechanismus bereit, mit dessen Hilfe eine potenziell *systemdestabilisierende* Unzufriedenheit der Bevölkerung in Zustimmung zur bestehenden Gesellschaftsordnung transformiert werden kann. Der sich im 20. Jahrhundert zunächst mehr und mehr ausdehnende Wohlfahrtsstaat[171] garantierte seinen Bürgern Hilfe bei *unverschuldeten* Notlagen; in der Folge konnten und können diese sich in einer konkret nicht begrenzten Anzahl unterschiedlichster ‚Fälle' mit Hilfegesuchen an dessen Einrichtungen wenden (und davon ausgehen, dort zumindest prinzipiell Aufmerksamkeit für Ihr Anliegen zu finden). Dies hat, bei vielen Betroffenen, aber auch bei manchen Advokaten, den Eindruck entstehen lassen, dass ‚der Staat' auf eine richtig – nämlich in Form eines sozialen Problems – gestellte Anforderung, gemeinschaftliche Ressourcen für den Einzelnen und für soziale Gruppen bereitstellt, ohne von den Hilfeemp-

---

170 Der spezielle Fall, dass staatliche Instanzen selbst als primärer Akteur auftreten, kann hier nicht untersucht werden (vgl. dazu Schetsche 1996: 152-155; Groenemeyer 1999: 132).

171 Eine ausführliche Darstellung der konkurrierenden Theorien zur Entwicklung des Wohlfahrtstaates nach 1945 findet sich bei Wintermann 2005: 25-67.

7 Die politische Arena: Sozialstaat und soziale Probleme

fängern dafür eine Gegenleistung zu verlangen. Tatsächlich lässt das politisch-administrative System sich jedoch auch als Hilfe gewährender Sozialstaat seine ‚Gaben' durch die allgemeine Anerkennung seiner Legitimität vergelten: Für seine Unterstützung erwartet ‚der Staat' die Zustimmung, Anerkennung und letztlich auch die Unterwerfung der Hilfeempfänger unter seine Staatsziele und Staatszwecke[172]. Selbstdeklarierte Problemopfer tauschen folglich die Hoffnung auf Lösung ihres Lebensproblems bzw. die Linderung ihrer Not gegen wohlgefälliges Verhalten gegenüber dem sie alimentierenden politisch-administrativen System – womit sie gleichzeitig akzeptieren, dass Abhilfe *innerhalb des Systems* möglich ist. Generell kann man deshalb sagen: Soziale Probleme sind die Wissensform, in der kollektive Unzufriedenheit mit den Lebensverhältnissen *systemimmanent* formuliert werden kann und damit machtpolitisch entschärft wird. Auf diesen genetisch-historischen Zusammenhang zwischen sozialen Problemen und Sozialstaat stellt Merton – implizit – ab, wenn er soziale Probleme als notwendige *in der Gesellschaft* lösbare Diskrepanzen zwischen Werteordnung und sozialen Sachverhalten definiert.

Dieser Kontext macht zwar die allgemeine Bereitwilligkeit staatlicher Instanzen verständlich, auf die ‚Hilferufe' ihrer Bürger zu antworten, erklärt aber noch nicht, warum die konkreten Antworten sehr unterschiedlich ausfallen können. Dies wiederum hängt damit zusammen, dass es in jedem Einzelfall konkrete politische Akteure (individuelle und kollektive Mitglieder des politisch-administrativen Systems) sind, die darüber entscheiden, wie auf die Problemwahrnehmung zu reagieren ist – und zwar aufgrund ihrer spezifischen Eigeninteressen als politische Entscheidungsträger. Jenseits des allgemeinen Kontextes des Tausches von Anspruch auf Hilfe gegen Gehorsam dem politischen System gegenüber, existiert also noch eine spezifische Verknüpfung zwischen dem Hilfegesuchen im konkreten Einzelfall eines singulären sozialen Problems und den Interessen von politischen Akteuren, die sich des entsprechenden Problems anzunehmen versprechen (dazu später mehr).

Problemwahrnehmungen erreichen das politisch-administrative System zwar nicht zwangsläufig über die Medien[173], im Regelfall wird aber tatsächlich öffentlich-medial signalisiert, dass an dieser und jener Stelle politischer Handlungsbe-

---

172 Wie etwa sein Monopol legitimer physischer Gewalt, was von den die gesellschaftsimmanente Lösbarkeit bestimmter Problemlagen negierenden revolutionären Bewegungen regelmäßig verweigert wird.

173 In anderen Fällen adressieren etwa Advokaten oder Experten unter Ausschaltung des medialen Vermittlungssystems unmittelbar Funktionsträger des politisch-administrativen Systems.

darf besteht (vgl. Groenemeyer 1999: 128). Die strukturelle Kopplung des politischen mit dem medialen System bietet deshalb Problemakteuren die Möglichkeit, über die Mobilisierung der öffentlichen Meinung, Druck auf politische Entscheidungsträger auszuüben (so Gerhards/Neidhardt 1991: 69 und Rucht 1991: 13-14). Auf öffentlich-mediale Anerkennung einer Problemwahrnehmung hin können die sozialstaatlichen Instanzen bzw. die Entscheidungsträger des politisch-administrativen Systems auf dreierlei Weise reagieren: Sie können (1) das Vorliegen eines sozialen Problems bezweifeln, (2) die Existenz eines Problems zwar anerkennen, jedoch die staatliche Zuständigkeit für dessen Lösung zurückweisen oder (3) die Problemwahrnehmung wie auch die Verantwortung des Sozialstaates anerkennen.

Im ersten Fall werden eines oder mehrere der (lebensweltlichen) Definitionsmerkmale sozialer Probleme negiert: Bestritten werden die Existenz des betreffenden sozialen Sachverhalts, eine Diskrepanz zur herrschenden Werteordnung oder auch die Lösbarkeit des Problems[174]. Der Abweisungsprozess endet dabei stets mit der Feststellung, dass keine Notwendigkeit für staatliches Handeln bestünde. Selbst wenn die Problemdeutung prinzipiell als zutreffend anerkannt wird, kann jedoch – dies ist der zweite Fall – die Zuständigkeit des Sozialstaates für die Problembekämpfung zurückgewiesen werden. Dies geschieht meist unter Bezugnahme auf das (für den spezifischen Einzelfall passend ausgelegte) Subsidiaritätsprinzip, welches den Staat so lange von allen Handlungsnotwendigkeiten befreit, wie andere gesellschaftliche Instanzen (etwa die familiäre Gemeinschaft) die Not lindern oder gar Abhilfe schaffen können (vgl. Nedelmann 1986a: 25; Czada/Lehmbruch 1990: 75). Im dritten Falle schließlich erkennen staatliche Instanzen ihre Verantwortung an – und müssen dann dementsprechend auch in der Problembekämpfung aktiv werden (vgl. dazu das nächste Unterkapitel).

Bei der empirischen Analyse eines sozialen Problems ist deshalb zunächst zu ermitteln, auf welchem Wege eine Problemwahrnehmung welche staatlichen Instanzen erreicht hat und wie diese jeweils (entsprechende der drei Alternativen) reagiert haben. Anschließend muss rekonstruiert werden, welches die Gründe für die entsprechende Entscheidung[175] gewesen sein *könnten*. Die letztgenannte Auf-

---

174 Groenemeyer (1991: 131) führt drei *konkrete Strategien* an, mit deren Hilfe Ansprüche von Akteuren auf Problembekämpfung abgewiesen bzw. politisch neutralisiert werden: (1) die Verringerung der öffentlichen Sichtbarkeit des Problems, (2) die Transformation des sozialen in ein technisches Problem, für das Experten zuständig sind, und (3) die Delegitimierung der Problemwahrnehmung, etwa durch die Diffamierung der als Anspruchssteller auftretenden Akteure.

175 ‚Entscheidung' kann dabei aber auch bedeuten, nach Außen hin jede Entscheidung über ein (politisch unerwünschtes) Thema zu vermeiden (vgl. Strünck 2006).

7 Die politische Arena: Sozialstaat und soziale Probleme

gabe ist überaus komplex und führt den Problemforscher – soweit es sich um demokratische Gesellschaften handelt – schnell in die Tiefen politikwissenschaftlicher Entscheidungstheorien (für einen Überblick vgl. Dicke 2001). Ein klassisches, zur Erklärung politischen Handelns im Angesicht von Problemwahrnehmungen vielfach[176] ausreichendes Erklärungsmodell ist in der Mitte des zwanzigsten Jahrhunderts vom Nationalökonomen Joseph A. Schumpeter (1980/1942) formuliert worden. Sein nutzentheoretisches Modell reduziert politische Entscheidungen auf die Summe der individuellen Entscheidungen der politischen Funktionäre und Amtsträger. Danach ist es in demokratischen Gesellschaften deren primäres Ziel, auch in der nächsten Wahlperiode wieder gewählt zu werden und – in mehrfacher Hinsicht – lukrative Ämter zu übernehmen. „Bei der politischen Entscheidungsfindung stellt somit der nächste Wahltermin bzw. das diesem inhärente Abwahlrisiko den politischen Fokus dar" (Grüner 2004: 246). Entscheidungen werden folglich danach ausgerichtet, ob sie geeignet sind, die Wähler zu überzeugen, dass die von den Akteuren vertretene Politik ihnen in Zukunft die meisten Vor- und die geringsten Nachteile bringen wird (vgl. Lampert/Bossert 1992: 111-112; Bartel 1993: 618; Fluhrer 1994: 119-17; Blumenthal 2001: 17). Entsprechend kann das Handeln der politischen Entscheidungsträger auch hinsichtlich *sozialer Probleme* vom Wahlkalkül[177] dominiert sein: „Die Orientierung der Erwerbsbiographie am möglichst lebenslangen Politikerberuf, die daraus resultierende ökonomische, existentielle und psychologische Abhängigkeit, führt zwangsweise zu einer mehr oder weniger elektoralen Ausrichtung des eigenen Handelns [...] Probleme werden dabei hauptsächlich dann aufgegriffen, wenn sie die eigenen Wahlchancen erhöhen, diese zumindest aber nicht mindern" (Grüner 2004: 234; entspr. Meckel/Kamps 2006: 68; Patzelt 2006: 151).

Mit zu berücksichtigen bei der Verwendung eines solchen nutzentheoretischen Modells ist jedoch, dass (1) große Bevölkerungsgruppen politisch-ideologisch dauerhaft an eine Partei gebunden sind und kaum politikabhängige Wahlentscheidungen treffen, (2) unterschiedliche Themen der politischen Agenden ver-

---

176 Für den Bereich *globaler* Umweltprobleme (wie ‚Ozonloch' und ‚Klimawandel') etwa greift dieses Modell aus strukturellen Gründen zu kurz (vgl. dazu die umfangreichen Befunde und Diskussionen bei Grüner 2004: passim).

177 Nicht vergessen werden darf in diesem Zusammenhang, dass politische Entscheidungsträger auch über rationale Interessen verfügen können, die nicht an den eigenen Wahlerfolg gebunden sind – beispielsweise eine Bindung an ökonomisch potente Interessengruppen, die ihnen im Falle eines politischen Scheiterns eine nachfolgende Karriere außerhalb des politischen Systems garantieren. (Zur Rolle von Interessengruppen bei der politischen Entscheidungsfindung generell vgl. Kamps 2006: 182-185 und Strünck 2006.)

schiedene Wählergruppen in differierender Weise tangieren (manche Themen deshalb für die Entscheidung großer Wählergruppen irrelevant sein werden), (3) die Wähler in der Regel nicht monokausal nach dem Handeln in einem Politikfeld (geschweige denn zu einer singulären Sachfrage) entscheiden. Schließlich kommt auch noch hinzu, dass (4) die Folgen bestimmter Entscheidungen für die Monate oder Jahre später folgenden Wahlen durch Meinungsumfragen nur mehr oder weniger gut prognostiziert (vgl. Haferkamp 1987a: 528; Frank 1989: 180), jedoch nie sicher vorhergesagt werden können; politische Entscheidungsträger müssen deshalb hoffen, können sich aber nicht sicher sein, mit bestimmten Entscheidungen bei ihren Wählern ‚zu punkten'.

Monokausale Entscheidungsmodelle dieser Art liefern letztlich nur *Anhaltspunkte* für die Beantwortung der Frage nach den Gründen für konkrete politische Entscheidungen. Bei sozialen Problemen liegt dies, neben den bereits genannten Faktoren, auch daran, dass diese und ähnliche, dem Rational-choice-Paradigma[178] folgenden Modelle stets davon ausgehen, Entscheidungen würden rational, intentional und nach politischen Opportunitätsgründen getroffen. Für diese Vorannahme gibt es im politischen Handlungsfeld zwar prinzipiell gute Gründe[179], es ist jedoch zweifelhaft, ob diese den motivationalen Raum des Handelns politischer Akteure im *Bereich sozialer Probleme* vollständig abdecken. Zusätzlich berücksichtigt werden sollten hier insbesondere wissenspraktische und moralisch-affektive Einflüsse. So ist es unwahrscheinlich, dass die bei der medialen Verbreitung von Problemwahrnehmungen so zentralen Diskursstrategien im Rahmen politischer Entscheidungen keine Bedeutung mehr haben sollten. Es ist vielmehr anzunehmen, dass politische Entscheidungsträger als Subjekte in ähnlicher Weise von solchen Strategien getroffen und im Zweifelsfalls auch affiziert werden, wie etwa die redaktionellen Entscheider des medialen Systems oder die Bevölkerung insgesamt. Deshalb ist stets auch zu fragen, in welchem Ausmaß solche Strategien und die mit ihnen verbundenen moralisch-affektiven Prozesse die rationalistische Logik der Orientierung am Wahlkalkül zu relativieren oder gar zu dominieren

---

178 Handlungstheoretisches Paradigma in den Wirtschafts- und Sozialwissenschaften, das davon ausgeht, dass Individuen wie Kollektive Vor- und Nachteile alternativer Handlungen rational abwägen und schließlich entsprechend der Maximierung des eigenen Nutzens handeln.

179 „Die Intentionalität des Handelns ist hier eine systematische Bedingung für die Teilnahme an politischen oder ökonomischen Praktiken: wer sich nicht intentional, also zweckorientiert und folgenbezogen verhalten will, muß aus diesem System ausscheiden. ... Staatliches Handeln läßt sich ... als intentionales Handeln mit institutionalisierter Folgeabschätzung interpretieren" (Halfmann 1984: 299).

vermögen[180]. Empirisch zu untersuchen ist in diesem Zusammenhang etwa, welche Begründungen in politischen Dokumenten für oder gegen die Bekämpfung bestimmter Problemlagen geliefert werden, welche Diskursstrategien von politischen Akteuren in den öffentlichen Debatten eingesetzt werden und welche weltanschaulichen und moralischen Wissensbestände zur Begründung von Entscheidungen zu Hilfe genommen werden. Bei all dem muss dem Sozialforscher jedoch klar sein, dass öffentliche Verlautbarungen (etwa Parlamentsreden) ebenso etwas über die tatsächlichen Motive der Redner aussagen *können*, wie sie durch partikulare Eigeninteressen motivierte Entscheidungen lediglich legitimieren können. Und allein durch die Analyse öffentlich zugänglicher Dokumente ist der eine Fall oftmals nicht vom anderen zu unterscheiden.

7.2 Ressourcen der Problembekämpfung

Wenn staatliche Instanzen ihre Zuständigkeit anerkannt und die Verantwortung für die Bekämpfung eines sozialen Problems übernommen haben, stellt sich die Frage, welcher Mittel sie sich zur Problembekämpfung prinzipiell hätten bedienen können – und welcher sie sich tatsächlich bedient haben. Ersteres ist zum einen von den Vorgaben des Problemmusters[181] und zum anderen aber auch von den Ressourcen abhängig, welche für entsprechende Maßnahmen überhaupt realistisch zur Verfügung stehen. Der letztgenannte Aspekt hat in den vergangenen Jahrzehnten zunehmend an Bedeutung gewonnen, weil die Zahl der gesellschaftlichen Thematisierungen von Problemlagen und damit auch die Anforderungen an staatliche Instanzen seit Mitte des letzten Jahrhunderts deutlich zugenommen haben (vgl. Haferkamp 1987a: 524; Heyder 1993: 531). Soziale Probleme konkurrieren heute nicht nur um die *Aufmerksamkeit* staatlicher Instanzen, sondern auch um die *Ressourcen*, die diese zu vergeben haben. Dabei spielt es letztlich keine Rolle, ob für die Organisation und Durchführung konkreter Einzelmaß-

---

180 Nicht gesagt ist damit, dass zwischen der politischen und der diskursstrategischen Logik ein Widerspruch bestehen muss: Wenn eine Problemwahrnehmung erst einmal medial und in der Bevölkerung anerkannt ist, realisieren die Akteure die erstere Logik, indem sie der letzteren folgen.

181 „Die Art der Definition von sozialen Problemen und Ansprüchen bestimmt mit, ob sie innerhalb des politischen Systems überhaupt auf bedeutsame Relevanzstrukturen stoßen oder durch das Netz von Zuständigkeiten fallen, in welcher politischen Arena sie platziert werden und in welcher Weise und mit welcher Strategie sie von den Akteuren innerhalb der politischen Netze bearbeitet werden" (Groenemeyer 1999: 127).

nahmen private Einrichtungen zuständig sind (etwa Wohlfahrtsverbände[182], gemeinnützige Unternehmen oder auch Selbsthilfegruppen), entscheidend ist, wer die hierfür aufzubringenden Ressourcen zur Verfügung stellt. Und das ist bei der überwiegenden Zahl der sozialen Probleme bis heute primär der Sozialstaat. Dies gilt beispielsweise für

1. die Verbreitung der Pornographie, die Jugendkriminalität oder die Prostitution;
2. die Folgen von Armut, Arbeitslosigkeit und Wohnungslosigkeit oder auch
3. die HIV-Infektionen, den Drogenmissbrauch und die verschiedensten Formen familiärer Gewalt.

In dieser konkreten Weise gereiht sind die obigen Beispiele[183] nicht nur, um zu verdeutlichen, wie unterschiedlich die Maßnahmen sind, mit denen Probleme bekämpft werden können und werden sollen. Die gewählte Gliederung soll auch klar machen, dass fast alle in der Praxis diskutierten und eingesetzten Formen der Problembekämpfung letztlich auf drei Ressourcen verweisen, die von den staatlichen Instanzen wenn auch nicht immer direkt zugemessen verteilt, so aber doch zur Verfügung gestellt und letztlich auch kontrolliert werden: (1) rechtliche Maßnahmen (gewährende und verbietende Normen), (2) finanzielle Zuwendungen an Betroffene und Verursacher (in Form unmittelbarer Transferleistungen, von Anreizprogrammen oder Infrastrukturmaßnahmen) und (3) Informationen (durch die Erzeugung und Verbreitung von Wissen – Stichwort ‚Aufklärungskampagnen').

Welche dieser Ressourcen jeweils bei welchem Problem eingesetzt wird, hängt, wie bereits erwähnt, zunächst von den Vorgaben des Problemmusters ab: Vielfach wird bereits aus der Formulierung des inkriminierten Sachverhalts deutlich, mittels welcher Maßnahmen und entsprechender Ressourcen die beschriebene Notlage bekämpft werden kann und mittels welcher nicht. Konkretisiert wird dies regelmäßig in den Forderungskatalogen der Problemakteure, die meist ganz bestimmte Maßnahmen bzw. Maßnahmenbündel favorisieren. Hierbei ist

---

182 Die Wohlfahrtsverbände arbeiten dabei primär auf Basis von im weitesten Sinne öffentlichen Mitteln (vgl. Goll 1991: 308), sie sind machtvolle sozialpolitische Akteure (vgl. Kaufmann 1987: 32), die staatliche Mittel zur Aufrechterhaltung ihrer Existenz benötigen und deshalb ganz spezifische Eigeninteressen vertreten (vgl. Merchel 1989: 53-54).
183 Sie sind allesamt dem „Handbuch soziale Probleme" (Albrecht/Groenemeyer 2012) entnommen, das in der zweiten Auflage in Einzelartikeln 25 „ausgewählte soziale Probleme" untersucht; vgl. Peters (2002: 109).

allerdings zu berücksichtigen, dass in manchen Fällen unterschiedliche Problemmuster miteinander um die Deutungshoheit konkurrieren und verschiedene Problemakteure – bei aller Übereinstimmung in der Bewertung eines Sachverhalts – durchaus unterschiedliche Bekämpfungsmaßnahmen in den Vordergrund rücken (die ihren jeweiligen Eigeninteressen entsprechen; vgl. Unterkapitel 3.1). In der Praxis findet sich deshalb, wenn eine Problemwahrnehmung die Öffentlichkeit und das politisch-administrative System erreicht hat, meist eine Vielzahl unterschiedlicher, sich wechselseitig ergänzender, manchmal aber auch konkurrierender Bekämpfungsvorschläge. Doch selbst wenn dies einmal nicht der Fall ist, haben staatliche Instanzen die Möglichkeit, während des Prozesses der politischen Bearbeitung eines Problems (etwas im Rahmen von Parlamentsdebatten, Expertenhearings oder exekutiven Abstimmungsprozessen) auf eine Modifizierung der Problemwahrnehmung zu drängen. Mit anderen Worten: Die staatliche Problembekämpfung läuft nicht immer nach dem Muster und bedient sich nicht immer der Ressourcen, die vom primären Akteur oder von anderen Akteuren vorgeschlagen bzw. eingefordert worden sind (entsprechende Diskrepanzen sind in der empirischen Problemanalyse festzuhalten).

Ein Hauptgrund für derartige ‚Reformulierungsprozesse' ist darin zu suchen, dass die verschiedenen Bekämpfungsmaßnahmen und die für sie aufzuwendenden Ressourcen in unterschiedlichem Maße zur Verfügung stehen. Die in dieser Hinsicht aus staatlicher Sicht schwierigste Ressource ist sicherlich das *Geld*. Die Forderungen von Betroffenen und anderen Problemakteuren beziehen sich hier üblicherweise auf unmittelbare Transferleistungen, also auf die Verteilung von Geldmitteln, Sachgütern oder Dienstleistungen, die über das Steuersystem oder die großen Sozialversicherungssysteme (Renten-, Kranken-, Arbeitslosen- und Pflegeversicherung) gegenfinanziert werden müssen. Solche Mittel kommen nur zum Teil den Hilfebedürftigen selbst zugute; ein anderer Teil wird für die Organisation jener Transferprozesse verbraucht, fließt also in die Verwaltung etwa von Wohlfahrtsverbänden (was deren Eigeninteressen maßgeblich beeinflusst). Zu denken ist hier aber auch an die Durchführung von Anreizprogrammen (die Verursacher von Problemen, etwa im Umweltbereich, erhalten Gratifikationen dafür, dass sie ein bestimmtes ‚problematisches' Verhalten unterlassen) oder von Infrastrukturmaßnahmen (wie für den Ausbau des Bildungssystems um jugendbezogenen Problemlagen zu begegnen). ‚Schwierig' ist diese Ressource aus Sicht aller Beteiligten, weil sie tendenziell nur im Rahmen eines Nullsummen-Spiels verteilt werden kann: Jeder Euro, der für das Problem A ausgegeben wird, kann nicht mehr zur Bekämpfung des Problems B eingesetzt werden. In der Praxis handelt es sich hier allerdings um ein ‚unechtes Nullsummen-Spiel', weil bestimmte staatliche Instanzen (meist Regierungen und Parlamente) ebenfalls darüber bestimmen, wie hoch die staatlichen Einnahmen sein sollen und welcher Anteil des Staatsbudgets für die Bekämpfung sozialer Probleme allgemein aufzuwenden ist. Beides hängt von politischen Grundsatzentscheidungen (und ideologischen Prämissen) der jeweils die Parlamentsmehrheit und die Regierung stellenden Parteien ab. Wenn allerdings diese Rahmenbedingungen für einen bestimmten Zeitraum einmal festgelegt sind, stehen die sozialen Probleme bzw. die jeweiligen Bekämpfungsmaßnahmen oftmals tatsächlich in einer unmittelbaren Konkurrenz zueinander.

Ein wenig anders sieht dies bei der zweiten Ressource aus: *Informationen* können vom politisch-administrativen System in fast beliebigem Umfang erzeugt, allerdings nur in begrenztem Umfang wirkungsvoll verteilt werden. Letzteres hängt mit der die moderne Öffentlichkeit dominierende Ökonomie der Aufmerksamkeit zusammen: Aufmerksamkeit ist ein knappes Gut – und jede Regierung muss sich überlegen, welche Informations- bzw. Aufklärungskampagnen sie zu welchem Zeitpunkt betreiben will. Die Bekämpfung eines sozialen Problems durch die Ressource Information folgt regelmäßig einer spezifischen Dramaturgie: In einem *ersten Schritt* wird durch symbolische Akte (etwa Regierungserklärungen) der Öffentlichkeit deutlich gemacht, dass ‚die Politiker' bzw. ‚der Staat' den Ernst der Lage (im Terminus sozialer Probleme: die Diskrepanz zwischen sozialem Sachverhalt und Werteordnung) erkannt haben und fest entschlossen sind, sich dieses Problems anzunehmen. In diesem Modus der politischen Ankündigung wird vermittelt, dass der Problemanerkennung in Bälde ‚Taten folgen' werden. In einem *zweiten Schritt* wird dann – etwa durch die Einsetzung von Expertenkommissionen oder durch die Erteilung von Prüf- und Ermittlungsaufgaben an die Ministerialbürokratie – ein Prozess der Erzeugung von problemrelevantem Wissen in Gang gesetzt. Dies demonstriert einerseits vor den Augen der Öffentlichkeit, dass das Problem ernst genommen wird, initiiert aber gleichzeitig auch ein Prozedere, in dessen Rahmen das Problem nach den jeweiligen politischen Interessen reformuliert werden kann; insbesondere werden hier die Bekämpfungsmaßnahmen erdacht, vorbereitet und legitimiert, die am ehesten den Interessen der politischen Problemnutzer entsprechen[184]. In einem *dritten Schritt* schließlich folgt die Distribution von Informationen, klassisch in Form von Aufklärungskampagnen, mittels derer – je nach Problem – Betroffene, Verantwortliche oder aber auch alle Bürger zu Verhaltensänderungen motiviert wer-

---

184 Im Zweifelsfalle, etwa wenn die schnelle Lösung eines Problems politisch unerwünscht ist, kann diese Phase zeitlich viele Jahre in Anspruch nehmen – so dass etwa die Notwendigkeit, konkrete Maßnahmen zu ergreifen, in spätere Legislaturperioden verschoben wird.

den sollen, von denen angenommen (oder zumindest behauptet) wird, dass sie zur Lösung des Problems bzw. zur Minderung der Not beitragen. Hier kommen nicht nur einzelne, zeitlich begrenzte Kampagnen in Frage – es können auch gänzlich neue staatliche oder semistaatliche Einrichtungen entstehen, deren Aufgabe die dauerhafte Versorgung der Bevölkerung mit problemlösungsrelevanten Informationen ist (klassisch hier die „Bundeszentrale für gesundheitliche Aufklärung"). Die letztgenannte Art der Institutionalisierung findet sich immer dann, wenn das politisch-administrative System annimmt, das betreffende Problem ließe sich in absehbarer Zukunft wohl nicht lösen.

Die dritte Ressource schließlich, das *Recht*, wird von staatlichen Instanzen bei der Problemlösung traditionell bevorzugt, weil sie diejenige ist, die in fast beliebigem Ausmaß[185] zu Verfügung steht. Wenn man jene Normen einmal außer Acht lässt, deren Aufgabe es lediglich ist, die Verteilung von Finanzmitteln oder die Erzeugung und Distribution von Informationen zur Problembekämpfung zu regeln, geht es hier im Wesentlichen um die Gebote und Verbote, die sich unmittelbar an ‚die Bürger' insgesamt oder an bestimmte Gruppen wenden und ein bestimmtes äußerlich sichtbares Verhalten verlangen. (Geboten wird ein Verhalten, das Problemursachen oder ihre als negativ festgelegten Auswirkungen verringert, verboten hingegen ein solches, das diese Ursachen oder Auswirkungen verstärkt bzw. gar erst hervorbringt). Wenn normative Regelungen sich in dieser Art an die Allgemeinheit richten, wird stets in Form einer Kausalattribuierung suggeriert, ursächlich für das jeweilige Problem sei das sich gleichsam aufsummierende Handeln *der Einzelnen* (vgl. Peters 2002: 111).

Traditionell wird in dem Teil der Sozialwissenschaft, der sich mit der Rechtspolitik und ihren Auswirkungen beschäftigt, angenommen, dass bei der Problembekämpfung durch Normsetzung dem *Strafrecht* eine dominierende Rolle zukommt[186]. Es ist mehrfach behauptet worden (Lehne 1994: 211-212; Scheerer 1993a: 82 und Cremer-Schäfer 1993: 93), dass sich das Strafrecht seit Anfang der achtziger Jahre des vergangenen Jahrhunderts in Deutschland als Mittel der Problembekämpfung einer zunehmenden Beliebtheit erfreue.

Bei einer Problembekämpfung allein durch rechtliche Maßnahmen muss vielfach ungeklärt bleiben, wie ernst es den politischen Akteuren mit dem Kampf

---

185 Grenzen bestehen hier insofern, als dass die bürokratischen Instanzen der Normerzeugung (etwa die Justizministerien) wie jene der Normkontrolle und Sanktionierung (die Polizei und staatliche Aufsichtsämter) nur ein bestimmtes Arbeitspensum zu bewältigen in der Lage sind.

186 Aus Sicht der Soziologie sozialer Probleme wird die Bedeutung des Strafrechts als Bekämpfungsmaßnahme ausführlich bei Peters (2002: 145-156) diskutiert.

gegen das entsprechende Problem tatsächlich ist: Recht als Ressource ist wohlfeil, es kommt nicht zur Konkurrenz zwischen unterschiedlichen Problematisierungen und die Verantwortung für die Entstehung von Notlagen wird stets jenen aufgeladen, welche die Adressaten der jeweiligen Normen sind (favorisiert werden also personelle statt strukturelle Problemursachen). Auf der anderen Seite scheint sich – entgegen der im vorigen Absatz benannten These – in den letzten Jahren ein zunehmender Widerstand gerade konservativer und liberaler Politiker bzw. Parteien gegen den Einsatz verbindlicher Normen bei der Problembekämpfung zu offenbaren: Es wird ‚zunächst einmal' (was vielfach aber bedeutet: dauerhaft) auf freiwillige Zusagen von Problemverursachern oder vertragsähnliche Vereinbarungen mit Unternehmen oder Wirtschaftsverbänden gesetzt. Ganz scheint es so, als würde zu Beginn des 21. Jahrhunderts die Ressource Recht in der Problembekämpfung künstlich verknappt. Dies deutet einerseits darauf hin, dass es bei rechtlichen Maßnahmen eben nicht nur um symbolische Politik[187], sondern tatsächlich um die Regulierung individueller und kollektiver Verhaltensweisen (mit entsprechenden Kosten für die Normadressaten) geht. Andererseits macht es klar, dass genau eine solche Regulierung durch allgemeinverbindliche und notfalls zu erzwingende staatliche Normen bei manchen politischen Akteuren grundsätzlich unerwünscht ist. Ursache hierfür könnte sein, dass viele politische Entscheidungsträger im Feld der sozialen Probleme tatsächlich in erster Linie als Problemnutzer agieren, die mit ihren Aktivitäten eher spezifischen Eigeninteressen folgen, denn dem Wunsch nach einer schnellen Abhilfe (siehe Kapitel 3.1). Bei der empirischen Problemanalyse ist deshalb der Rekonstruktion möglicher Eigeninteressen der Akteure im Kontext der jeweils vorgeschlagenen Bekämpfungsmaßnahmen und ihrer Ressourcen besondere Aufmerksamkeit zu schenken.

7.3 Folgen der Institutionalisierung

Wie auch immer die Bekämpfungsmaßnahmen konkret aussehen, und auf welchen vom Sozialstaat zur Verfügung gestellten Ressourcen sie beruhen mögen, stets gilt, dass Problemmuster im Allgemeinen und Bekämpfungsvorschläge im Besonderen im Rahmen ihrer Bearbeitung durch Legislative und Exekutive *systematische Veränderungen* erfahren. Es wird in der Literatur durchgehend davon ausgegangen, dass staatliche Instanzen ein soziales Problem „in spezifischer Weise umdefinieren, sich zu eigen machen und in die Bahnen administrativ vorgegebener Lösungsmuster lenken" (Dorenburg u. a. 1987: 200; entspr. Sachße/Tennstedt

---

[187] Zur Funktion symbolischer Politik generell vgl. Edelman 1976 und Lübbe 2001.

7 Die politische Arena: Sozialstaat und soziale Probleme

1986: 11; Nedelmann 1986a: 26; Cremer-Schäfer 1992: 29; Rieger 1992: 171)[188]. Wenn soziale Probleme in den politischen Raum eintreten und Gegenstand parlamentarisch-administrativer Entscheidungsprozesse werden, verwandeln sie sich gezwungenermaßen. Sie werden nun Teil eines Handlungs- und Entscheidungssystems, in dem es – zumindest solange man sich an dem im Teilkapitel 7.1 diskutierten politischen Entscheidungsmodell orientiert – nur sekundär um die Lösung gesellschaftlicher Probleme, primär aber um die Erzeugung und Verteilung politischer Macht und der mit ihnen verbundenen Ressourcen geht[189].

Wenn man Schetsche (1996: 148) folgt, sind Ausmaß und Formen der Transformation von Problemwahrnehmungen in erster Linie von der *Art ihrer Institutionalisierung* abhängig: (1) Bei der *Bearbeitung-en-passant* steht ein Problem nur für kurze Zeit auf der politischen Agenda, wird gleichsam ‚nebenbei' mit erledigt. Dies ist oftmals dann der Fall, wenn eine Problemwahrnehmung sich innerhalb des politisch-administrativen Systems nicht durchsetzen kann – oder wenn ihre politische Funktionalisierbarkeit von der großen Mehrzahl der Akteure als marginal eingeschätzt wird. (2) Bei einer *temporären Institutionalisierung* werden für begrenzte Zeit Einrichtungen zur Bearbeitung des Problems geschaffen – etwa Sonderausschüsse oder Enquetekommissionen, welche den eigentlichen parlamentarischen Organen der Regierung nach einer vorher festgelegten Zeit Bericht erstatten. Im Rahmen solcher ‚Sondergremien' können für einige Zeit auch bürokratische Stäbe geschaffen werden, die sich um die Problembekämpfung kümmern. (3) Erst die *dauerhafte Institutionalisierung* lässt Institutionen und Organisationen entstehen, die zeitstabil für die Beobachtung, Kontrolle und Bekämpfung des Problems zuständig sind. Dies können kleine Referate innerhalb von Ministerien oder nachgeordneten Behörden sein, aber auch große bürokratische Einheiten, die umfangreiche Bekämpfungsmaßnahmen (etwa den finanziellen Transfer an Millionen von Leistungsempfängern) auf Dauer organisieren. Das Spezifikum des dritten Falles besteht darin, dass im Rahmen der Bekämpfung

---

188 Wie dies geschieht, wird jedoch nur ausnahmsweise ausgeführt: Dorenburg u. a. (1987: 201) sprechen von einer Monetarisierung der Bekämpfungsmaßnahmen und einer Individualisierung der Problemlage; Steinert (1981: 50-51) schildert die Bürokratisierung der Problembearbeitung in staatlichen Institutionen.

189 Auch bei der Analyse der ‚politischen Karriere' von sozialen Problemen steht deshalb nicht die Frage nach mehr oder weniger konsensualen Sachverhalten (etwa Betroffenenzahlen, individuellen und sozialen Folgen oder erfolgreichen Bekämpfungsstrategien) im Mittelpunkt, sondern die Frage nach der politischen Funktionalisierbarkeit der Problemwahrnehmung, etwa nach den Chancen für eine Inszenierung erfolgreicher Bekämpfungsmaßnahmen mit dem Ziel, das öffentliche Ansehen (und damit die Wahlchancen) der politischen Akteure zu erhöhen.

des konkreten Problems (teilweise sehr große) Organisationen entstehen, die eine Existenzberechtigung nur in diesem Kontext besitzen[190].

Grundsätzlich ist davon auszugehen, dass der Einfluss staatlicher Instanzen auf eine Problemwahrnehmung umso größer sein wird, je länger das Problem bearbeitet und je systematischer es institutionalisiert wird. Folgt man weiter dem Modell von Schetsche (1996: 149-152), sind vier Stufen zunehmender Transformation einer Problemwahrnehmung im Rahmen der staatlichen Institutionalisierung zu unterscheiden:

- *Akklamation*: Die Problemwahrnehmung bleibt in ihrer ursprünglichen Form erhalten und wird durch die dem Problemmuster entsprechenden Bekämpfungsmaßnahmen unverändert reproduziert.
- *Selektion*: Zwar bleibt die Problemwahrnehmung weitgehend erhalten, aus dem ursprünglichen Korpus vorgeschlagener Bekämpfungsmaßnahmen werden jedoch nur einige wenige selektiv ausgewählt und zu realisieren versucht.
- *Modifikation*: Die Problemlage als solche bleibt anerkannt, zentrale Beschreibungen der inkriminierten Lebenslagen (etwa die Abgrenzung der Betroffenen oder die Kausalattribuierung der Problemursachen) werden jedoch modifiziert und an die Interessen der dominierenden politischen Akteure oder der entstandenen speziellen Instanzen angepasst.
- *Transkription*: Es bleibt lediglich der Name des Problems (und damit auch der Grad seiner öffentlichen Anerkennung) erhalten; praktisch alle anderen Bestandteile des Problemmusters werden ‚umgeschrieben'. Dies ist eine extreme Form der politischen Funktionalisierung einer Problemwahrnehmung, die zum Tragen kommt, wenn politische Akteure eine Legitimierung für bestimmte, in anderen Kontexten für notwendig gehaltene Maßnahmen benötigen und sich der oberflächlichen Folien einer gesellschaftlich durchgesetzten Problematisierung bedienen (neudeutsch würde man von einem ‚politischen Problem-Hijacking' sprechen[191]).

Bei der empirischen Analyse des konkreten Einzelfalls ist davon auszugehen, dass ein Problem in der Regel nicht nur von einer, sondern von verschiedenen

---

190 Die persönlichen Perspektiven der Mitglieder des betreffenden bürokratischen Stabes sind hier unmittelbar mit der Entwicklung der entsprechenden Problemlage verbunden. Es entstehen folglich spezifische Interessenlagen dieser Organisation (etwa die, auf eine Verstetigung der Problembekämpfung hin zu arbeiten und jeden Versuch einer grundlegenden Lösung notfalls zu torpedieren).

191 Hans Ebli (2003: 21-24) beschreibt diesen Vorgang anhand des Beispiels der Entstehung von Schuldnerberatungsstellen in Deutschland.

staatlichen Instanzen parallel prozessiert wird. Es prallen also oftmals politische Interessen ganz unterschiedlicher Art aufeinander, was zu gegenläufigen Veränderungen führen kann (vgl. Rucht 1991: 12). Hier ist nicht nur an die klassischen Rollen von Regierung, Parlamentsmehrheit und Opposition zu denken, sondern auch an divergierende Institutionalisierungsinteressen innerhalb verschiedener Fachministerien oder auf unterschiedlichen Ebenen des politischen Systems (also Kommunen, Länder, Bund und europäische Institutionen). Desgleichen wird es einen Einfluss (oder zumindest Einflussversuche) der speziellen Einrichtungen (Versicherungsanstalten, Wohlfahrtsverbände, Krankenkassen usw.) geben, die in früherer Zeit zur Bearbeitung ähnlicher Problemlagen gegründet worden sind – sei es, weil diese die zusätzliche Zuständigkeit reklamieren, sei es, weil sie eine Konkurrenz um Finanzmittel usw. fürchten. Solche Interessenlagen und politischen Konflikte (und die dabei zum Einsatz kommenden Wissensbestände und Diskursstrategien) im Einzelfall zu rekonstruieren, ist Aufgabe der empirischen Problemanalyse. In welchem Umfang bzw. welcher Tiefe dies geschehen kann und muss, hängt von der Komplexität und zeitlichen Dauer des Institutionalisierungsprozesses, dem konkreten Untersuchungsinteresse, aber auch den zur Verfügung stehenden Forschungsressourcen ab.

8 Fragenkatalog zur empirischen Analyse sozialer Probleme

Die in den vorangegangenen Kapiteln diskutierten Themenbereiche und Fragestellungen lassen sich für den praktischen Zweck der empirische Analyse in Form eines siebenteiligen Fragenkatalogs zusammenfassen, mit dessen Hilfe sich soziale Probleme der Gegenwart unter wissenssoziologischer Perspektive – wie sie das Kokonmodell sozialer Probleme vertritt – rekonstruieren lassen. Dieser Fragenkatalog stellt insofern *kein* ‚Sieben-Schritte-Programm' der Problemanalyse dar, als von Fall zu Fall zu entscheiden ist, welche Fragenkomplexe in welcher Reihenfolge zu untersuchen sind. Dringend empfohlen wird lediglich, jede Problemanalyse mit dem 1. Fragenkomplex „Problementstehung und Problemgeschichte" zu beginnen, weil die empirischen Befunde in diesem Bereich manche Voraussetzung für die dann folgenden Analyseschritte liefern; in welcher Reihenfolge diese dann abzuarbeiten sind, hängt von den eigenen Untersuchungsinteressen, ebenso aber auch vom Untersuchungsgegenstand (also dem konkreten Problem) ab. Nicht bei jedem Problem machen alle Teile des Fragenkatalogs empirisch Sinn und nicht bei jedem Problem spielen alle Fragen eine gleiche bedeutsame Rolle – dies ist auch davon abhängig, welche Phase der Entwicklung das untersuchte Problem bis zum Untersuchungszeitpunkt erreicht hat. Nicht zuletzt deshalb ist es ratsam, stets zuerst die Problementwicklung zumindest grob zu rekonstruieren, um die weiteren Untersuchungsschritte besser planen zu können. Schließlich ist noch – etwa nach empirischen Befunden und persönlichen Schwerpunkten – zu entscheiden, in welchem Umfang die Darstellungsweise der Forschungsweise zu folgen hat. Die in Teil III des Bandes entfalteten Beispielprobleme zeigen recht deutlich, wo die Eigenlogik des Einzelfalles und spezifische Untersuchungsinteressen zu einer Modifikation des Fragenkatalogs und der Reihenfolge der Darstellungen führen mussten.

1. Fragenkomplex: Problementwicklung und Problemgeschichte
- Unter welchem oder welchen Namen hat das Problem Karriere gemacht?
- Wo ist es erstmals benannt und dargestellt worden (Fach- oder Bewegungsöffentlichkeit, Massenmedien, Netzwerkmedien)?
- Welcher Akteur hat das Problem als erster thematisiert?
- Gibt es Vorläuferprobleme, die ähnliche Sachverhalte unter anderem Namen verhandelt haben?
- Hat es alternative Problemdeutungen und Gegendiskurse gegeben?
- Wie hat die Problemwahrnehmung sich im Laufe ihrer Karriere entwickelt?
- Welche Entwicklungsphase hat das Problem erreicht? (Und: Gab es ein Auf und Ab der Entwicklung?)
- Wann hat die Problemwahrnehmung die allgemeine Öffentlichkeit, wann das politisch-administrative System erreicht?
- In welchen politischen Arenen ist das Problem verhandelt worden?
- Welche Bekämpfungsmaßnahmen hat es gegeben und welches waren ihre (intendierten und nichtintendierten) Folgen?
- Wann und in welchem Kontext sind die öffentliche und die politische Aufmerksamkeit ggf. zum Erliegen gekommen?

2. Fragenkomplex: Soziale Sachverhalte
- Um welche Lebenssituation bzw. um welches menschliche Handeln geht es überhaupt?
- Wie wird der kritisierte soziale Sachverhalt in verschiedenen Dokumenten beschrieben?
- Warum werden die Situation bzw. das Handeln als problematisch angesehen?
- Welche Personengruppen sollen betroffen sein? Wie hoch wird die Zahl der Problemopfer geschätzt? Und warum können die Betroffenen sich nicht selbst helfen?

- Welches sollen die individuellen, welches die sozialen Folgen („Schäden") des Problems sein?
- Von welchen (ggf. auch: konkurrierenden) Problemursachen wird ausgegangen?
- Welche Sachverhaltsbehauptungen werden von allen Akteuren geteilt und welche sind umstritten?
- Wie umfangreich sind die konsensualen Sachverhalte? Muss von einem ‚virtuellen Problem' gesprochen werden?

3. Fragenkomplex: Kollektive Akteure und ihre Interessen
- Welche kollektiven Akteure waren bzw. sind an der Problematisierung beteiligt?
- Welchen Akteurstypen sind sie zuzuordnen und wie lassen sich ihre Eigeninteressen beschreiben?
- Unterscheiden sich die Problemmuster der dominierenden Akteure?
- Welche Forderungen werden jeweils erhoben und wie werden diese begründet?
- Auf welche medialen und politischen Ressourcen haben die Akteure Zugriff?
- Zu welchen Koalitionen und Konkurrenzen unter den Akteuren ist es gekommen?
- Wer beruft sich auf wen, um die Legitimität des Themas oder einzelner Tatsachenbehauptungen diskursiv herzustellen?
- Gibt es Akteure, die einen Gegendiskurs führen?

4. Fragenkomplex: Die Inhalte des Problemmusters
- Welches sind die zentralen Dokumente, in denen das Problemmuster verbreitet wird?
- Was lässt sich analytisch aus dem Problemnamen ableiten?
- Welche konkurrierenden Problemmuster und Gegendeutungen sind analytisch zu unterscheiden?
- Wie sieht jeweils das Erkennungsschema aus?
- Welche Wissensbestände enthält die Problembeschreibung? Wie sind diese miteinander verknüpft?
- Auf welche Bewertungsmaßstäbe bzw. welche Bestandteile einer allgemein anerkannten Werteordnung wird rekurriert?
- Welches ist das vorausgesetzte, welches das explizit vermittelte Hintergrundwissen?
- An welche gesellschaftlichen Wissensbestände schließt das Problemmuster an?

- Welche generellen Bekämpfungsvorschläge werden gemacht und wie sehen die konkreten Handlungsanleitungen aus?
- Welche affektiven Bestandteile des Problemmusters lassen sich identifizieren?

5. Fragenkomplex: Die Anwendung von Diskursstrategien
- Welche Diskursstrategien finden sich in welchen Dokumenten?
- Wie funktionieren diese Diskursstrategien ganz konkret und wen sprechen sie in erster Linie an?
- Setzen verschiedene Akteure unterschiedliche Diskursstrategien ein?
- Gibt es eine durchgängige diskursstrategische ‚Logik', die für die gesamte Problemwahrnehmung typisch ist?
- Bedienen sich die konkurrierenden Problemdeutungen bzw. Problemdeutung und Gegendiskurs unterschiedlicher Diskursstrategien?
- Welche Differenzen in der Anwendung von Diskursstrategien finden sich in verschiedenen Teilöffentlichkeiten?

6. Fragenkomplex: Die mediale Verbreitung der Problemdeutung
- Unter welchen Schlagworten berichten die Medien?
- Wie stellt sich der Ablauf der medialen Themenkarriere dar?
- Welche Übereinstimmungen und welche Unterschiede finden sich in der Darstellung zwischen Massen- und Netzwerkmedien?
- In welchen dokumentarischen und fiktionalen Genres und Formaten taucht die Problemwahrnehmung auf? (Und wo wird dabei das Problemmuster als bekannt vorausgesetzt?)
- Welche medien- und formatspezifischen Besonderheiten lassen sich identifizieren?
- In welchen Kontext (Hintergrundwissen, anderen Problemwahrnehmungen) wird das Problem medial gerückt?
- Welche Rolle haben die so genannten Leitmedien für die Verbreitung der Problemwahrnehmung gespielt?
- Welchen Nachrichtenfaktoren (Konfliktsituation, Personalisierung, Normverletzung usw.) konnte die Problemwahrnehmung genügen und welchen nicht?
- (Zusätzlich bei aktuellen Problemen: Wie sind die weiteren Erfolgsaussichten der Problemwahrnehmung vor dem Hintergrund der medienspezifischen Ökonomie der Aufmerksamkeit zu beurteilen?)

8 Fragenkatalog zur empirischen Analyse sozialer Probleme

7. Fragenkomplex: Die politische Arena
- In welchen Gremien hat das Problem seine politische Karriere begonnen?
- Wie hat das politisch-administrative System auf die Problemwahrnehmung reagiert?
- Welche Begründungen finden sich in politischen Dokumenten für die Akzeptanz oder Ablehnung der Problemwahrnehmung?
- Welche weltanschaulichen und moralischen Wissensbestände wurden zur Begründung politischer Entscheidungen zu Hilfe genommen?
- Lassen sich unterliegende Motive für die Entscheidung der verschiedenen politischen Akteure rekonstruieren?
- Welche Bekämpfungsmaßnahmen wurden diskutiert und welche Vorschläge sind zum Zuge gekommen? (Und auf welchen Ressourcen basieren sie primär?)
- In welchem Ausmaß wurde die Problembekämpfung institutionalisiert?
- Welche Institutionen haben sich der Problembekämpfung angenommen, welche wurden zu diesem Zweck neu gegründet?
- Welche Transformationen hat die Problemwahrnehmung im Rahmen der politischen Bearbeitung erfahren?
- Welches waren die intendierten, welches die nichtintendierten Folgen von Bekämpfungsmaßnahmen?

Teil III:
Empirische Beispielanalysen

Vorbemerkung

Das im Teil I dieses Buches theoretisch begründete und im Teil II systematisch ausformulierte Programm zur empirischen Analyse sozialer Probleme, wie es sich aus dem vom Autor erstmals im Jahre 1996 formulierten Kokonmodell sozialer Probleme ergibt, soll im III. und letzten Teil mittels zweier – sehr unterschiedlicher – Beispielanalysen exemplarisch konkretisiert werden.

Der *erste Beispieltext* ist der Zeitschrift „Soziale Probleme" entnommen; dort erschien im Heft 1/2003 der Aufsatz „Internetsucht – eine konstruktionistische Fallstudie" von Susanne Walter und Michael Schetsche, der in der Problemanalyse weitgehend den Vorgaben des Kokonmodells folgte. Dieser Aufsatz wird hier weitgehend unverändert in der damaligen Fassung wiedergegeben – ausgelassen sind in verschiedenen Kapiteln lediglich theoretische Passagen, die hier entbehrlich scheinen[192]. Der Autor des Buches dankt seiner damaligen Mitautorin, der Sozialarbeitswissenschaftlerin Susanne Walter, und dem Centaurus-Verlag für die freundliche Genehmigung, diesen Aufsatz hier als Beispielanalyse nachdrucken zu dürfen.

---

192 Der Beitrag wurde formattechnisch an die Gepflogenheiten dieses Bandes angepasst: Die Endnoten wurden in Fußnoten verwandelt und die verwendete Sekundärliteratur in das Gesamtliteraturverzeichnis integriert, das Verzeichnis der Primärquellen wurde jedoch in der ursprünglichen Form beibehalten (es findet sich am Ende des Kapitels); Fehler in der ursprünglichen Druckfassung wurden stillschweigend korrigiert.

Der *zweite Beispieltext* wurde von der Soziologin Ina Schmied-Knittel speziell für diesen Band verfasst. Er nutzt zur Rekonstruktion des Problems ‚satanisch-ritueller Missbrauch' empirische Befunde eines Forschungsprojekts über „Satanismus und satanisch-rituellen Missbrauch in Deutschland", das von Frau Schmied-Knittel in den Jahren 2005 bis 2008 am Institut für Grenzgebiete der Psychologie und Psychohygiene e.V. durchgeführt worden ist. Eine ausführliche Darstellung des Untersuchungsdesigns, der Quellenlage und der Gesamtergebnisse dieser Studie findet sich in der Monographie von Ina Schmied-Knittel (2008).

1 Erste Beispielanalyse: „Internetsucht – eine konstruktionistische Fallstudie"

Susanne Walter, Michael Schetsche [Nachdruck aus: Soziale Probleme 14 (1), 2003]

1.1 Einleitung

Die Etablierung der Netzwerkmedien[193] als fester Bestandteil der Alltagskommunikation eines steigenden Anteils der Bevölkerung hat zu vielfältigen öffentlichen Thematisierungen der ‚Neuen Medien' geführt. Zur Euphorie über die neuen Kommunikationsmöglichkeiten gesellen sich Warnungen vor verschiedenen Risiken der Mediennutzung: unterschiedlichste Formen der Internetkriminalität, die Gefährdung von Kindern und Jugendlichen, mögliche negative Folgen einer exzessiven Nutzung der Neuen Medien. Das letztgenannte Risiko wird unter Stichwörtern wie ‚Internetsucht' in Deutschland (wie in vielen anderen Industriestaaten) diskutiert. Solche öffentlichen Diskurse werden von der Soziologie seit mehreren Jahrzehnten als soziale Probleme beschrieben und analysiert. Die dazu verwendeten theoretischen und methodischen Folien orientieren sich heute in aller Regel an der in den siebziger Jahren entstandenen paradigmatischen Spaltung der Problemsoziologie[194].

---

193 Wir benutzen die übergreifende Kategorie ‚Netzwerkmedien' zur analytischen Bezeichnung der Gesamtheit der Medien, bei denen die Informationsübertragung auf dem – netzwerkförmigen – Zusammenschalten von Computern beruht.

194 Die theoretische Entwicklung der Soziologie sozialer Probleme mit ihrer Zweispaltung in einen objektivistischen und einen konstruktionistischen Zweig kann hier nicht behandelt werden. Einen Überblick liefern Groenemeyer (1997: 23-69), Schetsche (2000: 17-25) und Schmidt (2000).

1 Erste Beispielanalyse: „Internetsucht"

Die folgende empirische Untersuchung des Problemdiskurses ‚Internetsucht' im deutschsprachigen Raum bedient sich des Kokonmodells sozialer Probleme, wie es einer von uns (Schetsche 1996) vor einigen Jahren vorgelegt hat[195].
[...]
Eine vollständige Problemanalyse nach diesem Kokonmodell rekonstruiert acht Dimensionen sozialer Probleme: Problemgeschichte, kollektive Akteure, Problemmuster, Alternativdeutungen, Diskursstrategien, Öffentlichkeit, Reaktionen des Wohlfahrtsstaates sowie soziale Sachverhalte. Bei der empirischen Umsetzung einer solchen theoretischen Folie sind jedoch die Eigentümlichkeiten des ausgewählten Problems zu beachten. Im hier untersuchten Fall gibt es über wohlfahrtsstaatliche Aktivitäten kaum etwas zu berichten, weil das Problem die Stufe staatlicher Anerkennung noch nicht erklommen hat (und nach unserer Einschätzung auch nicht erreichen wird)[196]. Damit bleiben noch sieben Aspekte, denen in der empirischen Analyse nachzugehen ist. Wegen der Spezifität des Untersuchungsgegenstandes wollen wir in der Darstellung der empirischen Befunde – trotz unseres eher konstruktionistischen Zugangs – mit dem beginnen, was in der Problemtheorie ‚sozialer Sachverhalt' oder auch ‚objektive Bedingungen' genannt wird.

1.2 Der konsensuale Sachverhalt

[...]

---

195 Den theoretischen Hintergrund für dieses Modell bilden verschiedene Versuche zur Integration der konkurrierenden Problemtheorien. Neben Hartjen (1977) und Jones et al. (1989) ist hier insbesondere Giesen (1983) zu nennen, dessen wissenssoziologischer Vorschlag – wie wir meinen zu Unrecht – auch in der deutschen Theoriedebatte weitgehend übersehen worden ist. Eine metatheoretische Begründung und wissenssoziologische Erweiterung des Kokonmodells bietet die relativistische Problemtheorie (Schetsche 2000).

196 In Anschluss an die Stufenmodelle von Blumer (1971) und Spector/Kitsuse (1977: 150-155) hat einer der Autoren (Schetsche 1996: 30-33), ein sechsstufiges Phasenmodell der Karriere sozialer Probleme entwickelt, das auf- und absteigende Phasenübergänge zulässt. Das Problem ‚Internetsucht' befindet sich nach diesem Modell in der Phase der öffentlichen Aufmerksamkeit. Wenn wir die im Rahmen der relativistischen Problemtheorie zur Prognose der Entwicklungschancen von Problemwahrnehmungen postulierten sieben Erfolgskriterien zugrunde legen (Schetsche 2000: 85-99), erscheint es unwahrscheinlich, dass die Internetsucht über diese Phase hinausgelangen und generelle staatliche Anerkennung erlangen wird.

Nach unseren Untersuchungen besteht hinsichtlich der Entwicklung des Internets und der Basisparameter seiner Nutzung weitgehende Übereinstimmung zwischen den Sachverhaltsannahmen des Problemmusters und denen des Gegendiskurses[197].

Das Internet ist danach ein Zusammenschluss vieler Computer zu einem weltweiten Netzwerk, das einen synchronen und asynchronen Austausch von Informationen in unterschiedlichster Form über beliebige Entfernungen hinweg gestattet. Die Zahl der angeschlossenen Rechner ist in den letzten zwanzig Jahren exponentiell gewachsen. Seit 1989 war die Nutzung des Netzes auch von Deutschland aus möglich, zunächst nur von Universitätsservern aus, seit 1995 auch über private Anbieter wie AOL oder CompuServe (vgl. Simon 2001: 84). Mit der Zunahme der Zahl der angeschlossenen Rechner ist auch die Anzahl der Nutzer und Nutzerinnen kontinuierlich angestiegen. Nach einer Statistik sollen im August 2001 in Deutschland etwa 27 Millionen Menschen regelmäßig oder wenigstens gelegentlich die Netzwerkmedien genutzt haben (Forsa 2001). Dabei ist der Anteil der Nutzerinnen in den vergangenen Jahren kontinuierlich angestiegen und der Bildungsstand hat seine Relevanz für die Nutzung weitgehend verloren – lediglich die Altersschere im Zugang zum Netz hat sich weiter geöffnet (ComCult Research 1999, 1999a).

Die Gründe für das ‚exponentielle Wachstum' des Internets werden in den außerordentlich vielfältigen Kommunikations- und Interaktionsmöglichkeiten vermutet, welche diese neuen Medien zur Verfügung stellen: Mit dem Internet ist ein weltweiter Informationsraum entstanden, in dem diverse Dienste[198] den freien Austausch digitalisierter Ton-, Bild- und Textdokumente sowie die synchrone Kommunikation und verschiedene Formen virtueller Interaktion ermöglichen. Kommunikation und Interaktion sprechen dabei die unterschiedlichsten Lebensbereiche an und dienen vielfältigen Zwecken.

Im Kontext der Internetsucht werden insbesondere die Möglichkeiten von sechs Diensten diskutiert: E-Mail, Mailinglisten, Newsgroups, Internet Relay Chat (IRC), Multi User Domains (MUD) und das World Wide Web (WWW). Letzteres wird dabei als Zentrum des Internets angesehen, weil die Mehrzahl der anderen Dienste in dieses Medium integriert werden kann. Dieses Zusammen-

---

197 Die Entwicklung der Internetnutzung wird in den untersuchten Quellen (vgl. Quellenverzeichnis), die überhaupt auf dieses Frage eingehen, weitgehend übereinstimmend geschildert. Die Existenz eines hegemonialen Diskurses zur Entwicklung der Internetnutzung verleiht den getroffenen Feststellungen de facto den Status nicht hintergehbarer Wahrheiten.

198 Als ‚Dienste' werden auf spezifischen Protokollen basierende Möglichkeiten des Datenaustausches zwischen Computern bezeichnet.

wachsen der einzelnen Netzwerkmedien macht einen wesentlichen Kernpunkt der hohen Attraktivität aus, die der Internetnutzung vom Problem- wie vom Gegendiskurs bescheinigt wird.

Übereinstimmend wird schließlich angenommen, dass sowohl die Zahl der Nutzer und Nutzerinnen wie auch die durchschnittliche tägliche Nutzungsdauer in den nächsten Jahren – in Deutschland wie weltweit – weiter ansteigen werden. Die Folgerungen, die daraus hinsichtlich der Bewertung der Internetnutzung gezogen werden, sind dabei jedoch recht unterschiedlich. Diese Konsequenzen gehören deshalb ebenso wenig zum konsensualen Sachverhalt wie die Antwort auf die Frage, wie viele Menschen denn ‚tatsächlich' von der Internetsucht betroffen seien. Wie die folgenden Abschnitte zeigen werden, weichen hier nicht nur die in den Massenmedien genannten Zahlen, sondern auch die Befunde einzelner wissenschaftlicher Untersuchungen stark voneinander ab (letztere liegen für den deutschsprachigen Raum zwischen 1 und 12,7 Prozent). Dieser Befund bestärkt uns in unserer (Kitsuse und Spector – 1973 – folgenden) Einschätzung, dass die Frage nach dem ‚tatsächlichen' Umfang eines behaupteten Sachverhalts nicht unabhängig vom Problemdiskurs selbst beantwortet werden kann. Die Bedeutung der bezüglich der ‚tatsächlichen Verbreitung' einer Problemlage genannten Zahlenwerte für die Analyse der Problemkarriere relativiert sich deshalb deutlich.

1.3   Die Geschichte der Problemwahrnehmung[199]

Die Entstehung der Problemwahrnehmung[200] wirkt auf den ersten Blick ein wenig kurios, ist aber für soziale Probleme am Ende des 20. Jahrhunderts durchaus nicht ungewöhnlich. Wie bei vielen der die deutsche Öffentlichkeit bewegenden Probleme, beginnt auch die Karriere der Internetsucht in den USA. Dort wird das Problem erstmals im Jahre 1994 unter dem Stichwort „Internet Addiction Disorder" in den Netzwerkmedien selbst thematisiert.

---

199 Unsere Geschichte der Problemwahrnehmung in Deutschland muss notgedrungen in höherem Maße auf Offline-Quellen rekurrieren, als es nach unserer Einschätzung des Gesamtdiskurses eigentlich sachlich geboten wäre: Eine Vielzahl von ‚historischen' Internetquellen (wie Postings in Newsgroups und Mailinglists oder WWW-Seiten) sind nachträglich nur mit unvertretbarem Ressourceneinsatz oder oftmals auch gar nicht mehr zu erheben. Unser Wissen über diese Debatten entstammt weitgehend den retrospektiven Darstellungen von Beteiligten oder professionellen Beobachtern.

200 Aus konstruktionistischer Sicht, der wir uns hier weitgehend anschließen wollen, ist die Geschichte eines sozialen Problems mit der Geschichte der gesellschaftlichen Problemwahrnehmung identisch (vgl. Blumer 1971).

Entdecker, richtiger hier wohl: Erfinder der Internetsucht ist der amerikanische Psychiater Ivan Goldberg. Er verfasst Ende des Jahres 1994 für eine Mailinglist einen *scherzhaft* gemeinten Beitrag über eine neue, von ihm „Internet Addiction Disorder (IAD)" genannte Krankheit: Auf immer mehr Menschen übe das Internet eine so starke Anziehungskraft aus, dass sie sich gänzlich aus der ‚realen' Welt zurückzögen. Trotz negativer Auswirkungen auf andere Lebensbereiche, insbesondere der Familie, des Freundeskreises und der Arbeit, seien diese Menschen nicht mehr in der Lage, ihre Internet-Nutzung einzuschränken. Sie seien abhängig vom Internet und bräuchten professionelle Hilfe. Die von Goldberg gelieferte Symptombeschreibung der IAD orientiert sich dabei an den diagnostischen Merkmalen der Spielsucht[201], wie sie im DSM-IV[202] festgelegt sind. Statt der von ihm erwarteten ironischen Kommentare erhält Goldberg eine große Anzahl von Postings von Menschen, die sich in der Symptombeschreibung wieder zu erkennen meinen und sich selbst für Opfer dieser ‚Krankheit' halten. Nachdem die New York Times im Februar 1995 als erste Zeitung über Goldberg und seine ‚Entdeckung' berichtet, verbreitet sich die Problemwahrnehmung auch außerhalb des Internet (Q 2, Abs. 2; Q 4, Abs. 1; Q 5, S. 106; Q 6, Abs. 1; Q 7, Abs. 3; Q 11, S. 2; Q 18, S. 3; Q 23, Abs. 1 ff)[203].

In den folgenden Jahren melden sich – neben mehr und mehr Betroffenen – auch Experten zu Wort, die die Existenz dieser neuen Störung empirisch beweisen wollen. Eine der ersten, deren Arbeiten auch international massenmediale Aufmerksamkeit erlangen, ist die amerikanische Psychologin Kimberly Young. Sie wird mitunter – neben Goldberg – als „Entdeckerin der Internetsucht" bezeichnet (Q 31, S. 300). Nach eigenen Angaben beginnt sie bereits im November 1994 – also in etwa zeitgleich mit dem ersten Posting von Goldberg – Teilnehmer von Newsgroups und Chatrooms nach ihren Internetgewohnheiten zu befragen. Im Gegensatz zu Goldberg meint sie es allerdings *ernst* als sie beginnt, Diagnosekriterien des „pathologischen Spielens" auf die Internetnutzung zu übertragen. Sie formuliert Kriterien für einen suchtartigen Gebrauch, nach denen sie in ihrer

---

201 Auch im deutschsprachigen Raum orientiert sich die Konstruktion der Internetsucht stark an derjenigen der Spielsucht. Auf die Ähnlichkeit im Verständnis zwischen diesen beiden ‚Süchten' wird auch in den untersuchten Quellen hingewiesen: „Internetsucht ist vergleichbar mit Spielrausch" (Q 76) – um nur ein Beispiel zu nennen. Ein systematischer Vergleich zwischen den Problemmustern und Konstruktionsprozessen dieser beiden sozialen Probleme kann von uns an dieser Stelle jedoch nicht geleistet werden.
202 Diagnostic and Statistical Manual of Mental Disorders (4th ed.), herausgegeben von der American Psychiatric Association 1994.
203 Die Nummerierung bezieht sich auf das Quellenverzeichnis im Anhang.

1 Erste Beispielanalyse: „Internetsucht"

ersten Untersuchung gleich 396 von insgesamt 496 Umfrageteilnehmern (also fast achtzig Prozent ihrer Stichprobe) als internetsüchtig einstufen kann (Q 24, Abs. 1). Über diesen Befund wird von den Printmedien bereits berichtet, ehe Young ihre Ergebnisse im August 1996 auf dem „104th Annual Meeting of the American Psychological Association" in Toronto einem Fachpublikum vorstellt[204]. Es erscheinen u. a. Artikel in der New York Times, The Wall Street Journal und The London Times (Q 25, S. 5).

Im deutschsprachigen Raum[205] taucht die Problemwahrnehmung erstmals 1996 auf, und zwar zeitgleich in der Fachöffentlichkeit und in den Massen- bzw. Netzwerkmedien. In der Fachöffentlichkeit ist es Jakob Müller (ein Dozent für Sozialarbeit), der als erster auf das neue Problem hinweist. In seinem – im ersten Halbjahr 1996 in der Fachzeitschrift „Abhängigkeiten" (!) erscheinenden – Aufsatz „Männerspezifische Suchtaspekte" (Q 15) übersetzt er Goldbergs Symptombeschreibung und konturiert mit ihrer Hilfe eine neue „Männer-Sucht"[206], die bald auch Deutschland erreichen könnte.

Noch im selben Jahr beginnen auch im deutschsprachigen Raum Experten, das Phänomen empirisch zu erforschen. Sie bedienen sich dabei fast ausnahmslos des Mediums, dessen Nutzung auch Gegenstand der Thematisierung ist: des Internet. Die erste Online-Umfrage führt der Psychologe und Informatiker Matthias Rauterberg durch. Er kommt aufgrund seiner Befunde – elf Prozent der von ihm befragten 454 Personen schätzen sich nach vorgegebenen Kriterien selbst als internetsüchtig ein (s. Q 17, S. 17) – zu dem Schluss, dass das Internet tatsächlich süchtig machen kann. Das Suchtpotential wird dabei von Rauterberg ähnlich hoch eingeschätzt wie das des Alkohols. Besonders problematisch erscheint ihm die schleichende soziale Isolation, in die Internetsüchtige sich nach und nach selbst manövrieren:

---

204 1998 veröffentlichte sie diese Ergebnisse in ihrem Buch „Caught in the Net" (Q 25), das in den USA zum Bestseller wurde (s. Q 38). In diesem Buch beschreibt sie außerdem ihre therapeutische Arbeit mit Internetabhängigen und deren Angehörigen – eine Behandlung, die hauptsächlich via Internet stattfindet. Speziell zu diesem Zweck hat sie eine ‚virtuelle Klinik' gegründet: das Center for Online Addiction (s. Q 33). Das genannte Buch erschien 1999 in deutscher Sprache.

205 Wir verlassen hier die englischsprachige Bühne und rekonstruieren in den folgenden Kapiteln ausschließlich den Problemdiskurs im deutschsprachigen Raum, dem die von uns gesammelten und systematisch ausgewerteten Dokumente entstammen.

206 Müller stellt Internetsucht als ein ausschließlich Männer betreffendes Phänomen dar, als dessen Ursache er „die anerzogene Unsicherheit in der männlichen Geschlechtsrolle aufgrund des Fehlens männlicher Bezugspersonen in der frühen Kindheit" (Q 15, S. 38) ansieht. Diese Erklärung spielt im späteren Diskurs über Internetsucht allerdings keine Rolle mehr.

„*Die Internetsüchtigen ziehen sich in ihr Schneckenhaus vor den PC-Bildschirm zurück und versuchen von dort – aus ‚sicherer' Distanz – mit ihren Mitmenschen (wieder) in Kontakt zu treten*" (Q 17, S. 17).

Kurze Zeit später befragt der Psychologe Batinic 274 Internetnutzer zu ihrem Nutzungsverhalten (Q 2). In einem späteren Interview (Q 32, Abs. 8) identifiziert Batinic unter seinen Probanden zehn Prozent „Extrem-User", die mehr als 40 Stunden wöchentlich im Netz verbringen. Nur jeder zehnte von ihnen – also insgesamt nur ein Prozent der Befragten – weist jedoch alle Aspekte auf, die es nach Auffassung von Batinic gestatten, von „süchtigem Verhalten" zu sprechen. Entsprechend schätzt Batinic das Suchtpotential des Internet weit geringer ein als sein Kollege Rauterberg.

In ihrem Artikel „Macht das Internet süchtig?" (Q 7)[207] fassen die Psychologen Joachim Funke und Thomas Krüger 1997 den bisherigen Kenntnisstand zum Thema zusammen. Nach ihrem Fazit gibt es nur schwache Hinweise darauf, dass Internetsucht zu einem Massenphänomen werden könnte. Es gäbe lediglich ein paar Einzelfälle – die allerdings ernst genommen und psychologisch behandelt werden müssten (Q 7, Abs. 6). Entsprechend äußern sich – ebenfalls ohne über eigene empirische Daten zu verfügen – Nicola Döring (Q4, Abs. 4) sowie Christiane Eichenberg und Ralf Ott (Q 5). Nach Auffassung der letztgenannten sind es eher Neueinsteiger, die „Symptome einer Onlinesucht zeigen" (Q 5, S. 108). Alle diese Autorinnen und Autoren können als Vertreter einer Alternativdeutung bzw. eines Gegendiskurses zur Problemwahrnehmung angesehen werden.

Der Wiener Psychiater H. D. Zimmerl vertritt – auf Basis einer eigenen empirischen Studie – die Auffassung, dass zumindest von Chat-Räumen ein hohes Suchtpotential ausgeht (Q 26). Zimmerl ist auch der Erste im deutschsprachigen Raum, der bestimmte Risikogruppen ausmacht und zwischen verschiedenen Stadien der Internetsucht[208] unterscheidet. Er empfiehlt allen praktisch arbeitenden Psychiatern, die von ihm entwickelten „diagnostischen Kriterien" bei der Symptomerhebung von Patienten im Auge zu behalten, weil Internetsüchtige in Zukunft regelmäßig in der therapeutischen Praxis in Erscheinung treten würden (Q 26, Kap. 5).

---

207 Er wurde 1997 zunächst im Internet veröffentlicht (Q 7), erschien aber noch im selben Jahr in der Zeitschrift „Psychologie heute" (Q 7a) und wurde 1998 weitgehend unverändert im Sammelband „Psychologie im Internet" (Q 7b) nachgedruckt.

208 Zimmerl bevorzugt den Terminus „Pathologischer Internet-Gebrauch (PIG)" und vergleicht dieses Phänomen mit Spielsucht und Arbeitssucht (Q 26, Kap. 3).

1 Erste Beispielanalyse: „Internetsucht"

1998 entsteht an der Psychiatrischen Universitätsklinik in München die erste „Ambulanz für Internet-Abhängige" im deutschsprachigen Raum. Der Gründer dieser Einrichtung, der Psychiater Seemann, führt von November 1999 bis März 2000 auch eine Online-Befragung (Q 19) zum Problem durch. Seemann und sein Kollege Hegerl diagnostizieren dabei bei 4,6 Prozent ihrer 998 Umfrage-Teilnehmer suchtartiges Nutzungsverhalten[209]. Die Autoren scheuen sich allerdings, Internetsucht als eigenständige Krankheit zu betrachten und fordern weitere „ausführliche diagnostische Abklärung der Patienten" (Q 19, Kap. „Diskussion").

Bereits ein halbes Jahr zuvor – von Juli 1999 bis September 1999 – haben die Berliner Psychologen André Hahn und Matthias Jerusalem mit ca. 9.000 Umfrageteilnehmern die bisher größte Online-Erhebung zu diesem Thema im deutschsprachigen Raum durchgeführt. Unter Verwendung von Kriterien, die denen der anderen Untersuchungen sehr ähnlich sind, ordnen Hahn und Jerusalem 3,2 Prozent ihrer Teilnehmer als ‚betroffen' ein (Q 11, S. 8). Die beiden Autoren verstehen Internetsucht dabei als „moderne Verhaltensstörung und eskalierte Normalverhaltensweise im Sinne eines exzessiven und auf ein Medium ausgerichteten Extremverhaltens" (Q 11, S. 4). Es handele sich keineswegs um ein Phänomen, das nur oder vor allem Neueinsteiger beträfe, vielmehr seien langjährige Internetnutzer im gleichen Ausmaß betroffen.

Die Studien von Hahn/Jerusalem und Seemann/Hegerl finden als erste empirische Untersuchungen in Deutschland auch ein größeres massenmediales Echo. Vor diesem Zeitpunkt bleibt – obwohl einzelne Medien das Thema bereits Mitte 1996 aufgegriffen hatten – das massenmediale Interesse eher zurückhaltend. Wie die weiter unten folgende Abbildung 2 zeigt, ist eine regelmäßige Berichterstattung erst von 1999 an zu beobachten.

Im Frühjahr 2001 – als die Recherche für diesen Beitrag endete – hat die Problemwahrnehmung in Deutschland bereits erste institutionalisierte Handlungspraxen hervorgebracht. Kurz nach der bereits erwähnten Einrichtung einer Ambulanz für Internetsüchtige in München wird 1998 auch die erste deutsche Selbsthilfegruppe für Internetsüchtige gegründet. Der Dachverband der HSO[210]

---

209 Auch Seemann und Hegerl erstellten einen eigenen Kriterienkatalog zur Diagnose von Internetsucht. Die Unterschiedlichkeit der in den einzelnen Studien verwendeten Kriterien macht ein zentrales Problem der Vergleichbarkeit der empirischen Untersuchungen aus.

210 Der 1998 gegründete Verein nahm im Untersuchungszeitraum in Deutschland eine herausragende Stellung ein. Dass der Verein Ende April 2001 seine Arbeit eingestellt hat, deutet darauf hin, dass die Internetsucht ihren Karrierehöhepunkt zu diesem Zeitpunkt bereits überschritten hatte. Das vom Verein gegründete Internetforum (unter www.onlinesucht.de) existiert allerdings weiter.

(Hilfe zur Selbsthilfe für Onlinesüchtige e.V.) wurde zwischenzeitlich von der AOK finanziell unterstützt (Q 43, Abs. 5). Inzwischen bieten mehrere deutsche Kliniken via Internet Therapien für Internetsüchtige an (Q 29, Q 37) und verschiedene gemeinnützige Organisationen kümmern sich um die Präventionsarbeit (Q 50).

Die Präventionsmaßnahmen in Schulen, die AOK-finanzierten Aktivitäten des Dachverbandes der Selbsthilfegruppen sowie die Arbeit von gemeinnützigen Vereinen können im weitesten Sinne als staatliche (weil staatlich geförderte) Bekämpfungsmaßnahmen verstanden werden. Diese Aktivitäten sind jedoch zu partiell geblieben, um generell von einer Akzeptanz der Problemwahrnehmung durch wohlfahrtsstaatliche Instanzen sprechen zu können. Insbesondere lässt eine Thematisierung auf administrativer und parlamentarischer Ebene noch auf sich warten, die Voraussetzung für eine – grundsätzliche – Anerkennung staatlicher Zuständigkeit für das Problem sowie die Einleitung umfassender (finanzieller, rechtlicher und informationeller) Bekämpfungsmaßnahmen wäre (vgl. Schetsche 1996: 135-144).

1.4   Das Problemmuster

[...]

Im Fall der Internetsucht zeigt eine Analyse zahlreicher Quellen (s. Quellenverzeichnis), dass in Fachöffentlichkeit, Massen- sowie Netzwerkmedien ein recht einheitliches Problemmuster prozessiert wird. Exemplarisch für die Massenmedien[211] (siehe Abbildung 2) kann der Inhalt des Artikels aus der bremischen Tageszeitung „Weser-Kurier" vom September 2000 (Abbildung 3) angesehen werden.

---

211 Abbildung 2 zeigt das Ergebnis einer Stichwortrecherche (Stichworte: Internetsucht, Internet-Sucht, Internetabhängigkeit, Internet-Abhängigkeit, Onlinesucht, Online-Sucht und Pathologischer Internet-Gebrauch) mit Hilfe des Internet-Suchdienstes „GBI the contentmachine" (www.gbi.de) unter der Rubrik Tages- und Wochenpresse am 24.03.01. Die angezeigten Treffer (Artikel) stammen aus folgenden Magazinen und Zeitungen: Allgemeine Zeitung Mainz, Börsen-Zeitung, Bonner General-Anzeiger, Darmstädter Echo, FAZ Frankfurter Allgemeine Zeitung, Focus, Frankfurter Allgemeine Sonntagszeitung, Frankfurter Rundschau, Frankfurter Neue Presse, Kölner Stadtanzeiger, Leipziger Volkszeitung, Mitteldeutsche Zeitung, NZZ Neue Zürcher Zeitung, Der Spiegel, Stuttgarter Zeitung, taz, Oberösterreichische Nachrichten, Wiesbadener Kurier und Die Woche.

1 Erste Beispielanalyse: „Internetsucht"

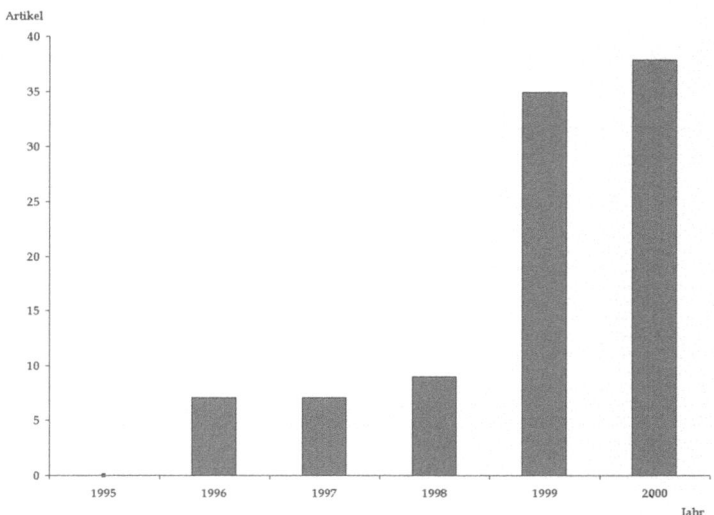

Abbildung 2 Internetsuche: Quantitative Diskursintensität in den Massenmedien

Der Beitrag im Weserkurier enthält – bis auf eine Ausnahme[212] – alle der theoretisch postulierten (Schetsche 1996: 68-78) Merkmale von Problemmustern: Name, Identifizierungsschema, Problembeschreibung, Bewertung, Handlungsanleitung und affektive Bestandteile.

---

212 Das Fehlen des Merkmals ‚abstrakte Problemlösungen' ist keine Besonderheit des ausgewählten Artikels, sondern im Gegenteil typisch für das hier untersuchte Problem.

Auch das Internet kann süchtig machen

Zahl der Abhängigen steigt / Münchner Ambulanz hilft

München (ap). „Meine Ehe ist hin. Das weiß ich, aber es berührt mich nicht, so lange ich in den Chat kann. Ich lebe nur noch in dem Chat. Außerhalb bin ich wie tot." Diese Schilderung stammt von einer Patientin der Münchner Ambulanz für Internet-Abhängige. Die Frau gehört zur wachsenden Zahl von Menschen, die der virtuellen Welt verfallen sind.

Wie Alkohol- und Drogenabhängige ziehen sich Internet-Süchtige zurück, verlieren Kontakte und leiden bei Entzug. Hilfe bietet die Ambulanz der Psychiatrischen Universitätsklinik in München. Sie ist nach eigenen Angaben die einzige ihrer Art in Europa.

„Die chatsüchtige Frau hat sich wie eine Schnecke in ihr Schneckenhaus zurückgezogen", sagte der Psychiater Oliver Seemann, der die Ambulanz zusammen mit Professor Ulrich Hegerl leitet. Die Patientin habe unter einer regelrechten Psychose gelitten. Doch sei die Internet-Abhängigkeit meist keine eigenständige Krankheit, sondern Symptom einer anderen psychischen Störung. Bei einer jüngeren Studie litten ein Drittel der Betroffenen unter Depressionen und mehr als 50 Prozent an einer Persönlichkeitsstörung.

Exakte Erkenntnisse über die Zahl der Abhängigen gibt es Hegerl zufolge nicht. Schätzungen gehen von 300 000 Betroffenen in Deutschland und 800 000 in den USA aus. „Wir halten diese Zahlen für eher überschätzt", sagt Hegerl. Doch erwarte er, dass die Zahl der Patienten in den kommenden Jahren zunehmen werde – parallel zur steigenden Zahl der Internetnutzer.

Die Ambulanz führte von November bis März eine Online-Umfrage unter 2341 Nutzern durch. 4,6 Prozent erfüllten die Kriterien der Internet-Abhängigkeit. Sie fühlten ein starkes Verlangen zum Internet-Gebrauch, vergaßen vor dem Bildschirm die Zeit und wurden nervös bei Entzug. Außerdem isolierten sie sich und hatten Probleme in der Partnerschaft und bei der Arbeit. Der Altersdurchschnitt der Abhängigen lag bei 28 Jahren. Die Mehrzahl waren Männer, doch sei dies kein besonderes Merkmal, da 70 Prozent der Internetnutzer männlich seien, erklärt Seemann.

Besonders gefährdet sind „Menschen mit einer großen Selbstunsicherheit", wie Seemann erklärte. Sie hätten Probleme mit anderen, bräuchten ein soziales Netz und hätten oft ein „wenig erfülltes Sex- und Liebesleben". Einer seiner Patienten habe zum Beispiel noch nie eine Freundin gehabt. Reizvoll am Internet sei für sie die Möglichkeit, anonym und risikolos Kontakte knüpfen zu können. Außerdem interessierten sie sich für Cybersex.

Aber auch die Weiten des Netzes sind für viele reizvoll. Wie Hegerl erklärte, übten die „transzendentale Erfahrung" der grenzenlosen Möglichkeiten einen Sog aus. Viele empfänden es als erhebend, mit der ganzen Welt kommunizieren zu können. Zudem reagiere das Internet auf jeden Tastendruck des Nutzers. „Er erlebt ein sofortiges Feedback", sagte der Psychiater. Aus diesen Gründen sei das Internet gefährlicher als andere Medien. Die Behandlung von Internet-Abhängigen richtet sich nach der Art ihrer psychischen Störung, wie Hegerl betonte. Als erste Hilfe bei einem gestörten Verhältnis zum Computer empfiehlt er, das Gerät aus dem „privaten Eck" in den „öffentlichen Bereich", zum Beispiel ins Wohnzimmer, zu stellen.

Abbildung 3 Zeitungsartikel zum Problem Internetsucht (Weserkurier vom 12.09.2000)

So illustrativ die Präsentation eines dem theoretischen Ideal möglichst nahe kommenden Dokuments auch sein mag, die empirische Rekonstruktion eines Problemmusters hat sich doch immer auf eine Vielzahl von Quellen zu stützen. Wir werden deshalb im Folgenden eine Zusammenschau der Inhalte aller untersuchten 84 Primärquellen unterschiedlichster Herkunft vornehmen.

1 Erste Beispielanalyse: „Internetsucht"

Beginnen wir mit dem Namen, der dem Problem gegeben wird. In den von uns identifizierten Quellen dominiert die Bezeichnung „Internetsucht" (die wir aus diesem Grund auch für unsere Benennung der Problemwahrnehmung verwendet haben). Allerdings wird das Problem – wie bereits der oben abgebildete Zeitungsartikel zeigt – auch unter anderen Namen prozessiert. Am häufigsten sind die Bezeichnungen „Internet-Abhängigkeit", „Chatsucht", „Onlinesucht", „Surfsucht" und „Internet Abhängigkeitssyndrom (IAS)"[213] zu finden.

Auch wenn die Begriffe „Sucht" und „Abhängigkeit" nicht gleichbedeutend sind (vgl. Scheerer 1995: 25-27), werden sie doch zumindest lebensweltlich als Synonyme verwendet. So gilt für alle Bezeichnungen mit dem Wortteil „Abhängigkeit" dasselbe, was sich für mit dem Suffix „Sucht" gebildete Komposita konstatieren lässt: Sie stellen das Problem in den Kontext der gesellschaftlichen Leitdichotomie ‚Gesundheit-Krankheit'. Damit wird nicht nur eine begrenzte Verantwortung der Betroffenen für ihr Verhalten suggeriert, sondern in der Frage der individuellen Bekämpfung auch ganz unmittelbar auf eine psychologisch-medizinische Behandlungsbedürftigkeit fokussiert (was auch die Zuständigkeit bestimmter Berufsgruppen für die Bekämpfung einschließt).

Zur Identifizierung der Betroffenen haben Selbsthilfegruppen und Experten Symptomlisten entwickelt, die schnell Eingang in die Massenmedien gefunden haben. Die in den untersuchten Quellen verwendeten Aufzählungen sind durch ein hohes Maß an Übereinstimmung gekennzeichnet. Wir ersparen uns eine vollständige Auflistung und beschränken uns auf die dreizehn Symptome, die in den Quellen mit Abstand am häufigsten genannt werden:

- häufiges und ‚unstillbares' Verlangen, sich ins Internet einzuwählen;
- die Tendenz, immer mehr Zeit im Internet zu verbringen;
- die Vernachlässigung sozialer Aktivitäten und/oder des Schlafes zugunsten des Internet-Gebrauchs;
- der Verlust des Zeitgefühls während der Internetnutzung;
- Schuldgefühle wegen der zeitlichen und finanziellen Aufwendungen;
- mehrfach fehlgeschlagene Versuche die Nutzung einzuschränken;
- negative Auswirkungen auf das soziale Umfeld (in der Partnerschaft, im Freundeskreis und bei der Arbeitsstelle);
- das Nachlassen der Arbeitsfähigkeit;
- Nervosität und Unruhe bei fehlendem Internetzugang;
- das Verheimlichen oder Bagatellisieren der häufigen Internet-Nutzung;

---

213 In einigen psychiatrisch orientierten Quellen wird außerdem die Bezeichnung „Pathologischer Internet-Gebrauch" favorisiert.

- ein rauschähnliches Gefühl beim Surfen;
- ein ständig besetztes Telefon;
- eine äußerlich sichtbar werdende Verwahrlosung.

Als größte Schwierigkeit bei der Identifizierung von Internetsüchtigen wird angesehen, dass es – im Gegensatz zu anderen Suchtproblemen, wie z. B. dem Drogenkonsum – keine dominierenden Merkmale gibt. Es scheint auch unmöglich, notwendige und hinreichende Bedingungen des Opferstatus zu unterscheiden. Die Listeneinträge haben selbst bei Fachaufsätzen eher den Stellenwert laiendiagnostischer Warnsignale, wobei die Wahrscheinlichkeit des Betroffenenstatus steigt (bzw. eine ‚Gefährdung' um so eher anzunehmen ist), je mehr der genannten Aussagen auf ein Individuum zutreffen. Einige der am häufigsten genannten Symptome (wie Schuldgefühle oder der rauschartige Zustand) sind überhaupt nur vom Betroffenen selbst wahrzunehmen. Andere können von Dritten nur ausnahmsweise oder aufgrund längerfristiger Beobachtung des potentiellen Problemopfers ‚diagnostiziert' werden. Entsprechend schwer ist es für Außenstehende, Internetsüchtige im Alltag zu identifizieren. Die Deklaration als Problemopfer findet deshalb typischerweise durch die Betroffenen selbst oder durch nahe stehende Personen (insbesondere Familienangehörige) statt.

Nach der dominierenden Problembeschreibung handelt es sich bei Internetsucht um eine psychische Erkrankung, die sich durch einen „exzessiven" Internet-Gebrauch äußert, der mit mehreren der genannten Merkmale verbunden ist. Der Stellenwert der einzelnen ‚Symptome' bleibt dabei jedoch regelmäßig ungeklärt[214]. Weitgehende Einigkeit besteht hingegen darin, dass die Sucht erhebliche körperliche, psychische und auch soziale Auswirkungen hat, die – sowohl von Seiten des betroffenen Individuums als auch aus Sicht der Gesellschaft – durchgängig als negativ zu beurteilen sind. Am Ende einer längeren Suchtkarriere drohen, quasi als Maximalschaden, die Trennung vom Partner bzw. der Familie, der Verlust des Arbeitsplatzes oder der ökonomische Ruin durch hohe Telefonkosten.

---

214 Insbesondere bleibt – falls diese Frage überhaupt thematisiert wird – umstritten, ob die genannten Verhaltensmerkmale, Selbstwahrnehmungen und Zuschreibungen kausale Folgen der Internetsucht, Bestandteile einer entsprechenden Erkrankung oder lediglich Störungssymptome sind. Dies hängt nicht zuletzt damit zusammen, dass der ätiologische Status der ‚Sucht' unter den Experten umstritten ist.

1 Erste Beispielanalyse: „Internetsucht"

Ein wichtiges Merkmal der Problembeschreibung ist, dass die Internetsucht nicht auf eine bestimmte Altersgruppe[215] oder ein Geschlecht[216] beschränkt ist. In den zahlreichen Fallbeispielen der untersuchten Dokumente werden Personen mit ganz unterschiedlichen sozialstrukturellen Merkmalen als ‚typische Internetsüchtige' präsentiert. Bereits die Zusammenstellung der Fälle in den einzelnen Veröffentlichungen soll dabei deutlich machen, dass die Gruppe der potentiellen Problemopfer außerordentlich groß ist. Letztlich kann es jeden Nutzer, jede Nutzerin der Neuen Medien treffen.

Dabei legt die Mehrzahl der Autoren und Autorinnen jedoch Wert auf die Feststellung, dass die Internetnutzung nicht generell gefährlich sei. Zu einer Bedrohung würde sie erst im Zusammenspiel mit bestimmten „Risikofaktoren". Genannt werden hier – wie im oben abgedruckten Artikel – in erster Linie „Depressionen", „Persönlichkeitsstörungen" oder unspezifizierte „psychische Erkrankungen". Eine zweite wichtige Gruppe von Risikofaktoren sollen bereits vorhandene suchtförmige Verhaltensmuster (insbesondere Alkohol- und Tablettensucht) darstellen. Des Weiteren findet sich eine große Anzahl von Faktoren, die nur in einzelnen oder einigen wenigen Dokumenten genannt werden.

Die dominierende ätiologische Erklärung der Internetsucht verbindet diese Risikofaktoren mit einer ‚besonderen Anziehungskraft', welche insbesondere von den interaktiven Diensten, namentlich Chats und MUDs, ausgehen soll. Besonders hervorgehoben wird dabei die Möglichkeit, in beliebige Rollen zu schlüpfen und im Schutz von Anonymität und spielerischem Umgang soziale Kontakte zu knüpfen.

„Das Netz bietet eine ideale Möglichkeit jederzeit, einfach, anonym und ohne groß Hemmungen überwinden zu müssen mit anderen Menschen in Kontakt zu treten. Man kann sich selber so darstellen, wie man sich das immer gewünscht hat, sich in der Fantasie ein Traumgegenüber aufbauen und sich natürlich auch verlieben. Es kommt dazu, dass man letztlich mit seinen Aussagen oder seinem Verhalten nicht konfrontiert wird, da man jederzeit die Möglichkeit hat, sich wieder auszuloggen" (Q 46, Abs. 8).

Diese Möglichkeiten würden, so diese These, gerade auf Menschen mit bereits vorhandenen psychosozialen Problemen eine große Anziehungskraft ausüben (im

---

215 Es bleibt die Ausnahme, wenn Hahn und Jerusalem (Q. 11, S. 7) Internetsucht „vornehmlich als Jugendproblematik" ansehen – diese Beschreibung der Risikogruppe hat sich nicht durchgesetzt.
216 Allerdings gelten Männer überwiegend als primäre Risikogruppe; nur zwei Quellen (Q 76, Abs. 3 und Q 58, Abs. 1-5) berichten, dass Frauen häufiger betroffen seien.

Beitrag des Weser-Kuriers ist explizit von einem „Sog" die Rede, den die „transzendentale Erfahrung" ausüben würde). Als Ursache des Problems wird mithin das Zusammentreffen einer bereits vorhandenen psychischen oder psychosozialen Störung bzw. Anfälligkeit mit den spezifischen Kommunikations- und Interaktionsmöglichkeiten der Neuen Medien angesehen – ein Modell, in dem das Internet, entgegen den expliziten Distanzierungen in vielen Dokumenten, letztlich doch als zumindest potentielle Gefahrenquelle konturiert wird.

Die Bewertung der Internetsucht ist – neben der impliziten Feststellung durch die Verwendung des Sucht-Suffix im Problemnamen – bereits explizit durch die Auflistung der unterschiedlichen negativen Folgen in der Problembeschreibung gegeben. Folgen wie Zerstörung der Familie, psychische oder körperliche Erkrankung und Arbeitslosigkeit, sind nach den in unserer Gesellschaft dominierenden Maßstäben eindeutig als ‚Schäden' anzusehen. „Menschen sollen Arbeit haben, in geordneten ökonomischen Verhältnissen leben und gesund bleiben. Die hier zugrunde liegende Werteordnung kann als bekannt – und als geteilt – vorausgesetzt und muß deshalb nicht näher erläutert werden" (Schetsche 2000: 140). Und genau so verhält es sich auch im Falle der Internetsucht.

Auffällig am Problemmuster ist, dass es keine abstrakten Problemlösungen kennt. Dies ist in Hinblick auf das von uns verwendete theoretische Modell ein durchaus erklärungsbedürftiges Ergebnis der Musteranalyse. Unsere erste Vermutung ist hier, dass aufgrund der angenommenen Ursachen des Problems eine generelle Lösung nur auf zwei Forderungen basieren könnte, die beide für die Gesamtheit der Akteure inakzeptabel sind (und deshalb nicht artikuliert werden): die ‚Stilllegung' des Internet oder der präventive Ausschluss von Individuen mit bestimmten Persönlichkeitsmerkmalen von der Nutzung. Überraschender ist da schon, dass auch weniger weitgehende Lösungsvorschläge (wie z. B. die technisch durchaus machbare Beschränkung des zeitlichen Zugangs zum Netz)[217] nicht einmal in Erwägung gezogen werden. Dies deutet darauf hin, dass die impliziten Nutzungsgebote der Mediengesellschaft (hier die Regel, jederzeit ‚online' und damit erreichbar zu sein) auch von denjenigen akzeptiert werden, die einzelne Medientypen als riskant einschätzen. Dieser normativ-ideelle Zusammenhang scheint uns in diesem Falle bedeutsamer als die pauschale Annahme (etwa bei Schetsche 1996: 76), manche Akteure seien – als sekundäre Problemnutzer – ohnehin nicht übermäßig an der Beseitigung von Problemlagen interessiert.

---

217 Bereits Mitte der neunziger Jahre des vorigen Jahrhunderts, also vor dem Beginn der Problemkarriere, boten einige textorientierte MUDs ihren Nutzern die Möglichkeit, sich selbst für einen begrenzten Zeitraum aus der MUD-Welt auszusperren.

1 Erste Beispielanalyse: „Internetsucht"

An konkreten Handlungsanleitungen zur individuellen Bekämpfung hingegen scheint es dem Problemmuster nicht zu mangeln. Bei genauerer Betrachtung zeigt sich hier jedoch, vielleicht aufgrund der noch kurzen Problemkarriere, ein nur wenig ausdifferenziertes Bekämpfungsszenario: Wie bei vielen suchtbezogenen Problemen ist auch hier der erste Schritt die (Selbst-)Beobachtung der potentiell gefährdeten Subjekte. Vielnutzer der Netzwerkmedien, aber auch deren Angehörige und Arbeitskollegen sollen auf das Vorliegen der in den entsprechenden Listen genannten Symptome achten. Um potentiell Betroffenen diese Aufgabe zu erleichtern, sind ‚Selbsttests' entwickelt worden, die über das Internet zugänglich sind (z. B. Q 80). Das soziale Umfeld hingegen wird auf einzelne (äußerlich erkennbare) Symptome verwiesen, denen das besondere Augenmerk gelten muss. Dies gilt auch für die Mitarbeiter professioneller Beratungsstellen (z. B. gegen Suchtgefahr) und für niedergelassene Psychotherapeuten.

Wenn die Deklaration als Problemopfer erst einmal erfolgt ist, finden sich – gerade auch wieder im Internet selbst – eine ganze Reihe von Tipps zur ‚ersten Hilfe': den Computer an einem von den übrigen Familienmitgliedern gut kontrollierbaren Bereich aufbauen, über die Internetnutzung genau Buch führen, Dauer und Ziele der einzelnen Internetsitzungen im Voraus festlegen usw.

Entsprechend der ätiologischen Annahme der Problembeschreibung, die hinter den meisten Fällen von Internetsucht eine psychische oder psychosoziale Störung vermutet, wird eine individuelle ‚Selbsthilfe' von vielen professionellen Akteuren jedoch für unzureichend gehalten. Entsprechend der Zugehörigkeit des jeweiligen Autors zu der einen oder anderen Akteursgruppe wird entweder für die Inanspruchnahme professioneller psychologischer Beratung oder für den Besuch einer fachlich betreuten Selbsthilfegruppe geworben. Den Kontakt zu letzterer kann der Betroffene auch wiederum via Internet herstellen.

Die affektiven Bestandteile des Musters sind unmittelbar mit den detaillierten Listen möglicher Schäden verbunden, die den Rezipienten von der großen Gefährlichkeit des Problems überzeugen sollen. Eine besondere Rolle kommt hier außerdem der Verwendung extremer und personalisierter Fallbeispiele zu, die das Problem – in der Tradition der ‚human touch'-Berichterstattung – (mit-)menschlich erfahrbar machen. Auch Hinweise auf ein großes ‚Dunkelfeld' und die Drohung einer zunehmenden Ausbreitung des Problems tragen zur affektiven Aufladung der Problemwahrnehmung bei. Die Bedeutung solcher Aussagen als Diskursstrategien wird uns später noch beschäftigen.

1.5 Kollektive Akteure und ihre Diskursstrategien

Bereits aus unserer Skizze der Problemgeschichte ging hervor, dass der öffentliche Diskurs über Internetsucht im Wesentlichen von zwei Typen von Akteuren getragen wird: Experten und Betroffene. Andere Akteure, wie Advokaten oder staatliche bzw. intermediäre Instanzen spielen bislang hingegen nur eine nachgeordnete Rolle[218]. Wenn wir uns die beiden dominierenden Akteure im Folgenden etwas genauer anschauen, sollen zwei – auch theoretisch bedeutsame (vgl. Schetsche 1996: 41-50; 85-95) – Aspekte im Vordergrund stehen: die akteursspezifischen Eigeninteressen und die Diskursstrategien, derer diese Akteure sich zur Durchsetzung ihrer Problemwahrnehmung bedienen.

Bei den Experten, die sich am Diskurs über Internetsucht beteiligen, handelt es sich überwiegend um Vertreter zweier Professionen: Psychologen und Psychiater. Ihr Einfluss spiegelt sich nicht zuletzt in der starken psychologisch-psychiatrischen Ausrichtung des Problemmusters wider.

Auffällig beim hier untersuchten expertischen Diskurs ist zunächst ein offensichtlicher Mangel an eigenem klinischem Material. Viele der von den Experten präsentierten Fallbeispiele stammen aus massenmedialen Veröffentlichungen (Q 4, Abs. 2; Q 5, S. 106; Q 7, Abs. 8; Q 11, S. 1; Q 26, Kap. 1). Die Fälle werden weitgehend kritiklos adaptiert. Dabei wird oftmals nicht einmal der – für die Massenmedien ja durchaus funktionale – emotionalisierende Duktus der Darstellungen verändert[219]. Auch Listen der typischen Symptome oder Warnzeichen gehen in aller Regel nicht auf eigene empirische Untersuchungen oder die klinische Arbeit mit Patienten zurück, sondern werden ebenfalls aus den massenmedialen Darstellungen entnommen. Zwar geben die Autoren regelmäßig zu, dass sie nur das (massen)mediale Bild der Internetsucht wiedergeben (können), nach einer kritischen Reflexion der dort üblichen (und funktional nötigen) Dramatisierungs-

---

218 Ein weiterer relevanter Akteurstyp, die Massenmedien, wird wegen seiner Sonderstellung ausführlich in einem späteren Abschnitt behandelt.

219 Als durchaus typisch kann hier die Darstellung von Hahn und Jerusalem (Q 11) gelten, die ihren – mit dem dramatisierenden Titel „Internetsucht: Jugendliche gefangen im Netz" überschriebenen – Beitrag mit einem in der US-amerikanischen Presse regelmäßig kolportierten Fallbeispiel beginnen: *„Einer Mutter aus Florida wurde die Vormundschaft für ihre Kinder entzogen, nachdem der Richter sie für internetsüchtig erklärt hatte. Richter Jerry Locket sprach das Sorgerecht von Pam Albridges beiden Kindern im Alter von sieben und acht Jahren ihrem Ex-Ehemann zu ... Zeugen hatten ausgesagt, dass sich Mrs. Albridge nach ihrer Scheidung in ihrem Schlafzimmer eingeschlossen hatte und von diesem Zeitpunkt die meiste Zeit mit ihrem Computer im Internet zubrachte"* (Q 11, S. 1). Derselbe Fall – eher eine urbane Legende als ein Beleg – dient auch bei Zimmerl (Q 26, Kap. 1) als illustrierendes Beispiel.

1 Erste Beispielanalyse: „Internetsucht"

und Skandalisierungspraxis sucht man allerdings vergebens. Selbst die Frage, ob Internetsucht eine „Erfindung der Medien" sei oder ein „reales psychologisches Problem, dessen sich Psychologen, Pädagogen und Suchttherapeuten annehmen sollten" (Q 11, S. 2), erweist sich letztlich als eine rein rhetorische, die bereits durch die Entscheidung, sich im Rahmen eines Fachaufsatzes dieses Themas anzunehmen, beantwortet ist[220].

Die Art des Vorgehens und die Modi der Darstellungen bestätigen für die Internetsucht die These, dass Akteure der Fachöffentlichkeit sich oftmals der gleichen Durchsetzungs- und Absicherungstechniken bedienen wie die Massenmedien (Schetsche 1996: 101). In einer Hinsicht übersteigt der Einsatz von Dramatisierungstechniken in der Fachöffentlichkeit hier sogar das massenmediale Maß: Nur in Fachaufsätzen (Q 5, S. 106; Q 7, Abs. 8, Q 45, Abs. 16) findet sich die These, dass Internetsucht die Betroffenen in letzter Konsequenz in den Selbstmord treiben kann – eine Behauptung, die mangels Beleg wohl eher in den Bereich der urbanen Legenden (vgl. Stehr 1998) verwiesen werden muss.

Auffällig ist schließlich, dass der Status der Internetsucht im Experten-Diskurs als eigenständige Störung zwar umstritten ist, dies der Anerkennung der Problemwahrnehmung unter den Fachleuten jedoch keinen Abbruch tut. Dies hängt damit zusammen, dass die Interpretation der Internetsucht als bloßes Symptom einer ‚dahinter liegenden' schwerwiegenden psychischen Störung eine Übernahme von Behandlungskosten durch die Krankenkassen unabhängig davon sicherstellt, ob die Internetsucht selbst als behandlungsfähige Krankheit anerkannt wird oder nicht. Dies ist für die Akzeptanz durch eine Profession, die auf die Anerkennung von Leistungen durch die Krankenversicherungsträger angewiesen ist, ein kaum zu unterschätzender Vorteil, weil die finanziellen Gratifikationen dadurch vom konkreten Stand der Problemkarriere abgekoppelt werden. Der Streit um den Krankheitsstatus der Internetsucht selbst kann von dieser Gruppe deshalb weitgehend erwartungsoffen geführt werden. Ein konkretes (und übereinstimmendes) Interesse besteht lediglich daran, den Konnex zwischen Internetsucht und einer – behandlungsfähigen wie Behandlung benötigenden – Krankheit zu bewahren bzw. zunächst erst einmal diskursiv zu implementieren.

Die permanenten Hinweise auf die ‚massenmediale Datenbasis' des expertischen Diskurses machen deutlich, dass diese Akteursgruppe – zumindest im deutschsprachigen Raum – kaum als Problemdefinierer zu apostrophieren sein

---

220 Wie im Kapitel über die Problemgeschichte bereits berichtet wurde, haben einige der Experten auch eigene empirische Untersuchungen zur Verbreitung des Problems unter den Internet-Nutzern durchgeführt. Deren Ergebnisse weichen jedoch stark voneinander ab.

dürfte. Es scheint vielmehr so als hätte die Problemkarriere ihren Ausgangspunkt in den Massenmedien selbst genommen. Eine solche Annahme würde jedoch übersehen, dass wir es bei der Internetsucht mit einem Problem zu tun haben, bei dem – im Gegensatz zu älteren Annahmen[221] – Betroffene eine zentrale Rolle bei der Definition des Problems gespielt haben.

Im hier untersuchten Fall hängt diese auffällig aktive Rolle von Betroffenen in doppelter Weise mit dem Problemgegenstand selbst zusammen: Das ‚suchterzeugende' Phänomen besteht ja in nichts anderem als der Nutzung einer Gruppe von Medien, die – im Gegensatz zu den klassischen Massenmedien – keine Unterscheidung zwischen Rezipienten und Produzenten von Informationen kennen[222]. Da die Voraussetzung des Opferstatus die häufige Nutzung des Mediums selbst ist, sind aufgrund der (sich aus der Vielnutzung zwar nicht stets, aber doch häufig ergebenden) hohen Nutzungskompetenz die meisten Problemopfer erstens in der Lage, sich nicht nur im Netz über ‚ihr Problem' zu informieren, sondern sie können auch selbst Informationen über den eigenen Opferstatus und das Phänomen allgemein in die Netzzirkulation einspeisen. Und zweitens bieten die Netzwerkmedien auf Grund ihrer (strukturell immanenten) Interaktivität hervorragende Möglichkeiten zur Gründung von Austausch-, Diskussions- und Aktionsgruppen – sei es in Form von Chatforen, Newsgroups oder virtuellen Gemeinschaften.

Im Gegensatz zu den vor der Verbreitung der Netzwerkmedien entstandenen Problemwahrnehmungen, finden sich deshalb bei der Internetsuche eine große Zahl öffentlich zugänglicher Darstellungen, die von Betroffenen selbst verfasst worden sind. Wir haben den Eindruck, dass diese Gruppe sogar den im Internet geführten Diskurs dominiert[223]. Die Beiträge von Betroffenen bestehen überwie-

---

221 Klassisch hier die These von Giesen (1983: 235): „Die öffentliche Inszenierung sozialer Probleme in der öffentlichen Diskussion hat dann zwar viele Regisseure, aber eine einfache Dramaturgie: Sie geht aus von der Trennung zwischen Experten und Laien und schließt Betroffene als Laien von der Mitwirkung aus" (Vgl. dazu Winter 1992: 40).

222 „Hingegen basieren Netzwerkmedien durchgängig auf dem Many-to-many-Prinzip: Alle Empfänger können auch Sender sein und sind dies regelmäßig auch. Die Kommunikationsstrukturen sind also polydirektional; sie können gemeinsame virtuelle Praxen einschließen, die einen neuartigen sozialen Raum, den Cyberspace, entstehen lassen. Unterscheidungen in Produzenten und Konsumenten sind hier nur temporärer oder gradueller, nicht jedoch prinzipieller Natur. Jeder Nutzer, der die Inhalte von Netzwerkmedien rezipieren kann, ist auch in der Lage, selbst neue Inhalte zu produzieren (und macht dies regelmäßig auch)" (Schetsche 2002).

223 Quantifizierende Aussagen über Netzquellen sind methodisch generell problematisch, weil in den Netzwerkmedien forschungspraktisch keine Grundgesamtheit von Dokumenten definiert werden kann. Aussagen beziehen sich deshalb immer nur auf

gend aus persönlichen Erfahrungsberichten, Zitaten aus fremden – insbesondere auch massenmedialen – Darstellungen und generalisierenden Statements zum Thema. Neben dem Interesse am Meinungs- und Erfahrungsaustausch mit anderen selbstdeklarierten Betroffenen sind die Autoren und Autorinnen – nach eigenem Bekunden – vor allem von dem Wunsch motiviert, die Nutzerschaft insgesamt vor den Gefahren der Internetsucht zu warnen oder den Problemopfern zu helfen, die sich ihres Betroffenenstatus noch nicht bewusst sind[224].

Eine besondere Bedeutung kommt dabei den Internetseiten von Selbsthilfegruppen zu, die als Diskussionsforum, Anlaufpunkt für Betroffene und Co-Betroffene sowie Informationsquelle für Experten und Massenmedien fungieren. Dass Psychologen und Psychotherapeuten sich bei Organisationen wie der HSO Rat holen, unterstreicht deren Kompetenz und erhebt deren Mitarbeiter – unabhängig von deren formaler Qualifikation – auf die Stufe der professionellen Experten[225]. Die fachöffentliche Anerkennung erhöht gleichzeitig die Chance einer Selbsthilfeorganisation, in den Genuss staatlicher und auch privater Gelder zur Förderung ihrer Arbeit zu kommen. Dies ist besonders wichtig, weil das – kaum in Frage zu stellende – Anliegen, anderen Betroffenen zu helfen, bei solchen Selbsthilfegruppen untrennbar mit dem Interesse an Erhalt und Expansion der eigenen Organisation verschmilzt. Solche Akteure favorisieren entsprechend Bekämpfungsvorschläge, die auf der Gründung und (staatlichen) Unterstützung von Selbsthilfegruppen beruhen. Zur Verbreitung dieser Botschaft bedienen sich diese Gruppen dabei derselben Diskursstrategien, wie wir sie auch in der fachöffentlichen und massenmedialen Berichterstattung finden. Letztlich geht es darum, die öffentliche Problemwahrnehmung so zu konturieren, dass die Selbsthilfegruppen als wirksamstes Mittel im Kampf gegen die Sucht erscheinen.

---

die im Rahmen der jeweiligen Untersuchung mittels Suchmaschinen o. ä. ‚gefundenen' Quellen.

224 Zur Rolle medialer Darstellungen für die Selbstdeklaration von Problemopfern vgl. Schetsche/Plaß 2000.

225 Wie bei sozialen Bewegungen kommt auch hier der Gruppe der ‚Bewegungsprofessionellen' besondere Bedeutung zu: „Dies sind Personen, die als Betroffene oder Laien-Advokaten begonnen haben und nach jahrelangem Engagement zu Vollzeit-Aktivisten geworden sind, die von der Bewegung oder ihr nahestehenden Organisationen bezahlt werden. Zu ihren Aufgaben gehören die Planung und Organisation einzelner Kampagnen und die Anwerbung neuer AktivistInnen. Besonders engagiert sind sie nicht zuletzt deshalb, weil ihre berufliche Existenz vom Weiterbestehen der Bewegung abhängt" (Schetsche 1996: 49).

„Die bisher noch in Grauzonen verschwindende Zahl von Betroffenen lichtet sich täglich und inzwischen greift unsere Hilfe, in dem wir reale (!) Anlaufstellen für Betroffene anbieten, wenn uns die Hilfesuchenden mitteilen, dass sie nun ‚wie erlöst' über ihr Problem sprechen können und beispielsweise einen neuen Ansatz für ihre Partnerschaft gefunden haben. Leider ist das aber oftmals schon zu spät, denn jahrelange Ignoranz der Gesellschaft hat es verhindert, dass Onlinesüchtige über ihr Problem sprechen konnten oder Angehörige darauf aufmerksam wurden" (Q 42, Abs. 4).

1.6 Alternativdeutungen und Gegendiskurse

[...]
Im hier untersuchten Fall lassen sich in der (fach-)öffentlichen Diskussion im deutschsprachigen Raum sowohl eine Alternativdeutung als auch ein Gegendiskurs identifizieren. Beginnen wir mit ersterer. Seit Beginn der Debatte wird von einigen psychologischen Experten in der Fachliteratur die Auffassung vertreten, dass es sich bei der Internetsucht nicht um ein eigenständiges neues Problem, sondern lediglich um die Folgeerscheinung anderer, bereits lange bekannter psychischer Erkrankungen handelt. Die suchtförmige Nutzung des Internet erscheint in dieser Deutung lediglich als *Symptom* einer tiefer liegenden psychischen Störung. Der Internetsucht sollte deshalb nach Auffassung dieser Autoren keine so große öffentliche Aufmerksamkeit geschenkt werden, wie dies momentan der Fall ist. Trotz dieser Vorbehalte werden die Problemhaftigkeit des Phänomens und die Notwendigkeit einer Behandlung – wenn auch in erster Linie der primären Störung – bejaht. Wir hatten bereits darauf hingewiesen, dass diese Diskrepanz in der psychologisch-psychiatrischen Einordnung des Phänomens hinsichtlich der Frage der Zuständigkeit der entsprechenden Professionen für die Behandlung von Betroffenen konsequenzenlos ist.

Anders sieht dies bei dem Gegendiskurs aus, der den Problemcharakter des Phänomens selbst in Frage stellt. Für einige psychologische Experten ist die ‚übermäßige' Nutzung der neuen Medien ein Verhalten, das hauptsächlich Neueinsteiger betrifft. In aller Regel stelle sich jedoch schnell eine Übersättigung ein, so dass das Interesse an den neuen Medien sich gleichsam von selbst wieder ‚normalisiere'. Hier wird zwar der dominierende Problemdiskurs mit seinen ‚Übertreibungen' kritisiert, die Möglichkeit jedoch nicht ausgeschlossen, dass es in Einzelfällen (!) über einen längeren Zeitraum zu einer Extremnutzung mit suchtartigen Symptomen kommen kann. Einen echten Gegendiskurs führen hingegen Experten, die überwiegend aus dem Bereich der Informatik und der Telekommunikation kommen, und aus ökonomischen und beruflichen Gründen ein vehementes Interesse

1 Erste Beispielanalyse: „Internetsucht"

an einem positiven Image der Neuen Medien in der Öffentlichkeit haben. Diese Gruppe akzeptiert zwar die exzessive Nutzung der Netzwerkmedien als Tatsache, bezweifelt aber, dass ein solches Verhalten schädliche Auswirkungen hat und gegen die Werteordnung der Gesellschaft verstößt. Ein exemplarisches Beispiel:

> *„Ich denke es ist falsch, die Leidenschaft ‹digital› und online (im Internet) zu sein, eine ‚Sucht' zu nennen. Dauernd werde ich von Eltern gefragt, was sie tun sollen, wenn ihr Kind täglich sechs Stunden im Internet verbringt. Aber ich werde nicht gefragt, wenn ein Kind täglich sechs Stunden Bücher liest. Die Wahrheit ist, ein Kind sollte gar nichts sechs Stunden täglich tun. Leidenschaft ist eines der fundamentalsten Elemente des Lernens. Die digitale Welt gibt uns so viele neue Möglichkeiten, und für viele können Kinder sich leidenschaftlich begeistern. Es macht keinen Sinn über das Internet zu sprechen, als wäre es eine Droge"* (Q 83, Abs. 3).

Solche abweichenden Auffassungen sind im Rahmen des Kokonmodells für die empirische Analyse von Problemwahrnehmungen von besonderer Bedeutung, weil ihr Fehlen den analytischen Zugang zum sozialen Sachverhalt erschweren würde: Aus der vollständigen diskursiven Abschließung des Wahrnehmungskokons resultiert regelmäßig auch ein normativer Geltungsanspruch des Problemwissens. Dies kann im hier untersuchten Fall allerdings nicht behauptet werden. Auch wenn das vorgestellte Problemmuster den öffentlichen Diskurs dominiert, steht für eine komparatistische Sachverhaltsuntersuchung eine ausreichende Zahl von Quellen zur Verfügung. Nach der im Rahmen der relativistischen Problemtheorie eingeführten Unterscheidung haben wir es bei der Internetsucht dabei eher mit einem realen als einem virtuellen Problem zu tun: Sowohl die Existenz des Internets selbst – diesen Konsens hatten wir bereits im ersten Kapitel betont – als auch dessen exzessive Nutzung durch einen (größenordnungsmäßig allerdings umstrittenen) Teil der Personen mit Internetzugang wird von allen Akteuren anerkannt. Keine Einigkeit hingegen besteht in der Bewertung dieser Sachverhalte. Einige Experten bestreiten vehement den Problemstatus der intensiven Internetnutzung – und kritisieren entsprechend auch die Debatte über mögliche Bekämpfungsmaßnahmen. Beim gegenwärtigen Stand der Diskussion gehört die Internetsucht deshalb zur Gruppe der gesellschaftlich „umstrittenen" Probleme (so bereits Beck-Gernsheim 1982).

1.7 Die (traditionelle) Öffentlichkeit

Wie oben dargelegt (vgl. Abbildung 2) berichten Tageszeitungen und Zeitschriften seit 1999 deutlich intensiver über die Internetsucht[226]. In großer Einheitlichkeit wird dabei das Problemmuster so prozessiert, wie es von Experten und Betroffenen entwickelt worden ist. Eine gesonderte Darstellung der Ergebnisse der Problemmusteranalyse für die Massenmedien können wir uns deshalb an dieser Stelle sparen. Wir möchten stattdessen die Darstellungsformen in den Mittelpunkt rücken.

Der Ökonomie der Aufmerksamkeit (vgl. Franck 1998; Rötzer 1998: 59-100) folgend, ist die massenmediale Berichterstattung durch Emotionalisierung, Dramatisierung und Skandalisierung geprägt. Die verwendeten Strategien zur Weckung der Aufmerksamkeit der Rezipienten sind bereits von einer Vielzahl erfolgreicher Problemkarrieren am Ende des 20. Jahrhunderts bekannt (vgl. Schetsche 1996: 88-92).

So werden bei der Darstellung des Problems an prominenter Stelle – meist gleich zu Beginn des Beitrags – ein oder mehrere ‚typische Fälle' geschildert, bei denen die Konsequenzen intensiver Internetnutzung besonders schwerwiegend erscheinen:

> „Niemand ahnt, wie es mir geht. (...) Privat, nun, die Wahrheit ist, dass es kein Privatleben gibt, das außerhalb des Internets stattfinden würde. Ich bin jeden Abend irgendwo im Chat, schreibe E-Mails, spiele Onlinespiele. Freunde und Bekannte im realen Leben gibt es nicht mehr" (Q 27, Abs. 2).

> „Mein reales Leben wurde mir gleichgültig" (Q 39, Abs. 1).

Erzählungen aus subjektiver Warte der Betroffenen sollen dabei nicht nur durch Personalisierung das Mitgefühl der Rezipienten wecken – sie also wenigstens emotional zu Co-Betroffenen machen –, sondern durch die große ‚Authentizität' auch den Realitätsstatus der Erzählung verbürgen. Für die mediale Wirkung ist es dabei unerheblich, dass es sich in der Regel um fiktive Beispiele handelt (was schon daran zu erkennen ist, dass weitgehend identische Geschichten an unterschiedlichen Orten spielen) und die geschilderten Fälle selbst nach den Maßstäben der Selbsthilfegruppen eher extrem zu nennen sind.

---

226 Im Fernsehen hingegen fand das Thema, soweit wir unseren unsystematischen Beobachtungen glauben dürfen, bisher nur wenig Beachtung.

1 Erste Beispielanalyse: „Internetsucht"

Ihre besondere Wirkung entfaltet diese Strategie dadurch, dass die extremen Erzählungen als beispielhaft für die Gesamtheit der Fälle erscheinen – und zwar für eine Gesamtheit, die als überaus groß anzusehen ist. Mit Recht wird von den Produzenten der Massenmedien davon ausgegangen, dass in einem Zeitalter, in dem eine Vielzahl ganz unterschiedlicher Themen um die Aufmerksamkeit des Publikums konkurriert, nur eine Notlage beeindrucken kann, bei der sich zahlreiche Betroffene finden. Hohe Betroffenenzahlen lassen sich dabei z. B. durch die Projektion der Ergebnisse nichtrepräsentativer Studien auf die Gesamtheit der Nutzer und Nutzerinnen suggerieren:

> *„Betroffen sind Greenfields Untersuchungen zufolge 5,7 Prozent aller Internetnutzer. Bei weltweit schätzungsweise 200 Millionen Internet-Nutzern ließe sich dieser Wert auf 11,4 Millionen Betroffene hochrechnen"* (Q 56, Abs. 2).

Als besonders bedrohlich erscheint die Situation, wenn zu den Millionen aktuellen Opfer argumentativ noch die zukünftigen Betroffenen addiert werden, deren Zahl – wie fast immer in solchen Fällen – als dramatisch ansteigend prognostiziert wird. Angesichts der übereinstimmend prognostizierten hohen Zuwachsraten bei der Nutzung der Neuen Medien ist die behauptete Zunahme der absoluten Zahl der Betroffenen dabei durchaus einleuchtend[227].

Als Gewährsleute für das Ausmaß der Gefahr werden – namentlich meist ungenannt bleibende – „Fachleute" ins Feld geführt. Und um auch sachlich unbedarfte Rezipienten Anteil am Drama nehmen zu lassen, werden Vergleiche mit bereits bekannten Süchten gezogen: Spielrausch, Alkoholismus, Drogenabhängigkeit. Durch diesen Anschluss an gesellschaftlich bereits anerkannte Problemmuster wird gleichzeitig die Wahrscheinlichkeit der kollektiven Anerkennung der Problemwahrnehmung erhöht.

Eine Schwierigkeit bei der Verbreitung dieser Problemdeutung liegt sicherlich darin, dass die Nutzung der Netzwerkmedien von einer zunehmenden Zahl von Rezipienten der Massenmedien als etwas sehr Alltägliches empfunden wird. Die Vorstellung von Menschen, die viele Stunden vor dem Computer sitzen, hat zunächst einmal wenig Schockierendes an sich. Solche de-dramatisierenden Alltagserfahrungen werden durch das Argument zu neutralisieren versucht, dass gerade in dieser scheinbaren Normalität die größte Gefahr liegt. Und auch das

---

[227] ... es sei denn man ist ein Vertreter der abweichenden Deutung, die die ‚Internetsucht' für ein passageres Phänomen bei unerfahrenen Nutzern hält. Nach dieser Erklärung würden die Betroffenenzahlen zwangsläufig wieder sinken, wenn ein Großteil der Bevölkerung erst einmal mit dem Medium vertraut ist.

Fehlen schockierender Bilder von Opfern wird in einen Beleg für die besondere Gefährlichkeit des Phänomens zu verwandeln versucht:

> *„Das Tückische an der Internetsucht ist, dass Betroffene schwerer zu erkennen sind als beispielsweise Raucher, deren Körper Nikotin braucht, oder als Kaufsüchtige, die regelmäßig mit vielen Tüten nach Hause kommen"* (Q 76).

Nicht zuletzt wegen des Fehlens eingängiger Visualisierungen ist das Thema Internetsucht für die traditionellen Massenmedien schwer zu prozessieren[228]. So verwundert es nicht, dass die Untersuchung der massenmedialen Verbreitung dieser Problemwahrnehmung überwiegend problemunspezifische mediale Zurichtungen zu Tage fördert. Der einzige themenbezogene Aufmerksamkeitsfaktor ist die Anschlussfähigkeit an andere Problemwahrnehmungen, die sich auf die Neuen Medien beziehen: Attacken auf die Netzwerke durch Hacker oder Computerviren, die Gefahren des Cyberterrorismus und nicht zuletzt die Verbreitung der Kinderpornographie, die gegenwärtig die öffentliche Agenda der Internetprobleme mit großem Abstand anführt (vgl. Schetsche 2002).

1.8 Fazit der empirischen Analyse – Konsequenzen für das theoretische Modell

Das Problemmuster der Internetsucht ist im Jahre 1994 im Internet selbst entstanden. Von dort findet es in den USA seinen Weg fast eben so schnell in die Fachöffentlichkeit wie in die traditionellen Medien. 1996 importieren psychologische Experten das Thema in den deutschsprachigen Raum. In der massenmedial konstituierten Öffentlichkeit Deutschlands erhält das Problem aber erst drei Jahre später Aufmerksamkeit, nachdem zwei größere empirische Studien eine weite Verbreitung des Problems auch in Deutschland behaupten. Von diesem Zeitpunkt an ist eine regelmäßigere Berichterstattung der Massenmedien über Internetsucht zu beobachten. Eine alternative Deutung und ein Gegendiskurs sind vorhanden, allerdings nicht sehr ausgeprägt. Außerdem finden sie außerhalb der Netzöffentlichkeit kaum Resonanz. Trotz einiger Institutionalisierungen der Problembekämpfung, insbesondere durch intermediäre Instanzen, kann Ende 2001 von

---

228 Der Mangel an medienwirksamen Bildern ist wahrscheinlich der Grund dafür, dass die Problemwahrnehmung bisher – so jedenfalls unser Eindruck – nur selten im Fernsehen prozessiert wird.

einer staatlichen Anerkennung der Problemwahrnehmung oder gar staatlichen Handlungsplänen nicht die Rede sein.
Während der bisherigen, erst wenige Jahre dauernden Problemkarriere ist das Problemmuster selbst auffällig konstant geblieben. Die inhaltliche Darstellung in der Fachöffentlichkeit, den Massenmedien und dem Internet weist keine nennenswerten Unterschiede auf. Bis auf Vorschläge zu abstrakten Problemlösungen enthält das prozessierte Muster alle Elemente, die nach dem Kokonmodell sozialer Probleme zu erwarten gewesen wären. Bezüglich der Darstellungsformen fällt auf, dass sich die von den Akteuren in den genannten drei Öffentlichkeiten angewandten Diskursstrategien nur wenig unterscheiden. Die Experten bedienen sich nicht nur der in den Massenmedien üblichen Skandalisierungen, sondern benutzen zur Aufmerksamkeitssteigerung auch die dramatischsten Fallbeispiele. Dieses Phänomen der Angleichung von massenmedialen und fachöffentlichen Darstellungsweisen ist bereits von anderen Thematisierungen her bekannt (vgl. Lamnek 1987; Schetsche 1996: 100-105).

[...]

Dass die Internetsucht überhaupt die „öffentlichen Arenen" (Hilgartner/Bosk 1988) erreicht hat, hängt nach unserer Einschätzung mit demselben Faktor zusammen, der das Phänomen auch aus problemtheoretischer Sicht interessant macht: Es handelt sich um ein soziales Problem, bei dessen Karriere die Netzwerkmedien eine dominierende Rolle spielen. Und ein Großteil der massenmedialen Aufmerksamkeit für dieses Thema speist sich unseres Erachtens genau aus dieser Tatsache: Da die Netzwerkmedien den Massenmedien inzwischen regelmäßig als Lieferant von Deutungen dienen, generierte der umfangreiche Netzdiskurs mit der entsprechenden ‚Contentproduktion' einen entsprechenden massenmedialen Thematisierungsreflex[229].

Die spezifische Struktur der Netzwerkkommunikation – sie kennt keine prinzipielle Unterscheidung zwischen wissenschaftlichem und lebensweltlichem Diskurs – erklärt nicht nur die große Bedeutung, die Betroffenen und anderen ‚Laien' bei der Definition dieses Problems zugekommen ist, sondern sie erleichtert auch das Zusammentreffen (und das Zusammenspiel) von Akteuren, die traditionell in unterschiedlichen Öffentlichkeiten agieren. Experten tauschen sich im Netz direkt mit Laien aus, geben professionellen Rat ebenso wie sie sich praktischen Rat der Laienexperten holen und die Erfahrungsberichte der Betroffenen rezipieren. Ein solcher ‚Internetdiskurs' ermöglicht zwar aus Sicht der Experten die schnelle

---

229 „Die Massenmedien bedienen sich des hohen deutungsgenerierenden Potentials der Netzwerkmedien, wo sie selbst spezifische Deutungsmuster innerhalb ihres üblichen Produktionskontextes nicht zu erzeugen vermögen" (Schetsche 2000: 103 – FN 111).

Anhäufung einer großen Menge von Fallmaterial, beseitigt gleichzeitig aber die Barrieren zwischen lebensweltlichem und wissenschaftlichem Wissen und – wie gerade der Beginn unserer Problemkarriere zeigt – auch zwischen ernst gemeinter und scherzhaft-ironischer Kommunikaten. Diese Verschränkungen in der Wissensproduktion und -distribution haben der Karriere des Problems Internetsucht außerordentlich genützt.

Verzeichnis der ausgewerteten Quellen

1. Barhoum, S., 1999: Internet Addiction Disorder – macht das Internet süchtig? S. 159-167, in: H. Moosbrugger, J. Hartig/D. Frank (Hrsg.), Psychologische Forschung im Internet. Möglichkeiten und Grenzen. Arbeiten aus dem Institut für Psychologie der Johann Wolfgang Goethe-Universität, Frankfurt am Main.
2. Batinic, B., 1997: Schwerpunktthema: Internetsucht. URL: http://www.psychol.uni-giessen.de/~Batinic/survey/um5.htm (Zugriff: 01.11.00).
3. Davis, R. A., 1999: A Cognitive-Behavioral Model of Pathological Internet Use (PIU). URL: http://www.victoriapoint.com/pin.htm (Zugriff: 01.11.00).
4. Döring, N., 2000: „Internet-Sucht" – „Online Addiction". URL: http://www.nicoladoering.net/media/sucht.htm (Zugriff: 13.12.00).
5. Eichenberg, C./Ott, R., 1999: Suchtmaschine. Internetabhängigkeit: Massenphänomen oder Erfindung der Medien? c't 19: 106-111.
6. Federwisch, A., 1997: Internet Addiction? Nurseweek / Healthweek. URL: http://www.nurseweek.com/features/97-8/iadct.html (Zugriff: 01.11.00).
7. Funke, J./Krüger, T., 1997: Macht das Internet süchtig? URL: http://www.archmatic.com/glossar/z_netaddiction.html (Zugriff: 03.11.00).
7a. Funke, J./Krüger, T., 1997: Macht das Internet süchtig? Psychologie heute 24(6): 68-69.
7b. Funke, J./Krüger, T., 1998: Macht das Internet süchtig? S. 67-69, in: J. Funke/T. Krüger (Hrsg.), Psychologie im Internet. Ein Wegweiser für psychologisch interessierte User. Weinheim und Basel: Beltz Verlag.
8. Greenfield, D. N., 2000: The Net Effect: Internet Addiction and Compulsive Internet Use. URL: http://www.virtual-addiction.com/neteffect.htm (Zugriff: 13.12.00).
9. Griffiths, M., 1998: Internet Addiction: Does it really exist? S. 61-75, in: J. Gackenbach (Hrsg.), Psychology and the Internet. Intrapersonal, Interpersonal, and Transpersonal Implications. London: Academic Press.

1 Erste Beispielanalyse: „Internetsucht"

10. Grohol, J. M., 1999: Internet Addiction Guide. URL: http://psychocentral.com/netaddiction/ (Zugriff: 01.11.00).
11. Hahn, A./Jerusalem, M., 2000: Internetsucht: Jugendliche gefangen im Netz. URL: http://www.onlinesucht.de/internetsucht_preprint.pdf (Zugriff: 13.12.00).
12. Holmes, L., 1997: Pathological Internet Use. About the Human Internet. URL: http://mentalhealth.miningco.com/healthmentalhealth/library/weekly/aa092997.htm (Zugriff: 01.11.00).
13. Informationsdienst Wissenschaft, 2000: Risikofaktoren für Internetsucht. Informationsdienst Wissenschaft vom 10.04.00. URL: http://idw.tu-clausthal.de/public/pmid-19681/zeige_pm.html (Zugriff: 01.11.00).
14. King, S. A., 1996: Is the Internet Addictive, or are Addicts Using the Internet? URL: http://www.concentric.net/~astorm/iad.html (Zugriff: 13.12.00).
15. Müller, J., 1996: Männerspezifische Suchtaspekte. Abhängigkeiten 2(2): 38-42.
16. Psychologie und Internet, 2000: Proseminar und Seminar, Wintersemester 1999/2000 von Prof. Rudolf Groner, Christian Weber und Miriam Dubi. Homepage des Lehrstuhls für Wahrnehmung und Kognition der Universität Bern. URL: http://visor.unibe.ch/WS00/Internet/index.htm (Zugriff: 01.11.00).
17. Rauterberg, M., 1996: Süchtig nach dem Internet? URL: http://www.ipo.tue.nl/homepages/mrauterberg/publications/COMPINTE.pdf (Zugriff: 01.11.00).
18. Schmidt, H./Zimmermann, T., 2000: Macht das Internet süchtig? Internetsucht und Online-Beratung. Semesterarbeit im Rahmen des Seminars „Psychologie und Internet" bei Prof. R. Groner im WS 99/00. URL: http://visor.unibe.ch/WS00/Internet/protokolle/internetsucht.pdf (Zugriff: 13.12.00).
19. Seemann, O./Stefanek, J./Quadflieg, N./Grebener, N./Kratzer, S./Möller-Leimkühler AM./Ziegler, W./Engel, RR./Hegerl, U., 2000: Wissenschaftliche Online-Umfrage zur Internet-Abhängigkeit. URL: http://psychiater.org/internetsucht/studie.htm (Zugriff: 01.11.00).
20. Stress und Sucht im Internet. Ein Projekt am PSILab der Humboldt-Universität zu Berlin, 2000: Preeseinfomation vom 10. April 2000. URL: http://psilab.educat.hu-berlin.de/ssi/presse.html (Zugriff: 01.11.00).
21. Stress und Sucht im Internet. Ein Projekt am PSILab der Humboldt-Universität zu Berlin, 2000: Erste Befunde aus der Pilotstudie zur Internetsucht. URL: http://psilabeducat.hu-berlin.de/ssi/feedback.html (Zugriff: 01.11.00).

22. Suler, J., 1999: The Psychology of Cyberspace – Computer and Cyberspace Addiction. URL: http://www.rider.edu/users/suler/psycyber/cybaddict.html (Zugriff: 01.11.00).
23. Suler, J. 1998: Internet Addiction Support Group. Is There Truth in Jest? URL: http://www.rider.edu/users/suler/psycyber/supportgp.html (Zugriff: 01.11.00).
24. Young, K. S., 1998: Internet Addiction: The Emergence Of A New Clinical Disorder. Paper presented at the 104th Annual Meeting of the American Psychological Association, Toronto, Canada, August 15, 1996. URL: http://www.netaddiction.com/articles/newdisorder.htm (Zugriff: 01.11.00).
25. Young, K. S., 1998: Caught in the Net. How to Recognize the Signs of Internet Addiction – and a Winning Strategy for Recovery. New York: John Wiley & Sons.
26. Zimmerl, H. D./ Panosch, B./ Masser, J., 1998: „Internetsucht" – Eine neumodische Krankheit? URL: http://gin.uibk.ac.at/gin/freihtml/chat_lang.htm (Zugriff: 01.11.00).
27. Ambühl, I., 1999: wwwie gross ist die Suchtgefahr? Basler Zeitung vom 09.11.99. URL: http://www.isps.ch/ger/stored_documents/HTML/230.html (Zugriff: 01.11.00).
28. Bock, P., 1999: Überdosis. Internet World vom 20.12.99. URL: http://www.internetworld.de/iw/web_internetsucht.htm (Zugriff: 01.11.00).
29. Bodensee-Institut für therapeutische Ferien und Seminare, ohne Datum: Therapeutische Seminare für Computer- und Internetabhängige. URL: http://home.t-online.de/home/Oschwan/1comp.htm (Zugriff: 01.11.00).
30. Böing, N., ohne Datum: Internetsucht. Macht das Internet krank. Online-Internetkurs von Norbert Böing. URL: http://www.internetkurs.onlinehome.de/sucht.htm (Zugriff: 01.11.00).
31. Bredow, R. von, 1999: Gefangen im Netz. Der Spiegel Nr. 42: 300-301.
32. BZ-Uni-Forum, 1997: Die Faszination des virtuellen Raums, in dem sich Menschen begegnen. Internetexperte Bernad Batinic über die Suchtgefahr im Cyberspace. URL: http://www.bz-online.de/web-forum/abenteuerinter/forum15.htm (Zugriff: 01.11.00).
33. Center for On-Line Addiction, 1998-2000: Welcome to Netaddiction.com. URL: http://www.netaddiction.com/ (Zugriff: 13.12.00).
34. Com!-Online, 2000: Suche Hilfe im Bereich Onlinesucht! Das Sucht-Forum von Com!-Online vom 18.02.00. URL: http://chat.com-online.de/perl/forum.pl?id=2317&mode=message=78 (Zugriff: 01.11.00).

35. Com!-Online, 2000: Internetsucht. Das Sucht-Forum von com!Online vom 01.11.00. URL: http://chat.com-online.de/perl/forum.pl?id=2317&mode=message=117 (Zugriff: 29.10.00).
36. Diakonisches Werk Freudenstadt, 2000: Suchtkrankenarbeit – Suchtberatung. URL: http://www.nats.de/privat/friku.alten/uebers.htm (Zugriff: 01.11.00).
37. Fachkrankenhaus Nordfriesland, ohne Datum: Glücksspielsucht, Onlinesucht. URL: http://www.spielsucht-therapie.de/gluecksspielsucht/onlinesucht_beratung.html (Zugriff: 01.11.00).
38. Focus Online, 2000: Cyber-Psychologie: Hilfe oder Hokuspokus? Focus Online vom 14.02.00. URL: http://focus.de/D/DD/DD142/DD142D/dd142d.htm (Zugriff: 01.11.00).
39. Frewel, J., 1999: „Mein reales Leben wurde mir gleichgültig." Berliner Psychologen sind der Internet-Sucht auf der Spur. Rhein-Zeitung-Online vom 05.07.99. URL: http://rhein-zeitung.de/on/99.07.05/internet/news1.html (Zugriff: 27.09.00).
40. Heise, O., 2000: Die Sitzenbleiber. Allegra 12: 163.
41. HSO (Hilfe zur Selbsthilfe für Online-Süchtige e.V.), 2000: Die erste Selbsthilfegruppe für Onlinesuchtgefährdete in der Bundesrepublik Deutschland. URL: http://www.onlinesucht.de/start.html (Zugriff: 13.12.00).
42. HSO (Hilfe zur Selbsthilfe für Online-Süchtige e.V.), 2000: Kommunikation via – Pro & Contra. URL: http://www.onlinesucht.de/interview1.htm (Zugriff: 13.12.00).
43. HSO (Hilfe zur Selbsthilfe für Online-Süchtige e.V.), 2000: Fragen und Antworten für eine Diplomarbeit. Interview mit Gabriele Farke vom 25.02.00. URL: http://www.onlinesucht.de/interview2.htm (Zugriff:13.12.00).
44. HSO (Hilfe zur Selbsthilfe für Online-Süchtige e.V.), 2000: Fragen und Antworten vom 05.03.00. URL: http://www.onlinesucht.de/interview3.htm (Zugriff: 13.12.00).
45. HSO (Hilfe zur Selbsthilfe für Online-Süchtige e.V.), 2000: Interview mit Hans D. Zimmerl vom 08.03.00. URL: http://www.onlinesucht.de/interview4.htm (Zugriff: 13.12.00).
46. HSO (Hilfe zur Selbsthilfe für Online-Süchtige e.V.), 2000: Interview mit Franz Eidenbenz vom 12.05.00. URL: http://www.onlinesucht.de/interview6.htm (Zugriff: 13.12.00).
47. HSO (Hilfe zur Selbsthilfe für Online-Süchtige e.V.), 2000: Interview mit Gabriele Farke vom 13.06.00. URL: http://www.onlinesucht.de/interview5.htm (Zugriff: 13.12.00).

48. Internetsucht – Krankheit oder nur ein neumodischer Trend unserer Gesellschaft?, 1998 (Private Internet-Seite ohne Autor). URL: http://tntonline.com/personal/coockiemonster/internetsucht/ (Zugriff: 01.11.00).
49. Jörns, G., 1999: Alles Sucht? Telepolis vom 02.08.99. URL: http://www.heise.de/tp/deutsch/inhalt/co/5138/1.html (Zugriff: 01.11.00).
50. Jugend Hilft Jugend e. V., 2000: Sonderthema: „Internet-/ ". Jugend Hilft Jugend e.V. Hamburg. URL: http://www.jugend-hilft-jugend.de/suchtinfo/internetsucht.html (Zugriff: 01.11.00).
51. Kriener, M., 2000: Im Netz gef@ngen. taz vom 22.08.00. URL: http://www.taz.de/tpl/2000/08/22/a0093.nf/stext.Name,ask31659aaa.idx,0 (Zugriff: 13.12.00).
52. Landesinstitut für Schule – Bremen – Germany, 1998: Suchtprävention / Informationen über Süchte: Internetsucht. LIS-Online; URL: http://www.lis.uni-bremen.de/wis/pd/suchtp/infoPool/internetsucht/default.html (Zugriff: 01.11.00).
53. Münchner Gesundheitsnetz, 2000: Mailingliste Internetsucht. URL: http://www.neurologen.org/mailinglisteinternetsucht.htm (Zugriff: 01.11.00).
54. NWN, ohne Datum: Droge Internet. NWN. URL: http://home.nordwest-net/suchtberatung-suchtprävention/seite9.htm (Zugriff: 01.11.00).
55. Pressetext.austria, 1999: Phänomen Internetsucht nimmt zu. Pressetext.austria vom 30.09.99. URL: http://www.softsurf.com/allgemein/messages/1016htm (Zugriff: 01.11.00).
56. Reformierte Presse, 1999: Studie: Surfer sind suchtgefährdet. RPD vom 27.08.99. URL: http://www.refpresse.ch/agentur/meldungen/2623.htm (Zugriff: 01.11.00).
57. Rhein-Zeitung, 1997: Wegen Internet-Sucht Sorgerecht für Kinder verloren. Rhein-Zeitung Online vom 24.10.97. URL: http://rhein-zeitung.de/on/97/10/24/topnews/websorg.html (Zugriff: 15.12.99).
58. Rötzer, F., 1998: Internetsucht. Telepolis vom 16.12.98. URL: http://www.telepolis.de/deutsch/inhalt/te/1720/1.html (Zugriff: 01.11.00).
59. Rötzer, F., 2000: Internetmanie. Telepolis vom 10.03.00. URL: http://www.heise.de/tp/deutsch/inhalt/co/5890/1.html (Zugriff: 01.11.00).
60. Rötzer, F., 2000: Aufmerksamkeit für die angebliche Internetsucht. Telepolis vom 13.09.00. URL: http://www.heise.de/tp/deutsch/special/auf/8715/1.html (Zugriff: 16.11.00).
61. Rushkoff, D., 2000: Warum das Web wirklich so verführerisch ist. Telepolis vom 25.01.00. URL: http://www.heise.de/tp/deutsch/kolumnen/rus/5717/1.html (Zugriff: 16.11.00).

62. Schmid, K. H., 1997: Gefahr aus dem Netz – Im Schlaraffenland der Informationen droht eine neue Sucht. Creative Media Productions. URL: http://www.creativemedia.ch/jour/iad.html (Zugriff: 01.11.00).
63. Schröder, B., 2000: Internet-Sucht. (Private Internet-Seite). URL: http://kreuzbund.t-data.com/Internetsucht.htm (Zugriff: 01.11.00).
64. Spannaus, M., 1998: Internetsucht – Eine neue Studie. (Private Internet-Seite). URL: http://home.main-rheiner.de/newsreader/sucht.htm (Zugriff: 01.11.00).
65. Spiegel, 1996: Gefahr aus dem Netz. Der Spiegel 27: 54.
66. Spiegel Online, 2000: Die Sucht online zu sein. Spiegel Online vom 11.09.00. URL: http://www.spiegel.de/netzwelt/netzkultur/0,1518,92864,00.html (Zugriff: 13.12.00).
67. Stange, P. 2000: Internetsucht und woran man sie erkennt. (Private Internet-Seite). URL: http://www.stange.net/internetsucht/internetsucht.html (Zugriff: 01.11.00).
68. Suchtberatung, 1999: (Private Internet-Seite ohne Autor). URL: http://home.telebel.de/ravieze/HPInternet/Suchtberatung.html (Zugriff: 01.11.00).
69. SVZ Online, 2000: Internetsucht. SVZ (Schweizerische Volkszeitung) Online. URL: http://www.svz.de/forum/netjunk/dr.html (Zugriff: 01.11.00).
70. Tagblatt Online, 2000: Süchtige. Tagblatt Online vom 13.09.00. URL: http://www.tagblatt.ch/sgt/online/o_detail.cfm?pass_id=4398002&bereich=o&suche01 (Zugriff: 01.11.00).
71. Toschner, D., 2000: Trend-Droge Internet? (Startseite zu einem Diskussionsforum). SVZ Online. URL: http://www.svz.de/forum/netjunk/index.html (Zugriff: 01.11.00).
72. Walser, T., 1999: Sind Sie internetsüchtig? (Private Internet-Seite). URL: http://www.dr-walser.ch/sucht.htm (Zugriff: 01.11.00).
73. Weber, D., 1998: Netzgeflüster. „Das ist Fortschritt, das ist Leben". Fluch und Segen des Internets. NZZ Online. URL: http://www-x.nzz.ch/folio/netzgefluester/netz98/netz61.html (Zugriff: 13.12.00).
74. Wegenast, J., 2000: Internet-Sucht. Medicine-Worldwide vom 01.09.00. URL: http://www.medicine-worldwide.de/krankheiten/psychische_krankheiten/internetsucht.html (Zugriff: 13.12.00).
75. Weser-Kurier, 1998: Führt Internet zu Sucht und Depression? Britische Wissenschaftler stellten Studie vor. Weser-Kurier 294 vom 16.12.98.
76. Weser-Kurier, 2000: „Internetsucht ist vergleichbar mit Spielrausch." Weser-Kurier 209 vom 08.09.00.
77. Weser-Kurier, 2000: Auch das Internet kann süchtig machen. Weser-Kurier 213 vom 12.09.00.

78. Winter, M-A., 2000: Das Internet zieht Süchtige in seinen Bann. teltarif vom 12.09.00. URL: http://www.teltarif.de/arch/2000/kw37/s3020.html (Zugriff: 01.11.00).
79. Wrede, K., 1997: Sind Sie ein Internet-Junkie? FirstSurf. URL: http://www.firstsurf.com/t_wrede5.htm (Zugriff: 01.11.00).
80. Fellner, R. L., 1996-2000: Neigen Sie zur Computer- oder Internet-Abhängigkeit? Ein kleiner Selbsttest für „Computer-User" und „Internet-Surfer". URL: http://www.psychitherapiepraxis.at/i_survey.phtml (Zugriff: 10.03.01).
81. Kestler, M., ohne Datum: Droge Internet. Eine neue Suchtkrankheit? URL: http://members.aol.com/idiot07/droge/cyber.htm (Zugriff: 06.03.01).
82. Quinque, V. P., 2001: Bei 36 Stunden beginnt die Sucht. Main Rheiner (Onlinedienst vom Wiesbadener Kurier u. a.) vom 24.03.01. URL: http://www.main-rheiner.de/multimedia/sucht.php3 (Zugriff: 24.03.01).
83. Schmid, K. H., 1997: Online-Leidenschaft ist keine Droge. URL: http://www.creativemedia.ch/jour/negro.html (Zugriff: 10.03.01).
84. Wiesbadener Tagblatt, 2001: Computer gehören auch dazu. Main Rheiner (Onlinedienst vom Wiesbadener Kurier u. a.) vom 08.03.01. URL: http://www.main.rheiner.de/finden/objekt.phtml?artikel_id=381593 (Zugriff: 24.03.01).

2 Zweite Beispielanalyse: „Satanisch-ritueller Missbrauch"[230]

von Ina Schmied-Knittel

2.1 Einleitung

Gesellschaftlich weit verbreiteten Überzeugungen zufolge, handelt es sich bei Satanisten um Anhänger eines ‚destruktiven Kultes' mit durchweg ebenso antichristlichen wie kriminellen Ritualpraktiken: Teufelsanbetung, sexuelle Orgien, Folterungen, Tieropfer, Ritualmorde. Wenngleich Verdächtigungen und Anschuldigungen dieser Art nicht neu sind, mehrten sich doch besonders in der jüngeren Vergangenheit Darstellungen, die Satanismus und Satanisten mit rituellem Missbrauch, sexueller Gewalt und Kannibalismus in Zusammenhang brachten.

---

230 Die Beispielsanalyse stammt aus dem Jahre 2008 und wurde für die 2. Auflage dieses Bandes *nicht* aktualisiert.

Beunruhigt wurde die Öffentlichkeit nicht nur durch eine – durchgehend skandalisierende – Berichterstattung der Massenmedien, sondern auch durch Warnungen anerkannter Experten (wie Weltanschauungsbeauftragte und Psychotherapeuten).

Fast alle öffentlichen und fachlichen Beiträge zum Thema im letzten Jahrzehnt rekurrieren auf ein Deutungsmuster, welches Anfang der 1980er Jahre in den USA entstanden ist, nachdem Psychotherapie-Patientinnen vermehrt über *wiedererlangte Erinnerungen* an grausamste Misshandlungen in ‚okkulten' Kontexten berichtet hatten. Viele Berichte glichen sich in auffälliger Weise, weshalb man schnell davon ausging, dass die Betroffenen in ihrer Kindheit Opfer von satanistischen Zirkeln geworden waren, in denen Frauen und Kinder sexuell, physisch und psychisch misshandelt und einer systematischen Gehirnwäsche unterzogen wurden. Wegen der nachhaltigen Wirkungen dieser ‚Kultprogrammierung', und der Unterwanderung gesellschaftlicher und staatlicher Instanzen durch Kultmitglieder – so die Annahme – war die Ausbreitung dieser kriminell-religiösen Gruppierungen über Jahre oder gar Jahrzehnte hinweg unbemerkt geblieben.

Obwohl der Realitätsstatus der behaupteten Sachverhalte mittlerweile gerade auch im englischsprachigen Raum wissenschaftlich höchst umstritten ist, wird das Problemmuster in Deutschland bis heute mit bemerkenswerter Vehemenz verbreitet und dominiert auch die öffentliche Wahrnehmung des generelleren Themas ‚Satanismus'. Die folgende Rekonstruktion dieses speziellen Problemdiskurses soll demonstrieren, wie das im zweiten Teil dieses Buches entfaltete Forschungsprogramm in der empirischen Praxis umgesetzt werden kann.

2.2 Problementstehung und Problementwicklung

Ähnlich wie die ‚Internetsucht' und viele andere soziale Probleme der (Post-)Moderne hat auch das hier behandelte Thema seine Wurzeln in den USA und trat von dort aus seine Reise nach Europa an. Wenn man der einschlägigen Sekundärliteratur folgt, ging die Initialzündung für die öffentliche Wahrnehmung und wissenschaftliche Verhandlung des Problems ‚satanisch-ritueller Missbrauch' in den USA von einem speziellen Ereignis Anfang der 1980er Jahre aus, der Veröffentlichung eines Buches mit dem Titel „Michelle remembers" (Smith/Pazder 1980)[231]. Der Psychotherapeut Lawrence Pazder dokumentiert darin den Fall einer Patientin (mit dem Pseudonym Michelle Smith), die sich als erwachsene Frau in der Therapie scheinbar unvermittelt an brutale Vergewaltigungs-, Folter- und Missbrauchsszenarien in einer satanistischen Sekte erinnerte. Obwohl diese Erinnerungen bis weit in die früheste Kindheit zurückreichten und für die behaupteten Anschuldigungen eines intergenerationalen Satanskultes (dessen Mitglied Michelles Mutter gewesen sein soll) keinerlei Beweise beizubringen waren, ging Pazder davon aus, dass Michelles wiedererlangte Erinnerungen reale Ereignisse abbildeten und ihre somatomen Störungen in ursächlicher Beziehung mit eben jenen traumatisierenden Kulterlebnissen stünden. Damit beschrieb der Therapeut erstmals ein neues Ätiologie- und Gefahrenmuster, das einen ‚problematischen' Zusammenhang zwischen Satanismus und organisiertem Kindesmissbrauch proklamierte und massive klinische Folgen (bis hin zu ‚Multiplen Persönlichkeitsstörungen') bei den Kultopfern konstatierte.

Wenngleich dieses Buch gemeinhin als der älteste bzw. zuerst dokumentierte Fall rituellen Missbrauchs gilt und als Auslöser einer ganzen Welle ähnlicher Berichte fungierte (z. B. Stratford 1988), beruht die dort vorgestellte Problemwahrnehmung doch auf einem längeren und von ‚Vorläuferproblemen' nicht unabhängigen diskursiven Entwicklungsprozess – und auf einer speziellen Konstellation, bei der „die Manie, überall sexuellen Mißbrauch von Kindern zu vermuten, und die Satanismus-Hysterie zusammentrafen" (Victor 1996: 132)[232]. Dieser Kontext erklärt nicht nur die eingängige Problembenennung[233], sondern bestimmte in der

---

231 Die ‚satanistischen' Ereignisse, von denen das Buch handelt, fanden zwar in Kanada statt, das Buch wurde jedoch von einem New Yorker Verlag im Jahre 1980 publiziert und fand zunächst primär in den USA öffentliche Resonanz. (Dort beeinflusste das Werk nachhaltig die Debatten um die im therapeutischen Prozess wiedererlangten Erinnerungen.)

232 Als zweiter Gefahrenbereich (neben den intergenerativ organisierten Kultgruppen) traten schnell Kindergärten und Vorschulen in den Fokus der Aufmerksamkeit. In verschiedenen spektakulären Fällen (etwa dem international bekannt gewordenen „McMartin Preschool case" – vgl. Schetsche 2000: 199) bezichtigten Eltern die Erzieher und Erzieherinnen ihrer Kinder des organisierten Missbrauchs und der Ausübung bizarrer ritueller Praktiken. Im Mittelpunkt der folgenden Darstellungen wird jedoch die auch in Deutschland dominierende Variante des Problemmusters stehen, in der es primär um den Opferstatus erwachsener Frauen geht, die ihre Erinnerung an den rituellen Missbrauch erst Jahre nach den vermuteten Ereignissen wiedererlangt haben.

233 Wie sich der Literatur (Kahaner 1988: 200-201) entnehmen lässt, war es Pazder, der das ‚neue' Problem erstmals definierte und ihm auch einen Namen gab: „The defini-

2 Zweite Beispielanalyse: „Satanisch-ritueller Missbrauch"

Folgezeit auch die Gruppe des primären Akteurs, der für die Etablierung und Verbreitung des neuen Problemmusters verantwortlich war: Die Realität massenhaften rituellen Missbrauchs wurde zuerst von Therapeuten und besonders Therapeutinnen[234] im Kontext der Missbrauchs-, Multiplen- und therapeutischen Aufdeckungsbewegung postuliert. Diese proklamierten eine zunehmende Zahl extrem traumatisierter Missbrauchsopfer, die sich – ähnlich wie Michelle – mit vordergründig unklaren Beschwerden in ihre Obhut begeben und unter therapeutischer Anleitung Erinnerungen an maskierte Täter und Schwarze Messen, satanische Symbole und getötete Säuglinge, Ritualmorde und kannibalistische Praktiken wiedererlangt hatten, mit denen sie als Kinder konfrontiert gewesen sein sollen.

Ihr ideelles Pendant fand diese Vorstellung in einem – insbesondere in den USA – gesellschaftlich weit verbreiteten Satanismusmythos, der die Grundidee für die Existenz von Netzwerken satanischer Gruppierungen mit streng antichristlichen Ideologien und kriminellen Ritualpraxen lieferte. Insbesondere die so genannte Anti-Kult-Bewegung hatte seit den 1960er/70er Jahren ein entsprechendes ‚soziales Problem' zu konstruieren versucht und seither immer wieder vor den Gefahren gewarnt, die von so genannten destruktiven Kulten im Allgemeinen und von Satanisten im Besonderen ausgehen würden.

Die Rolle von Therapeuten und insbesondere Therapeut*innen* als primärer Akteur ist für die Entwicklung des hier untersuchten Problemdiskurses in mehrfacher Hinsicht bedeutsam: Erstens fungierten sie als Musterverbreiter in der eigenen Profession sowie in spezifischen Fachöffentlichkeiten, indem sie Seminare und Fortbildungsveranstaltungen organisierten, Fachbücher und Artikel in (populär-)wissenschaftlichen Journalen veröffentlichten. Damit verbreiteten sie nicht nur die Gefahrenwahrnehmung unter ihren Kollegen, sondern sorgten auch dafür, dass staatliche Stellen in den USA auf das Problem aufmerksam wurden[235]. Zweitens agierten sie (damit) auch als Öffentlichkeitsakteure im weiteren Sinne, da die entsprechenden Darstellungen schnell von den Massenmedien aufgegriffen wurden. Und drittens schließlich sorgten sie dafür, dass die internationale

---

tion I presented for ritualized abuse was this: ‚Repeated physical, emotional, mental and spiritual assaults combined with a systematic use of symbols, ceremonies, and machinations designed and orchestrated to attain malevolent effects'."

234 Die sprachliche Verdopplung vieler Berufsbezeichnungen ist hier sinnvoll und analytisch notwendig, weil sich bei der Verbreitung des Problemmusters in der Folgezeit primär Vertreter*innen* der entsprechenden Berufsgruppen hervortaten.

235 So häuften sich am Ende des vergangenen Jahrhunderts scheinbar spektakuläre Ermittlungs- und Strafverfahren – die jedoch regelmäßig keinerlei gerichtsverwertbare Beweise für die behaupteten Straftaten ergaben.

(Fach-)Öffentlichkeit auf das Problem aufmerksam wurde, sodass sich Anfang der 1990er Jahre auch in vielen anderen Ländern ein entsprechender Problemdiskurs etablieren konnte (vgl. de Young 2000; Frankfurter 2003; Lippert 1992; Victor 1993).

Flankiert wurde diese Entwicklung *im englischsprachigen Raum* von der Entstehung einer fachwissenschaftlichen Debatte über den Realitätsstatus des Problems. Parallel zur gesellschaftlichen Durchsetzung des Bedrohungs- und Verschwörungsszenarios dieses Problemdiskurses hatten sich kritische Positionen unter Therapeuten, Kriminologen und Sozialwissenschaftlern herausgebildet, die dem behaupteten Ausmaß satanischer Aktivitäten in der Gesellschaft widersprachen oder zumindest am Realitätsgehalt der extremen Opferberichte zweifelten. In Frage gestellt wurde insbesondere die Glaubwürdigkeit der im therapeutischen Setting erlangten Aussagen, die fast ausschließlich auf wiedererlangten Erinnerungen beruhten[236]. Unter anderem verwiesen sie dazu auf die Befunde der ‚False-memory-Bewegung', die eindrückliche Belege für die Möglichkeit iatrogener Erinnerungsinduktionen, für suggestive Beeinflussungen oder für so genannte Deckerinnerungen gefunden hatte (vgl. exemplarisch Loftus 1993; Loftus/Ketcham 1994; McElroy/Keck 1995).

Vor allem aber argumentierten die ‚Problemgegner' damit, dass es keinerlei objektive (insbesondere keine gerichtsverwertbaren) Beweise gäbe, welche die erhobenen Vorwürfe stützen würden. Tatsächlich hatten weder kriminologische Sonderuntersuchungen noch wissenschaftliche Expertisen, die Anfang der 1990er Jahre von offiziellen Stellen – etwa vom FBI – durchgeführt bzw. in Auftrag gegeben worden waren, Beweise für die Existenz entsprechender satanischer Netzwerke oder für eine systematische Praxis rituellen Missbrauchs erbracht[237]. Alle entsprechenden Untersuchungen kamen vielmehr zu gleichen Ergebnis: „The research could not find a single case of alleged child sexual abuse where there was clear corroborating evidence for the existence of a well-organized inter-generational satanic cult which tortured children and committed murders" (Victor 1995: 47).

Diese frühzeitige Polarisierung der Auseinandersetzung und die daraus resultierende partielle Diskreditierung des Problemmusters nicht zuletzt im wis-

---

236 Zur Diskussion um die Problematik solcher wiedererlangten Erinnerungen generell vgl. Schetsche 2003.

237 Entgegen dieser Ergebnisse kam es jedoch in einzelnen Bundesstaaten der USA zu weitreichenden Gesetzesänderungen mit dem Ziel der verstärkten Bekämpfung satanischer Kulte und rituellen Missbrauchs (vgl. de Young 1994: 404; Bottoms/Davis 1997: 126).

senschaftlichen Kontext ist ein wesentliches Kennzeichen des *internationalen Diskurses*. Demgegenüber dominiert in Deutschland bis heute auch in der Fachöffentlichkeit – unter weitgehender Ausblendung der englischsprachigen Debatten – das gefahrenfokussierte Problemmuster den öffentlichen Diskurs über Satanismus und rituellen Missbrauch.

Auch wenn sich der exakte Zeitpunkt und die konkreten Umstände des Imports dieser Gefahrendeutung in den deutschsprachigen Raum heute nicht mehr eindeutig ermitteln lassen, steht doch fest, dass der ‚rituelle Missbrauch' hierzulande Anfang/Mitte der 1990er Jahre zu einem virulenten, emotional und moralisch hochgradig besetzten Thema avancierte[238]. Abgesehen von einigen sehr frühen boulevardesken Thematisierungen handelte es sich bei den ersten deutschsprachigen Problemdarstellungen um Übersetzungen amerikanischer Quellen (Smith 1994; Spencer 1994; Stratford 1988). Der Import der Problemdeutung erfolgte dabei zu einem Zeitpunkt, an dem die Debatte in den USA, wie angedeutet, ihre gefahren- und verschwörungsbetonende Klimax bereits überschritten hatte. Dessen ungeachtet wurde durch diese Übersetzungen nicht nur ein entsprechender Problemdiskurs in Deutschland initiiert, sondern auch durch eine entsprechende Rahmung (z. B. in Vorbemerkungen zu den deutschen Fassungen) ein Konnex zwischen den Grundannahmen des neuen Problemmusters (etwa zur Realität okkult-satanistischer Verschwörungen oder von Kultprogrammierungen) und der seinerzeit hierzulande noch sehr virulenten Debatte über sexuellen Missbrauch aktiv hergestellt. Dieser Übertragungs- und Anschlussprozess war die Voraussetzung für die Entstehung zahlreicher nachfolgender Veröffentlichungen sowohl expertischer als auch journalistischer Provenienz.

Die Verbreitung der Problemwahrnehmung erfolgte in Deutschland durch ähnliche Akteursgruppen wie in den USA: professionelle und ehrenamtliche Kinder- und Jugendschützer, Vertreterinnen der Missbrauchsbewegung, Psychologen und Therapeutinnen, Sozialarbeiter und Sozialpädagoginnen, aber auch Politiker und Weltanschauungsbeauftragte kirchlicher und staatlichen Institutionen (vgl. Kapitel 2.4). Hinzu kamen von Anfang an investigativ arbeitende Journalisten sowie Autorinnen, deren Tatsachenberichte und Romane, TV-Dokumentationen und Spielfilme (typisch ist hier etwa die musterstimmige Umsetzung des Themas

---

238 Wohl erstmals auf das Problem aufmerksam gemacht wurde die bundesdeutsche Öffentlichkeit im Sommer 1990, als die BILD-Zeitung (vom 9. 8. 1990) unter der Überschrift „Psychotherapeut enthüllt: Satanssekten opfern jährlich 10.000 Kinder" über eine Konferenz zu rituellem Missbrauch in London berichtete und dabei behauptete, dass „Tag für Tag allein in Amerika 25 Menschen auf dem Altar des Satans" sterben und die Kultisten „sogar Fötus-Fleisch verzehren".

in einem Kriminalfilm der beliebten Reihe „Tatort"[239]) das Problemmuster einer breiten Öffentlichkeit bekannt machten (siehe unter 2.7). Wie erfolgreich diese Akteursgruppen waren, zeigt nicht zuletzt die Behandlung des Themas durch staatliche Instanzen, etwa in einer Enquetekommission des Deutschen Bundestages (siehe Kapitel 2.8). Dem Problemmuster blieb dabei – wegen einer Vielzahl ungeklärter Fragen – eine staatliche Anerkennung in letzter Konsequenz zwar versagt, dies führte jedoch nicht zu einem merklichen Wandel des Diskurses: Bis heute überstimmt in den Massenmedien wie in der Fachöffentlichkeit die skizzierte Problemwahrnehmung alle kritischen Einwände. Ein Grund mehr sich ihrer analytisch anzunehmen.

2.3 Konsensuale Sachverhalte

Anders als beim vorangegangenen Beispiel der Internetsucht, ist der Konsens über lebensweltliche Gewissheiten und wissenschaftliche ‚Tatsachen' im hier behandelten Problemfall außerordentlich gering. Ausgehend von einem maximal kontrastierenden Vergleich wissenschaftlicher Befunde sowie Aussagen des (in Deutschland allerdings nur marginalen) Gegendiskurses mit den zentralen Feststellungen der Problemdeutung (vgl. Kapitel 2.5) zeigt sich, dass die von letzterer aufgestellten Behauptungen bezüglich Ursachen, Folgen, Häufigkeiten und Bewertungen von Satanismus und rituellem Missbrauch in hohem Maße umstritten geblieben sind.

Bei den Sachverhaltsbehauptungen der Problemdeutung kann ein Konsens lediglich hinsichtlich der Existenz selbstdeklarierter Satanisten und satanischer Gruppierungen einerseits und der Wirklichkeit verschiedener Formen sexuellen Kindesmissbrauchs in unserer Gesellschaft konstatiert werden (vgl. Schmied-Knittel/Schetsche 2007). Über alle anderen zentralen Behauptungen besteht hingegen weder lebensweltlich noch wissenschaftlich Konsens. Dies betrifft die systematische sexuelle und psychische Misshandlung einer großen Zahl von Kindern und Frauen in zu Netzwerken zusammengeschlossenen Kulten ebenso wie die behauptete weite Verbreitung von Ritualmorden, Vergewaltigungen und Kannibalismus im Kontext satanistischer Kulthandlungen oder auch die Möglichkeit einer gezielten Manipulation von Opfern durch Gehirnwäsche und Programmierungen.

Eine Komparatistik, insbesondere unter Berücksichtigung solcher Wissensbestände, die unabhängig von der Problematisierung entstanden sind, zeigt, dass

---

239 Tatort „Abschaum"; ARD, Erstausstrahlung 4.4.2004.

der Großteil der im Problemmuster thematisierten Sachverhalte keineswegs als feststehend gilt und der konsensuale Sachverhalt eine weitgehend leere Menge bildet. Nur angedeutet werden können in diesem Zusammenhang:

- die wissenschaftliche Kontroversen hinsichtlich des Realitätsstatus wiedererlangter Erinnerungen und der Diagnose ‚Multiple Persönlichkeitsstörung';
- die starke Diskrepanz zwischen zentralen Aussagen der Problemopfer und den religionswissenschaftlichen Befunden über Strukturen und Ritualpraxen satanischer Kultgruppen in der Gegenwart;
- völlig vom Problemmuster abweichende Befunde praktisch aller kriminologischer Untersuchungen und polizeilicher Ermittlungen.

Im Sinne der verwendeten theoretischen Folie muss dem ‚satanisch-rituellen Missbrauch' damit der Status eines „virtuellen Problems" zugewiesen werden (vgl. Teil II, Kapitel 2.3). Dieser Befund ist unabhängig davon, dass die Problemdeutung *in Deutschland* weite Teile des fachöffentlichen Diskurses sowie die massenmedialen Darstellungen dominiert und entsprechende therapeutische und andere Praxisformen hervorgebracht hat.

2.4 Kollektive Akteure

Ihre Verbreitung verdankt die Problemdeutung einer kleinen, nichtsdestotrotz wirkungsmächtigen ‚Diskursgemeinschaft', die insofern heterogen ist, als hier recht unterschiedliche kollektive Akteure aus mehreren Spezialöffentlichkeiten beteiligt sind: Psychologen und Therapeuten sowie Angehörige anderer psychosozialer Berater- und Helferberufe müssen hier ebenso genannt werden, wie staatliche und kirchliche Satanismus-Kritiker und Sektenexperten oder engagierte Journalisten und Publizisten.

Strukturell bedeutsamer als die quantitative Größe der Akteursgruppen sind dabei deren Allianzen, Vernetzungen und Beziehungsgeflechte. Hier geht es sowohl um die gegenseitige Unterstützung (etwa durch Zitationskartelle; vgl. Kapitel 2.6) von Akteuren aus der Missbrauchs- und der Anti-Kult-Bewegung bei der fachöffentlichen und gesellschaftlichen Durchsetzung der (gemeinsamen) Problemwahrnehmung, als auch um Koalitionen mit den Öffentlichkeitsakteuren aus dem journalistischen Bereich. Trotz unterschiedlicher ‚ideeller bzw. ideologischer Problemheimaten' und spezieller Einzelinteressen, lassen sich dabei kaum inhaltliche Differenzen zwischen den unterschiedlichen Akteursgruppen ausmachen. Ganz im Gegenteil finden sich eine bemerkenswert einmütige Problematisierungstendenz und ein außerordentlich enges Beziehungsgeflecht zwischen feministisch-parteilichen Akteuren der Aufdeckungs- und Multiplenbewegung, investigativen Journalisten und kirchlichen Weltanschauungsbeauftragten.

Insgesamt handelt es sich um eine recht überschaubare Akteursgruppe mit einer nur geringen Anzahl von Einzelakteuren, die aber allesamt sehr aktiv sind – und die Gemeinsamkeit aufweisen, primär moralisch zu argumentieren. Zusammen mit dem zu konstatierenden hohen persönlichen und emotionalen Engagement spricht dies dafür, sie hinsichtlich der in der Problemsoziologie diskutierten Akteurstypologie als „Moralunternehmer" einzuordnen. Die analytische Unschärfe dieses Begriffes ist jedoch bekannt, weshalb auf seine Anwendung zugunsten einer alternativen Dimensionierung nach ‚*diskursiven Milieus*' verzichtet werden soll. Deren jeweilige Sprecher zeichnen sich zwar durch den mehr oder weniger identischen Gebrauch musterspezifischer Inhalte, Argumente und Forderungen aus, erzeugen über themen- und interessenspezifische, ressourcen- oder darstellungsstrategische Besonderheiten jedoch eine Binnendifferenzierung innerhalb der ‚Problematisierungsgemeinschaft'.

Sieht man einmal von der Diskursarena der öffentlich-medialen Berichterstattung ab, die weniger als kollektiver Akteur fungiert, sondern als Kanal und Plattform parallel zu den diskursiven Milieus ‚agiert', lässt sich feststellen, dass das Problemmuster ‚satanisch-ritueller Missbrauch' im Zentrum von drei spezifischen diskursiven ‚Aufdeckungsmilieus' entstanden ist:

- ein ‚therapeutisches Milieu',
- ein ‚weltanschauliches Milieu',
- ein ‚investigativ-journalistisches Milieu'.

Beginnen wir mit dem ‚*therapeutischen Milieu*': Als kollektiver Akteur repräsentiert es einen kleinen Kreis von Experten und insbesondere Expertinnen im Kontext der so genannten parteilich-feministischen Missbrauchs-, Trauma-, Multiplen- und Kinderschutzbewegung – und einen spezifischen Ausschnitt von sozialpädagogischen, psychotherapeutischen und juristischen Berufspraktikern, die hinsichtlich Ausmaß, Ursachenfragen, Interventionsansätzen und Beratungspraxis einen ideologisch und moralisierend geprägten Umgang mit sexueller Gewalt (jedweder Form) zu institutionalisieren versuchen. Dementsprechend – und eingereiht in eine Themenlinie besonders schwerer Missbrauchsarten – ver- und behandeln sie (satanisch-)rituellen Missbrauch als eine Extremform sexueller Gewalt und agieren, entsprechend ihres berufständischen Eigeninteresses, primär zugunsten einer Verbesserung der Prävention, Behandlung und Bekämpfung. Die hier vorzufindende therapeutische Praxisform entspricht regelmäßig der so genannten *Aufdeckungsarbeit*, ein Begriff, der für die Problembeschreibung und das Erkennungsschema eine durchaus wörtlich zu nehmende Rolle spielt: So führten regelmäßig (erst) therapeutische Techniken zur Aufdeckung vermeintlich im Bewusstsein verschütteter individueller Missbrauchserfahrungen, die – primär unter Rückgriff auf psychologische und psychiatrische Trauma- und Dissoziationstheorien – in ursächlichen Zusammenhang mit (frühkindlichen) Gewaltdelikten durch organisierte und okkulte Täterkreise gebracht und als gesellschaftliches Problem unbekannten Ausmaßes aufgedeckt wurden. Dieses Muster der ‚wiedererlangten Erinnerung' dient seither nicht nur als Immunisierungsstrategie für das Fehlen objektiver Belege, sondern liefert als Kausalattribuierung auch die zentrale Schnittstelle zum Satanismusverdacht.

Dieses therapeutische Milieu fand bei der Konstruktion und Verbreitung der Problemwahrnehmung vor allem Unterstützung durch ein ‚*weltanschauliches Milieu*', dessen Akteure vorrangig auf die destruktiven Praktiken und sozialethisch bedenklichen Rituale von Satanisten verwiesen. Als so genannte staatliche oder kirchliche Sektenexperten und Weltanschauungsbeauftragte stehen diese Akteure für eine Informations-, Beratungs- und Aufklärungspraxis mit einer entsprechend institutionalisierten Infrastruktur (Personalstellen, Informations- und Weiterbildungsveranstaltungen, Publikationen etc.), die sich im spezifischen Kontext der gesellschaftlichen Debatte über die möglichen Gefahren so genannter Sekten und neureligiöser Bewegungen – zu denen von ‚der Satanismus' von Anfang an gezählt wurde – etabliert hatte. Durch rege Öffentlichkeitsarbeit und Medienpräsenz gelang es diesen Akteuren in entscheidender Weise, das öffentliche Bild des Satanismus als gefährliche Ideologie zu prägen und dessen vermeintlich kriminelle Praxis ‚aufzudecken'[240]. Jenes Bewertungsmuster bildet dann auch einen entscheidenden Hintergrund und liefert die Folie für einen weithin bekannten und durchweg negativ konnotierten Satanismusmythos, wie er im hier behandelten Problemmuster besonders virulent zutage tritt (vgl. Schmied-Knittel/Schetsche 2007).

Die Beschreibungen und Argumente, mit denen die bislang genannten zwei Diskursmilieus die zentralen und wiederkehrenden Grundaussagen des satanisch-rituellen Missbrauchsmusters plausibilisieren, wurden in der Folge vor allem deshalb hinlänglich bekannt, weil sie von einer dritten Akteursgruppe gezielt

---

240 Als scheinbar authentische Quellen für die Gefährlichkeit satanischer (und anderer nichtchristlicher) Kulte dienen dabei in der Regel Berichte von so genannten Sektenaussteigern; seit der Etablierung des SRA-Musters in der öffentlichen Diskussion kommen noch die im therapeutischen Kontext entstandenen Berichte über satanisch-rituellen Missbrauch hinzu.

an die Öffentlichkeit getragen wurden: Journalisten und Sachbuchautorinnen, Redakteure und Publizistinnen repräsentieren das ‚*investigativ-journalistische Milieu*‘, dessen Bedeutung vor allem unter Aspekten der strategischen Verbreitung und öffentlichkeitswirksamen Reproduktion des Problemmusters relevant ist – etwa, wenn sich investigative Journalisten in populärwissenschaftlichen Sachbüchern, so genannten ‚Tatsachenromanen‘ oder in Dokumentarfilmen des Themas annehmen. Herausragendes Merkmal der von dieser Gruppe produzierten Arbeiten (und zugleich Unterscheidungsmerkmal zu ‚herkömmlichen‘ massenmedialen Darstellungen des Themas Satanismus und ritueller Missbrauch) ist – neben besonders zeitaufwendigen Recherchen – ein spezifischer, hochmoralischer Aufklärungsduktus, der sich etwa in einer Konzentration auf die drastische und emotionalisierende Feindarstellung extremer Einzelfälle niederschlägt. Diese besondere Gruppe von Medienvertretern realisiert außerdem Interessen, die über klassische journalistischen Aufgaben hinausreichen: Es geht ihnen weniger um sachlich-neutrale Aufklärung über gesellschaftlicher Missstände, als um die durch Parteilichkeit getragene Aufdeckung vermuteter (bzw. behaupteter) ‚dunkler Verschwörungen‘ in der Mitte der Gesellschaft. Satanischen Gruppen und vermeintlichem institutionellen Versagen bei ihrer Bekämpfung wird auch *ganz persönlich* der Kampf angesagt.

Wenngleich bei vielen der einzelnen Akteure auch die eine oder andere persönliche Motivation angenommen werden kann, stehen doch höchst selten primär private Absichten hinter dem oftmals außerordentlichen Engagement. Vielmehr ist das Engagement in den meisten Fällen sehr deutlich durch berufsständische (Eigen-)Interessen geprägt. So fungieren die genannten Diskursmilieus und ihre einzelnen Akteure schon ‚von Amts und Berufs wegen‘ als *Problematisierungsexperten*, deren Interesse darauf angelegt ist, ein öffentliches Bewusstsein für individuelle und kollektive Problemlagen sowie politische und gesellschaftliche Missstände zu wecken und deren Bekämpfung zu organisieren. An dieses Problematisierungsinteresse knüpft sich nicht nur die (legitimierte) Deutungs- und Versorgungshoheit in den genannten Problemdiskursen (Satanismus und/oder sexuelle Gewalt), sondern auch eine Verfolgung ressourcenstrategischer Ziele. Diese betreffen zum Beispiel das ebenso eindeutige wie nachvollziehbare Interesse, die gesellschaftlich anerkannte Monopolstellung in der Zuständigkeit für den genannten Themenkomplex auf Dauer aufrecht zu erhalten oder sie mittels Ausweitung bestehender Problemmuster auszuweiten. Insofern sichert jede Thematisierungswelle nicht nur die generelle Aufmerksamkeit der Öffentlichkeit für das bearbeitete Problem, sondern steht immer auch im Kontext von Ressourcen-, Legitimations- und Machtfragen.

2.5 Inhalte des Problemmusters

Generell lässt sich feststellen, dass das Problemmuster in ganz verschiedenen Dokumenten und ‚Textsorten' mit unterschiedlicher (Öffentlichkeits-)Reichweite verbreitet wird. Die Thematisierung erfolgt – und dies in bemerkenswert einheitlicher Weise – sowohl in den Massenmedien (in Form von Reportagen, Berichten oder auch in fiktionalen Formaten), als auch in wissenschaftlichen Spezialöffentlichkeiten (etwa Artikel in Fachzeitschriften, Hand- und Sachbüchern, aber auch Vorträge auf Kongressen, Tagungen und Fortbildungsseminaren) sowie – immer öfter – in den Netzwerkmedien[241].

Nicht ausmachen lässt sich ein einheitlicher *Problemname*; vielmehr existieren im deutschsprachigen Raum bis heute recht unterschiedliche Bezeichnungen[242], wie etwa „satanisch-ritueller Missbrauch"; „ritueller Missbrauch", „ritualisierter Missbrauch", „rituelle Gewalt", „satanisch-rituelle Gewalt", „sadistischer (Ritual-)Missbrauch" oder auch „Kindersatanismus", nebeneinander[243]. Die einzelnen Begriffe verweisen nicht nur auf die Entstehungshintergründe hinsichtlich einer (nominellen) Ausweitung des Problemmusters sexueller Missbrauch bzw.

---

241 Dies deutet bereits an, wie umfangreich und heterogen der Korpus empirischen Materials ist, der rekonstruiert werden muss, um ein umfassendes Bild der Entwicklung des sozialen Problems ‚satanisch-ritueller Missbrauch' zu erhalten. Eine Auflistung, Charakterisierung und differenzierte Analyse dieser Quellen findet sich im Band von Schmied-Knittel 2008 (siehe Literaturverzeichnis), auf den hier nur verwiesen werden kann, weil eine systematische Nennung und Diskussion des Quellenmaterials den Rahmen der hier gewünschten Darstellung völlig sprengen würde.

242 Eine kontroverse Debatte über die Benennung des Problems findet sich bereits in den USA. Während etliche Autoren (z. B. La Fontaine 1998; Scott 2001) mit ‚ritual abuse' für einen weit gefassten Begriff plädieren, der allgemein auf rituelle und organisierte Aspekte fokussiert und weniger auf ‚echte' satanistische Ideologien und Überzeugungen, finden sich andere, die mit der Bezeichnung ‚satanic-ritual abuse' gerade dieses ‚Problem' betont sehen wollen (vgl. z.B. Core 1991: 11: „We had better get our definition straight, so that we know the nature of the beast that we are confronting").

243 Hinzu treten Attribuierungsunterschiede in verschiedenen öffentlichen Arenen: Während Texte aus fachlichen Spezialdiskursen das Problem in der Regel mehr oder wenig eindeutig benennen, kommen massenmediale Darstellungen zumeist ohne eine entsprechende Bezeichnung aus – und so handelt es sich bei „(satanisch-)rituellem Missbrauch" wohl mehr um einen Fachbegriff, als um einen lebensweltlich verwendeten Terminus.

sexuelle Gewalt, sondern auch auf offensichtlich unterschiedliche Reichweiten des ‚neuen' Problems. Je nachdem, welche begrifflichen Komponenten in der Bezeichnung enthalten sind, lassen sich ein ‚enger' und ein ‚weiter' Problemname identifizieren: Während ersterer auf einen *spezifisch satanistischen* Ritualkontext abhebt, insistiert letzterer darauf, satanisch-rituellen Missbrauch nur als *eine* Ausprägung (wenngleich auch die häufigste) eines größeren Spektrums *ritueller Gewalt* zu betrachten.

In praxi ist diese Unterscheidung jedoch nur vordergründig bedeutsam, denn der weite Begriff von rituellem Missbrauch korreliert keineswegs mit einem weiter gefassten Deutungsmuster. So erheben regelmäßig auch Aussagen, nach denen sich ritueller Missbrauch zwar nicht auf satanische Gewalt beschränkt, diese *aber* beinhaltet, oder aber ritueller Missbrauch auch in mehr oder weniger organisierten kriminellen Systemen oder bei (Einzel-)Personen vorkommen kann, die keinen satanistischen Hintergrund haben, Satanismus *immer* zum diskursiven Referenzpunkt rituellen Missbrauchs. Die Folge: ritueller Missbrauch/rituelle Gewalt wird in der (Fach-)Öffentlichkeit *regelmäßig* im Zusammenhang mit Satanismus diskutiert – und vice versa!

Hintergrund dafür liefert ein Bild vom Satanismus, das diesen als ein destruktives Ritual- und Glaubenssystem zeichnet, dessen Anhänger ebenso menschenverachtende und antichristliche wie kriminelle Rituale praktizieren. Aus diesem Verständnis leiten sich zentrale Elemente der *Problembeschreibung* ab: Die Durchführung Schwarzer Messen, bei denen es regelmäßig ebenso zu physischen, psychischen und sexuellen Misshandlungen *weiblicher* Kultmitglieder kommt, wie zu Vergewaltigungen von Kindern, rituellen Opferungen von Neugeborenen und kannibalistischen Praktiken. Die weiblichen Kultmitglieder werden dabei – so die Überzeugung – mittels Drogen, Erpressung, Folter und Gehirnwäsche gefügig gemacht, die kindlichen Opfer hingegen von den Kultgruppen eigens ‚beschafft' (sei es durch Entführung und Kinderhandel oder aber durch die gezielte Schwängerung weiblicher Mitglieder, welche die nicht registrierten Kinder dann dem Kult überlassen müssen). Da es sich bei den geschilderten Handlungen um schwerste Straftaten handeln würde, müssen notwendig spezifische Fähigkeiten der Täter im Bereich von Gehirnwäsche und ‚Kultprogrammierungen', eine weitreichende Logistik, geheime Organisationsformen und arkanische Schweigedisziplin der Gruppenmitglieder sowie eine Vielzahl von Mitverschwörern an sozialen Schaltstellen, mithin eine Unterwanderung gesellschaftlicher und staatlicher Instanzen, angenommen werden, um zu erklären, dass die entsprechenden Taten dauerhaft verborgen bleiben können.

Damit ist zugleich die angenommene *‚doppelte Problemhaftigkeit'* des Phänomens angedeutet: Die traumatischen Erfahrungen der weiblichen Kultmitglieder führen zu massiven psychischen und psychosomatischen Schädigungen, deren ursächlicher Nachweis aufgrund der angedeuteten konspirativen Hintergründe und perfiden Vertuschungsstrategien im Einzelfall oftmals nur schwer gelingt. Hieraus resultiert eine zweite, individuell wie sozial nicht weniger schwerwiegende Problemlage: Weite Teile der Gesellschaft und viele staatliche Instanzen leugnen die Existenz des Problems, was für die selbstdeklarierten Kultopfer zu weiteren psychischen Belastungen führt.

Entsprechend stellen die opferfokussierte Darstellung des Leid(en)s, die kriminellen Machenschaften der (satanistischen) Täter sowie die gesellschaftliche Untätigkeit die drei Dimensionen des *ethisch-moralischen Bewertungssystems* des Problemmusters dar. In den Darstellungen fokussiert werden dabei gleichwohl jedoch vor allem die Entwürdigung der weiblichen Kultmitglieder und deren Leiden[244]. Hier wird regelmäßig auf die erheblichen psychischen und physischen Schäden der Betroffenen verwiesen, die mit pathetisch überhöhten Begriffen wie „Seelenmord" oder „Überlebende" zum Anhaltspunkt einer quasi unhintergehbaren moralischen Bewertung erhoben werden, ohne dass grundsätzliche Geltungszweifel geäußert werden (können).

Neben irrationalen Bedrohungsszenarien und verschwörungstheoretischen Immunisierungsstrategien (siehe dazu Kapitel 2.6) kennzeichnen solche normativ-moralischen Aussagen die typische *affektiv-strategische Rhetorik* des Problemdiskurses. Sie veranlasst Akteure und Rezipienten nicht nur, sich moralisch auf die ‚richtige Seite' zu schlagen, sondern dient zugleich als Legitimation für die geforderten gesellschaftlichen und staatlichen Reaktionen auf das Problem. Die verlangten *Bekämpfungsmaßnahmen* beziehen sich zunächst einmal auf eine Wahrnehmungs- und Handlungspriorität (bei Individuum, Gesellschaft und Staat) bezüglich der dargelegten (doppelten) Problemlage: Es sei an der Zeit, endlich hinzuschauen, die Wirklichkeit zu erkennen – und vor allem den Betroffenen zu *glauben*. Aus dieser Voraussetzung erwachsen dann mal mehr, mal weniger konkrete Forderungen und Handlungsanweisungen, die sich an mit dem Problem möglicherweise konfrontierte Akteure wie etwa Justiz, Polizei, Gesundheitssystem, Medien und Öffentlichkeit richten und – auf der ganz praktischen Seite – von einer allgemeinen Anerkennung der Diagnose „Multiple Persönlichkeitsstörung" über die Finanzierung spezieller Therapieplätze bis hin zur Einrichtung

---

244 Demgegenüber treten die Leiden der (vermeintlich) ermordeten Säuglinge und Kleinkinder in der Darstellungspraxis regelmäßig in eigentümlicher Weise in den Hintergrund – wahrscheinlich weil dies Opfer sind, die im Gegensatz zu den so genannten Überlebenden selbst über keine Stimme verfügen, die einen Beitrag zur medialen Repräsentation des Problems leisten könnte.

polizeilicher bzw. staatsanwaltschaftlicher Sonderkommissionen oder zentraler Erfassungsstellen für satanistisch motivierte Verbrechen reichen.

Der skizzierten doppelten Logik der Problembeschreibung folgt im Übrigen auch die paradoxe Struktur des Erkennungsschemas, bei dem die Absenz von Tätern und Beweisen ebenso als Indiz für deren extrem Fähigkeit zur Geheimhaltung und Verschwörung dient, wie das jahrelange Fehlen von Erinnerungen und das Vorliegen multipler Persönlichkeitsstörungen seitens der Missbrauchsopfer als Beleg für die extreme Schwere eines realen Sexual- und Gewalttraumas angesehen wird – insgesamt eine Logik des Kontrafaktischen. Die Identifikation der Opfer kann im Rahmen dieser Logik regelmäßig nur durch eine ex-post-facto-Zuweisung des Betroffenen- und Mittäterstatus erfolgen. Ausgangspunkt dafür sind zum einen die ausgedehnten, wenngleich eher unspezifischen Symptom- und Indizienkataloge des Erkennungsschemas ‚sexueller Missbrauch' (und die psychotherapeutische Praxis der ‚Aufdeckungsbewegung'), zum anderen wiedererinnerte Details in den Opferberichten, die einen satanistischen Hintergrund der postulierten Traumata nahe legen: vermeintlich charakteristische Symbole (Pentagramme, umgedrehte Kreuze), Rituale und Zeremonien mit magischen und okkulten Inhalten (etwa mit der Verwendung von Teufels- und Tiermasken oder schwarzen Kutten), sowie spezifische räumliche und zeitliche Konfigurationen (Kraft- und Kultorte, Ritualzeiten)[245]. Dies kann gleichzeitig als abschließender Verweis auf das inkorporierte *Hintergrundwissen* gelten: Die mehr als semantischen Beziehungen zu Satanismus, Missbrauch und geheimen Tätern, die das Problemmuster satanisch-rituller Missbrauch herstellt, offenbaren einen immens dichten Vorstellungs- und Wissenskomplex, der historische, wissenschaftliche und lebensweltliche Verweise inkriminiert, die signifikante Anschlussfähigkeit an gesellschaftlich verbreitete Wissensbestände herstellen.

2.6 Diskursstrategien

Die skizzierte Problembeschreibung wurde seit den neunziger Jahren des vergangenen Jahrhunderts sukzessive in wissenschaftlichen Veröffentlichungen,

---

245 Neben regelrechten Erkennungslisten (vgl. z. B. www.sekten-sachsen.de/satan-ermittlung.htm) und Hinweisen für entsprechende ‚Tatortanalysen', bei denen es gilt, auf die genannten Umstände zu achten, treten die Schilderungen der Opfer, die bei diesen vorfindbaren körperlichen Anzeichen (wie Narben, Wunden, Tätowierungen) und deren Tagebucheinträge oder Zeichnungen. Besonders die letztgenannten ‚Objektivationen' werden als eindeutige und vielfach auch hinreichende Hinweise auf rituellen Missbrauch betrachtet.

medizinisch-psychiatrischen Foren und therapeutischen Praxisfeldern, bei juristischen und kriminologischen Fachtagungen, in politischen Gremien (Stichwort: Enquetekommission), sozialen Bewegungen (Frauen-, Kinder- und Jugendschutz) sowie im religiös-weltanschaulichen Feld verhandelt und diskutiert – und auch regelmäßig in ganz unterschiedlichen Massenmedien (von fiktionalen Kriminalfilmen, über ‚Tatsachenromane' bis hin zu Fernsehdokumentationen und Illustriertenartikeln) verbreitet. Bemerkenswert ist dabei, wie so extrem unterschiedlich ausgerichtete Diskursfelder und Textsorten nicht nur in der inhaltlichen Problembeschreibung, sondern auch in ihrer diskursstrategischen Rhetorik übereinstimmen und ein ‚Erzählmuster' verbreiten, das sowohl formal als auch inhaltlich von großer Redundanz gekennzeichnet ist. Mit anderen Worten: Ob fachwissenschaftlicher Vortrag, offizielle Aufklärungsbroschüre oder TV-Feature, überall findet sich nicht nur eine inhaltlich, sondern auch eine rhetorisch gleiche Darstellungsweise. Praktisch alle Akteure (aus welchem Feld sie auch stammen und welche medialen Formate sie benutzen) bedienen sich der selben Strategien, die primär auf Dramatisierungen, Skandalisierungen, Emotionalisierungen abzielen und hinsichtlich inhaltlicher Plausibilisierungen auf identischen Figuren basieren – wie etwa lebensweltlich anschlussfähige Alltagsmythen, Verschwörungstheorien und normativierende Moraldiskurse.

Die notwendige Kürze der Darstellung bringt es mit sich, dass hier nur einige wenige der Diskursstrategien exemplarisch skizziert werden können, die für den untersuchten Problemdiskurs typisch sind:

Dramatisieren

Den zentralen Ausgangspunkt in den meisten Darstellungen bildet eine Opferperspektive, die nicht nur auf eine *Personalisierung* und Visualisierung von Einzelschicksalen abzielt, sondern – hinsichtlich ihrer Wirkung auf Rezipienten und Adressaten – emotional besonders berühren, Mitgefühl wecken sowie moralische und politische Empörung auslösen soll. Die Auswahl solcher Fallbeispiele erfolgt dabei sehr selektiv, indem ausschließlich besonders drastische Fälle angeführt werden, die wiederum typisch für die Gesamtheit aller Betroffenenberichte erachtet werden (sollen). In Ermangelung solcher Beispiele werden allerdings immer wieder dieselben wenigen Fälle angeführt, wobei sich Massenmedien und expertische Diskursmilieus gegenseitig mit Fallmaterial versorgen und wechselseitig zitieren.

Außerdem sind Versuche zu nennen, Opfer- wie Täterzahlenzahlen rhetorisch-diskursiv in die Höhe zu treiben: Neben einer ausufernden Definition von Satanismus und Satanisten (worunter regelmäßig extrem disparate Phänomene, vom Jugendokkultismus über Friedhofsvandalismus bis hin zu schwerwiegenden

Gewaltdelikten, subsumiert werden) fallen hier die Bezugnahme auf willkürlich ausgewählte Expertenschätzungen, unbestimmte Dunkelziffern und offensichtliche Manipulation statistischer Daten besonders ins Auge. So tauchen etwa in der Presse immer wieder Zahlen von 3.000 bis 7.000 Anhängern von Satanskulten in Deutschland auf, ohne dass es zuverlässige Quellen hierfür gäbe; in manchen offiziellen Broschüren ist gar von ca. 50.000 Satanisten hierzulande die Rede – und in der BILD-Zeitung von jährlich 10.000 geopferten Kindern. Angaben, die jeglicher empirischer Grundlage entbehren.

(Verschwörungstheoretische) Zirkelargumente und (moralische) Immunisierungen
‚Zirkelargumente' stellen eine Art rhetorische Endlosschleife dar, die resistent gegenüber Kritik bzw. der Überprüfung ihres Wahrheitsgehalts ist. Entsprechende Darstellungen sowohl in den Medien als auch in Fachartikeln ranken sich regelmäßig um das semantische Feld des Mind-control-Mythos. Dessen Herzstück ist die Annahme, satanische Geheimbünde würden über hoch entwickelte Techniken der Gedanken- und Erinnerungskontrolle verfügen und diese systematisch in der ‚Opferprogrammierung' anwenden. Für Anhänger des Problemmusters dient dies als wichtiges Argument gegen die (antizipierten) skeptischen Bedenken hinsichtlich der hohen Diskrepanz zwischen der (großen) Zahl angeblicher Opfer und deren geringer Belegbarkeit: Opfer wie Täter, aber auch Dritte können schließlich in fast beliebiger Weise einer ‚Gedankenmanipulation' unterworfen werden.

Viele Darstellungen enthalten auch Immunisierungen, um Kritik an der angebotenen Problemdeutung von vornherein unwirksam zu machen. Das geschieht etwa, indem verschiedene Argumente des Gegendiskurses antizipiert und deren Widerlegung in das eigene Argumentationsmuster eingebaut werden. Immunisierung bedeutet aber auch, dass das rhetorische Problemmuster mit einem moralisch-normativierenden Aussagegehalt belegt wird, der die Formulierung alternativer Problemdeutungen erschwert oder erst gar nicht zulässt. Hier wird mit einem dichten Netz aus moralischen Argumenten, einem Stakkato immergleicher dramatischer Fallbeispiele und bedeutungssteigernden Assoziationen auf die gesellschaftlich anerkannte Realität sexueller Gewalt rekurriert und dessen binärdichotomes Bewertungsschema (Parteilichkeit für die Opfer und Ausgrenzung der Täter) auf das SRA-Phänomen zu übertragen versucht.

Zitations- und Sprecherkartelle
Gemeint sind die in den diskursiven Milieus (Akteursgruppen) übliche Strategie gegenseitigen Zitierens sowie die selektive Auswahl von Quellen und Autoren.

Nur wer mit den Inhalten und Bewertungen des Problemmusters übereinstimmt und mit der Problemdeutung zumindest sympathisiert wird auch zitiert; Kritiker hingegen werden systematisch totgeschwiegen (oder gar persönlich diskreditiert). Regelmäßig erfolgen dabei (gegenseitige) Plausibilisierungen durch Akteure aus einem der anderen Diskursmilieus (etwa wenn die investigativ arbeitenden Journalisten Grandt und Grandt – 2000 – in ihrem Buch „Satanismus: Die unterschätzte Gefahr" zwei parteilich-engagierte Psychotherapeutinnen wiederholt als Expertinnen zitieren und ganze Buchkapitel durch diese gleichsam autorisieren lassen).

Hierzu gehört auch ein (nicht nur) in den Massenmedien vorfindbares ‚Sprecherkartell' einiger (weniger) Experten, die immer wieder im Sinne der Problemwahrnehmung zitiert werden. Dass die Öffentlichkeit praktisch nur Akteure aus den genannten Milieus zu sehen und zu hören bekommt, ist nicht nur Folge des erhöhten Nachrichtenwertes des von ihnen inhaltlich vertretenen Problemmusters, sondern auch Folge vorgängiger Selektionsprozesse. Die (massenmediale) Dominanz des Gefahrenmusters und seines ‚Sprecherkartells' beruht nicht primär darauf, dass die Medien systematisch kritische Stimmen ausschließen würden, sondern ergibt sich daraus, dass der Problemdiskurs bereits außerhalb der Medien durch die genannten Allianzen und Ausschlussstrategien vorformatiert wird: Experten mit abweichender Meinung scheinen nicht zur Verfügung zu stehen.

Semi-dokumentarische und hybride Darstellungsformen
‚Semi-dokumentarisch' meint eine spezifische rhetorische bzw. narrative Form, in der das Problemmuster nicht immer, aber doch recht häufig im öffentlichen Diskurs auftritt. Typisch hierfür sind etwa die so genannten „Tatsachenberichte" (z. B. Fröhling 1996 oder Rosch 1995). Sie repräsentieren eine Verschmelzung ganz unterschiedlicher traditioneller Literaturgenres, die ganz bewusst im (hybriden) Schwellenraum zwischen wissenschaftlichen, populären und fiktionalen Wissensformen angesiedelt werden, um das manipulative Spiel mit dem Realitätsstatus des Berichteten strategisch nutzen zu können. Wie schwierig es seitens der Rezipienten ist, zwischen realen und fiktionalen Anteilen zu unterscheiden, zeigt etwa das Buch „Vater unser in der Hölle" (Fröhling 1996), das in verschiedensten Kontexten immer wieder als *authentische* Beschreibung eines *realen* Falles zitiert wird – sogar im Endbericht der Bundestagsenquete-Kommission, wo es unter den wissenschaftlichen Quellen angeführt ist. Nicht nur die Ausweisung des Buches als „Tatsachenbericht" in seinem Untertitel offenbart den Anspruch der Autorin, eine ‚wahre Geschichte' zu erzählen; dies wird auch durch die Integration wissenschaftlicher Quellen und Expertenäußerungen in den Erzählstrang der

‚Geschichte', sowie durch das Nachwort eines ‚Satanismusexperten' unterstützt. Zwar handelt es sich vom Sprachstil und der Dramaturgie her zweifelsfrei um einen Roman – einen jedoch, der über eine Art Verwissenschaftlichung des Fiktionalen nicht nur den Realitätsstatus der erzählten Geschichte gleichsam ‚anzuheben' versucht, sondern auch die Gültigkeit des ausgebreiteten Problemmusters über den Einzelfall hinaus behauptet.

2.7 Satanisch-ritueller Missbrauch in den Massenmedien[246]

Auch im hier untersuchten Fall kommt den Massenmedien eine entscheidende Bedeutung bei der gesellschaftlichen Verbreitung des Problemmusters zu. Schon in seinem ursprünglichen US-amerikanischen Entstehungskontext spielten die Massenmedien eine zentrale Rolle: Lokale Tageszeitungen und Fernsehsendern berichteten jeweils über einzelne spektakuläre Fälle vor Ort, die anschließend dann oftmals auch landesweit kommuniziert wurden. So trugen zur Verbreitung des Problemmusters unter der US-amerikanischen Bevölkerung wesentlich die mit großer Reichweite ausgestrahlten und überaus populären TV-Formate (klassische ‚Leitmedien') bei, wie etwa die beiden berühmtesten Talkshows des US-amerikanischen Fernsehens, „Geraldo Rivera" und „Oprah Winfrey", die mehrfach ausführlich über Kultverbrechen mit satanistischem Hintergrund berichteten. Verkürzend lässt sich dabei resümieren, dass die Massenmedien weitgehend das von den erwähnten Akteuren konstruierte Bild krimineller Kulte und satanistisch motivierter Missbrauchsverbrechen transportierten, es dabei jedoch jeweils ihrer medienspezifischen Darstellungslogik anpassten.

Wie in Teil II (Kapitel 6) dargelegt, folgen Auswahl und Darstellung eines Themas in den Medien ganz eigenen Regeln. Schon allein die ökonomisch verbürgte Orientierung der Massenmedien am Publikumsinteresse bringt eine ganze Reihe von Publizitätsfaktoren hervor. Diese zielen beispielsweise auf Nachrichten- und Bekanntheitswerte von Themen, auf Anschlussfähigkeit und kulturelle Resonanz, auf die Möglichkeit von Visualisierungen, Dramatisierungen und Personalisierungen ab. Themen wie Satanismus und sexuelle Gewalt erfüllen diese Publizi-

---

246 Auch in den modernen Netzwerkmedien ist das Problem seit längerem angekommen, wobei das Internet und entsprechende Netzwerkforen primär als Kanal und Darstellungsplattform für Bewegungsakteure und Betroffeneninitiativen fungieren. Mit den dort eingestellten Erfahrungsberichten Betroffener sowie der (ungeprüften) Veröffentlichung entsprechender Symptomlisten und Hintergrundinformationen kann die Bedeutung dieses Mediums als Auslöser ‚medialer Opferwerdungen' nicht unterschätzt werden.

2 Zweite Beispielanalyse: „Satanisch-ritueller Missbrauch"

tätsfaktoren in hohem Maße und gehören entsprechend zu den Gegenständen, die unter ihrem vermeintlich skandalösen und transgressiven Gehalt fast regelmäßig in den massenmedialen Diskurs eindringen (können). Und so verwundert es nicht, dass man (parallel zu den Aktivitäten der genannten Bewegungsakteure) auch hierzulande eine nachhaltige Berichterstattung zu satanisch-rituellem Missbrauch beobachten kann. Hinsichtlich rhetorisch-diskursiver Darstellungsmechanismen bedienen sich die Medien dabei regelmäßig ähnlicher Strategien, wie sie bereits oben skizziert wurden.

Ungeachtet des zu konstatierenden generell hohen Nachrichtenwerts, avanciert satanisch-ritueller Missbrauch aber vor allem (immer) dann zum massenmedialen Berichtsfeld, wenn aktuelle Fälle[247] und konkrete Geschehnisse registriert werden können. Insbesondere die genannten Akteure aus dem investigativ-journalistischen Milieu stießen in den letzten Jahren mehrfach entsprechende (Medien-)Ereignisse an. Hier können TV-Dokumentationen wie „Höllenleben – Eine multiple Persönlichkeit auf Spurensuche" (ARD 2001), „Höllenleben – Der Kampf der Opfer" (ARD 2003), „Kannibalismus in Deutschland" (ZDF 2003), aber auch zwei Kriminalfilme aus den Reihen „Tatort"- und „Polizeiruf" (jeweils 2004) als mediale Schlüsselereignisse betrachtet werden, die eine umfangreiche Sekundärberichterstattung in verschiedensten Medien und Formaten initiierten[248]. Als Auslöser einer Thematisierungswelle ist dabei ein realer Kriminalfall ebenso gut geeignet wie ein fiktionaler Fernsehkrimi zur ‚Primetime'. Bei Problemkarrieren wie der des ‚satanisch-rituellen Missbrauchs' scheinen traditionelle mediale Format- und Genregrenzen eher zweitrangig.

Als Beispiel dafür, wie das Problemmuster durch fiktionale Formate übertragen wird, kann der bereits erwähnte Kriminalfilm aus der Reihe „Tatort" aus dem Jahre 2004 angeführt werden. In der erzählten Geschichte finden sich praktisch sämtliche Bestandteile des Problemmusters, wie es aus dokumentarischen

---

247 Bemerkenswert ist die Tendenz, aktuelle Ereignisse zum Ausgangspunkt der Medienberichterstattung zu erheben, die tatsächlich nur in indirektem Zusammenhang mit dem SRA-Thema stehen. Als Beispiel kann hier die Mitte Januar 2003 im ZDF ausgestrahlte Reportage „Kannibalismus in Deutschland" dienen. Sendezeitpunkt wie der gewählte Titel signalisierten für den Rezipienten einen Zusammenhang mit dem so genannten ‚Kannibalenmord von Rotenburg', der nur wenige Wochen zuvor für öffentliche Erregung gesorgt hatte. Zentraler Gegenstand der Sendung war dann aber nicht der angesprochene konkrete Kriminalfall, sondern der rituelle Missbrauch, in dessen Kontext von den Problemakteuren (wie von den Autoren der genannten Sendung) regelmäßig kannibalistische Gewaltverbrechen angesiedelt werden.

248 So lassen sich im unmittelbaren sachlichen und/oder zeitlichen Kontext zur genannten TV-Reportage „Kannibalismus in Deutschland" fast 170 Presseartikel zum Thema im deutschsprachigen Raum identifizieren (Quelle: Pressesammlung des IGPP).

und hybriden Quellen bekannt ist: Systematischer physischer und psychischer Kindesmissbrauch in einer satanistischen Sekte, deren Mitglieder bis in die besten Kreise der (Bremer) Gesellschaft reichen; schwere Straftaten, die von in den Kult verstrickten Angehörigen der Strafverfolgungsbehörden verschleiert bzw. gedeckt werden; eine (von der Polizei zunächst als unglaubwürdig eingestufte) Zeugin mit ‚Multipler Persönlichkeitsstörung'; Morddrohungen und deren Realisierung gegenüber Aussteigern und Kritikern; Unkenntnis und (anfängliche) Skepsis bei Ermittlungsbeamten, die eigentlich auf der ‚guten Seite' stehen usw. Während der Titel des Films, „Abschaum", für das anerkannte moralisch-affektive Bewertungsschema des Problemmusters steht, liefern seine Ausstrahlung zur besten Sendezeit im öffentlich-rechtlichen Fernsehsender ARD und zahlreiche Wiederholungen (dort und in den ‚Dritten Programmen') einen Beleg für die allgemeine öffentlich-mediale Anerkennung des Problemmusters – und damit auch für eine gelungene Problemkarriere.

2.8 Das Politikum

Wie im Beispiel „Internetsucht" besteht auch beim hier behandelten Problem ein Missverhältnis zwischen dieser öffentlichen Aufmerksamkeit und der offiziellen Anerkennung durch staatliche Institutionen. Gleichwohl kann das Thema auf eine gewisse ‚politische Karriere' zurückblicken, die quasi auf höchster Ebene begann: Das Problem wurde Ende der 1990er Jahre in einer Bundestag-Enquete-Kommission verhandelt. Dazu geführt hatten nicht zuletzt das Engagement und die inhaltlichen Verlautbarungen der genannten kollektiven Akteure, die immer wieder Forderungen nach staatlichen Interventionen erhoben und regelmäßig die ‚Zurückhaltung' offizieller Stellen kritisiert hatten. Das Konzept ging auf: Im Jahre 1996 reagierte man von politischer Seite aus, beschloss die Einrichtung einer „Enquetekommission zu sogenannten Sekten und Psychogruppen" – und beschäftigte sich in diesem Kontext auch mit satanisch-rituellem Missbrauch (vgl. Deutscher Bundestag 1998: 94-97)[249].

Auf den ersten Blick lässt sich hierin sicherlich ein Signal in Richtung Anerkennung des Gefahrendiskurses erkennen: Zum einen wurde dem öffentlichen Druck der primären Akteure offiziell nachgegeben, zum anderen erkannte der

---

249 Ausgangspunkt für die Arbeit der Enquetekommission war allerdings nicht der satanisch-rituelle Missbrauch im Besonderen, sondern ein weitaus umfassenderer Problemdiskurs zum Thema ‚Sektengefahren' (in dessen Kontext das hier untersuchte Phänomen verortet wurde).

schließlich verfasste Bericht der Kommission das Problem grundsätzlich an und empfahl Bekämpfungsmaßnahmen, die – zumindest auf allgemeiner Ebene – mit den immer wieder vorgelegten Vorschlägen der Bewegungsakteure übereinstimmten (etwa die Verbesserung der Fortbildung der Polizei, die Schaffung eines psychosozialen Beratungsangebots für Sektenopfer oder die Forcierung wissenschaftlichen Untersuchungen zum Thema). Rückblickend betrachtet, fiel die Anerkennung des Problemmusters jedoch weniger eindeutig aus, als die Problemakteure sich dies erhofft hatten: Die Bekämpfungsvorschläge blieben eher vage und führten auch nicht dazu, dass tatsächlich staatliche Ressourcen in nennenswertem Umfang aufgewendet wurden.

Die Gründe für dieses zumindest partielle Scheitern des Problems beim Übergang von der medialen zur politischen Anerkennung liegen letztlich in der *ambivalenten Einschätzung* des Phänomens durch die Enquetekommission selbst. Nach der Befragung etlicher Experten und nach kontroverser Diskussion kam sie mehrheitlich zu der Ansicht, dass „es keine gesicherten Erkenntnisse darüber gibt, daß es weit verbreitet und vor allem in ‚satanistischen' Zusammenhängen zu rituellem Mißbrauch kommt" (ebd.: 97). Dies war die Schlussfolgerung aus einer „gespaltenen Datenlage": Einerseits suggerierten journalistische und therapeutische Berichte und Betroffenenschilderungen durchaus eine gewisse Evidenz des Phänomens, andererseits konnte aber von staatlichen Ermittlungsbehörden (und das ist bis zum heutigen Tage so geblieben) keine Bestätigung für die Verdachtsmomente geliefert werden. Darüber hinaus wendete sich der Kommissionsbericht explizit gegen ‚hysterische Überzeichnungen' der Situation und wies den organisierten Formen des Okkultismus und Satanismus die Rolle eines gesellschaftliches Randphänomens zu, für deren Bekämpfung die bestehenden Gesetze völlig ausreichen würden.

Aus Sicht der Initiatoren dieser Enquete und der Bewegungsakteure war dieses Ergebnis sicherlich nicht intendiert. Jedenfalls kam es in der Folgezeit zu nachdrücklichen Versuchen, die verweigerten staatlichen Ressourcen durch private Mittel zu ersetzen (etwa durch die Gründung der „Renate-Rennebach-Stiftung für Opfer von ritueller Gewalt" durch die gleichnamige Initiatorin der Enquete-Kommission). Außerdem lässt sich im Nachklapp auf die Entscheidung der Kommission bei vielen Akteuren die Tendenz erkennen, im Rahmen ihrer fortgesetzten ‚Aufklärungskampagnen' die Kritik an staatlichen Instanzen und politischen Entscheidungsträgern zu forcieren. Insbesondere den Bundesbehörden wird seither regelmäßig vorgeworfen, das Problem nicht ernst genug zu nehmen oder es gar gänzlich zu leugnen.

Im Sinne der dargelegten Problemtheorie weist dies auf ein Scheitern des Problemmusters im Übergang von der öffentlichen zur staatlichen Anerkennung hin.

Wie gezeigt, wird jedoch die Vehemenz, mit der die genannten Akteure das Problemmuster öffentlich kolportieren, davon ebenso wenig berührt, wie die ‚kulturelle Resonanz', welche die Debatte bei uns Akteuren der Lebenswelt regelmäßig hinterlässt. Als soziales Problem wird uns der satanisch-rituelle Missbrauch mit Sicherheit noch eine Zeitlang beschäftigen.

Spezielle Literatur zur zweiten Beispielanalyse

Bottoms, Bette L,.; Davis, Suzanne L. (1997): The Creation of Satanic Ritual Abuse. Journal of Social and Clinical Psychology 16, S. 112-132.

Core, Diane (1991): Chasing Satan. An investigation into satanic crimes against children. London.

Deutscher Bundestag (1998): Endbericht der Enquete-Kommission „Sogenannte Sekten und Psychogruppen". Drucksache 13/10950.

de Young, Mary (1994): On Face of the Devil: The Satanic Ritual Abuse Moral Crusade und the Law. Behavoiral Science and the Law 12, S. 389-407.

de Young, Mary (2000): „The Devil Goes Abroad": The Export of the Ritual Abuse Moral Panic. British Criminology Conference: Selected Proceedings, Vol. 3, Onlinequelle: http://www.britsoccrim.org/volume3/004.pdf (Zugriff: 01.12.06).

Frankfurter, David (2003): The satanic ritual abus panic as religious-studies data. Numen 50, S. 108-117.

Fröhling, Ulla (1996): Vater unser in der Hölle. Ein Tatsachenbericht. Seelze-Velber.

Kahaner, Larry (1988): Cults that kill. Probing the underworld of occult crime. New York.

La Fontaine, Jean (1998): Speak of the devil. Tales of satanic ritual abuse in contemporary England. Cambridge.

Lippert, Randy (1990): The construction of Satanism as a social problem in Canada. Canadian Jorurnal of Sociology 15, S. 417-439.

Loftus, Elizabeth F. (1993): The Reality of Repressed Memories. American Psychologist 48, S. 518-537.

Loftus, Elizabeth; Ketcham, Katherine (1994): The Myth of Repressed Memory: False Memories and Allegations of Sexual Abuse. New York.

McElroy, Susan L; Keck, Paul E. (1995): Recovered Memory Therapy: False Memory Syndrome and other Complications. Psychiatric Annals 25, S. 731-735.

Rosch, Miriam (1995): Laura G.: Im Namen des Teufels. Ein Tatsachenbericht. Düsseldorf.

Scott, Sarah (2001): The politics and experience of ritual abuse. Buckingham.

Schetsche, Michael (2003): Trauma im gesellschaftlichen Diskus. Deutungsmuster, Akteure, Öffentlichkeiten. In: Trauma und Traumafolgen – ein Thema für die Jugendhilfe, Hrsg. Bundesarbeitsgemeinschaft der Kinderschutz-Zentren. Köln, S. 7-32.

Schmied-Knittel, Ina (2008): Öffentliche Diskurse über Satanismus und satanisch-rituellen Missbrauch in Deutschland. Würzburg.

Schmied-Knittel, Ina; Schetsche, Michael (2007): Erbfeinde aus dem Innern – Satanisten in der christlichen Gesellschaft. In: Exklusion in der Marktgesellschaft , Hrsg. Daniela Klimke, Wiesbaden.

Smith, Margaret (1994): Gewalt und sexueller Mißbrauch in Sekten: Wo es geschieht, wie es geschieht und wie man den Opfern helfen kann. Zürich.
Smith, Michelle; Pazder, Lawrence (1980): Michelle remembers. New York.
Spencer, Judith (1995): Jenny: Das Martyrium eines Kindes. Frankfurt am Main.
Stratford, Lauren (1988): Satan's underground. The extraordinary story of one woman's escape. Eugene.
Victor, Jeffrey (1993): Satanic Panic. The creation of a contemporary legend. Chicago.
Victor, Jeffrey (1995): The dangers of moral panics: What skeptics (and everyone else) need to know. Skeptic 3, S. 44-51.
Victor, Jeffrey (1996): Hexenjagd! Eine Analyse der Satanismus-Hysterie. In: Skeptisches Jahrbuch 1997, Aschaffenburg, S. 131-150.

Literaturverzeichnis

Albrecht, Günter (1990): Theorie sozialer Probleme im Widerstreit zwischen „objektivistischen" und „rekonstruktionistischen" Ansätzen. In: Soziale Probleme 1, S. 5-20.

Albrecht, Günter (2001): Gesellschaftliche Konstruktion von Realität und Realität von Konstruktionen. In: Soziale Probleme 12 (1/2), S. 116-145.

Albrecht, Günter (2012): Probleme der Erforschung sozialer Probleme. In: Günter Albrecht und Axel Groenemeyer (Hg.): Handbuch soziale Probleme. 2., überarbeitete Auflage. 2. Aufl. Wiesbaden: VS Verlag für Sozialwissenschaften, S. 1385-1520.

Albrecht, Günter; Groenemeyer, Axel (Hg.) (2012): Handbuch soziale Probleme; 2 Bände; 2., überarbeitete Auflage. Wiesbaden: VS Verlag für Sozialwissenschaften.

Albrecht, Günter; Groenemeyer, Axel; Stallberg, Friedrich W. (1999): Handbuch soziale Probleme. Opladen.

Ariès, Philippe (1975): Geschichte der Kindheit. München, (franz. Original 1960).

Backhaus-Maul, Holger; Olk, Thomas (1994): Von Subsidiarität zu „outcontracting": Zum Wandel der Beziehungen von Staat und Wohlfahrtsverbänden in der Sozialpolitik. In: Politische Vierteljahresschrift, Sonderheft 25/1994 (Staat und Verbände, Hrsg. Wolfgang Streeck), S. 100-135.

Baringhorst, Sigrid; Kneip, Veronika; Niesyto, Johanna (2010): Unternehmenskritische Kampagnen im Netz. Zum Wandel von Protest- und Medienkulturen. In: Andreas Hepp, Marco Höhn, Wimmer und Jeffrey (Hg.): Medienkultur im Wandel. 1. Aufl. Konstanz: UVK, S. 385-400.

Bartel, Rainer (1993): Öffentliche Finanzkontrolle als politische Machtkontrolle: Eine ökonomische Fundierung. In: Politische Vierteljahresschrift 34, S. 613-639.

Barthes, Roland (1964): Mythen des Alltags. Frankfurt am Main, (franz. Original 1957).

Baudrillard, Jean (1978): Agonie des Realen. Berlin.

Baumgarten, Britta; Rucht, Dieter (2013): Die Protestierenden gegen „Stuttgart 21" - einzigartig oder typisch? In: Frank Brettschneider und Wolfgang Schuster (Hg.): Stuttgart 21. Ein Grossprojekt zwischen Protest und Akzeptanz. Wiesbaden: Springer Fachmedien Wiesbaden, S. 97-125.

Beck, Ulrich; Bonß, Wolfang (1984): Soziologie und Modernisierung. Zur Ortsbestimmung der Verwendungsforschung. In: Soziale Welt 35, S. 381-406.

Becker, Howard S. (1973): Außenseiter. Zur Soziologie abweichenden Verhaltens. Frankfurt am Main, (engl. Original 1963).

Beck-Gernsheim, Elisabeth (1982): Geburtenrückgang: Die wissenschaftliche Karriere eines politischen Themas. Soziale Welt, Sonderband 1, S. 243-276.

Berger, Peter L.; Luckmann, Thomas (1991): Die gesellschaftliche Konstruktion der Wirklichkeit. Eine Theorie der Wissenssoziologie. Frankfurt am Main, (engl. Original 1966).

Best, Joel (1995): Connections. In: Images of Issues. Typifying Contemporary Social Problems, Hrsg. Joel Best, New York, S. 189-190, (Second Edition).

Best, Joel (2006): Amerikanische Soziologie und die Analyse sozialer Probleme. In: Soziale Probleme 17 (1), S. 20-33.

Blumenthal, Julia von (2001): Amtsträger in der Parteiendemokratie. Wiesbaden.

Blumer, Herbert (1971): Social Problems as Collective Behavior. In: Social Problems 18, S. 298-306.

Blumer, Herbert (1975): Soziale Probleme als kollektives Verhalten. In: Menschliche Bedürfnisse und soziale Steuerung, Hrsg. Karl Otto Hondrich, Reinbek, S. 102-113.

Bolz, Norbert (1993): Am Ende der Gutenberg-Galaxis. Die neuen Kommunikationsverhältnisse. München.

Brand, Karl-Werner (2008): Umweltbewegung. In: Roland Roth und Dieter Rucht (Hg.): Die sozialen Bewegungen in Deutschland seit 1945. Ein Handbuch. Frankfurt, New York: Campus, S. 219-244.

Brosius, Hans-Bernd (1994): Agenda-Setting nach einem Vierteljahrhundert Forschung: Methodischer und theoretischer Stillstand? In: Publizistik 39, S. 269-288.

Broszat, Tilmann (1984): Mythos Gewalt. Veröffentlichte Entrüstung als Legitimation von Kinderschutz. In: Kinderschutz als sozialpolitische Praxis, Hrsg. Wilhelm Brinkmann und Michael-Sebastian Honig, München, S. 44-76.

Brückmann, Bert (2007): Web 2.0 – Social Software der neuen Generation. In: sciencegarden Februar/März 2007, Onlinequelle: http://www.sciencegarden.de/berichte/200702/web20/web20.php.

Ciompi, Luc (1997): Die emotionalen Grundlagen des Denkens. Entwurf einer fraktalen Affektlogik. Göttingen.

ComCult Research (1999): Teilnehmerzahlen und Wachstum des Internet. Onlinequelle: http://www.comcult.de/infopool/in_teiln.htm (Zugriff 24.12.1999).

ComCult Research (1999a): ComCult News. Onlinequelle: http://www.comcult.de/ccr/news.htm (Zugriff 24.12.1999).

Cremer-Schäfer, Helga (1992): Skandalisierungsfallen. In: Kriminologisches Journal 24, S. 23-36.

Cremer-Schäfer, Helga (1993): Normklärung ohne Strafe. In: Muß Strafe sein? Zur Analyse und Kritik strafrechtlicher Praxis, Hrsg. Helge Peters, Opladen, S. 91-113.

Czada, Roland; Lehmbruch, Gerhard (1990): Parteienwettbewerb, Sozialstaatspostulat und gesellschaftlicher Wertewandel. In: Spaltungen der Gesellschaft und die Zukunft des Sozialstaates, Hrsg. Udo Bermbach u. a., Opladen, S. 55-84.

Debord, Guy (1996): Die Gesellschaft des Spektakels. Berlin, (franz. Original 1967).

Dicke, Klaus (Hrsg.) (2001): Politisches Entscheiden. Baden-Baden.

Donsbach, Wolfgang (1993): Täter oder Opfer - Die Rolle der Massenmedien in der amerikanischen Politik. In: Beziehungsspiele - Medien und Politik in der öffentlichen Diskussion, Hrsg. Wolfgang Donsbach u. a., Gütersloh, S. 221-281.

Dorenburg, Hermann u. a. (1987): Grenzen der Verrechtlichung sozialer Beziehungen - Sozialpolitik, Sozialarbeit und gesellschaftliche Alternativen. In: Soziale Dienste im Wandel, Teil 1: Helfen im Sozialstaat, Hrsg. Thomas Ilk und Hans-Uwe Otto, Neuwied, S. 199-229.

Dreyer, Anne; Schade, Angelika (1992): Der konstruktionistische Ansatz in der nordamerikanischen Problemsoziologie. In: Soziale Probleme 3, S. 28-44.

Ebli, Hans (2003): Pädagogisierung, Entpolitisierung und Verwaltung eines gesellschaftlichen Problems? Die Institutionalisierung des Arbeitsfeldes "Schuldnerberatung". 1. Aufl. Baden-Baden: Nomos.

Edelman, Murray (1976): Politik als Ritual. Die symbolische Funktion staatlicher Institutionen und politischen Handelns. Frankfurt am Main.

Eder, Klaus (1985): The „New Social Movements": Moral Crusades, Political Pressure Groups, or Social Movements? In: Social Research 52, S. 869-890.

Erbring, Lutz (1989): Nachrichten zwischen Professionalität und Manipulation: Journalistische Berufsnormen und politische Kultur. In: Massenkommunikation. Theorien, Methoden, Befunde, Hrsg. Max Kaase und Winfried Schulz, Opladen, S. 301-313.

Esser, Harmut (1993): Soziologie. Allgemeine Grundlagen. Frankfurt am Main.

Esser, Hartmut (1996): Die Definition der Situation. In: Kölner Zeitschrift für Soziologie und Sozialpsychologie 48 (1), S. 1-34.

Fielding, Nigel; Lee, Raymond M.; Blank, Grant (Hg.) (2008): The SAGE handbook of online research methods. Los Angeles, London: SAGE.

Flöhl, Rainer (1990): Wissenschaft und Massenmedien. In: Medien und Gesellschaft, Hrsg. Wilfried von Bredow, Stuttgart, S. 127-139.

Fluhrer, Margret (1994): Ansätze einer ökonomischen Theorie der Wahlen. Systematische Darstellung und Analyse der Entwicklungslinien, Rezeption und Kritik. Köln.

Flusser, Vilém (2003): Kommunikologie. Frankfurt am Main, (3. Auflage).

Forsa (2001): @Facts monthly. Onlinequelle: http://www.71i.de/download/get_file.phix/_facts_08_01.pdf (Zugriff: 30.10.01).

Franck, Georg (1998): Ökonomie der Aufmerksamkeit : ein Entwurf. München.

Frank, Goetz (1989): Mediatisierte Politik und das Gebot der Staatsferne. In: Medienmacht und Politik, Hrsg. Frank E. Böckelmann, Berlin, S. 179-184.

Fuller, Richard C.; Myers, Richard R. (1941): Some Aspects of a Theory of Social Problems. In: American Sociological Review 6 (1), S. 24-32.

Fuller, Richard C.; Myers, Richard R. (1941a): The Natural History of a Social Problem. In: American Sociological Review 6 (3), S. 320-329.

Funk, Peter; Weiß, Hans-Jürgen (1995): Ausländer als Medienproblem? In: Media Perspektiven, Heft 1, S. 21-29.

Gamson, William A. (1988): Political Discourse and Collective Action. In: International Social Movement Research 1, S. 219-244.

Gerhards, Jürgen (1992): Dimensionen und Strategien öffentlicher Diskurse. In: Journal für Sozialforschung 32, S. 307-318.

Gerhards, Jürgen; Neidhardt, Friedhelm (1991): Strukturen und Funktionen moderner Öffentlichkeit: Fragestellung und Ansätze. In: Öffentlichkeit, Kultur, Massenkommunikation, Hrsg. Stefan Müler-Doohm und Klaus Neumann-Braun, Oldenburg, S. 31-89.

Giesen, Bernhard (1983): Moralische Unternehmer und öffentliche Diskussion. Überlegungen zur gesellschaftlichen Thematisierung sozialer Probleme. In: Kölner Zeitschrift für Soziologie und Sozialpsychologie 35, S. 230-254.

Giesen, Bernhard (1991): Die Entdinglichung des Sozialen. Eine evolutionstheoretische Perspektive auf die Postmoderne. Frankfurt am Main.

Goll, Eberhard (1991): Die freie Wohlfahrtspflege als eigener Wirtschaftssektor: Theorie und Empirie ihrer Verbände und Einrichtungen. Baden-Baden.

Groenemeyer, Axel (1997): Die Konstitution sozialer Probleme in der modernen Gesellschaft. Unveröff. Habilitationsschrift. Universität Bielefeld, Fakultät für Soziologie, Bielefeld.

Groenemeyer, Axel (1999): Die Politik sozialer Probleme. In: Handbuch soziale Probleme, Hrsg. Günter Albrecht, Axel Groenemeyer, Friedrich W. Stallberg, Opladen/Wiesbaden, S. 111-136.

Groenemeyer, Axel (2006): Gesellschaftspolitische Relevanz und soziologische Reputation. Eine kleine Geschichte über 30 Jahre Soziologie sozialer Probleme in Deutschland. In: Soziale Probleme 17 (1), S. 9-19.

Groenemeyer, Axel (2012): Soziologie sozialer Probleme – Fragestellungen, Konzepte und theoretische Perspektiven. In: Günter Albrecht und Axel Groenemeyer (Hg.): Handbuch soziale Probleme. 2., überarbeitete Auflage. 2. Aufl. Wiesbaden: VS Verlag für Sozialwissenschaften, S. 17–116.

Groenemeyer, Axel; Hohage, Christoph; Ratzka, Melanie (2012): Die Politik sozialer Probleme. In: Günter Albrecht und Axel Groenemeyer (Hg.): Handbuch soziale Probleme. 2., überarbeitete Auflage. 2. Aufl. Wiesbaden: VS Verlag für Sozialwissenschaften, S. 117–191.

Groenemeyer, Axel; Ratzka, Melanie (2012): Armut, Deprivation und Exklusion als soziales Problem. In: Günter Albrecht und Axel Groenemeyer (Hg.): Handbuch soziale Probleme. 2., überarbeitete Auflage. 2. Aufl. Wiesbaden: VS Verlag für Sozialwissenschaften, S. 367–432.

Grüner, Christian Maximilian (2004): Schleichende Umweltzerstörung und politisches Entscheidungsverhalten. Parlamentarische Diskurse einer problembehafteten Beziehung. Frankfurt am Main.

Gusfield, Joseph R. (1963): Symbolic Crusade. Status Politics and the American Temperance Movement. Urbana.

Gusfield, Joseph R. (1989): Constructing the Ownership of Social Problems: Fun and Profit in the Welfare State. In: Social Problems 36, S. 431–441.

Haferkamp, Hans (1987): Theorie sozialer Probleme. Kritik der neueren nordamerikanischen Problemsoziologie. In: Kölner Zeitschrift für Soziologie und Sozialpsychologie 39, S. 121-131.

Haferkamp, Hans (1987a): Technischer Staat und neue soziale Kontrolle - nur Mythen der Soziologie? In: Technik und sozialer Wandel. Verhandlungen des 23. deutschen Soziologentages in Hamburg 1986, Hrsg. Burkhart Lutz, Frankfurt am Main, S. 522-531.

Halfmann, Jost (1984): Soziale Bewegungen und Staat. Nicht-intendierte Folgen neokorporatistischer Politik. In: Soziale Welt 35, S. 294-312.

Hartjen, Clayton A. (1977): Possible Trouble. An Analysis of Social Problems. New York.

Hazelrigg, Lawrence (1986): Is There a Choice Between „Constructionism" and „Objektivism"? In: Social Problems 33, S. 1-13.

Hess, Henner (1986): Kriminalität als Alltagsmythos. In: Kriminologisches Journal, 1. Beiheft, S. 24-44.

Heyder, Ulrich (1993): Soziale Reform als gesellschaftsbildender Prozeß. In: Zeitschrift für Sozialreform 39, S. 529-546 und S. 641-663.

Hilgartner, Stephen; Bosk, Charles L. (1988): The Rise and Fall of Social Problems: A Public Arenas Model. In: American Journal of Sociology 94, S. 53-78.

Höffling, Christian; Plaß, Christine; Schetsche, Michael (2002): Deutungsmusteranalyse in der kriminologischen Forschung. In: Forum: Qualitative Social Research [Online-Journal], 3(1), Onlinequelle: http://www.qualitative-research.net/fqs-texte/1-02/1-02hoefflingetal-d.htm.

Holler, Manfred J.; Illing, Gerhard (2006): Einführung in die Spieltheorie. Berlin, (6. überarbeitete Auflage).

Hondrich, Karl Otto (1975): Menschliche Bedürfnisse und soziale Steuerung. Eine Einführung in die Sozialwissenschaft. Reinbek.

Hondrich, Karl-Otto (1974): Soziale Probleme, soziologische Theorie und Gesellschaftsplanung. In: Archiv für Rechts- und Sozialphilosophie 60(2), S. 161-185.

Honig, Michael-Sebastian (1987): Täter und Opfer. Soziale Codierung der Gewalt an Kindern. In: Sozialwissenschaftliche Literaturrundschau, Jg. 10, Heft 14, S. 7-24.

Hughes, Jason (Hg.) (2012): SAGE internet research methods. Los Angeles: SAGE.

Ibarra, Peter R.; Kitsuse, John H. (1993): Vernacular Constituents of Moral Discourse: An Interactionist Proposal for the Study of Social Problems. In: Constructionist Controversies. Issues in Social Problems Theory, Hrsg. Gale Miller und James A. Holstein, New York, S. 21-54.

Jarren, Otfried; Altmeppen, Klaus-Dieter; Schulz, Wolfgang (1993): Parteiintern - Medien und innerparteiliche Entscheidungsprozesse In: Beziehungsspiele - Medien und Politik in der öffentlichen Diskussion, Hrsg. Wolfgang Donsbach u. a., Gütersloh S. 111-157.

Jarren, Otfried; Grothe, Thorsten; Rybarczyk, Christoph (1993): Medien und Politik - eine Problemskizze. In: Beziehungsspiele - Medien und Politik in der öffentlichen Diskussion, Hrsg. Wolfgang Donsbach u. a., Gütersloh, S. 9-46.

Jarren, Otfried; Vogel, Martina (2009): Gesellschaftliche Selbstbeobachtung und Koorientierung. Die Leitmedien der modernen Gesellschaft. In: Daniel Müller, Annemone Ligensa und Peter Gendolla (Hg.): Leitmedien. Konzepte - Relevanz - Geschichte. Bielefeld: Transcript-Verl, S. 71–92.

Jones, Brian J.; McFalls, Joseph A. Jr.; Gallagher, Bernard J. III (1989): Toward a Unified Model for Social Problems Theory. In: Journal for the Theory of Social Behavior 19, S. 337-356.

Karstedt, Susanne (1999): Soziale Probleme und soziale Bewegungen. In: Handbuch soziale Probleme, Hrsg. Günter Albrecht, Axel Groenemeyer, Friedrich W. Stallberg, Opladen/ Wiesbaden, S. 73-110.

Kassner, Karsten (2003) Soziale Deutungsmuster – über aktuelle Ansätze zur Erforschung kollektiver Sinnzusammenhänge. In: Sinnformeln. Linguistische und soziologische Analysen von Leitbildern, Metaphern und anderen kollektiven Orientierungsmustern, Hrsg. Susan Geideck und Wolf-Andreas Liebert, Berlin/New York, S. 37-57.

Kelley, Harold H. (1978): Kausalattribution: Die Prozesse der Zuschreibung von Ursachen. In: Sozialpsychologie, Erster Band: Interpersonale Wahrnehmungen und soziale Einstellungen, Hrsg Wolfgang Stroebe, Darmstadt, S. 212-265.

Kerres, Michael (2006): Potenziale von Web 2.0 nutzen. In: Handbuch E-Learning, Hrsg. Andreas Hohenstein und Karl Wilbers, München, Online-Fassung: http://mediendidaktik.uni-duisburg-essen.de/files/web20-a.pdf.

Kitsuse, John I.; Spector, Malcolm (1973): Toward a Sociology of Social Problems: Social Conditions, Value-judgements and Social Problems. In: Social Problems 20, S. 407-419.

Kleidman, Robert (1994): Volunteer Activism and Professionalism in Social Movement Organizations. In. Social Problems 41, S. 257-276.

Knoblauch, Hubert (2005): Wissenssoziologie. Konstanz.

Kochanek, Doris (2007): Ist da jemand? In: Reader's Digest Deutschland, Heft Januar/2007, S. 46-51.

Kolb, Steffen (2005): Mediale Thematisierungen in Zyklen. Theoretischer Entwurf und empirische Anwendung. Köln.

Krüger, Udo Michael (1995): Trends im Informationsangebot des Fernsehens. In: Media Perspektiven, Heft 2, S. 69-87.

Kruse, Jörn (1989): Ordnungspolitik im Rundfunk. In: Medienökonomie, Hrsg. Michael Schenk und Joachim Donnerstag, München, S. 77-111.

Kunczik, Michael; Zipfel, Astrid (2006): Gewalt und Medien. Ein Studienhandbuch. Köln, (5. völlig überarbeitete Auflage).

Kuppfer, Heinrich (1977): Das Kind in der öffentlichen Erziehung. In: Die Gleichberechtigung des Kindes, Hrsg. Ekkehard von Braunmühl, Heinrich Kupffer, Helmut Ostermeyer, Frankfurt am Main, S. 111-169, (2. Auflage).

Lamnek, Siegfried (1987): Kriminalität als Gegenstand wissenschaftlicher Medien. Zwei Fachzeitschriften im Vergleich. In: Monatsschrift für Kriminologie und Strafrechtsreform 70, S. 224-245.

Lampert, Heinz; Bossert, Albrecht (1992): Sozialstaat Deutschland. Entwicklung - Gestalt - Probleme. München.

Lau, Christoph (1984): Soziologie im öffentlichen Diskurs. In: Soziale Welt 35, S. 407-428.

Lau, Christoph (1985): Zum Doppelcharakter der neuen sozialen Bewegungen. In: Merkur 39, S. 1115-1120.

Lautmann, Rüdiger (1995): Erotisierung von Gewalt – Problematisierung der Sexualität. In: Kriminologisches Journal, 5. Beiheft: Geschlechterverhältnis und Kriminologie, Hrsg. Martina Althoff und Sybille Kappel, S. 176-191.

Lautmann, Rüdiger (2003): War der Elfte September ein Verbrechen oder ein kriegerischer Angriff. Über die Konstruktion wissenschaftlicher Ressortzuständigkeit. In: Grenzenlose Konstruktivität? Hrsg. Birgit Menzel und Kerstin Ratzke, Opladen, S. 65-83.

Lautmann, Rüdiger (2006): Probleme mit der Problemsoziologie. In: Soziale Probleme 17 (1), S. 54-62.

Lee, Chul (2005): (Latente) soziale Probleme und Massenmedien. Eine Untersuchung zu Problemdefinitionen und -interpretationen latenter sozialer Probleme in den Medien am Beispiel der Berichterstattung über die Kriminalität der Mächtigen in Korea. Herbolzheim: Centaurus-Verl.

Lehne, Werner (1994): Symbolische Politik mit dem Strafrecht. In: Kriminologisches Journal 26, S. 210-224.

Leisering, Lutz (1993): Zwischen Verdrängung und Dramatisierung. Zur Wissenssoziologie der Armut in der bundesrepublikanischen Gesellschaft. In: Soziale Welt 44, S. 486-511.

Lindschau, Juliane (2007): Die Notwendigkeit des öffentlich-rechtlichen Rundfunks. Eine Analyse seiner Existenzberechtigung im Spannungsfeld zwischen Bestandsgarantie und Verzichtbarkeit. Berlin: Duncker & Humblot.

Lübbe, Hermann (2001): Zeichen-Setzung. Funktionen symbolischer Politik. In: Politisches Entscheiden, Hrsg. Klaus Dicke, Baden-Baden, S. 11-25.

Lucht, Jens (2006): Der öffentlich-rechtliche Rundfunk: ein Auslaufmodell? Grundlagen - Analysen - Perspektiven. Wiesbaden: VS Verlag für Sozialwissenschaften.

Lüders, Christian; Meuser, Michael (1997): Deutungsmusteranalyse. In: Sozialwissenschaftliche Hermeneutik, Hrsg. Ronald Hitzler und Anne Honer, Opladen, S. 57-79.

Luhmann, Niklas (1970): Öffentliche Meinung. In: Politische Vierteljahresschrift 11, Heft 1, S. 2-28.

Luhmann, Niklas (1996): Die Realität der Massenmedien. Opladen, (2. erweiterte Auflage).

Maasen, Sabine (1999): Wissenssoziologie. Bielefeld.

Machill, Marcel; Beiler, Markus; Zenker, Martin (2008): Journalistische Recherche im Internet. Bestandsaufnahme journalistischer Arbeitsweisen in Zeitungen, Hörfunk, Fernsehen und Online. Berlin: Vistas.

Markert, Andreas; Otto, Hans-Uwe (2008): Armut und Soziale Arbeit. In: Axel Groenemeyer und Silvia Wieseler (Hg.): Soziologie sozialer Probleme und sozialer Kontrolle. Realitäten, Repräsentationen und Politik ; Festschrift für Günter Albrecht. 1. Aufl. Wiesbaden: VS, Verl. für Sozialwiss., S. 439–449.

Mast, Claudia (1989): Tagesschau oder Tagesshow? Zur Präsentation politischer Information in den Medien. In: Medienmacht und Politik, Hrsg. Frank E. Böckelmann, Berlin, S. 105-115.

McAdam, Doug (1994:) Taktiken von Protestbewegungen. Das „Framing" amerikanischer Bürgerrechtsbewegung. In: Öffentlichkeit, öffentliche Meinung, soziale Bewegung (=KZfSS, Sonderheft 34), Hrsg. Friedhelm Neidhardt, Opladen, S. 393-412.

Meckel, Miriam; Kamps, Klaus (2006): Regierungskommunikation und Marketing. Differenzen und Schnittstellen. In: Regieren und Kommunikation, Hrsg. Klaus Kamps und Jörg-Uwe Nieland, Köln, S. 54-72.

Merchel, Joachim (1989): Der Deutsche Paritätische Wohlfahrtsverband. Seine Funktion im korporatistisch gefügten System sozialer Arbeit. Weinheim.

Merton, Robert K. (1961): Social Problemes and Sociological Theory. In: Contemporary Social Problems, Hrsg. Robert K. Merton und Robert A. Nisbet, New York, S. 697-737.

Merton, Robert K. (1975): Soziologische Diagnose sozialer Probleme. In: Menschliche Bedürfnisse und soziale Steuerung, Hrsg. Karl Otto Hondrich, Reinbek, S. 113-129.

Meuser, Michael; Schetsche, Michael (1996): Soziale Probleme zwischen Analyse und Engagement - Plädoyer für die Eigenständigkeit der Soziologie. In: Soziale Probleme 7 (1), S. 53-67.

Meyn, Hermann (1994): Massenmedien in der Bundesrepublik Deutschland. Berlin, (überarbeitete und aktualisierte Neuauflage).

Michael Schetsche (2005): Die ergoogelte Wirklichkeit. Verschwörungstheorien und das Internet. In: Die Google-Gesellschaft. Hrsg. Kai Lehmann und Michael Schetsche, Frankfurt am Main, S. 113-120.

Müller, Hans Dieter (1968): Der Springer-Konzern – Eine kritische Studie. München.

Müller, Siegfried (1977): Soziale Probleme. Theoretische Vorarbeiten zur Analyse sozialpädagogisch relevanter Problembereiche. Diss. Päd. Hochschule Westfalen-Lippe.

Münch, Richard (1995): Dynamik der Kommunikationsgesellschaft. Frankfurt am Main.

Nassehi, Armin (1994): Die Form der Biographie. Theoretische Überlegungen zur Biographieforschung in methodologischer Absicht. In: BIOS 7(1), S. 46-63.

Nedelmann, Birgitta (1986): Das kulturelle Milieu politischer Konflikte. In: Kultur und Gesellschaft (= KZfSS, Sonderheft 27), Hrsg. Friedhelm Neidhardt u. a., Opladen, S. 397-414.

Nedelmann, Birgitta (1986a): Soziale Probleme und Handlungsflexibilität. Zur Bedeutsamkeit des kulturellen Aspkets sozialer Probleme. In: Soziale Arbeit 2000, Band I: Soziale Probleme und Handlungsflexibilität, Hrsg. Hubert Opple und Arnold Tomaschek, Freiburg i. Br., S. 13-42.

Neidhardt, Friedhelm (1994): Öffentlichkeit, öffentliche Meinung, soziale Bewegungen. In: Öffentlichkeit, öffentliche Meinung, soziale Bewegungen (=KZfSS, Sonderheft 34), Hrsg. Friedhelm Neidhardt, Opladen, S. 7-41.

Neidhardt, Friedhelm; Rucht, Dieter (1993): Auf dem Weg in die „Bewegungsgesellschaft". Über die Stabilisierungsarbeit sozialer Bewegungen. In: Soziale Welt 44, Heft 3, S. 305-326.

Nichols, Lawrence T. (1995): Cold Wars, Evil Empires, Treacherous Japanese: Effects of International Context on Problem Construction. In: Images of Issues. Typifying Contemporary Social Problems, Hrsg. Joel Best, New York, S. 313-334, (Second Edition).

Nuissl, Ekkehard (1975): Massenmedien im System bürgerlicher Herrschaft. Berlin.

Oevermann, Ulrich (1973): Zur Analyse der Struktur von sozialen Deutungsmustern. Berlin, MPI (unveröffentlichtes Manuskript).

Oevermann, Ulrich (2001): Die Struktur sozialer Deutungsmuster - Versuch einer Aktualisierung. In: Sozialer Sinn. Zeitschrift für hermeneutische Sozialforschung 1, S. 35-81.

Patzelt, Werner J. (1986): Sozialwissenschaftliche Forschungslogik. München.

Patzelt, Werner J. (2006): Regierung und Parlament. Entscheidungsgewalten in der Mediendemokratie. In: Regieren und Kommunikation, Hrsg. Klaus Kamps und Jörg-Uwe Nieland, Köln, S. 139-163.

Peters, Bernhard (1994): Der Sinn von Öffentlichkeit. In: Öffentlichkeit, öffentliche Meinung, soziale Bewegungen (=KZfSS, Sonderheft 34), Hrsg. Friedhelm Neidhardt, Opladen, S. 42-76.

Peters, Hans Peter (1994): Wissenschaftliche Experten in der öffentlichen Kommunikation. Über Technik, Umwelt und Risiken. In: Öffentlichkeit, öffentliche Meinung, soziale Bewegungen (=KZfSS, Sonderheft 34), Hrsg. Friedhelm Neidhardt, Opladen, S. 162-190.

Peters, Helge (1968): Moderne Fürsorge und ihre Legitimation. Eine soziologische Analyse der Sozialarbeit. Köln und Opladen.

Peters, Helge (2002): Soziale Probleme und soziale Kontrolle. Wiesbaden.

Peters, Helge (2003): Zur Lage der Soziologie sozialer Probleme, abweichenden Verhaltens und sozialer Kontrolle. In: Soziologische Forschung: Stand und Perspektiven, Hrsg. Barbara Orth, Thomas Schwietring, Johannes Weiss, Opladen, S. 467-471.

Peters, Helge (2006): Über Verkaufsoffensiven und angelehnte Türen. In: Soziale Probleme 17 (1); S. 42-44.

Pfohl, Stephen (1985): Toward a Sociological Deconstruction of Social Problems. In: Social Problems 32, S. 228-232.

Plaß, Christine; Schetsche Michael (2000): Vom Zuschauer zum Betroffenen. Mediale Opferkarrieren. In: Telepolis (Netzmagazin) http://www.heise.de/tp/deutsch/special/auf/8765/1.html.

Plaß, Christine; Schetsche, Michael (2001): Grundzüge einer wissenssoziologischen Theorie sozialer Deutungsmuster. In: Sozialer Sinn. Zeitschrift für hermeneutische Sozialforschung 1, S. 511-536.

Rafter, Nicole H. (1992): Some Consequences of Strict Constructionism. In: Social Problems 39, S. 38-39.

Rammstedt, Otthein (1978): Soziale Bewegung. Frankfurt am Main.

Raschke, Joachim (1987): Zum Begriff der sozialen Bewegung. In: Neue soziale Bewegungen in der Bundesrepublik Deutschland, Hrsg. Roland Roth und Dieter Rucht, Frankfurt am Main, S. 19-29.

Raschke, Joachim (1988): Soziale Bewegungen. Ein historisch-systematischer Grundriß. Frankfurt am Main, (2. Auflage).

Reinarmahn, Craig; Levine, Harry G. (1995): The Crack Attack: America's Latest Drug Scare, 1986-1992. In: Images of Issues. Typifying Contemporary Social Problems, Hrsg. Joel Best, New York, S. 147-186 (Second Edition).

Rhomberg, Markus (2008): Mediendemokratie. Die Agenda-Setting-Funktion der Massenmedien. München: Fink.

Rieger, Elmar (1992): Strategien der Institutionenbildung. In: Journal für Sozialforschung 32, S. 157-175.

Roegele, Otto B. (1989): Anmerkungen zum Thema der Tagung. In: Medienmacht und Politik, Hrsg. Frank E. Böckelmann, Berlin, S. 145-148.

Rötzer, Florian (1998): Digitale Weltentwürfe. Streifzüge durch die Netzkultur. München.

Rucht, Dieter (1991): Das Kräftefeld sozialer Bewegungen, Gegenbewegungen und Staat: Einführende Bemerkungen. In: Forschungsjounal Neue Soziale Bewegungen 4 (2), S. 9-16.

Rucht, Dieter (1994): Öffentlichkeit als Mobilisierungsfaktor für soziale Bewegungen. In: Öffentlichkeit, öffentliche Meinung, soziale Bewegung (=KZfSS, Sonderheft 34), Hrsg. Friedhelm Neidhardt, Opladen, S. 337-358.

Sachße, Christoph; Tennstedt, Florian (1986): Sicherheit und Disziplin: Eine Skizze zur Einführung. In: Soziale Sicherheit und soziale Disziplinierung, Hrsg. Christoph Sachße und Florian Tennstedt, Frankfurt am Main, S. 11-44.

Sack, Fritz; Schlepper, Christina (2011): Das Sexualstrafrecht als Motor der Kriminalpolitik. In: Kriminologisches Journal 43 (4), S. 247–268.

Scheerer, Sebastian (1986): Atypische Moralunternehmer. In: Kriminologisches Journal, Beiheft 1, S. 133-156.

Scheerer, Sebastian (1993 a): Die soziale Aufgabe des Strafrechts. In: Muß Strafe sein? Zur Analyse und Kritik strafrechtlicher Praxis, Hrsg. Helge Peters, Opladen, S. 79-90.

Scheerer, Sebastian (1993): Einige Anmerkungen zur Geschichte des Drogenproblems. In: Soziale Probleme 4, Heft 1, S. 78-98.

Scheerer, Sebastian (1995): Sucht. Reinbek.

Schenk, Michael (1989): Einführung in die Medienökonomie. In: Medienökonomie, Hrsg. Michael Schenk und Joachim Donnerstag, München S. 3-11.

Schenk, Michael (2007): Medienwirkungsforschung. 3. Aufl. Tübingen: Mohr Siebeck.

Schenk, Michael (Hg.) (2013): Die Nutzung des Web 2.0 in Deutschland. Verbreitung, Determinanten und Auswirkungen. Baden-Baden: Nomos.

Schenk, Michael; Rössler, Patrick (1994): Das unterschätzte Publikum. In: Öffentlichkeit, öffentliche Meinung, soziale Bewegungen (=KZfSS, Sonderheft 34), Hrsg. Friedhelm Neidhardt, Opladen S. 261-295.

Schetsche, Michael (1993): Das „sexuell gefährdete Kind". Kontinuität und Wandel eines sozialen Problems. Pfaffenweiler.

Schetsche, Michael (1996): Die Karriere sozialer Probleme. Soziologische Einführung. München.

Schetsche, Michael (1998): Reale und virtuelle Probleme. Berliner Journal für Soziologie 8, S. 223-244.

Schetsche, Michael (2000): Wissenssoziologie sozialer Probleme. Grundlegung einer relativistischen Problemtheorie. Wiesbaden.

Schetsche, Michael (2001): Metatheorie und Analyseprogramm – zum Doppelstatus der relativistischen Problemtheorie. In: Soziale Probleme 12 (1/2), S. 28-44.

Schetsche, Michael (2002): Internetkriminalität. Daten und Diskurse, Strukturen und Konsequenzen. In: Zwischen Anomie und Inszenierung, Hrsg. Johannes Stehr und Gabi Löschper, Baden-Baden. S. 307-329.

Schetsche, Michael (2003): Soziale und kommunikative Ordnungen. Theoretisches Postskriptum. In: Netzwerker-Perspektiven. Bausteine einer praktischen Soziologie des Internet, Hrsg. Michael Schetsche und Kai Lehmann, Regensburg, S. 213-223.

Schetsche, Michael (2006): Die digitale Wissensrevolution - Netzwerkmedien, kultureller Wandel und die neue soziale Wirklichkeit. In: Zeitenblicke 5 (3), Netzmagazin (http://www.zeitenblicke.de/2006/3/Schetsche/index_html).

Schetsche, Michael (2007): Sucht in wissenssoziologischer Perspektive. In: Sozialwissenschaftliche Suchtforschung, Hrsg. Bernd Dollinger und Henning Schmidt-Semisch, Wiesbaden, S. 113-130.

Schetsche, Michael (2007a): „Entführungen durch Außerirdische" – ein integratives Modell zur Erklärung eines Phantom-Phänomens. In: Zeitschrift für Parapsychologie und Grenzgebiete der Psychologie, Freiburg i. Br.

Schetsche, Michael; Lehmann, Kai; Krug, Thomas (2005): Die Google-Gesellschaft. Prinzipien der neuen Wissensordnung. In: Die Google-Gesellschaft, Hrsg. Kai Lehmann und Michael Schetsche, Frankfurt am Main, S. 17-31.

Schetsche, Michael; Schmidt, Renate-Berenike (1996): Ein „dunkler Drang aus dem Leibe". Deutungen kindlicher Onanie seit dem 18. Jahrhundert. In: Zeitschrift für Sexualforschung 9 (1), S. 1-22.

Schetsche, Michael; Schmied-Knittel, Ina (2013): Deutungsmuster im Diskurs. Zur Möglichkeit der Integration der Deutungsmusteranalyse in die Wissenssoziologische Diskursanalyse. Zeitschrift für Diskursforschung 1(1), S. 24-45.

Schlieker, Christian; Lehmann, Kai (2005): Verknüpft, verknüpfter, Wikis. In: Die Google-Gesellschaft. Vom digitalen Wandel des Wissens, Hrsg. Kai Lehmann und Michael Schetsche, Bielefeld, S. 253-262.

Schmidt, Lucia (2008): Problemarbeit und institutioneller Kontext. In: Axel Groenemeyer und Silvia Wieseler (Hg.): Soziologie sozialer Probleme und sozialer Kontrolle. Realitäten, Repräsentationen und Politik ; Festschrift für Günter Albrecht. 1. Aufl. Wiesbaden: VS, Verl. für Sozialwiss., S. 35–47.

Schneider, Joseph W (1985): Defining the Definitional Perspective on Social Problems. In. Social Problems 32, S. 232-234.

Schneider, Joseph W. (1985a): Social Problems Theory: The Constructionist View. In: Annual Review of Sociology 11, S. 209-229.

Schulz, Winfried (1989): Massenmedien und Realität. In: Massenkommunikation. Theorien, Methoden, Befunde, Hrsg. Max Kaase und Winfried Schulz, Opladen, S. 135-149.

Schumpeter, Joseph A. (1980): Kapitalismus, Sozialismus und Demokratie. München, (5. Auflage, englisches Original 1942).

Schütz, Alfred (1971): Das Wählen zwischen Handlungsentwürfen. In: Alfred Schütz: Gesammelte Aufsätze, Band 1, Das Problem der sozialen Wirklichkeit, Den Haag, S. 77-110.

Schütz, Alfred (1974): Der sinnhafte Aufbau der sozialen Welt. Eine Einleitung in die verstehende Soziologie. Frankfurt am Main, (Original 1932).

Schweiger, Wolfgang; Jungnickel, Katrin (2011): Pressemitteilungen 2.0 - eine Resonanzanalyse im Internet. In: Publistik - Vierteljahreshefte für Kommunikationsforschung 56 (4), S. 399–421.

Sidler, Nikolaus (1999): Problemsoziologie. Eine Einführung. Freiburg: Lambertus.

Simon, Claus Peter (2001): Die Geschichte des Internet. GEO Wissen 27 (Mensch und Kommunikation), S. 80-85.

Spector, Malcolm; Kitsuse, John I. (1977): Construction Social Problems. Menlo Park.

Stehr, Johannes (1998): Sagenhafter Alltag: Über die private Aneignung herrschender Moral. Frankfurt am Main.

Steinert, Heinz (1981): Widersprüche, Kapitalstrategien und Widerstand oder: Warum ich den Begriff „Soziale Probleme" nicht mehr hören kann. In. Kriminalsoziologie Bibliographie 32-33, S. 56-88.

Steinert, Heinz (2006): Über den Import, das Eigenleben und mögliche Zukünfte von Begriffen: Etikettierung, Devianz, Soziale Probleme usw. In: Soziale Probleme 17 (1), S. 34-41.

Strodthoff, Glenn G.; Hawkins, Robert P.; Schoenfeld, A. Clay (1985): Media Roles in a Social Movement: A Model of Ideology Diffusion. In: The Journal of Communication 35 (2), S. 134-153.

Strünck, Christoph (2006): Die hohe Kunst des Non-Agenda-Setting. Framing als Instrument politischer Kommunikation von Interessengruppen. In: Regieren und Kommunikation, Hrsg. Klaus Kamps und Jörg-Uwe Nieland, Köln, S. 196-214.

Stürmer, Stefan; Salewski, Christel (2009): Chronische Krankheit als Stigma – Das Beispiel HIV/AIDS. In: Andreas Beelmann und Kai J. Jonas (Hg.): Diskriminierung und Toleranz. Psychologische Grundlagen und Anwendungsperspektiven. 1. Aufl. Wiesbaden: VS Verlag für Sozialwissenschaften, S. 263–281.

Viehöver, Willy (2008): Die Wissenschaft und die Wiederverzauberung des sublunaren Raumes. Der Klimadiskurs im Licht der narrativen Diskursanalyse. In: Reiner Keller, Andreas Hirseland, Werner Schneider und Willy Viehöver (Hg.): Handbuch Sozialwissenschaftliche Diskursanalyse. Band 2: Forschungspraxis. 3. Aufl. Wiesbaden: VS Verlag für Sozialwissenschaften, S. 233–269.

Weber, Max (1980): Wirtschaft und Gesellschaft. Grundriß der verstehenden Soziologie. Studienausgabe. Tübingen, (fünfte revidierte Auflage).

Wehner, Josef (1997): Medien als Kommunikationspartner. Zur Entstehung elektronischer Schriftlichkeit im Internet. In: Soziologie des Internet, Hrsg. Lorenz Gräf und Markus Krajewski, Frankfurt am Main, S. 125-149.

Weilenmann, Anna-Katharina (2012): Fachspezifische Internetrecherche. Für Bibliothekare, Informationsspezialisten und Wissenschaftler. 2. Aufl. Berlin, Boston: De Gruyter Saur.

Wessler, Markus (2012): Entscheidungstheorie. Von der klassischen Spieltheorie zur Anwendung kooperativer Konzepte. Wiesbaden: Gabler Verlag.

Wilke, Jürgen (2009): Historische und intermediale Entwicklungen von Leitmedien. Journalistische Leitmedien in Konkurrenz zu anderen. In: Daniel Müller, Annemone Ligensa und Peter Gendolla (Hg.): Leitmedien. Konzepte - Relevanz - Geschichte. Bielefeld: Transcript-Verl, S. 29–52.

Wilke, Jürgen (Hrsg.) (1999): Mediengeschichte der Bundesrepublik Deutschland. Bundeszentrale für Politische Bildung. Bonn.

Winter, Thomas von (1992): Die Sozialpolitik als Interessensphäre. In: Politische Vierteljahrsschrift 33, S. 399-426.

Wintermann, Ole (2005). Vom Retrenchment zur Krisenreaktionsfähigkeit. Ein empirischer Vergleich der Wohlfahrtsstaaten Schweden und Deutschland 1990-2000. Wiesbaden.

Wolf, Fritz (2003): Alles Doku – oder was? Über die Ausdifferenzierung des Dokumentarischen im Fernsehen. Landesanstalt für Medien NRW, Düsseldorf, (=LfMDokumentation, Band 25).

Woolgar, Steve; Pawluch, Dorothy (1985): Ontological Gerrymandering: The Anatomy of Social Problems Explanations. In: Social Problems 32, S. 214-227.

Young, Kimberly S. (1998): Internet Addiction: The Emergence Of A New Clinical Disorder. Paper presented at the 104th Annual Meeting of the American Psychological Association, Toronto, Canada, August 15, 1996. Onlinequelle: http://www.netaddiction.com/articles/newdisorder.htm (Zugriff: 01.11.00).

Zohlnhöfer, Werner (1989): Zur Ökonomie des Pressewesens in der Bundesrepublik Deutschland. In: Medienökonomie, Hrsg. Michael Schenk und Joachim Donnerstag, München, S. 35-75.

The manufacturer's authorised representative in the EU is Springer Nature Customer Service Centre GmbH, Europaplatz 3, 69115 Heidelberg, Germany. If you have any concerns regarding our products, please contact ProductSafety@springernature.com

Printed and bound by CPI Group (UK) Ltd, Croydon, CR0 4YY
23/03/2026
02076668-0005